旅游城市

每个城市都包括区域解读、景点推荐、旅游资讯3大板块。

旅游片区

每个城市划分为若干旅游片区，全面介绍。同时突出重要旅游景点。

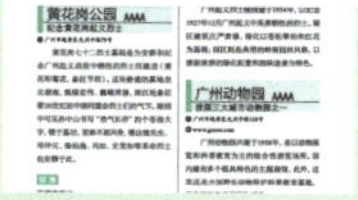

旅游景点

每个旅游景点包括介绍、攻略、链接等板块。力求景点收录全面。

旅游资讯

每个城市旅游资讯板块，包括交通、住宿、美食、购物、娱乐等内容。

如何使用本书

1 多角度呈现

全书从地理、历史、文化、风光、风物、美食等多个角度呈现广东之美，发现不一样的广东。

分色标签 每个城市都有一个特定的检索色，便于翻阅。

2 专题知识

对于认识广东具有重要意义的关键词条，书中特设专题，图文并茂，让读者迅速读懂词条。

3 精华景点

三维立体图更深度地引导读者鉴赏那些特别重要的必游景点。

4 攻略

大部分景点配有位置、交通、门票、链接等丰富的实用攻略。

5 资讯

每个城市都包括交通、住宿、美食、购物、娱乐等资讯。

发现者旅行指南

广东（第3版）

北京·旅游教育出版社

目录

CONTENTS

地图目录

专题目录

最美
广东

画境

丹霞山

丹霞山一直被誉为广东最大最美的自然山体景观，如果想要零距离亲近大自然，丹霞山是个不错的选择，把自己置身山体中与大自然合为一体，抛开一切什么都不要想，何尝不是人生一大乐趣。

开平碉楼的记忆

寂寞地屹立在田野里的碉楼，是一个嵌着几扇窗户，瘦高的长方体，每扇窗都有厚厚的钢板做防护。到了顶楼，风格倏忽一转，亭台楼阁，亦中亦西，“只谈风月”，极尽骄奢淫逸之能。碉楼之间有阡陌小路相通，走在石板铺砌的小路上，望着历经沧桑的碉楼群，感受碉楼独特的魅力。

绚丽海滨

海陵岛

海陵岛享有“南方北戴河”和“东方夏威夷”的美称，被誉为一块未经雕琢的翡翠。作为中国十大宝岛之一，海陵岛以最佳海滨旅游度假胜地、国家水下考古基地、浪漫国都、品尝海鲜之地等称号闻名于国内外，岛上山海一色，美不胜收，白帆点点，犹如仙境。

广州夜色醉人意

广州是一个绚烂的不夜之城，作为四大直辖市之一的它繁华绮丽，有着丛集的摩天大楼和不变的车水马龙，来自不同地方的人会聚在这里，演绎着一出出动人的人生故事，而这座城市就像这里的夜色一样斑斓绚丽，美不胜收，让人为之迷醉。

最美
广东

清远田园风光好

清远地区景色奇秀，风景如画，有雄奇险峻的高山峡谷、松涛如海的原始森林、纯如深闺的湖泊温泉，以及豪放古朴的瑶、壮民族风情。来到清远的乡间，田野迤逦绵延，乡民过着静谧的田园生活，村鸡捕食，野鸟啁啾，一派纯净自然的和谐氛围。

万绿湖

四季皆绿 这里山如青螺，水如绿绸，因处处皆绿而得名。万绿湖中的龙凤岛，最具有代表性的是岛上的秋枫成林成片，每至深秋季节，层林尽染，如彩如霞。可以看到一棵棵傍水而生的枫树，树上是浓密的红叶，聚片成簇，聚簇成云，在阳光的照耀与湖面倒映衬托之下，色彩尤显绚丽，娇艳的“枫”情美得无与伦比。

印象广东

广东生活

煲汤

广东人煲汤的技术堪称炉火纯青，广东煲汤不但注重口感的鲜美、醇正，更注重其食疗作用。

叹早茶

“叹”在广东话中是享受的意思，因而喝早茶在广东人的心目中是一种愉快的消遣，是广州文化中浓墨重彩的一笔。

泡汤

广东是温泉之乡，这里的人把泡温泉称作泡汤，在寒冷的冬天，没有什么比“泡汤”更能让人快乐的了。

荔枝

荔枝是著名的岭南佳果，以果形别致、色彩悦目、甘软滑脆、清甜浓香、色味俱佳而著称。

凉茶

凉茶是汉族中草药植物性饮料的统称，广东凉茶是汉族传统凉茶文化的代表，是凉茶饮品的先驱。

唔该

“唔该”是粤语中最常用的礼貌用词之一，有“多谢”“劳驾”等意思，是前往广东的必备词汇之一。

印象广东

广东建筑

西关大屋

是富有岭南特色的传统民居，多为名门望族、官僚巨贾所建，是广州传统建筑的瑰宝。

广州塔

广州新电视塔，昵称“小蛮腰”，总高度600米，内部各种功能齐全，是广州的地标之一。

开平碉楼

是集防卫、居住和中西建筑艺术于一体的多层塔楼式建筑，有古希腊、古罗马及伊斯兰等多种风格。

潮州民居

广东潮汕地区汉族传统民居建筑，多为以姓氏宗祠为中心的围寨格局，拥有自己独特的文化内涵。

客家围屋

是客家文化中著名的特色民居建筑，结合了汉族建筑遗风和南部山区的地域文化特色。

岭南园林

岭南园林虽不如江南园林和北京园林名气大，但却拥有浓厚的地方民间色彩，代表有清晖园、梁园等。

印象
广 东

广东风物

佛山木版年画

中国华南地区著名的民间年画，历史悠久，是岭南汉族民俗文化的一朵奇葩。

粤绣

广东最著名的特产，与苏绣、湘绣、蜀绣并称为中国“四大名绣”，极具观赏性和收藏价值。

广式月饼

广东汉族特色名点之一，其选料和制作技艺无比精巧，皮薄松软，造型美观，图案精致。

广东剪纸

是一门古老的汉族民间艺术，其中最有代表性的是佛山剪纸和潮阳剪纸，艺术水平极高。

广彩

是广州地区釉上彩瓷艺术的简称，以构图紧密、色彩浓艳、金碧辉煌为特色。

端砚

位列“中国四大名砚”之首，石质优良，研出的墨汁十分细滑，书写流畅，且字迹久不变色。

印象 广东

广东民俗

粤剧

又称“广府戏”，汉族传统戏曲之一，是糅合唱念做打、乐师配乐、戏台服饰、抽象形体的表演艺术。

龙母诞

农历五月初八是传说中龙母的诞辰，大批的善男信女都会前往悦城龙母庙进香朝拜，热闹非凡。

麒麟舞

已有500多年的历史，融歌、舞、乐为一体，充满了热烈的喜庆气氛和浓厚的广东客家特色。

广东醒狮

地道的广东省汉族民间舞蹈，被认为是驱邪避害的吉祥瑞物，长盛不衰，历代相传。

赛龙舟

珠三角地区河网纵横，赛龙舟文化源远流长，从各项风俗仪式到龙舟的制作，形成了独特的龙舟民俗。

工夫茶

起源于宋代，是广东潮汕地区汉族人民传统的饮茶风俗，也是礼宾待客的第一道习俗。

自驾广东

线路 1

潮汕文化、客家风情之旅

潮州龙湖古寨

惠州 罗浮山

汕头 南澳岛

潮州 潮州古城

梅州 雁南飞茶田

河源 万绿湖

这是一条从广州出发往东的环线，沿途风景绚丽多姿。在潮州品味古老的潮汕文化，领略客家博物馆所孕育的客家风情，在惠州西湖泡上一杯咖啡，素雅江南，春暖花开。

第一天 从广州沿广园快速 G35 行驶至惠州市，参观西湖风景区。沿途经过罗浮山风景区可去参观。“日啖荔枝三百颗，不辞长做岭南人”。罗浮山绝对是个游山玩水的好地方，夜宿惠州。

第二天 从惠州市沿 G15 行驶至汕尾市参观红海湾遮浪岛和金厢滩，之后行驶至汕头市，夜宿汕头市。

第三天 前往南澳岛游玩，清新的海风，细软的沙滩，收获一份轻松与惬意。之后沿 G15—G335 行驶至潮州市，夜宿潮州。

第四天 去龙湖古寨看潮州特色的古民居、到道韵楼感受客家八角土楼的魅力、爬凤凰山看日出观天池，抑或是观赏潮州古城内的古迹，夜宿潮州。

第五天 前往梅州市，瞻仰叶剑英等客家名人的故居，品尝正宗的客家美食，还可以去雁鸣湖和雁南飞茶田呼吸新鲜空气，于灵光寺祈福收获一份宁静，夜宿梅州。

第六天 从梅州市沿 G25 行驶至河源市参观万绿湖，之后沿 G25—S2 返回广州市。

丹霞山

线路 2

丹霞文化、民族风情之旅

韶关 南华寺

仁化 丹霞山

乳源 乳源大峡谷

乳源 南岭国家森林公园

清远 三排瑶寨

这里更多是以美丽的高山和峡谷来吸引人的眼球，溶洞密布的英德峰林、美丽而独特的丹霞地貌、气势磅礴的乳源大峡谷都是大自然的杰出作品。此外，粤北的瑶寨风情也是这条线路上一道亮丽的风景线。

第一天 前往韶关。游览南华寺，中午在南华寺享用斋饭，用完午餐后游览南华寺后山，可在南华寺访禅。晚上泡一泡曹溪温泉，这里最具特色之处在于园内数百个随风飘扬的风铃，在泡汤的同时也能尽享悦耳铃声。

第二天 前往丹霞山,从高处领略丹霞山地貌的美丽，还可在水中以仰视的角度游览丹霞山。乘着游轮漂荡在丹霞山之间，沿着蜿蜒的水路领略丹霞地貌的风采。

第三天 前往乳源县，早餐后赴乳源大峡谷，在这里能欣赏黄山之奇、华山之险、张家界之秀，感受大自然的鬼斧神工，满足你猎奇探险的欲望。下午拜访云门寺，这里比较清静。

第四天 上午前往南岭国家森林公园，这里深壑幽谷，犹如长长的风景画廊，动人心弦。午后来到必背瑶寨，欣赏美丽的瑶山风光，夜宿瑶寨。

第五天 前往清远，拜访三排瑶寨，领略古老而奇特的瑶族风情。

自驾广东

黄飞鸿纪念馆

线路 3

观光访古、
缅怀伟人之旅

沿着这条线路，在广州这个古老而又年轻的都市里，感受现代文明的强劲冲击，体会南粤传统文化的深远影响。来中山靠近伟人，体会他的生活。从公园到故居再到纪念堂，感受孙中山先生在这座城市的印记。

中山 孙中山纪念堂

佛山 佛山祖庙

广州 陈家祠

广州 沙面岛

东莞 虎门炮台

第一天 前往中山，上午先去中山公园逛逛，然后去孙中山故居，可以看到民国的建筑，靠近孙中山先生生活过的地方。下午去孙中山纪念堂，怀着对孙先生的敬意结束这段旅程，晚上可以在中山西路闲逛吃美食。

第二天 前往佛山，参观佛山祖庙，然后游览叶问及黄飞鸿纪念馆，感受南派武术之乡的美丽，夜宿佛山。

第三天 上午抵达广州，参观陈家祠，里面有很多展览，祠里的建筑很有岭南特色。下午到建于宋代供奉北帝的仁威庙参观，在沙面享受具有广州特色的美食。漫步沙面风光旖旎的人行道，最后前往西关古老大屋观看广州典型的传统旧屋。

第四天 到达东莞，上午参观富有东莞古城象征的迎恩门城楼，下午拜访鸦片战争博物馆，深刻体验鸦片战争的历史，之后参观威远炮台和沙角炮台。

深圳小梅沙

线路 4

游山看海、休闲品茶之旅

这是一条绿色休闲之旅的线路，叠翠的茶田，潺潺的流水，如茵的绿草，来到这片土地，发现心目中的“世外桃源”。

第一天 前往珠海，早餐后前往东澳岛，潜水、冲浪、垂钓或是在南沙湾沙滩漫步，品尝美味海鲜。午后去珠海御温泉，在温泉中安静地泡着，让全身心都感受珠海这座城市的恬静与舒适。

第二天 前往深圳，上午前往华侨城，去世界之窗，看世界各国经典景观的微缩再现。下午去东门老街，寻老街的历史，看深圳的发展之路。最后到达小梅沙，看海豚、海狮、海豹的精彩表演，在黄昏的美景中踏浪、捡贝壳，夜宿景区附近。

第三天 来到鹏城古村，城内有雄伟的古城门，有古色古香的古民居，仿佛进入了另一个年代。随后到达东西冲海岸，海水蓝而透明，海浪一排接着一排，气势十足，夜宿深圳。

第四天 抵达汕头，乘船前往南澳岛，之后前往有“东方夏威夷”之称的青澳湾，感受大自然赋予的独特风光，晚餐后入住酒店。

第五天 来到梅州，上午游览雁南飞茶田，沿着雁南飞大道一路参观，看茶艺表演、游生态谷，然后在围龙食府就餐，之后到层峦叠翠的茶园参观，感受世外桃源的美丽。

第六天 上午赴茶山，欣赏壮观的千亩茶田；下午参观五华热矿泥山庄，体验一次别样的泥浆浴；傍晚逛客家风情街，于农家乐园里享受难得的田园时光。

解读广东

地理

丹霞山

面积和区划

广东省地处中国大陆最南部，东邻福建省，南临南海，西接广西壮族自治区，北接江西省、湖南省，珠江口东西两侧分别与香港、澳门特别行政区接壤，西南部雷州半岛隔琼州海峡与海南省相望。全省总面积18万平方千米，其中岛屿面积1448平方千米，占全省土地面积的0.8%。

广东省下辖21个地级市，分为珠三角、粤东、粤西和粤北四个区域，其中珠三角包括广州、深圳、佛山、东莞、中山、珠海、江门、肇庆、惠州，粤东包括汕头、潮州、揭阳、汕尾，粤西包括湛江、茂名、阳江、云浮，粤北包括韶关、清远、梅州、河源。其中广州和深圳为副省级城市。

人口和民族

截至2022年年末，全省常住人口12656万人，其中城镇常住人口9465.40万人，占常住人口的比重为74.79%。

广东少数民族人口475万，占全省总人口的3%左右。广东世居少数民族有壮、瑶、畲、回、满族，设有连南瑶族自治县、连山壮族瑶族自治县、乳源瑶族自治县3个少数民族自治县。

珠江新城

⊕ 地形

广东省地貌类型复杂多样，有山地、丘陵、台地和平原，地势总体北高南低，北部多为山地和高丘陵，最高峰石坑崆海拔1902米，位于阳山、乳源与湖南省的交界处；南部则为平原和台地。

广东省山脉大多与地质构造的走向一致，以东北—西南走向居多，如斜贯粤西、粤中和粤东北的罗平山脉和粤东的莲花山脉，粤北的山脉则多为向南拱出的弧形山脉，局部有景色奇特的红色岩系地貌，如著名的丹霞山和金鸡岭等。

广东省河流众多，以珠江流域及独流入海的韩江流域和粤东沿海、粤西沿海诸河为主。全省大陆岸线长3368.1千米，居全国第一位，海域辽阔，海洋资源丰富。全省沿海共有面积500平方米以上的岛屿759个，数量居全国第三位。

⊕ 气候

广东省地处热带、亚热带地区，地跨北回归线，大部分地区属亚热带湿润季风气候，气候温和，降雨量充沛，降水主要集中在4~9月，夏长冬暖，春季多梅雨，夏秋多台风，洪涝和干旱灾害时常发生，前往广东旅游要提前关注天气预报，避免暴雨台风等恶劣天气。

⊕ 粤北秘境——南岭

毛泽东写的《七律•长征》中“五岭逶迤腾细浪”，这里的五岭即为南岭。南岭位于广东以北，西接云贵高原，东连五夷山脉，由一系列东北—西南走向的山岭组成，东西绵延1000多千米。在这些山岭中，最有名的是中段的越城岭、都庞岭、萌渚岭、骑田岭和大庚岭，它们构成了南岭山脉的主体部分，因而南岭也被称为五岭。

南岭

南岭山脉主要是在7000万年前形成的，以后又经过长期的风化剥蚀而成，平均海拔在1000米左右。山体是一块一块的，互不衔接，但是从整体看，仍是由东向西，连成一气，主体山峰几乎都是花岗岩山峰，显得气势磅礴，层峦叠嶂。在山岭与山岭之间，隔着一些低凹的山口隘道，海拔一般不超过500米，都是南北交通的重要孔道，京广铁路和湘桂铁路就是穿越隘道修筑的。南岭的山势不高，而且比较"破碎"，所以毛泽东用"五岭逶迤腾细浪"，来形容这峰峦起伏的群山像翻腾着的细小波浪。

南岭山脉是长江与珠江流域的分水岭，对冬季的寒潮南下起着一定的拦阻作用，使岭南和岭北的气候有所不同。岭北常见霜雪，越冬作物都比较耐寒，岭南则很少有霜雪，热带性栽培植物比较多。由于山岭的阻挡作用，南侧降水比北侧稍多。所以，南岭也是我国南方的一条自然地理分界线。

南岭有广东最高的山峰——石坑崆（海拔1902米），有水量丰沛、景色秀美的天然瀑布群，有最完整、最大片的原始广东松林，堪称"岭南生物多样性最丰富之地"和岭南天然生态保护屏障。南岭的群山让广东的整个环境骤然奇峰突兀，能给人带来独特的探险经历。

丹霞地貌

丹霞地貌是指红色砂岩经长期风化剥离和流水侵蚀，形成孤立的山峰和陡峭的奇岩怪石，是巨厚红色砂、砾岩层中沿垂直节理发育的各种丹霞奇峰的总称，主要发育于侏罗纪至第三纪水平或缓倾的红色地层中。丹霞地貌在中国分布最广，广东韶关市仁化县境内的丹霞山是世界"丹霞地貌"的命名地。

丹霞地貌特征

红层地貌中所谓"红层"是指在中生代侏罗纪至新生代第三纪沉积形成的红色岩系，一般称为"红色砂砾岩"。

在红色砂砾岩层中有不少石灰岩砾石和碳酸钙胶结物，碳酸钙被水溶解后常形成一些溶沟、石芽，或者形成薄层的钙化沉积。

丹霞地貌多为顶平、身陡、麓缓的方山、石墙、石峰、石柱等奇险的地貌形态，各异的山石形成一种观赏价值很高的风景地貌。

丹霞地貌各岩块之间常形成狭陡的巷谷，其岩壁因红色而名为"赤壁"，壁上常发育有岩洞。

中国最美的七大丹霞地貌

2005年，在《中国国家地理》杂志举办的"选美中国"活动中，评选出了"中国最美的七大丹霞"：

①广东韶关市仁化县的丹霞山
②福建南平市武夷山市的武夷山
③福建三明市泰宁县的大金湖
④江西鹰潭市贵溪市的龙虎山
⑤广西桂林市资源县的八角寨、湖南省邵阳市新宁县的崀山
⑥甘肃张掖丹霞地貌
⑦贵州遵义市赤水市丹霞地貌

丹霞地貌的形成

第一步：喜马拉雅造山运动使部分红色地层发生倾斜和舒缓褶曲，并使红色盆地抬升，形成外流区。

第二步：流水向盆地中部低洼处集中，沿岩层垂直节理进行侵蚀，形成两壁直立的深沟，称为巷谷。

第三步：巷谷崖麓的崩积物在流水不能全部搬走时，形成坡度较缓的崩积锥，崩积锥不断向上增长，下部基岩形成一个和崩积锥倾斜方向一致的缓坡。

第四步：崖面的崩塌后退使山顶面范围逐渐缩小，形成堡状残峰、石墙或石柱等地貌。河流深切的岩层，可形成顶部平齐、四壁陡峭的方山，或被切割成各种各样的奇峰，有直立的、堡垒状的、宝塔状等，即为现在的丹霞地貌。

广东的母亲河——珠江

珠江是中国南方的一条大河，她以8倍于黄河的水量奔流在南方大地，润泽着两岸的土地和百姓。相比于长江、黄河，珠江的涛声没有那么震撼，但她却是广东人民的母亲河，千百年来哺育了世世代代的广东儿女。

珠江又名粤江，因流经海珠岛而得名，是东、西、北三江及下游三角洲诸河的总称。珠江全长2320千米，若按年流量算，它是中国第二大河流，仅次于长江。珠江包括西江、北江和东江三大支流，其中西江最长，通常被称为珠江的主干。西江发源于云南省沾益县的马雄山，流经广东、贵州、广西、广东四省区及中国香港、中国澳门特别行政区。在广东三水与北江汇合，从珠江三角洲地区的8个入海口流入南海。北江主源称浈水，源于江西省信丰县西溪湾，干流全长468千米，流域面积约4.6万平方千米，绝大部分在广东省境内，主要支流有武水、连江、绥江等。东江源于江西省寻乌县大竹岭，主要支流有安远水、新丰江、秋香港、西枝江、增江等。

珠江是中国境内的第三大水系，也是中国南方最大的水系，珠江水系共有大小河流774条，总长3.6万多千米，沿途有丰盈的河水与众多的支流。在广东境内，珠江流域总面积达1112万平方千米，占全省陆地总面积的61.8%，是不折不扣的“广东母亲河”。

中国的南大门——珠江三角洲

在广东省南部，珠江三大支流西江、北江和东江猛然交汇，在临近大海的地方不断冲击，千百年来江中的沙土不停地堆积，逐步形成了一片千里沃土——珠江三角洲。

珠江三角洲原称粤江平原，位于珠江下游，毗邻港澳，与东南亚地区隔海相望，海陆交通便利，被称为中国的“南大门”。

珠江源

三角洲由西江、北江和东江冲积的三个小三角洲组成，三个小洲呈倒置三角形，底边是西起三水区、广州东到石龙为止的一线，顶点在崖门湾，面积1.1万平方千米。三角洲冲积层薄，一般为20~30米。地面起伏较大，四周是丘陵、山地和岛屿，中部是平原，分布在广州市以南、中山市以北、江门以东、虎门以西。

珠江三角洲是一片河网密布的土地，有较大的水道近百条，较小的港汊更多，交织成网。珠江分别由8个口门入海。入海处常有残丘夹峙，形势险要，称为“门”，著名的有虎门、磨刀门、崖门等。珠江水系年均输沙量达8000多万吨，河口附近三角洲仍在向南海延伸。在河口区平均每年可伸展 10~120米，成为中国重点围垦区之一。三角洲属于亚热带气候，终年温暖湿润。

珠江三角洲位于南亚热带，当地人民创造了“桑基鱼塘”“果基鱼塘”“蔗基鱼塘”等经营方式，既利用了优越的自然条件，又护养了农业生态系统。又由于修筑堤防，建立电力排灌系统，防止了洪涝灾害和海潮侵袭，更促进了农业的发展。这里盛产水稻、甘蔗、蚕茧、黄麻以及香蕉、菠萝、木瓜、荔枝、龙眼、橙、柠檬等，淡水渔业也发达。改革开放以来，珠江三角洲经济发展迅速，已经成为中国经济的重要引擎之一。

东澳岛

历 史

岭南武帝赵佗像

南越王雄霸岭南

南越国是我国西汉初期在岭南地区建立的诸侯王国（地方割据政权），其疆域包括今天中国广东、广西等地区。南越国始于公元前203年，于公元前111年为汉武帝所灭，传国五世，历时93年，是中国历史上岭南地区的一个重要王朝。

公元前221年，秦始皇统一六国之后，以任嚣为主将，开始对岭南地区的百越之地用兵，并于公元前214年平定岭南。随后，秦始皇在岭南设立了南海郡、桂林郡、象郡三郡，任嚣为南海郡尉，管理博罗、龙川、番禺、揭阳四县。

公元前209年，陈胜、吴广揭竿起义，各地豪杰纷纷响应，中原地区战乱四起。任嚣见秦朝廷无力南顾，便采取了观望的态度。此时的南海郡可谓占尽天时地利，然而任嚣重病在身，大限将至，而自己的儿子却不成器，便将坐拥岭南的愿望委任给旧时的部将——龙川县令赵佗。

任嚣去世后，赵佗按照他的策略，封锁南岭的交通要道，断绝与中原的联系。同时清除内部忠于秦朝的异己，随后开始向西用兵，最终吞并了桂林郡和象郡。公元前204年，赵佗公开称王，定都番禺（今广州），自封为“南越武王”。就这样，一个南到越南中部、北达两广北部、东临大海、西至滇黔桂交界处的南越国诞生了。

公元前202年，刘邦平定中原地建立了西汉政权。此时，在刘邦看来，兵强马壮的南越国既是一个威胁，又是一块肥肉。然而中原地区战乱多年，物力财力匮乏，刘邦决定不用武力对付南越国。公元前196年，他派陆贾出使南越，成功说服赵佗归汉。此后，南越国和汉朝互相通市，和睦相处。

公元前111年，汉武帝派兵攻占岭南，存续了93年的南越国灭亡。南越国的建立保证了秦末乱世时岭南地区社会秩序的稳

历史大事记

远古时期

距今12.9万年以前，岭南出现了早期古人——马坝人。

秦汉时期

公元前222年，秦始皇统一六国后，派屠睢率领50万秦军攻打岭南。公元前214年，秦军基本上占领岭南，设桂林、象、南海3个郡，今广东地区大部属南海郡。公元前203年，秦南海郡尉赵佗起兵兼并桂林郡和象郡，建立南越国。

公元前111年，汉武帝平定南越国，派出大型船队沿海岸航行，到达印度洋，与印度洋沿岸国家建立海上交通贸易联系。210年，吴国的孙权任命步骘为交州刺史，率兵抵达番禺，广东属于东吴统治。

七星岩

定，使岭南免遭战乱之苦。来源于秦朝中原地区的统治者，带来了中原发达的政治制度和先进的农业、手工业生产技术，对当地的经济和文化的发展产生了巨大的影响。

岭南的生命之路——大庾岭道

"今日岭上行，身世永相忘"，北宋文豪苏轼贬谪岭南，曾两度途经大庾岭，笃情悱恻的诗句表达了他颠沛流离、仕途坎坷的一生。明清以前，岭南一带一直属于荒蛮僻野、瘴疠之乡，直到明朝时期，伴随着大庾岭商道的繁华，岭南才逐步加强了与北方的联系，并最终走在了中国经济的前列。

大庾岭道其实早在秦代就已粗见雏形，据史书记载，秦使屠睢曾将兵十万守南楚之峤，即大庾岭，当时大庾岭道是秦军进入岭南的必经之道。716年，唐朝宰相张九龄告病归乡，途经大庾岭时，眼见岭路险峻，周遭百姓苦不堪言，便上奏玄宗，力请开凿大庾岭路，方便南北交通，玄宗便下诏，命张九龄开凿大庾岭道，此路南通广东南雄，北接江西南安（今江西大余县），新路开通后，南北交通蔚然改观。史载，大庾岭路可通"五轨"、走"四通"，"荒祠一拜张丞相，疏凿真能迈禹功"的诗句便是褒扬张九龄为民修路的伟绩。唐朝中期，大庾岭路逐渐发挥赣粤交通主干线的作用，广东省沿海货物经东江抵南安，翻越大庾岭路，洄赣江而下，最终汇流长江。往来交易热闹非凡，南北交流日益频繁。

到明朝时，每年经大庾岭道北运的广盐高达数千万斤，大庾岭路为朝廷带来了高额的税赋，世称"黄金大道"。大庾岭商贸的兴盛，推动了赣南、粤北一带的经济发展，徽州茶商进军两广，就是沿赣江溯流而上，越大庾岭南入番禺，世人用"南来车马北来船"的诗句来描绘当时的盛况。

清代，由于海运渐兴，漕运方式发生变化，海运以强大的运输力与低廉的成本，迅速占据一席之地，给内河漕运带来巨大冲击，大庾岭的地理优势一落千丈，大庾岭道作为纵贯南北的要道，逐步沦为海运的配角。至清末五口通商后，大庾岭道更是渐趋垂暮，最终湮灭在浩瀚的历史长河中。

大宋王朝的覆灭——崖山海战

1274年，元世祖忽必烈发布征宋诏书

隋唐时期

661年，唐朝在广州设立我国历史上第一个海关（市舶使，又称结好使），代表官方承揽外贸业务，负责接待外来使者。
716年，唐朝丞相张九龄在大庾岭开凿了一条通往中原的通道，从而改变了中央朝廷与岭南地区的交通格局。
917年，刘岩在广州称帝，建立大越国，改广州为兴王府，国号汉，史称南汉。

宋元时期

1068年开始，广州大规模修建城垣，修建了东、西、子三城。
1279年，南宋残军与元军在崖山（今广东新会崖门镇）展开海战，宋军大败，南宋灭亡。

明清时期

1646年，朱元璋的后代朱聿鐭在广州称帝，年号绍武；桂王朱由榔称帝于肇庆改元永历，史称南明政权。
1684年，清政府设立了粤、闽、浙、江四海关，广州粤海关的贸易量一直是四个海关之首。
1838年，林则徐作为钦差大臣赴广东查禁鸦片，并实施了著名的"虎门销烟"。

后，元军以伯颜为统帅，由多民族混编组成的九路大军水陆齐头并进，浩浩荡荡地杀奔南宋而来。1276年年初，执政的谢太后和年方5岁的南宋小皇帝赵显（恭帝）投降了元军，赵显的两个哥哥赵昰和赵昺在不愿降元的皇室遗老和吏部侍郎陆秀夫的护送下，逃往南方。

陆秀夫以南宋流亡朝廷的名义，派人知会各路抗元残余力量，他们拥立赵昰即位，是为宋端宗，封赵昺为卫王。此时，青史留英名的抗元英雄文天祥从元军的监狱里逃出，也辗转来到福州，被任命为右宰相。经过陆秀夫、张世杰、文天祥等人的艰苦卓绝的努力，抵抗力量逐渐壮大，抗元复国的声势一时大振。

忽必烈见此情形，心急如焚，赶紧加派大军四面出击，大举进剿，南宋抗元军队损失巨大，最终一路南逃至广东崖山，卫王赵昺也替代了身体不适的端宗赵昰，成为新的南宋皇帝。

1279年2月，南宋残军与元军在新会崖门海域（今属广东省江门市）展开了一场历时20多天的大海战，双方投入兵力数十万，动用战船2000余艘，最终宋军全军覆没，丞相陆秀夫背着年仅8岁的皇帝赵昺蹈海殉国，自公元960年宋太祖赵匡胤建立北宋起，立国319年之久的大宋王朝黯然落幕，消失在历史的烟云深处。这便是著名的崖山海战。

陆秀夫像

史料记载，崖山海战结束后的第二天，海面上浮尸十余万，血流漂橹，海水变赤，大宋文武精英玉石俱焚，损失殆尽，成为这衰朽不堪的王朝的陪葬。

虎门销烟，扬我国威

虎门销烟是发生在20世纪的一件震惊世界的事件，作为历史的导火索，它给中国带来了长达100多年的动乱和变革，也为我们留下了风云变幻的近代史。

19世纪30年代以前，清政府统治下的中国对英贸易每年都保持顺差。为了扭转这种局面，英国资产阶级出于其掠夺本性，竟用鸦片来冲击中国的贸易市场，获取不义之财。鸦片的大量输入，使中英两国的贸易地位完全改变，造成中国白银大量外流，使清朝面临经济崩溃的边缘。更为严重的是，鸦片极大地摧残了吸食者的身心健康。因此，要求禁烟的呼声也越来越强烈。

从1836年起，清朝统治阶级内部出现了

近现代时期

1840年6月，英军封锁珠江口，挑起第一次鸦片战争，并最终迫使清政府签订《南京条约》，割让香港给英国，广州等五座城市沦为通商口岸。

近现代时期

1856年10月，英军进攻广州，第二次鸦片战争开始，最终英法联军攻入京津，迫使清政府签订了《天津条约》等不平等条约。

近现代时期

1887年，葡萄牙诱逼清政府签订《中葡和好通商条约》，侵占澳门（时属香山县）。
1895年，孙中山在广州设立了兴中会分会并发动起义，起义终以失败告终。
1911年4月27日，黄兴发动了黄花岗起义，拉开了辛亥革命的序幕。

一场禁烟与弛禁的激烈争论。鸿胪寺卿黄爵滋、湖广总督林则徐、两江总督陶澍等均支持禁烟。道光皇帝思量再三，最终于1838年任命林则徐为钦差大臣，派其前往广东主持禁烟。

林则徐到达广州后，立即与两广总督邓廷桢等合作，开始禁烟工作。他下令停止中英贸易，并派兵严守商馆，断绝商馆与澳门的交通（英军当时进驻在澳门），撤退中国在商馆中的雇员，最终迫使英国鸦片商贩同意缴烟。仅一个多月时间，林则徐带领民众收缴了2万多箱鸦片，共计118.8万千克。

1839年6月3日，林则徐在虎门销烟，他命人在虎门挖了三个大坑，将鸦片投入坑中，引进盐水浸泡后，再投入石灰，用海水和石灰的化学反应将鸦片溶解。整个销毁行动，从6月3日开始，直到6月25日才将收缴的鸦片全部销毁殆尽。为了让外国人“共见共闻”，他特意准许外国人到现场参观。除留下8箱作为样品送往京城外，100多万千克鸦片全部付之一炬。

林则徐主持下的销烟壮举，不仅一雪国人的耻辱，而且向全世界表明了中国人决心禁烟和反抗外国侵略的坚强意志，谱写了近代史上中国人民反对外国侵略光辉篇章的第一页！

虎门销烟浮雕

近现代时期

1911年10月，辛亥革命爆发后，广东实现“和平光复”，广东军政府正式宣告成立。

1917年9月10日，孙中山在广州就任军政府大元帅，南北形成对峙局面，护法运动正式开始。

1927年12月11日，中国共产党在广州领导广州起义，起义以失败告终。

1938年，广州沦陷，日军在广州成立了广东伪“治安维持会”。

1949年10月14日，广州解放；同年11月6日，广东省人民政府正式成立。

现当代

1980年8月，中央政府在深圳设置经济特区，深圳成为副省级城市。

1992年，邓小平到广东省视察，史称“南方谈话”，揭开了广东改革开放的黄金发展期。

2010年，第十六届亚运会在广州举行，中国代表团取得了优异的成绩。

黄花岗起义

黄花岗起义又称第三次广州起义、辛亥广州起义，是中国同盟会于宣统三年（1911年）在广东省广州市发起的一场起义。

19世纪末，清政府迫于形势压力，对教育进行了一系列改革，于1905年年末颁布新学制，废除科举制，西学逐渐成为学校教育的主要形式。教育方式的根本性变革，使大批思想进步锐意创新的社会精英及血气方刚的年轻新锐为后来风起云涌的革命积蓄了巨大能量。

从20世纪初开始，革命就成了不可阻挡的历史潮流。革命党人不断利用会党和新军发动武装起义。1906年12月起，同盟会推动和领导了规模巨大的萍浏醴起义、潮州黄冈起义、惠州七女湖起义、防城起义、镇南关起义、钦廉上思起义、河口起义等，但这些起义均以失败告终。

1910年11月13日，孙中山在马来半岛召集赵声、黄兴、胡汉民等中国同盟会重要骨干，决定集同盟会精英，在广州举行起义。1911年4月27日下午，黄兴率120余名敢死队员直扑两广总督署，发动广州起义。在战斗中和起义失败后，被残杀的革命党人，遗体血肉模糊，陈尸于街头示众，惨不忍睹。同盟会会员潘达微冒险挺身而出，不顾当局禁令，组织了100多人，把散落并已腐烂的72位烈士的遗骨收殓归葬，使一代英烈的业绩彪炳史册，永垂不朽，激励着一代代的中国人民。

黄兴

近代民主革命家，生于1874年，中华民国的创建者之一，孙中山先生的第一知交，也是黄花岗起义的直接领导者，在起义中负伤逃亡。

黄花岗

位于广州市越秀区白云山南麓先烈中路，埋葬着广州起义72名革命者的遗骸，是广州作为近代革命策源地的重要见证。

反清反帝，天下为公

19世纪末，甲午中日战争以后，各帝国主义国家掀起了瓜分中国的狂潮，中华民族面临着亡国灭种的现实威胁。为挽救民族危亡，以孙中山为代表的资产阶级革命派登上了历史舞台。

1895年，孙中山在香港成立兴中会总部后，策划广州起义，打响反清武装斗争的第一枪。1900年，孙中山又派郑士良到惠州（今广东惠阳）策动武装起义，因粮饷不济而惨遭失败。

1905年8月，中国历史上第一个资产阶级政党——中国同盟会成立，孙中山被推为总理。制订"驱除鞑虏，恢复中华，建立民国，平均地权"的资产阶级革命纲领，提出"民族、民权、民生"三民主义。在同盟会的领导下，资产阶级革命党人发动了多次以推翻腐朽的清朝封建统治，建立资产阶级共和国为目的的武装起义，如1906年的萍浏醴起义；1907—1908年在西南边境地区先后发动的六次武装起义等，但都归于失败。连续的失败，使少数革命党人失去信心，但孙中山等人毫不气馁，他们决心在广州发动一次更大的起义，以此推动全国革命形势的发展。

1911年4月23日，黄兴由香港潜入广州，在两广总督衙门附近设立起义指挥部。4月27日下午，黄兴带领"先锋"，吹响海螺，直扑督署。几经周折，起义最终失败。随后，广州革命志士收殓牺牲的革命党人遗骸72具，葬于广州郊外的红花岗，并将红花岗改为黄花岗，史称"黄花岗72烈士"。这次起义也被称为"黄花岗起义"。

辛亥革命博物馆

1911年，武昌起义爆发，孙中山被推为中华民国临时大总统。1912年1月1日，他在南京宣誓就职，建立中华民国临时政府，颁布《中华民国临时约法》。但革命果实却被袁世凯窃取，孙中山将同盟会改组为国民党，先后于1917年、1921年、1923年三次在广州建立革命政权，进行反帝反封建的革命。

1925年3月12日，孙中山不幸病逝。临终前，他在遗嘱里指出"革命尚未成功""必须唤起民众，及联合世界上以平等待我之民族，共同奋斗"。纵观其一生，孙中山坚持"天下为公"的革命思想，多次以广东为根据地展开革命斗争，也使得广东成为中国近代民主革命主要的策源地。

广东历史名人

广东历史悠久，人文荟萃，名人辈出，在哲学、政治、军事、科技、文化等各个领域都涌现出了不少杰出的人物。

冼夫人（512—602）：又称谯国夫人，广东高凉（现高州市）人，南北朝时岭南地区的女首领。冼夫人在维护岭南统一和造福百姓方面作出了不朽的贡献，被尊为"圣母"。

张九龄（678—740）：广东韶关人。唐开元尚书丞相，诗人。他忠耿尽职，秉公守则，选贤任能，为"开元之治"作出了积极贡献，被誉为"岭南第一人"。

袁崇焕（1584—1630）：字元素，号（或字）自如，广州府东莞县石碣镇水南乡（今广东省东莞市）人。明末著名政治人物，文官将领，抗金名将。

洪秀全（1814—1864）：生于广东花县（今广州花都区），创立拜上帝会，并创立太平天国，号称"天王"，领导了轰轰烈烈的太平天国运动，给腐朽的清政府以沉重打击。

詹天佑

黄遵宪（1848—1905）：广东梅州人。晚清诗人、外交家、政治家、教育家。喜以新事物熔铸入诗，有“诗界革新导师”之称，有《人境庐诗草》《日本国志》等传世。

邓世昌（1849—1894）：广东番禺（今广州市海珠区）人。清末海军杰出爱国将领，在黄海与日寇海战中为国捐躯，民族英雄。

康有为（1858—1927）：广东南海人，近代著名政治家、思想家、社会改革家、书法家和学者，曾领导“戊戌变法”运动，主张君主立宪。

詹天佑（1861—1919）：广东南海人，是中国近代首位铁路工程师，负责修建了“京张铁路”等工程，被誉为“中国铁路之父”。

孙中山（1866—1925）：名孙文，字载之，号逸仙，广东省香山县（今中山市）人。中国近代民主主义革命的先行者，中华民国和中国国民党创始人，三民主义的倡导者。

梁启超（1873—1929）：广东新会人，近代著名的改革家、思想家、文学家、学者，曾与康有为一起领导了著名的“戊戌变法”。

澎湃（1896—1929）：广东海丰人。中国无产阶级革命家，中国共产党早期农民运动的主要领导人之一，被毛泽东称为“中国农民运动大王”。

叶挺（1896—1946）：广东惠阳客家人，是中国人民解放军的创始人和新四军重要领导人之一，他所在的国民革命军第四军在北伐中被誉为“铁军”。

叶剑英（1897—1986）：广东梅县雁洋堡人。中国伟大的无产阶级革命家、政治家、军事家，中华人民共和国元帅，中国人民解放军的缔造者之一。

冼星海（1905—1945）：祖籍广东番禺，出生于澳门，中国近代作曲家、钢琴家。1939年创作《黄河大合唱》，至今广为传唱。

潮州学宫

开平立园

文 化

粤剧

兼收并蓄的岭南文化

被南岭阻隔在南方的珠江流域和黄河流域、长江流域一样，都是中华文明的发祥地。这里孕育出的岭南文化，是中华文化的重要组成部分，也是中国文化百花园中的一朵奇葩。

从地域上来说，岭南文化大体分为广东文化、桂系文化和海南文化三大块，其中尤以属于广东文化的广府文化、潮州文化和客家文化为主体。

岭南文化一个最大的特点便是其“包容性”，生活在五岭之南的古百越族先民，从早期的渔猎文明、稻作文明渐渐发展到后来的商贸文明，都离不开江海水运，逐渐形成了喜流动、不保守的文化心理，成为岭南本土文化的本色，明显区别于内陆文明和河谷文明。

广府文化从属于岭南文化，在岭南文化中个性最鲜明、影响最大。广府文化即汉族广府民系的文化，是中华汉文明的重要组成部分，由于广府文化在广东民系文化中的突出地位，因此，广府文化在各个领域中常被作为粤文化的代称，如粤语、粤剧、粤曲等都是广府文化的杰出代表。

潮州文化在广东主要盛行于潮汕地区，已有2200多年的历史，是一种汉族民系文化，为海内外全体潮州人所共有，其涵盖范围甚广，主要包含潮州方言、潮剧、潮州音乐、潮州工艺、潮州木雕、潮绣、潮州大锣鼓等。

客家文化同样是岭南文化的重要组成部分。自秦汉以来，岭南开始统一于中华，灵渠、大庾岭的修筑和开通，使得岭南与中原的交流日益密切。北方几经战乱，中原汉人大批南迁，更是极大地促进了南北文化的融合，形成了独具魅力的客家文化。

明清之际，岭南三系文化相互融会贯通，岭南文化真正有了自己独立的风格、精神，并区别于南方文化。岭南文化形成后，在政治、哲学、学术、艺术、经济、工艺和生活等各个方面全面发展。到了近代，岭南得风气之先，成为中西文化交流的

广东卷轴

《岭南文库》：是一套全面论述岭南（包括广东以及与广东在历史上、地理上有密切关系的一些岭南地域）历史政治、社会文化等各方面的大型综合性丛书。

《佛山民俗文化》：记述了佛山一百多年来存在的各种民间民俗事象的书，全书图文并茂，通俗易懂，是读者深入了解佛山民俗文化的绝佳途径。

《岭南田野笔记》：一部岭南文化随笔集，详细描绘了百越大地上瑰丽、奇特的自然风光和历史人文景观，记录了岭南人的生存状态与精神面貌。

《炭烧老广》：全书用彩色图文漫画描述了广东人喝早茶的方式和生活情景，解释了广东的茶楼文化。

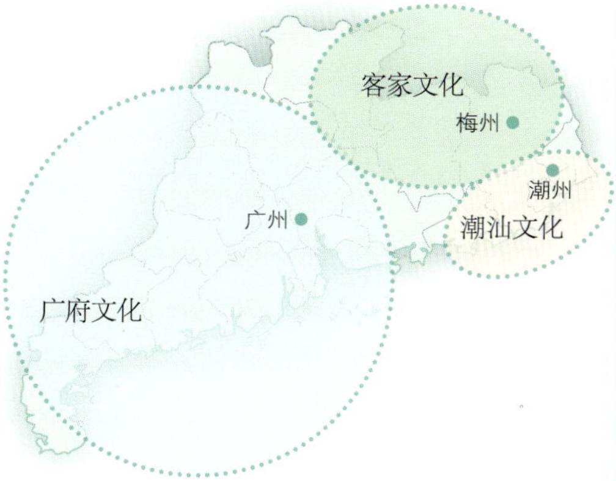

岭南文化十大名片

2010年广东省委宣传部开展了“岭南文化十大名片”评选活动。

粤菜　粤剧
广东音乐　广东骑楼
黄埔军校旧址　端砚
开平碉楼　广交会
孙中山　六祖惠能

重要津梁，多种文化思潮交错而织成绚丽多彩的画面，岭南文化成为中国政治、思想、文化革命和发展的先导。

广东华侨的百年悲欢

20世纪40年代，当中国人民正处于抗战最艰难的时刻，有一群可爱的人，他们生活在国外，却变卖家产，将筹得的钱物悉数送回祖国支持抗战，很多人甚至直接回国，加入了抗日救国的大军当中，为保卫中华民族作出了不可磨灭的贡献。这群可爱的人，就是以广东籍华侨为先锋和骨干的海外华侨。

自古以来，广东省就是我国海上贸易和移民出洋最早、最多的省份。广东人出国，可以上溯到唐代以前，唐朝以后侨居国外的人日益增多，在国外经商、侨居的侨胞多以“唐人”自居。从明代开始，侨居在今菲律宾、印度尼西亚、马来西亚、泰国、新加坡等国家和地区的人数有了显著的增加。到了鸦片战争以后，中国国门被迫打开，广东更是迎来了人口大量向外迁移的高峰。

广东人出国的原因是多方面的，如从事海外贸易，或是逃避战乱，但最根本的还是破产的农民、渔民、手工业者为了寻求生计，才远走国外的。鸦片战争以后，西方资本主义掠夺华工的活动空前加剧，最主要的形式就是臭名昭著的“猪仔贸易”。据统计，仅1845—1873年，经中国香港、中国澳门流入欧美的华人就多达32万多人。到1940年，“粤侨在海外人数为600万”。

近代以后，广东逐渐发展成为重点侨乡，占全国华侨人数的2/3，遍及全世界100多个国家和地区。此外，省内还有2000多万归

广东影像

《林则徐》（1958年）：主要讲述了19世纪中叶，林则徐与两广总督邓廷桢等人扣留中国鸦片船，于1839年在虎门把烟土全部焚烧的故事。

《黄飞鸿》（1991）：由徐克执导，李连杰、关之琳等联袂主演的动作电影，讲述了清朝末年佛山武师黄飞鸿习武自强并开展反洋斗争的故事。

《鸦片战争》（1997）：由谢晋导演、鲍国安等人主演的历史影片，讴歌了鸦片战争期间中华民族不屈于外国列强欺压、奋勇抗争的英雄气概，给观众留下了深刻印象。

《辛亥革命》（2011）：一部革命史诗战争片，讲述了晚清末年中华民族危亡之际，以孙中山为首的革命派为推翻帝制、建立共和做的抗争。

侨侨眷，主要集中在珠江三角洲、潮汕平原和梅州地区。华侨文化、侨乡文化是岭南文化的重要组成部分，表现在革命、慈善、商贸、建筑等方面。

在经济上，广东华侨对祖国和家乡的支援十分巨大。他们把在国外出卖劳动力或经营工商业所得，每年源源不断地送回祖国，在祖国办厂矿企业和文教卫生事业。在政治上，广东华侨以其巨大的爱国主义热情，积极投身于反帝反封建的斗争，为祖国的独立和自由作出了巨大的贡献。在文化上，旅外经商的华侨既接触了国外的优秀文化，又纷纷回乡兴办教育等文化事业，而且借鉴国外的建筑风格，在家乡大量修建中西合璧的建筑，如名闻中外的开平碉楼等，对当地文化事业的发展作出了不小的贡献。

遍布世界各地的广东华侨华人，在异国他乡艰苦创业，英勇拼搏，建家立业，铸就了无愧于居住国和祖国的历史丰碑。

享誉中外的粤菜

提起广东，很多人都会对这里的美食垂涎欲滴。饮食文化在广东文化中是很重要的一个分支，粤菜享誉海内外，“食在广州”也早已闻名于世。粤菜，即广东地方风味菜，是我国著名八大菜系之一，它以特有的菜式和韵味，在国内外享有盛誉。

中国各大菜系中，粤菜显得格外突出。

白切鸡

广东天籁

《春天的故事》：一首经典的歌曲，描述了改革开放和现代化建设的总设计师邓小平同志南方视察的故事，歌颂了深圳乃至整个中国的变化。

《荔枝颂》：是一首脍炙人口、享誉海内外的粤曲，始唱者是粤剧艺术家红线女，是粤曲的代表作品之一。

《旱天雷》：女中音歌唱家欧阳铭芮倾情演唱，演唱委婉抒情、声线醇厚而温暖、宽阔而细腻，具有浓郁的岭南文化特征和人文气质。

《落水天》：一首著名的客家民谣，在广东东部梅州一带广为流传。落水天在客家话中是下雨天的意思，反映了客家人的民间风土人情。

烤乳猪

粤菜发源于岭南。其烹饪技术之精妙，菜式美点之纷繁多样，味道之鲜美，色、香、味、形整体设计之完美，以及饮食环境、气氛之优雅和服务之细致周到等，都可谓首屈一指。自古以来，广州一直是中国与海外通商的重要口岸，社会经济因此得以繁荣，同时也促进了饮食文化的发展。中外各种食法逐渐被吸收，使广东的烹调技艺得以不断充实和改善，其独特的风格日益鲜明。广东旅居海外的华侨众多，又把在欧美、东南亚学到的烹调技巧带回家乡，粤菜借此形势迅速发展，终于形成了熔南北风味于一炉、融中西烹饪于一体的独特风格。

粤菜主要由广州、潮州、东江三种风味组成，以广州风味为代表，具有独特的南国风味。广州菜包括了珠江三角洲及其周边地区的饮食风味，选料广博奇异，品种多样是它的一大特色。广州菜讲究厨艺精湛，烹调方法有21种之多，尤以炒、煎、焗、焖、炸、煲、炖、扣等见长，做出的菜肴注重色、香、味、形，著名菜肴有烤乳猪、龙虎斗等。

潮州菜是潮州、汕头地区的风味菜。潮汕地区的饮食习惯与闽南相近，同时又受广州地区的影响，渐渐地会两家之长，风味自成一格。潮州菜以烹调海鲜见长，尤其汤菜最具特色，加工精巧，口味清醇，注重保持原料的鲜味，风味名菜有潮州烧雁鹅、潮州豆酱鸡、护国素菜汤、鸳鸯膏蟹等。甜食则以芋泥、五果汤等最有特色。

东江菜又称客家菜，是指东江流域一带的客家人的家乡菜。东江菜的特点是主料突出，味道浓郁，造型古朴。菜肴多用肉类，较少以蔬菜和水产配搭，下油重，味偏咸，以砂锅菜见长。风味名菜有盐焗鸡、酿豆腐、梅菜扣肉、八宝窝全鸭等。

广东人“以食为先”的生活风格，使广东的饮食业规模高居全国之首。广东人对其饮食的选择，也正是其兼收并蓄、开放包容的文化底蕴长期影响的结果。

粤语词汇与北方汉语词汇对照示例

粤语	北方汉语
消夜	夜宵
人工	报酬、薪金
中意	喜欢
夹万	保险箱
老窦	老爸
跷蹊	蹊跷
直头	简直
同埋	和、与、跟
屋企	家
嘥	浪费
掟煲	分手
皮篋	行李箱、手提箱
火烛	失火
事头婆	女房（店）东
唔该	谢谢

粤语	北方汉语
饮胜	干杯
心甘	甘心
后生	年轻
黐线	神经病
待登、专登	故意
酥虾	婴儿
是但、求期	随便
折堕	造孽、遭遇悲惨
好彩	幸好
荷包、银包	钱包
执生	随机应变、小心
淡定	镇定
口齿	信用
游车河	兜风
犀利、把炮	厉害

粤语	北方汉语
心熄	死心
火水	煤油
专登	特意
咸温	好色、下流
契弟	王八蛋
得意	可爱
得威	得意
横掂	横竖、反正
马骝	猴子
甲由	蟑螂
老细	老板
就算	即使
火牛	变压器
孤寒	吝啬
巴闭	了不起

粤语	北方汉语
鬼马	多诡计
花樽	花瓶
雪柜	电冰箱
人客	客人
吹胀	无可奈何
点解	为什么
僵柚	屁股
柜桶	抽屉
谂	想、考虑
生萝卜	长冻疮
番视	肥皂
失觉	失敬
唔通	难道
第的	其他
大镬	糟糕

六祖慧能

在英国伦敦大不列颠国家图书馆广场，矗立着世界十大思想家的塑像，其中有三名中国伟人，一位是儒家的孔子，一位是道家的老子，第三个人就是佛教大师慧能，他们被称为“东方三圣人”。

慧能是中国佛教禅宗流派的代表性人物之一。唐代，禅宗第六代祖师慧能南下避难，他到达广州后，在光孝寺剃度，寺中保留了埋葬六祖头发的古塔，六祖圆寂时，遗言不再传衣钵。禅宗讲究顿悟，强调人人能成佛，不一定需要上师的指引，体现更多平等的意识，方便修行，后来又演化成不同的流派。

广东现存有很多六祖慧能法师的遗迹，新兴县有六祖寺和他手植的唐朝荔枝树，肇庆市区保留有广东唯一的北宋大殿建筑，即六祖曾经居住过的“梅庵”，他最后圆寂的韶关南华寺中，现在还供奉着他的肉体真身，这是一种用大漆将圆寂僧人遗骸一层层涂护的保存方法，历经千余年仍然不坏。从法相上看，六祖深目高颧，是典型的广东汉子模样，每日仍接受香客的朝拜。

广州骑楼

骑楼对于广州的意义，就像北京的四合院、上海的小洋楼一样，是城市的符号印记，它建筑上结合了中西传统文化的特点，极好地体现了广州开放、灵活的城市精神。大部分骑楼是在20世纪二三十年代兴建，最密集的骑楼建在今天中山路以南、越秀路以西的地带。

广州骑楼建筑艺术极高，各种中西结合的装饰风格百花齐放，每条马路的每间骑楼的石雕、砖雕、灰塑、彩画、彩色玻璃、彩色水磨石等装饰都不相同，而骑楼空间的整齐和骑楼屋顶上不规则突出的中式小凉亭和西式小尖塔，又使得广州城的天际线更加丰富多彩。

骑楼结构

传统的骑楼通常是楼下做商铺，楼上住人，很多临街商铺都是几十年的老字号。

楼底多以巨大的柱子作支撑，形成走廊，有防雨、防风的功能。

骑楼墙面装饰也丰富多彩，有浮雕图案、窗洞形式、线脚、阳台铸铁栏杆等，融合了西方巴洛克建筑装饰风格，也有岭南特色的吉祥纹饰以及具有中国古典卷草图案。

楼顶有的是尖顶塔形，有的在正面墙挑出拱形雨篷，造型丰富。

骑楼种类

仿哥特式骑楼：以强烈的垂直线条和拉长的拱形窗表现明显的哥特装饰意味，代表建筑为爱群大酒店、北京路新华书店。

古罗马廊式骑楼：其底层骑楼为券柱式，券心处以旋涡装饰，风格雄伟，线角明朗而细部丰富，代表建筑为新华大酒店。

南洋式骑楼：在女儿墙上开有一个或多个圆形或其他形状的洞口，最初是为了预防南洋一带强烈的台风袭击，减少对建筑物的风负荷的技术处理，从而形成了独特的建筑艺术形态，代表建筑为文明路186号。

仿巴洛克式骑楼：既不同于古典式的严谨，也区别于17世纪巴洛克风格的烦琐与追求曲线、动感，而是在构图稳定的基础上加上巴洛克装饰，代表建筑为万福路114号。

中国传统式骑楼：延续了我国南方传统民居的特点，底层沿街挑出，长廊跨越人行道沿街布置，楼层正面墙上并排开着2~3扇窗户，立面基本无装饰，代表建筑为德政南路139号。

粤语拼音表

b 芭	p 琶	m 孖	f 花
d 打	t 他	n 娜	l 啦
g 家	k 卡	ng 芽	h 哈
z 楂	c 茶	s 紗	y 廿
gw 瓜	kw 誇	w 華	

	-	a	â	u	o	e	i	ü	ŏ	ĕ
-		a 加		u 估	o 歌	e 寫	i 義	ü 裕		ĕ 靴
i		ai 佳	âi 計	ui 貝	oi 該	ei 四			ŏi 銳	
u		au 教	âu 九		ou 高		iu 邀			
m	m 唔	am 減	âm 今				im 嚴			
n		an 揀	ân 根	un 觀	on 幹		in 賢	ün 緣	ŏn 潤	
ng	ng 嗯	ang 更	âng 更	ung 工	ong 港	eng 聲	ing 盈			ĕng 陽
p		ap 甲	âp 鴿				ip 業			
t		at 八	ât 吉	ut 撥	ot 葛		it 熱	üt 粵	ŏt 律	
k		ak 革	âk 北	uk 菊	ok 閣	ek 石	ik 億			ĕk 約

独特的广东方言

方言是一个地区文化最为显著的代表，在全国汉语的七大方言中，广东独占三种，包括以广州方言为标准音的广东话，称为粤方言；以梅县方言为标准音的客家话，称为客家方言；以汕头方言为标准音的潮汕话，属于闽方言。

三大方言中数粤语最为强势。粤语也称广东话，当地人称白话，“粤语”之名源于古代岭南地区的旧称“南越（南粤）”，是一个泛称。粤语是发源于北方的中原雅言（汉族母语）而于秦汉时期传播至两广地区，与当地古越语相融合产生的一种方言，主要分布在广东中西部及珠江三角洲地区，此外，广西中南部及东南部地区、中国香港、中国澳门等地区和东南亚的新加坡、印度尼西亚、马来西亚、越南以及北美、英国、澳大利亚等国家和地区也有广泛使用，是世界上有较强生命力的语言之一。

客语，又称客家语、客话、客家话等，

佛山祖庙粤剧

保留了不少古汉语词语，主要集中在粤东的兴梅地区、东江流域等，并被广泛使用于闽西、赣南交界的粤客家地区、中国台湾、马来西亚等国家和地区。

广东的闽方言主要分两个部分，一个为流行于粤东地区的“潮语”，是闽南话的一个分支；另一个为流行于粤西雷州半岛的“雷州话”，以海康话为雷州话的代表。

另外，广东地区还有一些归属尚未明确的方言，如粤北土话、军话、旧时正话等。总之，广东地区的方言较多地保留了古代汉语因素，较好地保存了少数民族语言基础，并与海外语言有着频繁的交流。

名扬四海的广东醒狮

舞狮子是我国优秀的民间艺术，每逢元宵佳节或集会庆典，民间都以狮舞前来助兴。这一习俗起源于三国时期，南北朝时开始流行，至今已有一千多年的历史。在一千多年的发展过程中，狮舞形成了南北两种表演风格，而广东正是“南狮”的中心地。

醒狮是一种地道的广东省汉族民间舞蹈，明代时，醒狮在广东出现，起源于南海县。广东醒狮被认为是驱邪避害的吉祥瑞物，每逢节庆，或有重大活动，必有醒狮助兴，长盛不衰，历代相传。

广东醒狮的特点侧重于“神、韵”，并与南派武术紧密结合，相比北狮的“艺术型”，广东醒狮属于典型“武功型”。醒狮的外形完全没有真狮子的轮廓，通常以“采青”为目的而形成套路，动作多姿多彩而又威武矫健、勇猛醒神。

“采青”是醒狮表演的核心内容，所有狮舞的编排都围绕这一环节展开。明清时期，主持活动的乡绅、族长在狮子演练完毕以后都为狮子挂红致谢，并赠予酒肉、米粮。之后，转变为以红包、利是作酬劳。后来发展到将红包裹在一束青菜之中，寓意为“财”，让狮子在演练过程中“采”取红包，“采青”等动作就此诞生。

20世纪80年代以来，广东几乎各地都有自己的醒狮队，一年四季，开张庆典锣鼓声不断，逢年过节，狮队便上街采青、巡演。广东醒狮已成为全国知名的为广东特有的民间舞品牌，成为海外侨胞认祖归宗的文化桥梁，其文化价值和意义十分深远。

醒狮

行走广东

带什么

来广东旅游，一般时间都比较长，因此在行李选择上，要备足装备，广东省地处低纬度地区又濒临南海，夏长冬暖，夏秋季多台风，每年的4~9月为雨季，因此要带好雨具。

常规必带

背包客

服装、背包、鞋袜

广东绝大多数地区的气候温暖舒适，年温差小，但日温差大，一般携带春秋服装即可。在够用的前提下，旅行携带的行李背包应越少越好。一般45升以下的背包就足以应付，如果参与一些野外徒步野营活动的，那么一大一小两个背包也就足够了。

既然是旅行，首选运动鞋和中低帮登山鞋，在广东绝大地区一双舒适结实的运动鞋即可。袜子方面，选择弹性较好、排汗良好的运动袜即可。

药品、食品

常规旅游准备一些感冒药品、胃肠类药品和一些去热止痛的药品就可以了，如感冒片剂、感冒冲剂、泻痢停、复方阿司匹林、扑尔敏、抗生素。

广东旅游业发达，美食也很多，路上简单携带一些喜欢的食品即可，纯净水、功能饮料视消耗情况，随时补充储量。

洗漱用品

毛巾、牙膏、牙刷、香皂、护肤霜、洗发水、梳子、剃须刀、手纸、湿纸巾等。

广东高铁

手套、防晒霜、太阳镜、帽子

户外旅行，拥有一双始终保持双手干爽的手套，大大加强了旅行的安全；在高原旅行，防晒霜可以削弱紫外线的影响，避免被晒得蜕皮；一副好的太阳镜和一顶带檐的帽子也起着相同的作用。

特殊选带

服装、背包、鞋

背包应越少越好，前往高山地区，携带一个45~60升的背包（最好有防雨罩）即可，可以不带的东西尽量不带。

建议选择符合中量级标准的高帮登山鞋，若是能够携带一罐足底清爽喷雾（屈臣氏有售），对足底杀菌除臭很有帮助。

药品、食品

对于完全背包客、徒步、探险之类的自助游客，要备一些以下药品：

常备药物：牛黄解毒片、黄连素、牙周宁、息斯敏、乘晕宁；

外用药：广东白药、万花油、创可贴、清凉油、风油精、伤湿止痛膏、眼药水、药棉、纱布、绷带、白胶布；

维生素类：金施尔康、善存片、其他维生素片。

广东部分地区的海拔还是比较高的，为防止产生高原反应，可适当服用红景天、肌苷片、西洋参等药物。行李里根据需要可装些携氧片和便携氧气罐。

食物方面，首选巧克力、牛肉干、水果糖、榨菜、饼干等高热量的食物。

帐篷、睡袋

若是前往广东地区自助旅行，需要携带防雨帐篷和稍厚点的睡袋。

旅行水壶、指南针

随身带个水壶，饮水会十分方便；万一迷了路，指南针能够给你指引前进的方向。

摄影器材

旅游和摄影向来是不分家的。前往风情多彩的广东也是如此，相机是一件必不可少的装备。普通旅游需求下，手机基本能满足需要。若是想拍摄高质量的自然美景和少数民族的风土人情，带上专业相机加一支广角镜头和一支中焦变焦镜头基本能满足需要，一支轻便的三脚架也十分有必要。多带几节电池和几张容量大点的SD卡是明智之选，此外的偏振镜、UV镜、清洁套装、防尘防雨塑料袋等设备也十分有用。

何时去

天湖风景区

广东地形地貌复杂，气候也很复杂。大部分地域属于亚热带气候，从北向南分别为中亚热带、南亚热带和热带气候，是全国光、热和水资源最丰富的地区之一。雨季主要集中在夏秋。

广东的最佳旅游时间在10月到来年的3月，这些月份雨水较少，山区因雨水带来的交通危险也少。

七八月是广东的雨季，下雨会影响出行，不过雨后的天气清凉舒爽，很适合夏日去避暑。广东冬季的阳光很好，北方的人们可以来此躲避寒冬。

广东各民族节庆的时间也是重要的参考标准。瑶家风俗规定，从农历二月初二起一直到七月初七，是不准唱歌和谈情说爱的，否则会受到社会舆论的谴责。七月初七传说是瑶族的祖先——盘古王的诞辰，盘古王开天辟地，在劳动中编造了歌，所以粤北连山一带的过山瑶把这一天定为“开唱节”。无论春、夏、秋、冬哪个季节来到广东，都会有着别样的风景。

▼ 广东旅游月历

月份	节日
1月	元旦花车巡游 深圳锦绣中华春节大庙会
2月	广东迎春花节 珠海樱花节 桥头油菜花节 南澳斗门樱花节
3月	广东美食节 波罗诞庙会
4月	广州南沙妈祖文化旅游节 梧州骑楼城文化节
5月	韶关漂流旅游节 佛山粤剧文化节
6月	岭南荔枝节 东莞桥头荷花节 广东省泥人节
7月	华侨城狂欢节 中山动漫游戏文化节
8月	羊城荷花节
9月	珠海斗门美食节
10月	珠海沙滩音乐派对 中国国际玉器节 梅州国际山歌节 中国旅游艺术节暨广东欢乐节 阳江风筝节
11月	广东国际旅游文化节 番禺美食节 广州国际美食节 佛山美食节 中国海洋经济博览会 广州国际灯光节
12月	廉江红橙文化节 流溪梅花节

吃什么

双皮奶

广东的饮食天下闻名，广州菜以原汁原味、潮州菜以精致典雅著称，客家菜则偏重咸。粤菜以广州菜作为代表，用量精而细，配料多而巧，装饰美而艳，品种繁多，注重质和味，口味比较清淡，力求清中鲜、淡中美。广东小吃属岭南风味，花式品种较多，造型精细。广东人也普遍喜欢喝茶，其中以潮州工夫茶最为有名。

煲仔饭

煲仔饭也称瓦煲饭，风味多达百余种，如腊味、冬菇滑鸡、豆豉排骨、猪肝、烧鸭、白切鸡等。用瓦做成的煲，在火候控制方面比较灵活，煲出来的饭也较为香口，齿间留香，回味无穷。

双皮奶

双皮奶是著名的粤式甜品，上层奶皮甘香，下层奶皮香滑润口。香气浓郁，入口嫩滑，让人唇齿留香。

簸箕炊

当地又称“格粢”“簸箕粢”或“白粢”，入口细腻富有弹性，软滑而不粘牙，再加上秘制的酱料，香浓而又不腻，那种味道绝对令人难以忘怀。

阳江猪肠碌

猪肠碌是广东阳江的招牌特色小食，因外形呈圆条形，貌似猪肠，因此取名猪肠碌。猪肠碌的馅由豆芽、炒河粉做成，以整张的河粉作皮来包裹，撒上白芝麻，淋些肉香汁，味道咸中带香，十分美味。

客家盐焗鸡

盐焗鸡是广东的一款名菜，首创于东江一带。客家盐焗鸡是一款美味菜品，主要原料有客家嫩鸡等，这道菜皮软肉嫩，香浓美味，并有温补功能。

清远走地鸡

走地鸡是家养土鸡，因母鸡背侧羽毛有细小黑色斑点，故又称麻鸡。它以体形小、皮下和肌间脂肪发达、皮薄骨软而著名，肉质较实，口感较好。

潮汕牛肉丸

牛肉丸作为著名的潮汕小食，在汕头已有近百年历史，牛肉丸可分为牛肉丸、牛筋丸两种，牛肉丸肉质较为细嫩，口感嫩滑，牛筋丸是在牛肉丸里加进了一些嫩筋。

住哪儿

广州星级酒店

广东旅游业发达，住宿选择相对来说也十分多样，像广州、佛山、珠海等城市，无论是青年旅舍、客栈，还是宾馆、酒店，都随处可见，十分便利；若是前往众多颇具民族风情的县城及城镇，也有一定数量的小宾馆方便入住；假如是野外探秘，或是前往坝美等世外桃源的话，可能只有野外露营或是住在当地人家中了。

星级酒店

广州、珠海、深圳等地的星级酒店不仅数量众多，服务也十分优质，由于入住客人的需求较高，这些地区的星级酒店在交通、娱乐等设施方面也十分完善，您可放心选择入住。

快捷连锁酒店

如家、7天、汉庭等酒店在绝大多数的地级市区及自治县均有分布，各处著名的古城景区也有分布，需要注意的是无论淡旺季，都往往需要您提前预订。

普通宾馆及客栈

广东各个大城市及县城广有宾馆分布，除去旅游旺季，价格较为合理，但住宿条件各有不同。此外，像江门、湛江、肇庆等地的客栈也十分众多，不仅风格各具特色，服务也十分周到，价格跨度也较大，可选择入住。

青年旅舍

广东作为国内外知名的旅游目的地，自然吸引了全球众多的背包青年踏上这片乐土。同样，广东也不负青年们的厚爱，为他们提供了众多的青年旅舍，价格低廉的普通床位足以满足以探奇为主的青年们的需求，而且还提供做饭、洗衣等设施。

野外露营

您若是酷爱户外旅行的旅行者，广东对您来说简直是天堂，不仅天气条件较好（除去每年的雨季），而且丰富的民族风情和自然风光更是让您流连忘返。一般情况下，只需携带适合春秋季的野外露营帐篷、睡袋和衣物即可。

少数民族家中

若是您十分想零距离地体验少数民族的生活，可以考虑向当地人家借宿。可以提前向当地朋友说明，待他们安排妥当前往，或是旅途中向少数民族人家提出请求，容他们考虑同意后入住。最好自带睡袋、防潮垫，可避免农家被褥不够，席地而睡。同时也要注意尊重当地少数民族的风俗习惯，避免有冒犯风俗禁忌的举动。当您在体验过他们的日常生活劳作后，打算离开时，请适当提出物质给予，表达感谢。

怎么走

火车

前往广东的交通方式有多种，方式也较为简单。在广东省内旅行时，不同的交通出行方式，向我们所展现的广东风貌有所不同，带给我们的人生体验与感受更大不相同。

在广东坐火车旅行是最为经济安全的选择，虽然“火车没有汽车快”，但也绝不比汽车慢，广东的铁路交通还是比较便利的。

广东的主要城市都有机场分布，游客可更为便捷地进出旅游目的地，但主要客流集中在广州的白云机场、珠海的金湾机场和深圳的宝安国际机场。

乘坐汽车或自驾进粤，较为便利，游客可根据实际情况选择。广东省内的公路交通总体发展较为成熟。

珠海情侣路

佛山祖庙地铁站

有用信息

旅游通信

广东话十句

广东话	普通话
内侯	你好
点解?	为什么?
对唔住	对不起
你食左饭未啊?	你吃饭了没?
好耐无见	好久没见
我尼排比较忙	我最近比较忙
尼个几多钱啊?	这个多少钱?
唔该	谢谢
哒唔哒?	可以吗?
谋咩关海	没关系

通信

广东全境基本都通手机，信号覆盖全面广泛，从信号强度上来说，三家运营商的信号均表现良好，偏远地区则是移动最强，电信次之，联通最弱。一般除非进入深山老林之中，否则无须担心通信问题。

出行

广东很多旅游城市都有飞机、高铁等便捷的交通工具可选择。有些旅行者喜欢乘坐高铁到当地后再租车自驾旅行，一些主要的旅游城市都有非常便捷的租车服务，如神州租车、携程租车等，这也是一种非常方便的出行方式。

节约技巧

（1）选择入住品牌连锁酒店时，除了订房网站外，不妨到团购网站和酒店官网看看，往往有更多惊喜；在深圳的较场尾或是清远等地，数量众多的客栈及青年旅舍，往往是比较实惠的选择。

（2）要善于利用美团、大众点评及各种团购App应用，不仅能吃到美味，还能得到众多优惠。

（3)合理安排行程，不仅可节省时间，还能减少交通费用，可参考去哪儿等网站的行程攻略。

（4）城市内，尽量选择公共交通。前往广州、深圳等地区时，可乘火车，高铁非常快捷，两个半小时就能到达周边城市。

（5）淡季出行是省钱的撒手锏。不仅门票价格减半，可避开众多的游人，也可以欣赏到别样的风光。

（6）在广东购买旅行纪念品，大可不必非去商业街区的各种店铺。在当地人开的店铺或是从村民手中，不仅能买到理想的纪念品，而且对当地人的生活有实际的帮助。

风俗禁忌

（1）在瑶族人家中，用餐时忌讳互用碗筷、在屋内乱吐痰。到别人家做客，要与主妇打招呼，主人才高兴，否则会被认为傲慢无礼。

（2）火塘是瑶族家庭的核心，火塘上的三脚架以及灶膛，不能用脚踩，火塘内的柴禾忌讳倒着烧。有些地方的瑶族忌吃狗肉，所以到了瑶族地区，不要打主人家的狗，不要吃狗肉，还有些地方的瑶族忌吃乌龟、蛇和鳝鱼。

（3）在老人或长辈面前，不跷二郎腿，不说污秽的话，不随地吐痰，不直呼老人和长辈的名字。与老人和长辈同桌共餐，要让他们坐上席，主动给他们添饭加菜，可口的菜肴要移到老人和长辈面前摆放。

突发状况

旅途中总是会出现一些不期待发生的情况，但只要做到“事前认真准备，事后冷静处理”，一切都会迎刃而解的。

汽车抛锚：开车自驾游之前您应当掌握一些简单基本的维修技术，若是途中出现汽车抛锚，先依据经验，判断是否可以自己解决。不能解决或无法判断，则要打电话给保险公司，寻求帮助，也可拨打114查询最近的修理厂。

钱物丢失：丢失财物在旅途中是一件十分重要的事，无论损失大小，总会给美好的旅行蒙上一层阴影。为避免财物损失，应以预防为主。最好做到少携带现金，把现金放到贴身衣物中，只把零钱放在包里；银行卡不要与身份证放在一起。若是钱物丢失，马上联系可以联系的朋友及时求助，切不可拖拉，并准确找到丢失地点，对相关人员进行考察以期获得合适的数据资料。

水土不服、食物中毒或生病：因为水土不服、食物不洁或者天气因素，生病也是会发生的事情。特别是一个人的话，更是需要时刻注意。因此，旅途中应带足相关药品（如感冒类、胃肠类药品等），出行时要保护自己，不随便吃东西、避免在太阳下暴晒、少在雨里蹚行等。不幸生病的话，要及时吃药或到医院就诊，若是严重的话要联系朋友及家人。

广东瑶族聚居区

发现者旅行指南

广州·佛山

概览

亮点

白云山

位居广州新“羊城八景”之首。登临白云山，可俯瞰整个广州城美景。

长隆旅游度假区

拥有长隆国际马戏大世界、香江野生动物世界、广州鳄鱼公园等景区，是集景点、餐饮、娱乐休闲为一体的综合性大型旅游度假区。

西樵山

广东四大名山之一，位于佛山市南海区的西南部，自然风光清幽秀丽，民俗风情古朴自然，是名噪南粤的旅游热点。

三水荷花世界

三水荷花世界坐落在“鱼米之乡”佛山市三水区西南街道内，是目前全球最大、品种最丰富、培育技术最先进的荷花生态专类园。园区还有歌舞和荷花大宴。

宝墨园

以弘扬包公清官文化为主线，特具岭南园林建筑风格、南国水乡特色，古色古香，是一座远近闻名的园林精品。

必逛街道

上下九步行街：地处广州市荔湾区的上九路、下九路和第十甫路之间，荟萃了岭南文化中的岭南建筑文化、岭南饮食文化和岭南民俗风情。

石湾艺术长廊公仔街：佛山市最大型的陶瓷艺术品集散地之一。

线路

广州传统文化之旅四日游

第一天先去参观陈家祠，然后继续前往上下九，在那里可以吃到广州最本土的一些小吃，还有琳琅满目的商品。

第二天上午到建于宋代供奉北帝的仁威庙参观，接着抵达沙面。在沙面享受具有广州特色的美食，漫步沙面风光旖旎的人行道，最后去西关古老大屋观看广州典型的传统旧屋。

第三天上午去石室圣心大教堂，接着去参观中山纪念堂。下午去游览岭南第一寺“光孝寺”，晚上夜游珠江。

第四天前往白云山，上山途中经蒲谷、能仁寺、三特极限运动中心、天南第一峰、鸣春谷、白云晚望等景点。

佛山二日游

第一天驾车前往西樵山，朝拜观音，中午可以在西樵山下的农家餐馆用餐。下午前往南海仙湖度假村，享受度假村的休闲设施。

第二天前往南国桃园旅游区，这里有南海影视城，有鹭鸟天堂，还可以在高尔夫球场挥杆。

为何去

羊城是对广州悠久历史的赞赏，花城是对广州植物王国的美誉；珠江两岸美食云集，沙面岛上别具情调。广州像一位极具涵养的大家闺秀，却总是走在时代的前列。

广州城区

南国陶都佛山市为国家历史文化名城、国家卫生城市，古代即为中国四大名镇之一，这里生态环境优美，是独具特色的岭南水乡。

何时去

广州冬春季节，适合赏花观景，夏季可以进行水上娱乐活动，秋季是最好的购物季节。广州最佳旅游时间为 10 ~ 12 月，天气温和，不冷不热，适合外出旅游参观。

向日葵花盛开

佛山年平均气温在 21.2℃ ~ 22.2℃，气候温和，四季常绿，4 ~ 10 月是佛山的最佳旅游时间。

佛山梁园

区域解读

广州区号：020

佛山区号：0757

面积：11 232km²

人口：2868.64 万人

地理 GEOGRAPHY

区划

广州市下辖11个区（越秀区、荔湾区、海珠区、天河区、白云区、黄埔区、番禺区、花都区、南沙区、增城区、从化区）。

佛山市现辖5个区（禅城区、顺德区、南海区、三水区、高明区）。

地形

广州市境内的地势自北向南降低，最高峰为北部从化区与龙门县交界处的天堂顶，海拔为1210米，珠江及其众多支流贯穿整个广州。

佛山境内的地形大致为西北高、东南低。高明区皂幕山主峰海拔805米，为全市最高点；三水区大朗涡地势低洼，高程-1.7米，为全市最低点。珠江水系中的西江、北江及其支流贯穿全境，属典型的三角洲河网地区。

气候

广州属亚热带季风气候，四季如春。加之其濒临南海，海洋性气候特征特别显著，各地年平均气温在21.5℃~22.2℃。春季的广州潮湿多雨；夏季炎热，且时常有台风天气；秋季温度适宜，最适宜于旅游；冬季稍寒但时间短暂，相对比较温暖。

佛山属亚热带季风性湿润气候，年平均气温22.1℃，气候温和，雨量充足，四季常绿。春夏时节为汛期，雨水较多，且夏季时常受台风影响；秋季多晴朗天气，适宜外出旅游活动；冬季多晴好天气。

历史 HISTORY

广州历史大事记

●秦汉时期

秦始皇三十三年（前214年），秦朝统一岭南，设置了南海郡、桂林郡和象郡。秦末

莲花山

麓湖风光

中原大乱，公元前204年，南海郡尉赵佗乘中原楚汉相争之机，派兵兼并了桂林郡和象郡，在岭南地区建立了南越国，定都番禺（今广州），自称南越武王。

●唐宋时期

唐代时，广州已发展成为世界著名的东方大港，也是当时世界最长的海路航线“广州通海夷道”的起点，中央王朝首先委派专门管理对外贸易的官员市舶使到广州。

宋代时，朝廷在广州设全国第一个管理外贸机构市舶司，极大地促进了广州的乃至岭南地区的发展。

●明清时期

明清时期，广州是特殊开放的口岸，在较长的时间内，曾是全国唯一的对外贸易港口城市。

清顺治三年（1646年），朱元璋的后代在广州称帝，年号“绍武”，史称“绍武政权”，仅存41天。

●近现代

1895年，兴中会在香港成立后，随即发动了著名的广州起义，这是孙中山领导的第一次反清武装起义。

1911年4月27日，黄兴率同盟会成员直扑两广总督署，发动了同盟会的第十次武装起义，又称黄花岗起义。

1927年4月和7月，国民党内蒋介石集团和汪精卫集团相继叛变革命后，广东国民党当局也在广州等地大肆屠杀共产党人和革命人民。同年12月，张太雷、叶挺等人发动了反抗国民党右派的广州起义。这次起义虽然失败了，但也给国民党以沉重的打击。

1938年10月21日，日本侵略军占领广州，广州开始了长达7年的沦陷时期。

1949年10月14日，解放军占领广州各重要机关，胜利解放广州。

名单 广州历史名人

秦朝平定南越的大将任嚣

南越武王赵佗

清朝学者、诗人屈大均

近代放眼世界第一人、民族英雄林则徐

太平天国运动领袖洪秀全、洪仁玕、冯云山

清末海军爱国将领邓世昌

中山纪念堂

南越王墓博物馆

清末“戊戌变法”领袖康有为、梁启超

近代民主革命家孙中山

“岭南画派”创始人高剑父

近代民主革命家朱执信

著名作曲家、钢琴家冼星海

近代爱国民主人士、鲁迅夫人许广平

戏曲表演艺术家马师曾

佛山历史大事记

●魏晋时期

东晋隆安二年(398年),刻宾国(现克什米尔)的三藏法师昙摩耶舍带了三尊铜像来到季华乡(佛山的古称),在塔坡岗上(今塔坡街)建佛寺,传佛教。

●唐宋元明清时期

唐贞观二年(628年),人们在城内塔坡岗上挖掘出三尊佛像,认为此地是佛家之地,遂立石榜改季华乡为“佛山乡”。

明清时期,佛山的手工业、商业和农业都十分繁荣,已成为陶瓷、丝织产品出口的重要基地。当时,佛山与湖北的汉口镇、江西的景德镇和河南的朱仙镇并称我国的“四大名镇”,并与北京、汉口、苏州并称天下“四大聚”。

清末,佛山得风气之先,成为我国近代民族工业的发源地之一,先后诞生了中国第一家新式缫丝厂和第一家火柴厂,并建立了“南洋兄弟烟草公司竹嘴厂”。

名单 佛山历史名人

晚清武术大师黄飞鸿

晚清政治家、社会改革家康有为

近代著名爱国实业家简照南、简玉阶

近代中国铁路第一人詹天佑

近代女革命家何香凝

近代著名武术大师叶问

当代著名功夫巨星李小龙

抓住时机,坐断岭南

公元前221年,秦始皇统一六国之后,开始着手平定岭南地区的百越之地。公元前219年,秦始皇任屠睢为主将、赵佗为副将,率领50万大军平定岭南。屠睢因滥杀无辜,被当地人杀死。秦始皇便另命任嚣为主将,经过四年努力,终于完成平定岭南的大业。

公元前209年,陈胜、吴广起义,并引发了全国性的大起义,秦王朝陷入了分崩离析的局面。此时,南海郡兵强马壮,任嚣见秦朝廷无力南顾,便采取了观望的态度,而对于其他起义军,也是采取“人不犯我,我不犯人”的态度。

然而,此时任嚣已病入膏肓,而他的儿子实在不成器,于是他想到旧时的部将——龙川县令赵佗,觉得他是个可托大任之材,便把他招来。任嚣在病榻上向赵佗面授机宜,之后便向全郡公开发下文书,指定赵佗为自己的继承人。同时,他还严厉告诫部下和儿子们,一定要听赵佗的指挥,不要搞分裂。

赵佗正式就任郡尉后，按照任嚣的策略，处理郡内的问题。随后他便举兵向西，开始了为时数年的艰苦征战。公元前204年，赵佗成功吞并了桂林郡和象郡，并于当年正式公开称王，定都番禺（今广州市），并自封为"南越武王"。

经过多年征战，刘邦在中原地区建立了西汉政权（前202年）。公元前196年，刘邦派陆贾出使南越，劝赵佗归汉。赵佗接受了汉高祖赐给的南越王印绶，臣服汉朝。此后，南越国和汉朝互派使者，互相通市。

刘邦去世后，吕后临朝，与南越国交恶。于是，赵佗宣布脱离汉朝，自命为"南越武帝"。吕后去世后，汉文帝为了缓和双方的矛盾，派人重修了赵佗先人的墓地，并再次派陆贾前往南越议和。赵佗再次被说服，去除帝号，仍自称"南越王"。汉武帝建元四年（前137年），赵佗去世，享年100余岁，葬于番禺。

公元前111年，汉武帝发兵岭南，前后存续了93年的南越国灭亡。

黄花岗起义

19世纪末，甲午中日战争以后，各帝国主义国家掀起了瓜分中国的狂潮，中华民族已面临着亡国灭种的现实威胁。

1905年8月，中国历史上第一个资产阶级政党——中国同盟会成立。在同盟会的领导下，资产阶级革命党人发动了多次以推翻腐朽的清朝封建统治，建立资产阶级共和国为目的的武装起义。其中，1911年4月爆发的黄

孙中山铜像

黄花岗七十二烈士之墓

花岗起义，就是其中比较著名的一次。

由于晚清政府的腐朽不堪，资产阶级革命党人不断发动武装起义。但是多次起义都失败了，连续的失败，使少数革命党人对前途失去信心，只有孙中山等人毫不气馁，他们决心在广州发动一次更大的起义，以此推动全国革命形势的发展。

1910年11月，孙中山在马来西亚槟榔屿召开秘密会议，会议决定再发动一次大规模的广州起义。几经周折，起义最终失败。起义失败后，广州革命志士潘达微收殓牺牲的革命党人遗骸72具，葬于广州郊外的红花岗，并将红花岗改为黄花岗，史称"黄花岗七十二烈士"。这次起义因而也称为黄花岗起义。

文化 CULTURE

源远流长的饮食文化

粤菜，即广东地方风味菜，是我国著名八大菜系之一，它以特有的菜式和韵味，在国内外享有盛誉。

粤菜由广府菜（即广州菜）、潮州菜、东江菜等组成，而其中以广府菜为代表。因此可以说，广州是粤菜的发源地。粤菜取百家之长，用料广而精，配料多而巧，味重清、鲜、爽、滑，讲求镬气，尤以小镬小炒著称，调味遍及"酸甜苦辣咸鲜"，菜肴有"香酥脆

秘制鲍鱼菜肴

肥浓”之别，“五滋六味”俱全。

广府菜是广州地方风物的一面镜子，它注重质和味，口味比较清淡，而且随季节时令的变化而变化，夏秋偏重清淡，冬春偏重浓郁。广府菜最大的特点为“花款多、味道鲜”。广州一直流传一句俗语：“背脊朝天，人皆可食。”

广州人的爱吃，是渗透到骨子里的。广州食肆众多，规模或大或小，遍及大街小巷。老字号的酒家更是比比皆是，广州小食品种有云吞面、及第粥、艇仔粥、生滚粥等，可谓是数不胜数，具有浓郁的地方风味。

所谓一方水土养一方人，不同的地理环境造就了不同的地域性格，也往往会形成不同的饮食风格。广州毗邻港澳地区，是中外文化交流的必经之地，这就形成了广州人一种开放性的思维结构，广府文化便具有更大的自由度和容纳力。而生活在物阜民丰的珠三角，广州人对美好生活有着执着的向往与追求，这决定了他们对饮食品质的精益求精。

南国陶都

佛山是我国最大的、最重要的陶瓷生产基地，而石湾陶瓷则是佛山一张亮丽的“名片”。正因为有了石湾陶瓷，佛山才享有了“南国陶都”的桂冠，才形成了今天以石湾为基础延伸发展起来的“大佛山陶瓷”这一地域经济的概念。

石湾镇位于佛山禅城区东南部，是“中国陶瓷名镇”。石湾的陶瓷生产始于唐，奠于宋，鼎盛于明清，今天已成为我国最大的陶瓷产地之一。石湾陶瓷早在新石器时代晚期的贝丘遗址中已揭开其烧陶的历史序篇。在明朝，石湾陶瓷业进入繁荣时期，这时的石湾，作为民间陶瓷商品生产的集中地（即民窑），已形成显著的行业生产特色。

在清代，石湾陶瓷业进入鼎盛时期，不仅经营着中国华南多个省、区的广阔市场，而且通过“海上丝绸之路”大量远销东南亚和欧美各国市场，成为当时相当发达的陶瓷生产营销基地，为当时佛山形成与湖北汉口、江西景德、河南朱仙并称全国四大名镇，列为全国商品集散中心“四大聚”之一，作出了自己的贡献。

链接

南风古灶

南风古灶是建于明代正德年间（1506—1521）的一座龙窑。五百年来，古窑窑火不绝，生产不断，且保存完好，是世界上持续使用至今最古老的龙窑。南风古灶是历代窑改革的定型产物，也是陶瓷生产技术进步的里程碑。至今，南风古灶还发挥着现代窑炉不可替代的独特功能。2001年，南风古灶与隔邻的高灶一起被定为国家重点文物保护单位。

南风古灶

佛山名片，粤剧之乡

佛山是粤剧的发源地，粤剧是佛山人的骄傲。从佛山的文化历史来看，粤剧作为一个地方剧种历数百年而不衰，演数百年而不弃，这一个曾经拥有近亿观众、拥有五大流派、各大唱腔的剧种，在佛山发源、发扬、壮大，绵延三百年，其间名伶辈出，名剧屡就。

粤剧主要流行于广东、广西南部和香港、澳门等使用粤方言地区的城乡。明末清初，弋阳腔、昆腔传入广东。清代咸丰、道光年间，广东本地班在演出中以“梆簧”（西皮、二簧）作为基本曲调，兼收高腔、昆腔及广东民间乐曲和时调，用“戏棚官话”为基本语言，间杂以粤方言，逐渐形成粤剧。

粤剧基本声腔为梆子、二簧，兼有高腔、昆腔及广东民间说唱、小曲杂调等。粤剧乐队最初由二弦、月琴、三弦、竹提琴、箫“五架头”组成，后又陆续吸收了其他一些新式乐器。粤剧有文武生、小生、正印花旦、二帮花旦、丑生、武生六大行当。粤剧表演带有质朴粗犷的特色，有单脚、滑索、运眼、小跳、拗腰等绝技。粤剧化装简练，色彩浓艳，服装多采用广绣，精美华丽，富有浓郁的地方特色。

粤剧广泛吸收广东音乐、广绣、牙雕、陶瓷、灰塑等地方艺术形式，充分体现了广府民系群落的地域文化传统辐射范围遍及全球，在世界华人中具有极强的文化凝聚力。

武术之乡

佛山是著名的“武术之乡”，是中国南派武术的主要发源地。明初，佛山武术已相当普及。清末民初，佛山武术流派纷呈，涌现出一批有国际影响的武术名家和武术组织，并通过各种途径走向世界，现在世界上广泛流行的蔡李佛拳、洪拳、咏春拳等不少拳种和流派其根都在佛山，著名的武术大师黄飞鸿，咏春宗师梁赞、叶问，影视武打明星李小龙等的祖籍及师承也都在佛山。

作为南派武术的集中地，在新中国成立前，佛山聚集了洪拳、咏春、蔡李佛、白眉、龙形等各门派的武术传人。因为时局动荡，佛山几乎家家练武，作为教拳的师傅更是“高人一等”，徒弟们都把师傅当成自己的父亲看待。如今佛山的祖庙也是练武的集散地之一，祖庙是当时人们比较聚集的地方，无论早晚都有师傅专门在那里教功夫，教拳的师傅也在公园里设有自己的地盘。

2004年，佛山被授予“武术之城”的称号，成为全国唯一一座地市一级的武术之城。从2004年开始，佛山每年都会举办“武术文化节”或“武术嘉年华”活动，此举极大地推动了佛山武术文化的发展，为“北有少林、南有佛山”的武术品牌奠定了基础。

佛山武术切磋

景点推荐 陈家祠周边景点

越秀公园 AAAA

大型的文化休闲公园

越秀区解放北路988号

越秀公园自元代以来被称为羊城八景之一，因越秀山而得名，由7个山岗和3个人工湖组成，一向以山水秀丽、文物古迹众多、风景优美别致而著称。公园内林木苍翠，它保存了各个历史时期的遗迹和众多的古树名木，每年的春、秋两季公园还会举办盛大的花卉展，吸引大量游客。

五羊石像

五羊石像建于1959年，耸立在木壳岗上。整座用130块花岗石雕刻而成，连基座高十余米。雕塑的5只羊神态动作各异，造型生动和谐，情趣横溢，石像中，大山羊居中，呈昂首远眺之姿，显得雄浑、威武、深沉；4只小山羊环列四周，形态可爱，栩栩如生。这座雕塑，被视为羊城的标志。

链接

五羊仙的传说

传说在两千多年前，广州这地方，海天茫茫，遍地荒芜，人们辛劳终日难得温饱。一天，天空仙乐缭绕，有五位仙人身穿五彩衣，骑着口含“一茎六出”谷穗的五只羊飞临广州，把谷穗留给广州人，并祝愿这里年年五谷丰登，永无饥荒，然后驾云腾空而去，羊化为石。从此，广州成了富饶的地方，这动人的传说世代相传，广州也因此得名“羊城”“穗城”。

南秀湖·东秀湖·北秀湖

南秀湖紧靠五羊石像，可望镇海楼。小型人工瀑布仿如与湖面成一体，是垂钓、写生、赏景的好去处。北边的南秀大草坪一年四季绿草欣欣，草坪中植有象征中日友好的樱花友谊林，通往草坪的路上还有明绍武军臣冢和王兴将军墓。

东秀湖位于公园东门附近，湖面澄蓝如镜。夏日湖上还有盛开的荷花，阵阵荷香扑鼻。远望高耸入云的电视塔，驾船游湖，别有一番情趣。

北秀湖位于公园西南角，是越秀山面积最大的人工湖，面积为50余亩（3.4公顷）。湖上有小岛、亭、台。湖中放养了50多万尾共20多个品种的观赏锦鲤。两岸以紫荆为主，可在湖上荡舟、赏花、观鱼。

镇海楼

镇海楼位于越秀山顶，又名望海楼，是广州现存最完好、最具气势，也最富有民族特色的古建筑，为清代“羊城八景”之一。镇海楼一层、二层用红砂岩条石砌成，三层以上为砖墙，外墙逐层收减，似楼似塔，红墙绿瓦，造型古朴独特。楼前有一对明代的红砂岩石狮，造型大气生动，基本保存原貌。

链接

镇海楼的传说

相传明太祖朱元璋得天下后，一日游钟山，同游的铁冠道人忽然指着东南方对朱元璋说，广东海面笼罩着青苍苍的一股“王气”，似有“天子”要出世了，必须立刻在广州建造一座楼镇压住“龙脉”，否则日后必成大明的祸患。朱元璋听后，急忙派人到广东在越秀山建一座楼将“王气”镇住。于是这座呈绛红色的楼据说有辟邪镇王之意。

中山纪念碑

中山纪念碑位于越秀山顶镇海楼南侧，建于1929年。中山纪念碑正面高7米、宽4米的整块花岗石上刻有漆金隶书的孙中山遗嘱，全文由书法家吴子复先生所书。碑基上层四面围栏图案中总共有26个羊石雕，象征羊城。

中山纪念碑

海东京畿园

海东京畿园是按照韩国名园样式建造的韩园传统庭园。该庭园内的传统建筑主要有1座楼台、1间斋室、3座亭子和别具特色的门和围墙，色调主要为青灰色，进口的瓦片上还雕刻有韩国的国花——菊花。

中共三大会址纪念馆 AAAA

推动第一次国共合作的会址

广州市越秀区恤孤院路3号

纪念馆由中共三大会址遗址广场、中共中央机关旧址——春园、中共三大历史陈列馆和旧民居5号楼组成。1923年6月12日至6月20日，中共三大在此召开。中共三大决定共产党员、共青团员以个人身份加入国民党，从而实现了第一次国共合作，揭开了统一战线的序幕。

中山纪念堂 AAAA

具有浓厚民族特色的纪念堂

越秀区东风中路259号

中山纪念堂原址是清代督练公所，1921年孙中山先生在广州出任临时大总统时在此设立总统府。纪念堂为八角形宫殿式建筑，外形庄严宏伟，堂前立有孙中山铜像，许多古树名木环绕在纪念堂周围显得幽静古朴。

纪念堂

纪念堂是一座八角形古宫殿式建筑物，在八角形的亭顶，镶盖着宝蓝色的琉璃瓦，堂体为重檐歇山式，高低错落，层层飞檐出卷，檐下有孙中山先生手写放大的“天下为公”的漆金字匾，堂内有著名书法家吴子复手写“总理遗嘱”的碑刻。

纪念堂前正中央矗立有孙中山铜像，高5.5米，重3.9吨，是孙中山先生在中山大学演讲时的造型。铜像下白色花岗岩的基座上刻着孙中山先生所著《建国大纲》的内容。

孙中山史迹陈列馆

孙中山史迹陈列馆位于中山纪念堂西北角，里面陈列着孙中山从事革命40余年的历史图片及资料，翔实地记录了孙先生一生为民而奋斗终身的光辉历程。

南越王博物馆 AAAA

岭南规模最大的彩绘石室墓

广州市解放北路867号

南越王博物馆主要展示南越王墓原址及其出土文物，博物馆以古墓为中心，依山而建，是岭南现代建筑的一个辉煌代表。博物馆现藏陶瓷枕多达400余件，制作年代由唐迄民国，以宋、金为主，数量之多、品质之精、窑口之广在国内同类收藏品中均属罕见。

玩家解说

南越王墓是1983年发现的南越国第二代国王赵眛之墓，是岭南地区所发现的规模最大的唯一汉代彩绘石室墓。墓中出土文物一万余件，其中“文帝行玺”金印、玉角杯、错金铭文虎节、印花铜版模、平板玻璃铜牌饰

中山纪念堂

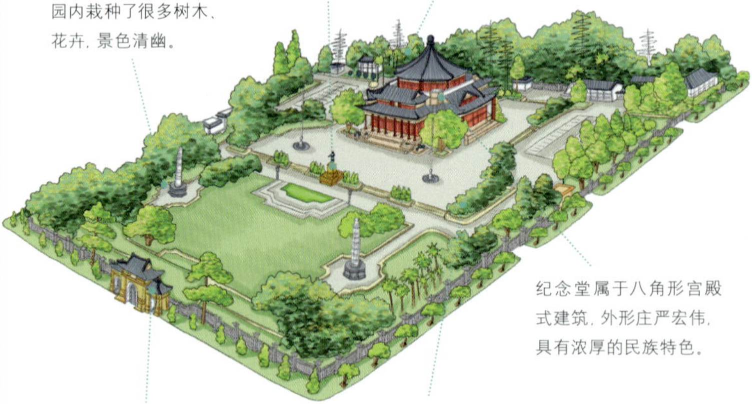

等文物具有重大历史、科学、艺术价值，集中反映了2000年前岭南政治、经济和文化等多方面的内容。

黄花岗公园 AAAA

纪念黄花岗起义烈士

广州市越秀区先烈中路79号

黄花岗七十二烈士墓园是为安葬和纪念广州起义战役中牺牲的烈士而建造（黄花即菊花，象征节烈）。这块静谧的墓地坐北朝南，规模宏伟、巍峨肃穆，深沉地象征着20世纪初中国同盟会烈士们的气节。陵园中可见孙中山书写“浩气长存”四个苍劲大字，镌于墓坊，更添不屈风骨，潘达微先生、邓仲元、杨仙逸、冯如、史坚如等革命烈士也安葬于此。

链接

黄花岗起义

1911年4月27日下午5时30分，黄兴率120余名敢死队员直扑两广总督署，发动了同盟会的第十次武装起义——广州起义。其中72人的遗骸由潘达微等出面收葬于广州东郊红花岗。潘达微把红花岗改名为黄花岗，这次起义因而被称为“黄花岗起义”。

广州起义烈士陵园 AAAA

“红陵旭日”

广州市越秀区中山二路92号

广州起义烈士陵园建于1954年，以纪念1927年12月广州起义中英勇牺牲的烈士。陵区建筑庄严肃穆，绿化以苍松翠柏和红花为基调；园区则是典型的岭南园林风格，以清新淡雅的绿化配置和园林造景为特色。

广州动物园 AAAA

我国三大城市动物园之一

广州市越秀区先烈中路120号

www.gzzoo.com

广州动物园兴建于1958年，是以动物展览和科普教育为主的综合性游览场所。园内建有多个极具特色的主题展馆，此外，这里还是全国野生动物保护科普教育基地，经常开展各类展览和活动。

玩家攻略

广州动物园内还常设多项游乐和表演项目，包括精彩的驯兽表演和趣味横生的“动物进食大观”，您还可以在“动物广场”与可爱的动物

黄花岗七十二烈士墓园

广州动物园

五仙观

合影留念，进行亲密接触。此外，广州动物园园内还设有中餐厅、快餐厅、小卖部和旅游纪念品商店等，可以满足您休闲、饮食、购物、娱乐等需要。

淞沪抗日将士陵园

古罗马风格的陵园

广州市越秀区水荫路113号

十九路军淞沪抗日阵亡将士陵园建筑规模宏伟，布局严谨，造型庄重典雅。陵园主体建筑是一个巴洛克风格的半圆形柱廊，在柱廊前的中央耸立着一座高20米的花岗石纪功碑。纪功碑上筑有一座肩托步枪，背系一顶铜鼓帽的威武的铜铸战士塑像。纪功碑南面有一座方形花岗石的英烈题名碑，铭刻着1951位先烈的英名。

五仙观

祭祀五仙的谷神庙

惠福西路233号

五仙观建于明洪武七年（1374年），属道教寺庙，门上大匾有清人书写的“五仙大观”四个大字。五仙观依山而建，为绿琉璃瓦重檐歇山顶，玲珑新巧。后殿东侧裸露的一块红砂岩上有巨大的脚印凹穴，古人认为这是“仙人拇迹”。明清两代，这里分别以“穗石洞天”和“五仙霞洞”列入羊城八景。

大沙头珠江夜游

独特的珠江风情游

越秀区沿江东路466号大沙头码头

珠江水和两岸景观交相辉映，动静结合，“白天看珠江，夜晚看灯光”，各具风情。入夜，华灯璀璨，旅游船搭载游客从人民桥附近西堤码头出发，向东行驶，经解放大桥、海珠桥、江湾大桥、海印大桥、广州大桥、鹤洞大桥，而后回程。

兰圃

堪称兰花王国

广州市越秀区解放北路901号

兰圃是一块以栽培兰花为主的专业性园圃，它的门口有2副对联，写着“上国芳馨，南天锦绣”，横批就是“兰圃”二字，园内随处可见江南的园林元素，整个兰圃静谧幽深，环境非常好，空气也因为兰花的香味而格外淡雅有质。芳华园是中国参加慕尼黑国际园艺展的中国庭园缩景，以占地少而景点多而闻名于世。

流花湖公园

以亚热带风光为主

广州市越秀区流花路100号南

广州流花湖公园以亚热带风光为特色，因湖东北有南汉古迹流花桥而得名，它除保留原有的蓄水防洪功能外，还是集游览、娱乐、休憩功能为一体的大型综合性公园。北区狭长草地向两侧延伸，这里还有一座聚集着上万只鹭鸟的鸟岛，并设有观鸟茶座和观鸟台。

六榕寺
广州佛教四大丛林之一

广州市越秀区六榕路87号

六榕寺始建于梁武帝大同三年（537年），初名宝庄严寺。寺中宝塔巍峨，树木葱茏，文物荟萃，历史上留下不少名人的足迹，尤其因苏东坡当年为寺庙题字而得名。寺内的榕荫园内有六祖堂，供奉禅宗第六代祖师慧能的铜像；有巍峨的千佛宝塔，原名舍利塔，是广州有名的古代高层建筑。塔东为山门、弥勒殿、天王殿和韦驮殿。塔西为庄严华丽的大雄宝殿，供奉清康熙二年（1663年）以黄铜精铸的三尊大佛像，该佛像是广东省现存最大的古代铜像。

怀圣寺
古老的清真寺建筑

广州市越秀区光塔路56号

怀圣寺又名狮子寺，俗称光塔寺，是中国四大古代清真寺之一，也是我国现存最古老的清真寺建筑。寺院坐北向南，在主轴线上依次建有三道门、看月楼、礼拜殿和藏经阁。寺门西南隅为光塔，正方为看月楼，重檐欲飞，具有中国建筑风格。看月楼后为月台和水房及东西回廊，再后为礼拜殿。该殿坐西朝东，造型庄严肃穆，比例、色彩、装饰均具西亚风格。

怀圣寺

光孝寺
广州面积最大的佛教寺庙

越秀区光孝路109号

光孝寺其始建年代距今已有1700多年，建筑结构严谨，殿宇雄伟壮观。大雄宝殿内修建的三尊大佛像，中间为释迦牟尼，左右分别是文殊菩萨和普贤菩萨，三尊佛像合称为“华严三圣”；左右偏殿分别供奉着地藏王菩萨和关公，独具广东佛教界特色。

玩家 解说

光孝寺原是西汉南越王赵佗的孙子赵建德的府邸。东吴时期，虞翻到广州时曾在此处建寺讲学，后捐作庙宇。南齐天监元年（502年），印度和尚智药三藏来此讲演经法，还把带来的菩提树植于寺内。

人民公园
意大利图案式庭园布局

广州市越秀区广卫街道连新路8号

人民公园采取意大利图案式庭园布局，呈方形对称形式。园内有清初雕制的石狮及1926年修建的音乐亭，还有盆景园、儿童游乐场、敬老亭等设施，从1978年开始，公园每年都举办菊展、迎春花会和中秋灯会。

广州起义纪念馆 AAAA

广州苏维埃政府所在地

广州市越秀区广州起义路200号

广州起义纪念馆即广州公社旧址。1927年发生的广州起义在这里成立了苏维埃政府，其旧址现存大门和北、中、南三楼以及拘留所。南楼曾为办公室、警卫连连部和发放武器、宣传品、袖章的地方；中楼为苏维埃政府会议室、办公室和工人赤卫队总部；北楼为军事指挥部。旧址内设有广州起义史料陈列室。

链接

广州起义

1927年12月11日，共产党人张太雷、苏兆征、叶挺、叶剑英、聂荣臻等领导发起了广州起义，这次起义以工人赤卫队和教导团为主力，起义军攻克了公安局大院，在这里宣告成立广州苏维埃政府，建立了人民政权，后来因力量悬殊，起义军在国民党三个师以及英、法、日、美等帝国主义军舰和陆战队的反扑下损失惨重，余部撤出广州。起义建立的政权维持了三天后失败。

广州起义纪念馆

药洲遗址

五代南汉的千年园林遗迹

广州市越秀区教育路南方剧院北侧

药洲遗址是五代南汉的千年园林遗迹，当年置有名石9座，名“九曜石”，后假以为园名。今园内尚有一泓湖水，九曜石散处水中和岸边，水石洲渚的园林意境，依稀可见。明代以“药洲春晓”为羊城八景之一。另外，有关药洲九曜石及濂溪书院的几十方碑刻今仍嵌于湖北墙壁中。

农民运动讲习所旧址 AAAA

毛泽东主办的农民运动讲习所

广州市越秀区中山四路42号

广州农民运动讲习所旧址原是明代修建的孔庙，清代时番禺学宫占有此处，毛泽东等人于1926年在这里开设农民运动讲习所，现辟为纪念馆。这座宏伟的古建筑从南至北由棂星门、泮池、拱桥、大成门、大成殿、崇圣殿和两侧的两廊、两庑、明伦堂等组成。

农讲所旧址现有固定陈列包括：《农讲所旧址复原陈列》《孔子与儒学》《中国科举文化》《广东各地学官》等，此外每年都举办数个颇具影响的专题展览。

总工会旧址

中华全国总工会第一个总部所在地

广州市越秀区越秀南路89号（原惠州会馆）。与中央临时政府隔岗相望，相距2千米

中华全国总工会旧址原来是惠州会馆，有一段时间还临时成为国民党中央党部，现已经过整修复原，辟为纪念馆。旧址是一幢砖木结构的三层楼房，楼前庭院中立有建于1926年5月的廖仲恺先生纪念碑和工农运动死难烈士纪念碑，是由第三次全国劳动大会和广东省第二次农民代表大会联合建立的。

广东省博物馆（旧馆）

"岭南画派"书画藏品丰富

广州市越秀区文明路215号

博物馆于1959年开始对外开放。博物馆藏品已达16.6万余件，馆藏中尤以"岭南画派"书画藏品丰富而闻名；端砚和潮州木雕独成系列，是极具特色的广东传统工艺收藏品；自然标本中的"须鲸骨骼""巨型孔雀石"和五吨多重的"信宜玉石"等也极其珍贵。此外，馆内还收藏有图书资料10余万册。

广州鲁迅纪念馆

广州鲁迅纪念馆原为中山大学旧址，1927年鲁迅先生曾在此工作，中华人民共和国成立后辟为鲁迅纪念馆。室内陈设非常简朴，床是两条板凳上搁的两块铺板，床前，靠近窗户处放着一张7个抽屉的书桌。据说，这种书桌当时只有教授才能使用。书桌旁边放着一个藤书架，书架上面摆满了线装书。此外，室内还有四方桌、小茶几和鲁迅亲笔书写了"L.S."鲁迅二字的英文缩写）字样的藤箱。

国民党"一大"旧址

国民党"一大"旧址原来是清代举行乡试的贡院，1908年改为两广优级师范学堂，辛亥革命后改为广东高级师范学堂。1924年国民党第一次全国代表大会后，孙中山下令改建为广东大学，1926年更名为"中山大学"。

广东省博物馆

旧址的钟楼建于1905年，是一座兼有中西建筑风格的砖木建筑，平面呈"凹"字形。建筑的前部为钟楼，顶为穹隆形，上端的四面原来有时钟；后部为两层长方形礼堂，国民党"一大"就是在这里举行的。钟楼前的革命广场，是当年群众举行集会的重要场所。国民党"一大"期间，孙中山多次在广场上向群众发表演讲，宣传新三民主义。

链接

国民党"一大"

在十月革命的影响和共产国际、中国共产党的帮助下，孙中山下决心决定改组国民党，1924年1月20至1月30日，他在广东高等师范学堂钟楼下的大礼堂主持召开了国民党第一次全国代表大会。大会接受了中国共产党反帝反封建的主张，决定了"联俄、联共、扶助农工"的三大革命政策，发展旧三民主义为新三民主义，改组国民党为工人、农民、小资产阶级、民族资产阶级的革命联盟。中国共产党也派代表参加了大会。国民党"一大"的召开标志着第一次国共合作和第一次国内革命战争的开始。

星海音乐厅

我国目前规模最大的音乐厅

广州市越秀区二沙岛晴波路33号

星海音乐厅以人民音乐家冼星海的名字命名，造型奇特的外观，富于现代感，犹如江边欲飞的一只天鹅，与蓝天碧水浑然一体，形成一道亮丽的风景线。晴日里，从两条抛物面的弧形脊看旭日喷薄而出和夕阳西坠，又似五线谱上圆圆的音符。

链接

冼星海

冼星海（1905—1945），作曲家，音乐教育家。创作有《救国军歌》《只怕不抵抗》《游击军歌》《路是我们开》《茫茫的西伯利亚》《莫提起》《黄河之恋》《热血》《夜半歌声》《拉犁歌》《祖国的孩子们》《到敌人后方去》《在太行山上》等大量各种题材、各种类型的声乐作品。由于他在音乐创作方面的巨大贡献，后来他赢得了“人民音乐家”的称号。

广东华侨博物馆

爱国主义教育基地

广州市越秀区二沙岛烟雨路32号

广东华侨博物馆在广东美术馆的对面，门口也可以望到珠江。馆内一楼大堂有一只大帆船，寓意早期的华人扬帆出海，华人从海路遍及世界各地。博物馆一共有3层，分别展出从古代到近代现代，华人华侨移居海外，以及在世界各地落地生根努力发展融入当地文化的历史，非常值得参观。

广东华侨博物馆

石室圣心大教堂

东方的巴黎圣母院

广州市越秀区一德路旧部前56/57号

石室圣心大教堂历史上曾是清末两广总督府，1863年被入侵的英军改建为教堂，全部墙壁和柱子都是花岗岩材料，所以又称为“石室”或“石室耶稣圣心堂”“石室天主教堂”。教堂属哥特式建筑，遇到复活节、圣诞节等宗教节日的时候当天也会有弥撒活动。

东山湖公园

广州四大人工湖公园之一

广州市越秀区东湖北路123号

东山湖公园建于1958年，园内山水相依，湖水清澈见底。公园以湖为主，以堤岸组成游览干线。湖中有5个半岛和1个孤岛，岛间以九曲桥、五孔桥、拱桥相连，每逢春暖花开，桃红柳绿，景色十分美丽。春秋两季，东湖公园还举办大型花展，供游人观赏。

鲁迅纪念园

以纪念鲁迅光辉一生为主题

广州市越秀区东川路和白云路交界处

鲁迅纪念园以鲁迅先生1927年1月至9月在广州工作生活的足迹为主线，是广州首个以名人名字命名的纪念公园。从东侧正中进入公园，迎面就是鲁迅先生的头像。花团锦簇中，鲁迅先生微仰着头注视前方，像是在审视中国的过去、现在和未来。

链接

鲁迅与广州

1927年1月鲁迅先生到广州中山大学任教，任中山大学教务主任兼文学系主任，并住进该校大钟楼。同年3月，鲁迅从中山大学钟楼迁居白云路西段的白云楼西侧的26号（现7号）二楼，在这里，他写下了在广州期间的大部分著作。同年4月他离开了中山大学，直到离开广州前，每天闭门整理旧作。

荔湾湖公园

因“荔枝湾”而得名

荔湾区龙津西路155号

荔湾旧称“西关”，因有“一湾溪水绿，两岸荔枝红”美誉的“荔枝湾”而得名。

荔湾湖公园有园林建筑八亭、八桥、四

廊、三厅、一轩、一阁，散落在碧波绿树丛中，颇具园林建筑特色。荔枝树为公园的主要树种。

沙面岛

被誉为“羊城第九景”

广州市荔湾区珠江白鹅潭畔

在许多广州人眼里，沙面可能是广州最有意思的地方，来这里主要是看建筑。沙面岛是一个椭圆形的小岛，岛上现有150多座别具异国情调的建筑群和众多酒吧画廊，位于岛上主干道的法国天主教堂是非常典型的代表。沙面大街2～6号的楼房，俗称红楼，原是海关洋员华员俱乐部，红砖砌筑，南面和北面建有尖顶阁楼，仿19世纪英国浪漫主义建筑风格。沙面大街54号的建筑，原是汇丰银行，仿西方古典复兴建筑风格，二层的

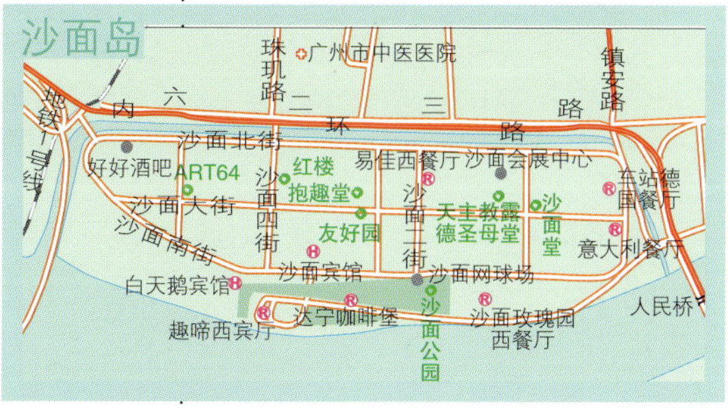

外墙砌有通柱到三层顶，在西南面楼顶建有穹隆顶的亭子。

陈家祠 AAAA

“三雕三塑一铁铸”令人叫绝

广州市荔湾区中山七路恩龙里34号

陈家祠又名陈氏书院，建于清光绪十四年（1888年），为广东省陈氏的合族祠堂，后辟为广东省民间艺术博物馆。陈家祠有着古老的建筑风格，充满了广州风情和岭南特色，被誉为岭南建筑的明珠，以其“三雕、三塑、一铸铁”著称，号称“百粤冠祠”。在这里，游客可以欣赏到古香古色的古建筑，在回望历史中发思古之幽情。

玩家解说

“三雕”是指门口石狮、石鼓等石雕；左门两边墙壁嵌砌的砖雕，左为《水浒聚义厅》，右为《刘庆伏狼驹》；以及进门四件大屏风的木雕（包括浮雕、通雕等），木雕在陈家祠处处可见，斗拱昂梁是陈家祠的木雕艺术精品的具体体现。“三塑”是指陈家祠房顶上处处可体现出来的彩塑、灰塑和陶塑。“一铸”是指陈家祠内高超的铸铁工艺品。南齐天监元年（502年），印度和尚智药三藏来此讲演经法，还把带来的菩提树植于寺内。

西关商廊

广州三大商业中心区之一

广州市荔湾区上下九步行街

西关商廊主要是指上下九路和第十甫的商业街，以其集粤、满、欧于一身的特色建筑、百业俱兴的商业、丰富的历史文化底蕴、荔湾美食而驰名。

800米长的街道两旁商铺鳞次栉比，这里相当于上海的南京路，人们来此吃饭逛街，感受广东老街热闹的景象。这古朴的

陈氏书院

横枋上刻有精美的木雕，横枋中间刻有木雕狮子，造型简约雄厚。

书院以精湛的装饰工艺著称于世。

建筑体上广泛使用三雕、陶塑、灰塑、彩绘和铜铁铸等不同风格的装饰。

整体结构布局严谨、虚实相间，厅堂轩昂，庭院宽敞幽雅。

书院坐北朝南，由9座厅堂、6个院落、10座厢房和长廊巷组成。

黑色雕花木门古朴典雅，门上方悬有一方书有“陈家书院”四字的黑匾。

建筑、繁华的街市，充满了浓郁的岭南地方特色。

西关大屋

最富岭南地方特色的古老传统民居

📧 广州市荔湾区，逢源路、宝华街、多宝街附近

西关大屋是广州传统建筑的代表，兴盛于清末，以其门庭高大、装饰讲究而著称。其中地处西关多宝坊的李文田探花第最具特色，现在仅存的是探花书轩。西关大屋是古老广州民居建筑的代表作——石脚、水磨青砖高墙，乌光可鉴的木趟栊，古色斑驳的虎钮铜锁，贴着吉福，供着关帝与财神，门角燃着袅袅香火。

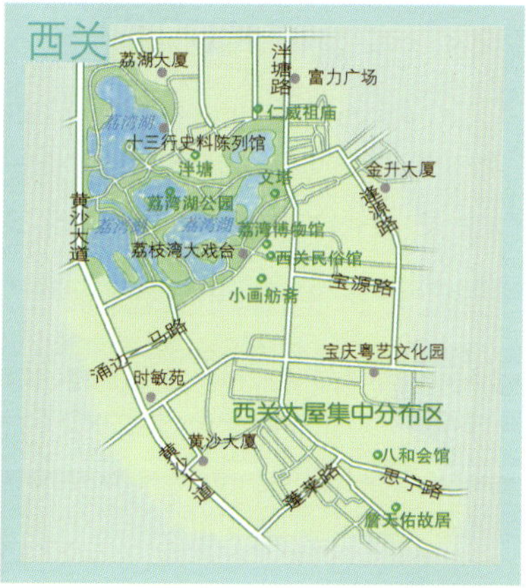

玩家 攻略

西关除了古建筑外还是美食的天堂，上下九就汇集了数十间著名的酒楼、食府，有广州酒家、陶陶居、洋溪酒家等老字号。在荔湾广场新建的“西关家人”也能品尝到广州地道的美食，荔湾的小吃非常有名，南信双皮奶、五湛记及第粥、欧成记云吞面……肯定能让你大饱口福。

广州文化公园

国内最早以文化命名的公园

📧 广州市荔湾区西堤二马路37号

ⓔ www.gzwhgy.com

广州文化公园是国内最早以文化命名的公园。园内各类展览连绵不断，中心台演出日夜笙歌，迎春花会、中秋灯会、羊城菊会三大传统盛事享誉数十载，还有众多丰富多彩的娱乐活动（说书、棋艺、歌会、曲艺等）。

詹天佑故居

原汁原味的西关大屋

📧 广州市荔湾区恩宁路十二甫西街芽菜巷42号

詹天佑故居，是普通的清末民初民居式样，古朴的青砖、木趟栊和满洲窗，是一座原汁原味的西关大屋。詹天佑故居纪念馆收藏了大量遗物，包括京张铁路钢轨、京张铁路使用的铜铃、认购钢料的样板盒、詹天佑生前用过的画图仪器、字帖、墨碟，以及詹天佑

荔枝湾

西关大屋

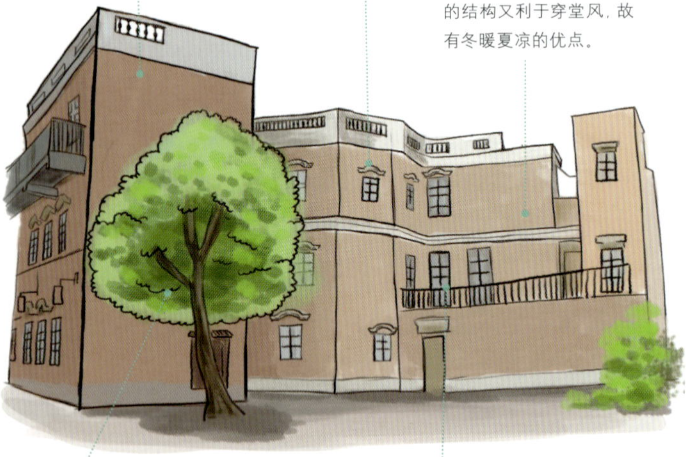

自书履历、袁世凯抄给京张铁路修路人詹天佑的札文等仿真文件等。

链接

詹天佑

詹天佑（1861年3月17日至1919年4月24日），字眷诚，号达朝，汉族，原籍江西上饶婺源；英文名JemeTienYow；中国近代铁路工程专家，幼居广东南海，12岁留学美国土木工程及铁路专科，大学毕业获学士学位归国；1905—1909年主持修建我国自建的第一条铁路——京张铁路；创造“竖井施工法”和“人”字形线路，震惊中外；在筹划修建沪嘉、洛潼、津芦、锦州、萍醴、新易、潮汕、粤汉等铁路中，成绩斐然。著有《铁路名词表》《京张铁路工程纪略》等，有“中国铁路之父”“中国近代工程之父”之称。

黄大仙祠

清末民初是广州著名的宗教圣地

广州市荔湾区古祠路1号

黄大仙祠建于清朝己亥年（1899年），在清末民初是广州著名的宗教圣地，一个集传统风俗、文化、艺术和旅游为一体的旅游寺庙景观。大雄宝殿辉煌宏伟，雕刻精细。殿内有碑文一则，简介黄初平成仙的经过。

黄大仙祠

泮塘
演绎西关传统文化

广州市荔湾区

泮塘在广州西关。"一湾溪水绿，两岸荔枝红"，是广州西关独特的风土人情。仁威祖庙，泮塘最古老的神庙，是一座专门供奉道教真武帝的神庙。主体建筑略呈梯形，庙内的木雕十分精致，雕刻吉祥纹饰，遍施金彩。

链接

泮塘节庆习俗

1.泮塘农民中有"提四句"的习俗，逢节庆之日，就有民众即兴创作顺口溜，至今一些老人的家中还保留相关手抄本。

2.泮塘是广州最早开始"扒龙舟"的地方，荔湾区泮塘和南海盐步在每年端午节时来回走动，表演"扒龙船"已有300多年的历史。

3.三月三泮塘仁威祖庙会又称北帝诞，是广州最有影响的民间民俗活动，是日各地信众前往仁威祖庙祈福，包括广州、佛山、南海、番禺等地友乡醒狮队齐集仁威祖庙会狮庆贺表演，并绕乡巡游，场面激情壮观，午间宴请上下三村友好乡邻，下午为醒狮及武术表演，另有各民间艺术齐聚庙会，喜庆热闹。

广州花卉博览园
集花卉展销、科研、观光于一体

广州市荔湾区龙溪大道

广州花卉博览园是一个集花卉展销、科研、观光于一身的大型农业旅游项目，是中国花卉走向世界的窗口，也是世界花卉走向中国的门户。芳村区有2000多年的种花历史，是岭南盆景的发祥地，素有"千年花乡"之称。其中花卉种植面积达600多公顷，种植的花卉品种达2000多个品种。

泮塘仁威祖庙

景点推荐

天河区景点

华南植物园 AAAA

全国三大植物园之一

天河区天源路1190号

华南植物园是全国三大植物园之一，也是我国最大的南亚热带植物园。全园由三部分组成，有世界上收集种类最齐全的姜园和木兰园等各具特色的专类园。“龙洞琪林”乃羊城八大美景之一。植物园内有家野战俱乐部，战火硝烟的味道配合亚热带园林的风光，令人心跳不已。

天河公园

自然清新的郊野风情

天河区黄埔大道员村

天河公园是区属综合性公园，公园环境舒适，草坪舒展，林木苍翠，湖波粼粼。气势宏伟的南北大门，建筑风格独特，植物色彩配置艳丽。最为壮观的南门中轴广场，两侧种植风景林，配置各类棕榈植物，衬托着中央的立体八角花坛。象征着和平和希望的白鸽广场，群鸽飞翔在蔚蓝的天空，自由自在，无拘无束。

珠江公园

领略加拿大风格的园林风情

📧 广州市天河区，南门在花城大道，北门在金穗路

珠江公园是以绿化造景为主的生态公园，环境优美，格调幽雅。山上的“抱珠楼”，是全园的最高点，登楼眺望，公园美景尽收眼底；还有山南“积石飞泉”、山北鲜花丛丛、珠江公园中部的快绿湖和湖面上的曲桥等美景，引人驻足。

天河体育中心

广州目前最大的体育场地

📧 广州市天河区，与中信广场相对

天河体育中心是广州目前最大的体育场地，始建于1987年，当年成功举办了第六届全运会，给全国人民留下了深刻的印象，成为广州市城市建设成就的标志及爱国主义教育基地，被列为广州市的“窗口”。

航天奇观

融科技、科幻、游乐为一体

📧 广州市天河区东圃镇大观路

航天奇观是由当地农民自行集资兴建的，是我国目前最大的融科技、科幻、游乐于一体的大型游乐景点。这里有火箭发射指挥中心、升空馆、太空站等十多个旅游场馆；有水上世界、傲视蓝天、星座广场等娱乐场所。还有我国“长征三号乙”运载火箭实体和广州第一家汽车电影院、英语乐园等。

广州大剧院

中国第三大剧院

📧 广州市天河区珠江新城珠江西路1号

广州大剧院是继北京国家大剧院、上海大剧院之后全国第三大歌剧院，是华南地区的最高艺术表演中心。其外形如“圆润双砾”，宛如两块被珠江水冲刷过的砾石，奇特的外形充满奇思妙想。其中，“大砾石”是1800座的大剧场和录音棚、艺术展览厅等，“小砾石”则是400座的多功能剧场等。

中信广场

广州的标志性建筑之一

📧 天河区天河北路233号

中信广场共由一幢80层的主楼和两幢38层的副楼组成，其摩天大楼为广州市第二高楼，落成于1996年，是广州的标志性建筑之一，目前是很多全球500强公司在广州的办公地点。附属中信广场的玻璃墙瀑布水景被命名为21世纪“羊城八景”之——“天河飘绢”，市民称之为“广州黄果树”。

广东奥林匹克体育中心

广州引以为豪的新城市标志

📧 广州市天河区东圃镇

广东奥林匹克体育中心是为承办第九届全国运动会而兴建的现代化体育场馆，是广州新城市的标志。为目前国内规模最大的奥林匹克体育场，在国内首创缎带式屋顶设计。21个色彩各异的看台区像一片片花瓣，合起来一看，广州市市花——木棉花，更被评为羊城新八景之“五环晨曦”。

广东奥林匹克体育中心

景点推荐 海珠区景点

邓世昌纪念馆

为纪念甲午军魂邓世昌而建

广州市海珠区宝岗大道二龙街龙涎里2号

邓世昌纪念馆于1994年纪念邓世昌殉国100周年时设立。馆址邓氏宗祠始建于1834年，为一座典型岭南祠堂式建筑。祠内大殿、两庑和附祠已辟为陈列室。庭院呈船台状，三路两进三院的格局风情典雅，通畅透亮。有石额楹联、通花木雕点缀，更兼重门纳画、木石风神。花园存有邓世昌手植苹果树一株，枯木逢春的灵芝两枚，婆娑古树数棵。

链接

邓世昌

邓世昌（1849年10月4日至1894年9月17日），原名永昌，字正卿。清末海军杰出爱国将领，在黄海与日寇海战中为国捐躯。其父邓焕庄，专营茶叶生意，曾经于广州及津、沪、汉、中国香港、秦皇岛等地开设祥发源茶庄，并始建邓氏家祠。

沙基惨案烈士纪念碑

按原貌复建而成

广州市海珠区沿江路与六二三路交接处，沙面东桥东侧

沙基惨案烈士纪念碑是按1926年建设的纪念碑原貌复建的。纪念碑正面刻着“毋

忘此日”四个大字，用竖排的形式清晰地注上“中华民国十四年六月廿三日”。纪念碑的周边用塔形的常青树围着，青松在亮丽的珠江夜景下显得格外苍劲。

广州新电视塔 AAAA

目前中国最高的电视观光塔

广州市海珠区赤岗塔，珠江新城对岸

广州新电视塔，简称广州塔，昵称“小蛮腰”，为2010年在广州召开的第十六届亚运会提供转播服务。该塔是中国第一高塔，整个塔身是镂空的钢结构框架，置身塔身纤细腰处，行走在栈道之上，除了可随蜿蜒向上的阶梯，在不同角度全方位远眺羊城美景，还可通过行走1024级阶梯挑战自身体能极限。

海珠湿地公园 AAAA

大城市中心的国家湿地公园

广州市海珠区新滘中路168号

海珠湿地公园是广州市最大的国家湿地公园，被誉为广州的“绿心”。这里水网交织，绿树婆娑，鸢飞鱼跃，不仅是候鸟迁徙的重要通道，还是岭南水果的发源地和岭南

广州新电视塔

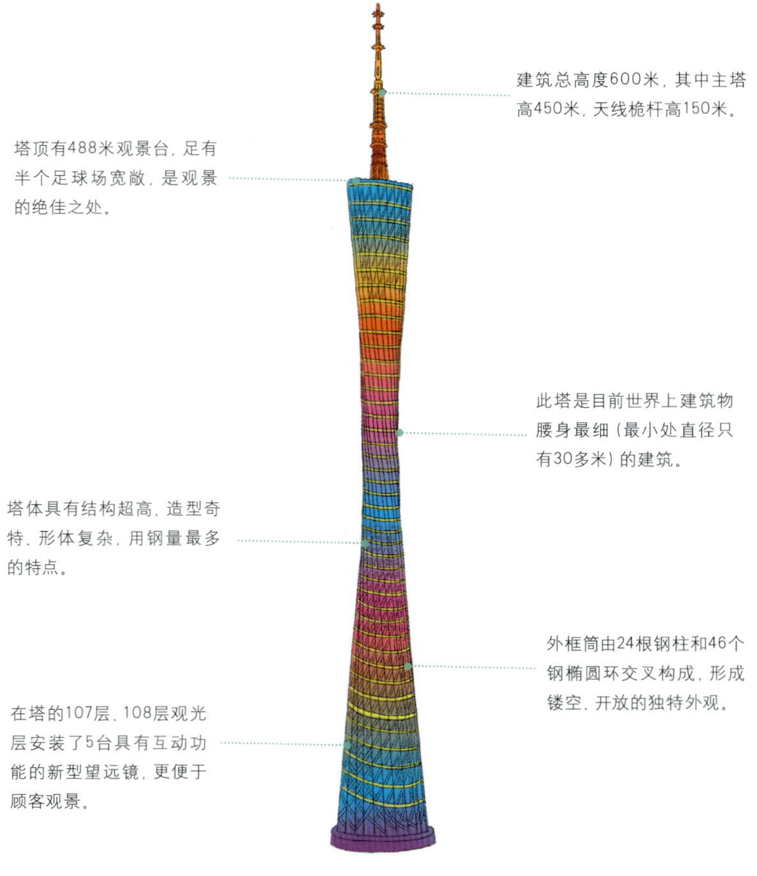

民俗文化的荟萃之地。景区主要有绿心湖、花溪、福寿果廊、友谊林、拉索桥、都市田园区、花洲古渡等景观。

孙中山大元帅府纪念馆

孙中山在这里建立革命政权

广州市海珠区纺织路东沙街18号

孙中山大元帅府纪念馆的前身是清末广东督军岑春煊为贴补军费不足而建立的水泥厂。1917年，孙中山先生当选为中华民国大元帅后，选择此地作为大元帅府。现馆内设有《帅府百年》复原陈列、《孙中山在广州三次建立政权》基本陈列等长期展览，另外，还定期举办各种专题性的临时展览。

黄埔古港码头

见证了广州"海上丝绸之路"的繁荣

广州市海珠区黄埔村

黄埔古港码头见证了广州"海上丝绸之路"的繁荣。自宋代以后，黄埔村长期在海外贸易中扮演重要角色。南宋时此地已是"海舶所集之地"。黄埔古港分为四个功能区，是集展示、传播、娱乐、休闲于一体的"文化公园型景区"。其中纪念展示区的黄埔税馆是整个建筑群中的重点。

玩家攻略

景区有十分值得一试的当地小吃——艇仔粥，价钱超低，味道十分正，不可不试。

小洲村

广州发现的最具岭南水乡特色的古村寨

广州市海珠区东南端

小洲村至今仍保留着岭南水乡的特色，小桥流水人家，它的民居沿河而建，居民枕河而居，随处可见的百年古榕浓荫蔽日，五六百年高龄的蚝壳屋见证着岭南的曾经沧海。小洲村有很多的祠堂，它们由条形的青石板铺就，还有着高翘的屋檐，正堂牌匾上的雕花素雅自然，墙壁间仿佛写满了光阴的故事。

玩家攻略

小洲村最吸引人的可能是布满巷子的那些咖啡馆、茶室和卖特色工艺品的小店铺。这里有间邓小猫咖啡馆，有间三夏光年，买下明信片，寄给10年后的自己。

黄埔古港粤海第一关

景点推荐

广州南郊景点

长隆旅游度假区 AAAAA

"番禺新八景"之"欢乐长隆"

广州市番禺区大石街道

400-883-0083　www.chimelong.com

长隆旅游度假区是集旅游景点、酒店餐饮、娱乐休闲为一体的综合性大型旅游度假区，旗下拥有长隆欢乐世界、长隆国际大马戏、香江野生动物世界、长隆水上乐园、广州鳄鱼公园、长隆高尔夫练习中心等景区，此外还有多家星级酒店。

野生动物世界

广州市番禺区大石镇105国道大石段593号

210元起，有多种套票可以选择

9:30～18:00

长隆野生动物世界是目前国内最大的原生态动物园，电影《爸爸去哪儿》的拍摄地，以野生动物大规模种群放养和珍稀动物"新、奇、特"著称。这里的白虎数量位居世界第一，占全世界的1/2以上，因而有"白虎工厂"之美誉。除此之外，还能看到成群的长颈鹿、斑马、羚羊，充满了活力。

长隆水上乐园

标准票99元，特惠票69元，另有套票可供选择

冬季闭馆，一般4月底开放，平日和周末开放时间不同，会经常变化，以官网为准

长隆水上乐园是全亚洲最大，世界上水上游乐设备最多最先进的水上乐园，它的景观以亚热带的植物和花卉为主。其中宝贝水城是儿童的乐园，小喇叭和眼镜蛇都是专门为儿童设计的亲子滑道，可供爸爸妈妈和儿童一起玩，而且外形也很可爱，还有满是卡通形象喷射出无数水花的"戏水池"也很适合小朋友。

长隆旅游度假区

长隆野生动物世界

长隆国际大马戏

17:00～21:00，表演时间19:30～20：50　　350元

长隆国际大马戏秉承“荟萃全球马戏精华”的品牌理念，有名副其实的全球顶级马戏表演，于2006年推出全球最大的情景马戏《森林密码》，成为广州文化名片和广州夜游首选。

玩家攻略

大马戏，强烈推荐一看，马戏一般是19:30开始，但如果周末人多的话，一定要提前至少半个小时，进去占个好位置。表演进行时，还会有小丑与大家进行互动。马戏园门口在18:30会有露天表演，主要是一些土著舞蹈和口技等。

长隆欢乐世界

9:30～18:00，节假日延长至19:00　　250元

长隆欢乐世界是国内非常有名的游乐园，长隆欢乐世界采用了欧陆风格设计，开创了国内欧陆式游乐园模式之先河。全园分为哈比王国（以儿童游乐项目为主）、尖叫地带（以大型惊险刺激设备为主）、旋风岛（以中古欧洲风格为主）、欢乐水世界（以水为主题）、中心演艺广场（以表演为主）、白虎大街（以购物休闲为主）六大主题园区。

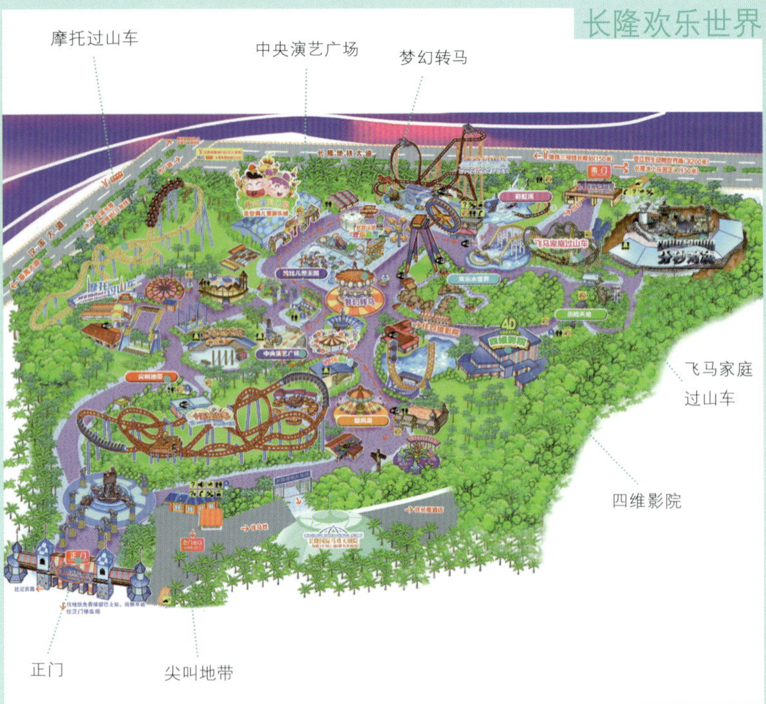

广州鳄鱼公园

广州市番禺区大石镇石北大道

广州鳄鱼公园是集鳄鱼观赏、科普教育、生态农庄、各类动物表演的综合性主题公园，也是世界上最大的鳄鱼养殖场，群鳄起舞是鳄鱼公园的重点，也就是鳄鱼展示的区域。仙鹤湾位于鳄鱼公园入口处的左侧，是各种飞禽生活的天堂。

宝墨园 AAAA

岭南园林精品

番禺区沙湾镇紫坭村大川岗

宝墨园建于清末，以弘扬包公清官文化为主线，特具岭南园林建筑风格、南国水乡特色。此园建筑风格鲜明，集清官文化、岭南古建筑、岭南园林艺术、珠三角水乡特色于一身，古色古香，是一座远近闻名的园林精品。

龙图馆

龙图馆以包拯担任过的职务龙图馆阁直学士而命名，馆内有包公、公孙策、展昭等7人的铜像。铜剑、虎头铡立于台前，造工精美，形象逼真。此外，这里还有56个蜡像，件件都是艺术珍品。

宝墨园

仿古牌坊

园内有大量的灰雕、石雕、陶塑和紫檀木雕以及传统宫灯，惊世之作当数瓷逆浮雕《清明上河图》和巨幅砖雕《吐艳和鸣壁》，已列入世界吉尼斯之最。

莲花山 AAAA

"羊城八景"之"莲峰观海"

广州市番禺区石楼镇狮子洋畔

莲花山是珠江三角洲的一座名山，原名"石狮头"，是融古代粗犷与现代秀美于一体的风景区，古迹很多。明代以来不断在此采石，遗下众多悬崖峭壁、奇石异洞景致。莲花塔矗立在莲花山主峰之巅，里面设有螺旋式楼梯，可以直达塔顶。在塔的各层有大小不一的门洞，造型各异。塔高50米，是莲花山的最高点。自古以来，从伶仃洋进出珠江的船只，皆以莲花塔为进出广州的标志。

链接

莲花山的传说

莲花山流传着一个观音济世的神话故事：相传，南海有一条孽龙在珠江口兴风作浪，使沿岸居民饱受其害。适逢南海观音菩萨路过此地，眼见孽龙遗祸，生灵涂炭，不禁大发慈悲，将座下的莲花掷向水中，镇压孽龙。莲花入水后化为巨石，成为今日莲花山南天门边的莲花石。莲花山也由此得名。

沙湾古镇 AAAA

龙狮之乡、飘色之地

广州市番禺区沙湾镇

沙湾，一座闻名于穗、港、澳的珠江三角洲的文明古镇。沙湾古镇始建于宋代，历史悠久，距今已有800多年的历史。沙湾是广东音乐发祥地，"何氏三杰"与传统民间艺术"沙湾飘色"闻名遐迩；古建筑群体丰富，极具岭南风格和特色；其木雕、砖雕、石雕和灰塑，巧夺天工，还有一批颇具历史研究价值的文物古迹。

鳌山清代古建筑群

鳌山清代古建筑群由报思祠、先师古庙、观音庙等组成，至今保存完好。整座建筑布局极有岭南地方色彩，其中的壁画艺术，无论是花鸟、山水还是人物画都栩栩如生，美轮美奂。

留耕堂

留耕堂即何氏祠堂，始建于元朝，由青砖石、木、牡蛎壳构成，是番禺区年代古、规模大、艺术精、格调高的祖祠。建筑以多栋梁闻名于世，汇集了元、明、清各个时代不同风格的建筑艺术，遍布高超的砖、木、石雕手工艺。

余荫山房 AAAA

以小巧玲珑的独特风格著称于世

番禺南村镇北大街

余荫山房为清代举人邬彬修建的私家花园，始建于1866年，是岭南四大园林中最为精致的一座，为广东四大名园之一。该园以小巧玲珑的独特风格著称于世，赢得园林艺

沙湾古镇的五大文明品牌

沙湾古镇文明的五大品牌为“沙湾飘色”“沙坑醒狮”“广东音乐”“沙湾兰花”和沙湾姜埋奶饮食文化。

久负盛名的“沙湾飘色”是沙湾古镇从明末清初流传至今的民间艺术，“飘”即飘在空中，“色”即景色，飘色就是“飘”起来的景色。“沙湾飘色”以游动队式的立体舞台来表演，“沙湾飘色”一般是在农历三月初三举办，届时，整个巡游队伍连绵二三千米，浩浩荡荡，如一条巨龙，所到之处，鼓乐齐鸣。故有“广东飘色之乡”的美誉。

“沙坑醒狮”闻名遐迩。南海是黄飞鸿的故乡，乡人爱习武舞狮的传统在沙湾得到了发扬光大，被誉为“广东醒狮之乡”。表演时，盘、游、翻、滚、缠、穿、戏等技术动作一气呵成，其高低快慢的起伏，极富狮的形神意韵，让人目不暇接。

沙湾，自古以来文风鼎盛，不仅是粤剧的发源地之一，还有“广东音乐之乡”的美誉。清末民初，沙湾这块广东音乐故土培养了不少粤剧名伶。此外，这块土地，也孕育了广东音乐的代表人物“何氏三杰”，诞生了《赛龙夺锦》《雨打芭蕉》等传世名曲。如今在沙湾，老少妇孺，都能哼上几句。

沙湾镇培植兰花已有200多年的历史，现全镇兰花栽培有300多个兰花品种，除传统四大家兰（金嘴、银边、企黑、白墨）及小桃红、银针等之外，还有不少近年发展的以观赏花艺、叶艺、姿形等为主的名贵品种。

沙湾姜埋奶又叫姜汁撞奶，是番禺沙湾镇从远古时候一直流传下来的文化美食遗产。具有温中、调胃、驱寒、养颜的功用。

余荫山房

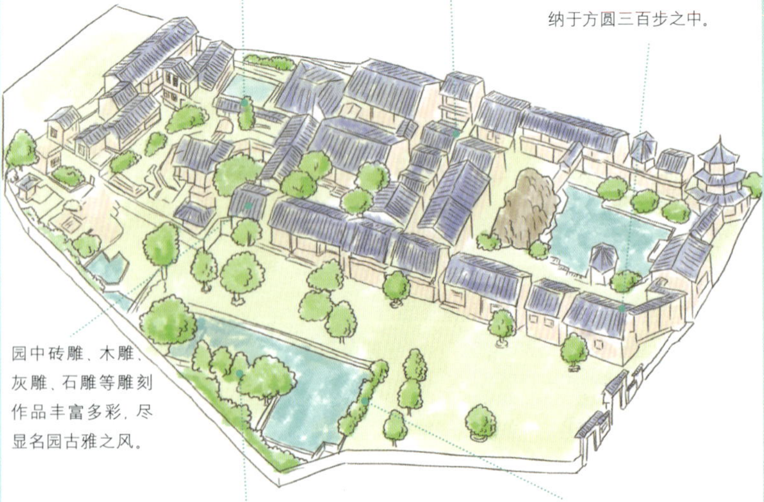

术的极高荣誉。小小的山房尽收亭台楼阁、堂殿轩榭、桥廊堤栏、山水草木于方圆三百步之中，砖雕、木雕、灰雕、石雕等作品丰富多彩，更使其整体景观熠熠生辉。

链接

瑜园

瑜园位于余荫山房南面，是一住宅式庭院，建于1922年，是园主人的第四代孙邬仲瑜所造。第一层有船厅，厅外有小型方池一个，第二层有玻璃厅，可俯视山房庭院景色。现已归属余荫山房，两园并在一起。

大岭古村

奇妙的蚝壳墙建筑

广州市番禺区石楼镇大岭村

大岭古村原名菩山村，开村至今已有800多年，明嘉靖年间才改称“大岭”。全村5个自然村，背依菩山，前临玉带河，各式古石桥跨于河上；“蜞江涌头，半月古村”是大岭村村落整体格局特色。大岭村整体傍水而建，村落居民有序地排列在菩山脚下和玉带河之间，基本呈半月形布局，村内有古石桥跨于河上；古塔立于村西南角；具有大规模木雕特色的祠堂。

南沙天后宫

天下天后第一宫

广州市南沙区天后路88号

天后宫，又叫作妈祖庙，祭拜的是天后林默，她是百姓崇祀的海神，南沙天后宫面对烟波浩渺的伶仃洋，极具宫廷气派，是东南亚最大的妈祖庙。天后宫广场中央高耸着高达14.5米的天后石雕像，据说由365块细心雕琢的花岗石构成，象征天后一年365天的庇佑。

玩家解说

天后林默（960—987），人们亲切称之为“妈祖”，是中国乃至世界公认的海上保护神。

南沙天后宫

三月二十三为天后诞。现今世界上有1亿人信奉天后，有20多个国家和地区建有天后宫，足见其影响的深远。

横档岛

鸦片战争的发源地

广州市南沙区珠江口虎门水道主航道两侧

横档岛是150年前震惊中外鸦片战争的发源地，是民族英雄林则徐在此布下“铁索拦江”“金锁铜关”抵御外国侵略军入侵的古战场。它扼守珠江出水口咽喉，在航运和军事上具有重要地位，历来是兵家必争之地。明坑暗道，古炮台群，坑道壁桓，一桥飞架，天堑通途。

南沙人工湿地

鸟类天堂

广州市南沙区万顷沙镇新港大道1号

南沙人工湿地有着优美的自然景观，湿地的候鸟景观、大区域的莲花池及芦苇荡，吸引着各种鸟类来此栖息。每年冬季，成千上万的丝光掠鸟从北方飞来越冬。在这里游览，可享受“曲水芦苇荡，鸟息红树林，万顷荷色美，人鸟乐悠悠”的意境。

玩家攻略

坐船游览，可以看到成群的候鸟在水边栖

息，沿湖红树拥翠，水道交错纵横，游船在河道中穿梭，间或有鸟儿掠水而飞。如果是夏天过来，还可看到莲花池盛大的大片荷花。

龙穴岛
览胜寻幽的好去处

广州市南沙区南端龙穴村

龙穴岛有龙穴山（最高）、东楼山和铜鼓山三座山丘，景点大都集中在铜鼓山，岛上的洞鼓山有鲤鱼洞，还有虾洞、蟹洞，更有龙宫、藏宝洞，不但曲折有趣，而且冬暖夏凉。是人们闲暇休憩、览胜寻幽的好去处。

百万葵园
鲜花天堂

广州市南沙区新垦镇15涌

百万葵园有国内第一家全部采用进口种子种植的观赏性向日葵乐园，更有五彩缤纷的玫瑰花海和深邃浪漫、原产于地中海的薰衣草花田。园区中最吸引人的，除了逾100万株极富生命力的向日葵，还有高大的玫瑰树和风情万种的玫瑰花令人侧目，这些玫瑰树均引自欧洲的优良品种，因而花瓣鲜艳饱满，极富层次感。

玩家攻略

1.游：百万葵园内的葵花经过科学控制，在四月中下旬一同开花，形成百万葵花海，场面非常壮观。

2.吃：葵花鸡、新垦莲藕、沙湾姜埋奶是当地三大特产。到百万葵园不可不尝清甜、甘香、骨脆的葵花鸡，葵花鸡炖汤和清蒸葵花鸡最有名。

广州大学城
“番禺新八景”之一

广州市番禺区北端新造镇小谷围岛及其南侧珠江对岸扩展地区

广州大学城近期建设的小谷围岛17.9平方千米，分为五大校区组团，各组团均由教学区、生活区、资源共享区、组团公共绿地等构成，入驻有中山大学、华南理工大学、

百万葵园

广东外语外贸大学、广东工业大学、广州大学、广州中医药大学等10所高校，是华南地区高级人才培训、科学研究和交流的中心。是学、研、产一体化发展的城市新区。

岭南印象园
体验岭南乡土风情

广州市番禺区大学城外环西路

岭南印象园是典型的岭南传统风格建筑群落。民居依水而建，或窄门高屋，或镬耳高墙，壮观的蚝壳墙、精致的满洲窗，小溪蜿蜒，池塘清澈，处处散发着岭南水乡的韵味。游赏岭南传统民居、领略岭南乡土风情、体验岭南民俗文化，有种回到那段历史的感觉，给人一种浓浓的怀旧情怀。

广州大学城

景点推荐 广州北郊景点

白云山风景区 AAAAA

新“羊城八景”之首

广州市白云区广园中路801号

进山次票5元，鸣春谷票10元，碑林5元，摩星岭5元，桃花涧5元，云台花园10元

020-37222222

www.baiyunshan.com.cn

白云山，是新“羊城八景”之首，南粤名山之一，自古就有“羊城第一秀”之称。白云山由远近连绵的30多座山峰组成，站在主峰摩星岭上足以俯瞰广州全市。每当暮春时节或是空山新雨之后，山峦间便可见白云缭绕，白云山也由此得名。

玩家 行程

1.从麓湖游览区出发，步行游览麓湖公园等景点。经麓湖公园进入三台岭游览区，步行游览云台花园，然后步行沿登山道路从南门进入鸣春谷游览区。经鸣春谷游览区进入摩星岭游览区，可步行或乘坐观光车游览摩星岭主峰等景点，游览方式以步行为主。经摩星岭游览区进入明珠楼游览区，然后由西门出。

2.由濂泉门进入鸣春谷游览区，沿百步梯步

行游览蒲涧濂泉、可憩大草坪等景点和游玩三特极限中心的多项运动项目，比如蹦极、滑道等。

3.首先由柯子岭门进入摩星岭游览区，沿登山步道步行游览梁佩兰墓、景泰僧归等景点。

链接

白云山节庆

1.菖蒲节：每年农历正月二十五举办，为旧时广州民俗，这一天广州市民齐集白云山进行祭祀活动。如今只有部分老人还朝山祭祀。

2.白云诞：每年农历七月二十四举行，人们在当天晚上登上白云山郑仙岩。纪念为广州人民行医济世的郑安期。

3.重阳节：每年农历九月初九举行，为中国古老的习俗，现在为白云山节庆中最为浓重的一个。当天白云山游人如织，盛况空前。

麓湖公园

麓湖公园经过多年建设，逐步成为一个以湖光山色著称的城市大型山水园林。“一山环秀水，半岭隐涛声”正是公园的生动写照，园内林木苍翠，鸟语花香，亭榭桥廊点缀其中，是一片城市中的绿洲。

云台花园

云台花园是目前我国最大的园林式花园之一，一年四季鲜花盛开，芳草常绿，景色宜人。花园入口处可见宏伟壮观的一组灯光喷泉，名为“飞瀑流彩”，远远望去，酷似一条绿色的瀑布。园中心是一巨大的地球石雕，周围分布着已与广州结为友好城市的市花和友好城市所在国的国花。

鸣春谷

鸣春谷是我国目前最大的一座天然鸟笼，园内可以观看品种众多的鸟类，聆听百鸟鸣唱、了解鸟类知识和欣赏奇趣精彩的驯鸟表演。

摩星岭

摩星岭原名碧云峰，是白云山30多山峰之首。登临摩星岭，不同的天气可观不同的景致。摩星岭门岗100米处，有一大型塑石，上刻“摩星岭”三字，称为“吉星石”。摩星岭的牌坊上“锦绣南天”4字，为1965年朱德总司令登临白云山所题。

明珠楼游览区

游览区西至白云山西门，东至荡胸亭，南至休闲带，北至梅花园一带。

明珠楼建于民国初年，在军阀陈济棠治理广东时，其姨太太莫秀英将小阁改为别墅。现在改为接待用的茶座，坐在里面品茶，感受着周围湖光山色，特别舒畅惬意。

雕塑公园

雕塑公园是广州市唯一一个以雕塑为主题的公园。主要有《华夏柱》《古城辉煌》《南州风采》，雕塑大广场、平衡小广场、广州风情街、大草坪等。园内景色优美、四季如春，蝉鸣蛙叫、鸟语花香，趣味盎然。

三元里抗英纪念馆

三元里人民反抗侵略的见证

广州市白云区广园中路34号

三元里人民抗英斗争纪念馆原为三元里村民供奉北帝的三元古庙，建于清初，建筑面积446平方米，3间砖木结构建筑。馆内陈列着三元里抗英的文物史料，系统地介绍三元里人民抗英斗争的史实，有三星旗、缴获的英军军服、大刀长矛、伍紫垣印章等文物与资料。

链接

三元里人民抗英斗争的历史

1840年6月，英国发动对华鸦片战争。次年5月29日，英军劫掠队到三元里一带抢劫，侮辱妇女，三元里附近103乡人民"义愤同赴"，组成反侵略武装抵御英军。同年5月30日晨，数千名义勇军逼近英军司令部所在的四方炮台，诱敌至牛栏岗，经过一天激战，打死英军200多人，三元里人民大获全胜。

神农草堂中医药博物馆 AAAA

岭南医药文化的展示窗口

广州市白云区同和街道沙太北路389号白云山中药厂

博物馆采用"堂中有园，园中有宫，宫中有馆"的园林式布局，将中医药历史文化与原生态中草药种植完美结合。馆内设有中华医药园和岭南医药园两个主题园区，游客可以在这里领略到中医药文化的博大精深，感受中草药的神奇疗效，品味养生文化的精髓。同时，博物馆还深入挖掘了大南药文化和凉茶文化，为游客呈现了一个丰富多彩的中医药文化盛宴。

南湖度假区

休闲度假胜地

广州市白云区同和镇

南湖度假区是广东省唯一的国家级旅游度假区。度假区内绿水青山，四季如春，空气清新，景色宜人。夕阳西沉之时，漫步于湖边长廊，观赏"南湖落日圆"的美景，迎着徐徐吹来的晚风，领略晚霞漫空、天光水色的夕阳美景。景区内还有个游乐园和水上世界乐园。

蔬菜公园

奇蔬异果园

广州市白云区嘉禾街望岗七星岗路

广州市蔬菜公园以绿色蔬菜艺术为主题，能看到硕大瓜果或是挂在藤蔓上，或是散在田地里，让人回归到淳朴的大自然。在宽敞明亮的智能温室、在巨大的绿色长廊、在高空和田野，放眼四处，琳琅满目。

小石船山谷乐园

广州的世外桃源

白云区太和镇穗丰村小石船

小石船山谷乐园景区内谷深林茂，石峻水柔，瀑雅景幽。新奇质朴的佤族人表演、各种森林探险项目让人向往。神仙谷真正的自然氧吧，谷内薄雾轻腾，落英缤纷，由瀑布与空气摩擦而生的负离子随风飘散，清凉之气通透全身。

帽峰山森林公园
广州市区的“绿肺”

白云区太和镇

帽峰山森林公园因雨后山峰隐现于云雾之间，宛若戴上一顶雪白的大帽子，故名帽峰山。整座山的森林覆盖率高，景色秀美，环境幽静。这里远离市区，有些登山的路段还是野路，可以真正享受一下登山的乐趣。其中，半山古庙和千年古道值得一游。

洪秀全故居
展示洪秀全的一生

广州市花都区大㘵如意街1号

洪秀全故居始建于清代末期，洪秀全在故居居住生活了30余年，青少年时期在此度过。展览馆序厅在正中，安放用白玉雕成的洪秀全坐像，背后是太平天国革命斗争故事木雕。

盘古王山
登高胜地

广州市花都区狮岭镇振兴村

盘古王山传说是由盘古王变成的，盘古王庙又叫盘古神坛，是广东一处著名的游览、登高胜地。清嘉庆十四年（1809年），在这里建成盘古皇庙，现存的神坛则是清光绪二十七年（1901年）重建的，是广东著名的文化艺术古迹之一。

玩家攻略

每年农历八月二十的盘古诞辰和农历九月初九的重阳节，是盘古皇山最热闹的日子。登高、祭拜、旅游的海内外客人达两三万人。

圆玄道观 AAAA
广东道教活动中心

广州市花都区新华街迎宾大道西38号

圆玄道观是广东道教活动的中心和游客游览观光的胜地。道观按道教风水布局，建筑气势雄伟，做工精细，以古“天坛”形式的三清大殿为中心，尚建有纯阳殿、凌霄殿、观音殿等殿堂，素有广东“天坛”之美称。道祖老子像青铜铸造，高18.8米，左手持如意、右手点道，盘坐于三层台基八角青石上，神圣庄严，集儒释道三教神韵于一身。

资政大夫祠
广州建筑规模最大的祠堂

广州市花都区新华镇三华村西面

今资政大夫祠建于清代同治二年至三年

帽峰山天池

圆玄道观

（1863年），至今已有150多年的历史。其精美雕刻随处可见，建筑气魄雄伟，前有广场，后有花园，厅堂轩昂，庭院宽敞，周边绿树成荫，曲径通幽，既体现了岭南建筑的传统风格，又具有南方园林的特色。

链接

资政大夫祠古建筑群的来历

此地居民大都姓徐，徐亨之为先祖，清朝同治年间，三华徐族同姓堂兄弟徐方正、徐表正共同任职兵部，深得朝廷赏识，同治皇帝把徐方正的祖父徐德魁、父亲徐殿魁封为“资政大夫”，把徐表正的父亲徐爵魁封为“奉直大夫”。

为炫耀皇恩，徐方正建造了资政大夫祠，徐表正则建造了南山书院，为赞先哲盛德，徐氏后代又续建了亨之徐公祠。资政大夫祠建筑群，资政大夫祠、南山书院、亨之徐公祠和国碧公祠是连建在一起的群体建筑。南山书院是兵部主事徐表正为其父徐时亮被赠奉直大夫而建的生祠；国碧公祠和亨之徐公祠则是徐姓的祠堂。

芙蓉度假区

有花都八景之一“芙蓉飞瀑”

广州市花都区芙蓉镇

芙蓉度假区又名芙蓉嶂，度假区内有花都八景之一“芙蓉飞瀑”，还有公路和生态登山路直达芙蓉峰。其中芙蓉峰历来就是一块风水宝地“前呼后拥，左右逢源，招财进宝”真正“龙穴”的所在。芙蓉山庄依水而建，进山庄内可“不闻其声、先见其景”，放眼一望是“芙蓉峰”，还有位于半山的“龙王古殿”仙人踪迹，其内还有“洪秀全祖墓”“陈济棠墓”等人文史迹。

九龙潭水上世界

青山绿野

花都区北兴镇

九龙潭水上世界度假村内环境优雅，交通便捷。度假村有青山绿野和绿水碧波，蜿蜒曲折、形似蛟龙的九龙潭。远处重峦叠嶂，近处碧水连天，环境优雅宁静，空气清新宜人。

黄埔军校旧址 AAAA

中国的“西点军校”

广州市黄埔区长洲岛军校路170号

黄埔军校旧址原为清朝陆军小学和海军学校校舍。军校群英荟萃，名将辈出，在中国近代史和军事史上具有重要意义。1988年旧址被定为国家级文物保护单位。校址内有孙中山铜像和史料陈列馆等。

香雪公园

“萝岗香雪”

广州市黄埔区萝岗街萝峰村境内

香雪公园以古迹、梅林而著称于世，是广州三“梅海”之一。公园内最高峰为萝峰，山石突兀，树木葱茏，果树满山，美景众多。山麓有玉岩书院，与玉岩书院一墙之隔的萝峰寺，依山而建。寺内收集有历代名人海瑞、朱熹、郑板桥、文天祥等人的字画，显示了一般寺院所没有的书香气息。风景区内崇山叠岭，绵亘数十里。每年岁末梅花盛开时节，满山遍野繁花如雪，随风飘荡，颇为壮观。

玩家解说

萝岗种梅始于宋代，因特殊的自然条件，常梅开二度，花有红有白，梅萼有单托、双托。农历岁末，冬至前后，梅花盛开，繁花如雪，疏影横斜，香风阵阵，寻雪踏梅的人纷至沓来，一时游人如鲫，“萝岗香雪”胜景由此而来。

南海神庙 AAAA
“扶胥浴日”

广州市黄埔区南岗街道埔庙头村

南海神庙又称波罗庙，建于隋朝，集我国的宗教、古建筑、书法、雕刻诸种文学艺术于一身，是我国古代海神庙中唯一遗存下来的最完整、规模最大的建筑群，也是西汉以来海上丝绸之路发源于广州的重要见证。现存建筑多为清代结构，庙西有浴日亭，自古就是观看海上日出的好地方，宋代羊城八景之一的“扶胥浴日”即指此处。

南海神庙牌坊

水果世界
生态农业与旅游观光

广州市黄埔区九佛镇棠下村

水果世界建立的名优水果品种示范园占地80多公顷，收集、引种了名优水果共300多个品种品系。景区的美食天地随时为游客提供美味可口、营养丰富的水果套餐，让游客亲身品尝到真正的天然绿色食品。游客不仅可以徜徉于青山绿水和芬芳的果林间，还可以在百果园中享受采果的乐趣。

萝峰寺
融皇宫建筑格局和岭南建筑于一体

广州市黄埔区区香雪公园内

萝峰寺始建于宋代，距今已有800多年的历史，曾改为玉岩书院。萝峰寺依山造势，掩映在参天古树之中。其主体建筑坐北朝南，雄伟壮观，回廊曲径，引人入胜。出山门拾级而上，可见“山高水长”古亭、文昌庙、金花庙等古迹。萝峰寺文物除古建筑外，还有大量的匾额、书刻和历代名人题咏。

天鹿湖森林公园
园内植被保存完好

广州市黄埔区天鹿北路天鹿湖畔

天鹿湖森林公园南部的牛头山为最高点，上面有广州市差转台，登上塔顶，广州市风光可一目了然。岭下有一棵形态酷像“梅花鹿”的橄榄树，传说天上的仙鹿曾到此饮水，因迷恋湖光山色不愿离去，遂化为鹿树长守于此，故曰“天鹿神榄”。公园每年2月底3月初举办禾雀花节。另外，园内还有文武庙。

玩家解说

相传数百年前，铁拐李来到人间，看到许多稻田的谷穗被一大群禾雀食光，农民颗粒无收，顿生怜悯之心，便用山藤将禾雀缚住，弃之于天鹿湖附近的山野间，只是每年清明节前后庄稼青黄不接之时才将禾雀放飞。这就是被称为“三月里的娇子”禾雀花。禾雀花花期有一个多月，花色嫩绿鹅黄，摘下两三个小时后遂变为褐色，更似禾雀，如损伤花瓣，便有红色汁液流出来，就像受伤的禾雀流出了血，更为神奇。

景点推荐

增城旅游区

畲族风情村

畲族风情

广州市增城区正果镇畲族村

畲族村是广州地区最大的畲民聚居村落，有盘、雷、未3姓，分居住在吓水、通坑、榕树窿三个自然村。虽然村里已经有些汉化了，但还是可以看到少数民族的风情。畲族有自己的语言、民歌和服饰，擅长唱山歌，他们还有自己的图腾崇拜。

链接

畲族

畲族是中国的一个古老民族。至迟在公元6世纪末7世纪初，在以广东省潮州凤凰山为中心的闽、粤、赣三省交界的广阔的空间形成了聚居村落。畲族有自己的语言，宗教信仰主要是祖先崇拜。

畲族住房多为茅草房和木结构瓦房，一般都有厅堂和左右厢房。盖房往往是先立柱、上梁、盖瓦，然后再筑墙和整修室内。

每年二月二“会亲节”是畲族传统节日之一。节日中人们从四面八方云集而来，访亲友、致问候。入夜时约为信号的信炮凌空而起，一队队提灯游村的人穿行于各个畲村，山谷里礼炮齐鸣、烟花怒放。

湖心岛旅游风景区

“二龙争珠滩”

广州增城区正果镇

湖心岛位于正果镇增江河段上游，自从起了这个拦河坝后，就形成了一个美丽的湖。碧绿的湖水、青翠的垂柳、百年树龄的乌榄树，大自然的鬼斧神工，令人置身于一幅巨型的山水画之中。其中蒙花布乡村为岭南最美的乡村，是一个宁静浪漫的乡村公园，畅谈在茂榕下，垂钓于荷塘中，漫步在沙滩上，靠倚于古榄前，感受简单、静谧、自然的农家生活，煞是惬意。

正果寺

佛教观光场所

广州市增城区正果镇正朝街18号

正果寺于宋庆元三年（1197年）为供奉宾公生佛（又名牛仔佛）而建，又名佛爷寺。整座建筑古色古香，巍峨壮丽，尤以三托（莲花托、燕子托、龙凤托）、三雕（石雕、木雕、浮雕）著称于世，脊饰在明亮的蓝天衬托下，色彩斑斓，富丽堂皇，具有浓烈的民间艺术韵味。正果寺以东1.5千米处，有皇祐元年（1049年）的摹刻“成佛岩”3个大字。

白水寨风景区 AAAA

北回归线上的瑰丽翡翠

广州市增城区派潭镇白水寨风景名胜区

白水寨风景区内千泉百瀑景观罕见独特，最高峰牛牯嶂山顶球状风化地形地貌神奇特异，山乡田塘村林的村落格局和遗风古朴的建筑兼具广府和客家文化特色，温泉天池湖泊森林生态相依，堪称南国乡村大公园。山上的栈道亲水而建，沿途有多个凉亭和观景台。漫步其中，可以一边观瀑戏水，一边呼吸清新空气。

链接

天南第一梯

白水寨围绕白水仙瀑及奇峰秀色，建有9999级登山步径，总长6.6千米，19 000多步，横跨三座高山，连接两大天池，号称“天南第一梯”，白水仙瀑是登山步梯周围24个景点中最让人震撼的景点，它从海拔828米的白水寨山上飞泻而下，形似一位秀丽端庄的古代仕女，冰清玉洁，手托白莲，霓裳翩翩，雍容大度，相传那是八仙之一何仙姑的化身，得道升仙时把自身的形态化为瀑布，故而得名。

白水寨天南第一梯

大封门森林公园

独特的森林浴

广州市增城区派潭镇

大封门——一个鲜为人知的名字，就像一位“养在深闺人未识”的少女，婀娜多姿，妩媚而温柔。大封门森林公园层林叠翠，延绵的山峰云缠雾绕，断崖绝壁间溪水潺潺。大封门漂流被冠以“全球漂流之霸”的美誉，自然和谐，浑然天成。

链接

大封门天池

大封门天池中最大的一个于20世纪60年代被修筑成为大封门水库而成了天湖。其余3个，均分布在环山公路的沿途：富有传奇色彩的白水寨天池排行第二；七星墩天池（大如数个足球场）排行第三；最小的天池则是藏身在大山深处的兰谷。

4个天池中，最美最具神奇色彩的，当数排行第二的白水寨天池。它因传说何仙姑曾在此沐浴净心，故又被称为仙池、仙湖。该天池常常在云飘雾绕之中，比传说中的更神秘、迷人。

荔枝文化村

荔枝文化与田园野趣

广州市增城区广园东路新塘路段碧桂园凤凰城内

增城荔枝文化村是荔枝主题游乐胜地，集荔枝文化、田园野趣、动感游戏于一身。村内有繁荣的荔枝盛景；清新、有趣的农家游戏；新奇至酷的动感游戏等50多种游乐项目。荔枝盛景，50余种岭南精选荔枝品种在文化村尽展风姿，一日之内便可领略岭南佳果的精髓所在。

海蚀洞

古海遗踪地

广州市增城区新塘镇群星村西侧，倚岩寺内

新塘古海遗踪是古代海陆变迁所形成的一座岩洞。海蚀洞，旧名石巷。该处有石大如山、浮露于地面，两石之间形成一洞，人在洞中如入小巷，故名石巷。与海蚀洞洞门连接的是一隅比洞口更高更大的石岩，岩下有石台，犹如神殿，新塘的乡亲便用这一天然殿台建一寺庙，名“倚岩寺”，寺与洞相连又相通。

链接

广州古海岸遗址

广州古海岸遗址是世界上已发现的最深入陆地的古海岸之一，由海蚀崖、海蚀洞和海蚀平台三部分组成。它们由海浪侵蚀而成，是六七千年前广州古海岸存在的证据。如今海岸已南移了100多千米。

高埔广府民居

广府民居古建筑群

广州市增城区派潭镇高埔村

新高埔村于明万历戊戌年（1598年）始建，至清康熙四十六年（1707年）复新重建。这里呈半月形聚落，因村民从高埔村迁出建新村，故名新高埔。该村是极为罕见的有护村濠、碉楼的古村落，村前有一条麻石街。

荔枝

细观门楼可以看到有清代官式装饰，主要有龙、凤、狮、天马、海马等。

增城客家围龙屋

广州独一无二的围龙屋

广州市增城区福和镇坳头岗埔村

客家围龙屋，建于清康熙二十二年（1683年）。屋里大门之内，分上中下三个大厅，左右分两厢或四厢，一直向后延伸，在左右横屋的尽头，筑起围墙形的房屋，把正屋包围起来，正中一间为“龙厅”，故名围龙屋。两边有衬祠，祠堂的外边，屋带两边至祠堂正面环绕形成一个大平面，作为边墙的锅耳封火山墙傲然耸立。山墙与祠堂头进之间有屋顶飞跨接连，俨然一体。它的建筑艺术，体现了浓厚的客家风情，蕴含了丰富的客家文化。

链接

客家人

客家人是唐宋以来由中原南迁的汉人，千百年来多居住在偏僻的山区，受当地人的排挤和欺侮，为了团结御侮求生存，他们不得不聚族而居，建造具有防御性的城堡式住宅——围龙屋，以抵御盗匪和当地人的侵扰。

景点推荐

从化旅游区

从化温泉

岭南第一泉

✉ 广州市从化区温泉镇温泉东路112号

从化温泉又名流溪河温泉，一向以其水质佳、水温高和泉景奇特闻名于世。温泉从流溪河底涌出，有泉眼十多处，分布在流溪河两岸。水质晶莹，无色无味，被誉为岭南第一温泉，可与世界名泉媲美。据考证，明清两代时此地温泉就已被开发利用，泉水无色无味，晶莹剔透，富含矿物质，是驰名中外的风景区和疗养胜地。

仙沐园温泉

✉ 广州市从化区温泉镇温泉东路80号

仙沐园温泉度假区坐落于流溪河边，是一个能令人享受温泉保健、浸浴、冲浪、戏水、游泳等项目的综合性大型乐园。度假区占地面积为38亩（2.53公顷），园内分别建有大型冰冻温泉水冲浪池、纯日本特色的东瀛区、适合中老年人的中国特色的药疗区和水疗区；适合年轻人浪漫情怀的温泉热河、四彩滑梯和温泉水泳池，共有特色温泉池近30个，可同时容纳3000人浸浴温泉。园内还建有西餐厅、露天食坊、茶艺馆、商场等配套设施。

从化流溪河温泉广场

望谷温泉

广州市从化区温泉镇温泉西路9号

望谷温泉度假村有流溪河在旁缓缓流过，周边空气清新，景色宜人。度假村内自然环境优美，青山叠翠，流水潺潺。由远处观望，宛若坐落于湖中的一座王宫，雄伟壮观，气势磅礴。120米长的温泉游泳池萦绕楼宇之间，泡泉池中，山水尽在身边。

崴格诗温泉

广州市从化新温泉区良口镇磻溪村养生谷

崴格诗温泉庄园——一间具有浓郁的欧陆风情的主题休闲度假酒店，园内青山碧水、欧陆风情，从高处眺望，宛如一座中世纪的城堡点缀在崇山峻岭之间，气势磅礴，雄伟壮观。

天湖风景区

天湖游览区在流溪河西岸，以山林、湖水、瀑布和山珍野味而著称。天湖是一个人工湖，其实流溪河是一段河床，由于它建在“万丈飞瀑泻漏天”的瀑布之巅，故名“天湖”。景区内建有20多幢大小别墅，建筑面积6万平方米，极富民族特点。天湖大坝之下，在翠绿的峰峦间，有著名的“温泉三瀑”。风景区著名的景观还有温泉锦绿，兰花清幽，天湖秀色，南天娱乐城。

碧水湾温泉 AAAA
世界珍稀苏打泉

广州市从化区良口镇御泉大道353号

具有“中国十佳温泉酒店”之称的碧水湾温泉度假村四周重峦叠嶂，树木葱郁，碧水环绕，被誉为广州的“市”外桃源。度假村内建有温泉养生浴池、温泉酒店、温泉小木屋、清凉水世界、郊野公园以及配套高档先进会议系统设备的国际会议中心。

链接

碧水峡漂流

碧水峡漂流不仅有石怪、林奇、山秀、水美的相互衬映，还有万亩荔园的红果满枝，犹如人在画中，令人流连忘返。

黄龙湖
富有神灵色彩

广州市从化区东北部湖区旅游路

黄龙湖是一个连环湖汊，怀抱着19世纪英国修建的欧式教堂，为岭南奇景。湖水晶莹碧透，湖面狭长曲折，蜿蜒于崇山之间，泛舟探源，常有“山重水复疑无路，柳暗花明又一村”之感。湖四周山峦起伏，悬岩飞瀑，奇峰怪石，林茂竹翠，小桥流水，鸟语花香。经久不衰的“黄龙传说”和“佛公崇拜”，更增添了这方山水的神灵色彩。

玩家解说

1.黄龙香雪：每年元旦前后，黄龙湖畔，漫山遍野，梅林傲寒而开，一片片黄龙香雪，“白雪”皑皑，蔚为壮观，令人陶醉。

2.在龙晖亭上，除可鸟瞰黄龙湖及周围秀色外，还可仰望伟人卧像。

3.相传此地会有一笃信天帝的青年，以心诚感动上天派黄龙送其修炼成仙。而西方弥勒大佛曾驻足的佛公岭，至今仍有每求必应的灵气，香火颇盛。

欢乐佤谷

独特的佤族风情

广州市从化区良口镇温泉养生谷内

从化欢乐佤谷拥有广东目前独一无二的原始部落，这里住着一个来自云南的佤族部落，它是一个具有大型民族风情表演的景区。位于千米望鹿嶂的南山谷，环境优美，风景秀丽，是人们娱乐、锻炼身体、寻找刺激的好地方，也是都市人吸氧减压的好去处。

链接

佤族

佤族，是云南的独有民族之一，至今已有3000年历史。据神话传说叙述，佤语中“司岗”是石洞，“里”是出来的意思，佤族是从“司岗里”最先出来的民族。

历史上的佤族，男人穿黑色短衣和宽口大裤；妇女着掼头衣和横条花短裙，饰物有项圈、项链、手镯、腰箍和脚箍等，大部分为银制品或竹藤制品，或涂上天然色料，或取决于自然的色彩，几乎为男女老少所共同喜爱。

佤族的村寨多建在山腰或小山巅。佤族喜欢住竹楼，部分改住土坯平屋，这是后来改变的新的住宅形式。竹楼可分为上下两层，上层住人，下层关牲畜。房内陈设简单而明快，必不可少的是一个供人使用的火塘和一个供祭祀之用的火塘或供祭祀与牲畜饲料加热的火塘。

流溪河国家森林公园

我国首批十大森林公园之一

广州市从化区流溪河林场

流溪河国家森林公园是一个以湖光山色、自然风光为主的生态型森林公园，由于公园群山环绕，湖水相依，又有大面积森林，因而空气清新，景色迷人。在碧波万顷的湖面上，分布着大小22个岛屿，如白玉翡翠。公园东南部，耸立着五指山、牛角山、鸡枕山等海拔千米以上的6座山峰。

玩家攻略

1.游：流溪河国家森林公园是东西亚最大的观赏梅花基地，每年举办梅花节。坐游船游流溪河，上猴岛、孔雀岛看动物。

2.购：公园境内四季瓜果飘香，盛产荔枝、龙眼、蜜橘、柑、橙、三华李、青梅等水果，出产的流溪茶叶、流溪蜂蜜、流溪话梅被称为“流溪三宝”，远近驰名。

仙沐园温泉乐园

我国稀有名泉

广州市从化区温泉镇荔园路2号

仙沐园温泉是我国稀有名泉，温泉从流溪河底涌出温度高达73℃，水质晶莹、无色无味，对人体具有促进新陈代谢、增强体质的作用。仙沐园温泉乐园是一个集温泉保健、浸浴、冲浪、戏水、游泳等于一身的综合性大型乐园。

玩家 攻略

2009年4月，仙沐园瀑布谷漂流开漂，在这里漂流，既能领略击水荡舟的万般刺激，又可感受森林幽谷千姿百态的奇景；漂流河道旁还开辟了鹅卵石铺设的山间小路，您可在山脚拾级而上，沿途欣赏林中迷人景色，游览螃蟹石、仙沐潭等13处奇观，感受置身大自然的无穷乐趣。

石门森林公园

华南仅有的原始次生林

广州市从化区桃园镇大岭山林场

石门森林公园又称为石门国际森林浴场，广州近郊夏日最适宜的消暑度假胜地。除此之外，公园也是广东省境内春季赏油菜花海的最佳去处。自然风光非常漂亮，花海、红叶、青山、碧湖、竹林、溪流，每一处景点都可成为最美的拍摄背景。其中田园风光区是餐饮和农家采摘的场所。有近千亩的果树品种，一年四季盛产不同的岭南鲜果，可以领略公园的田园风光。

玩家 攻略

石门香雪坐落在石门谷中，与流溪香雪、萝岗香雪并称广州三“梅海”。观赏石门香雪的最佳时间是12月下旬至次年1月上旬。那时，数百亩梅林的梅花竞相开放，投身其间，到处是繁花似雪的美景。

天湖

有华南地区最大的自然瀑布

广州市从化区温泉旅游度假区内

30元

天湖库容1000万立方米，最深处40余米，湖水清澈晶莹，湖畔群山环抱。林中古木参天，处处层林叠翠，是远足探幽避暑的胜地。天湖旅游风景区以山林、湖水、瀑布和山珍野味而著称，区内建有20多幢别墅，极富民族特色。百丈飞瀑是华南地区最大的自然瀑布。

广州抽水蓄能电站

世界最大的抽水蓄能电站

广州市从化区吕田镇小杉村内

广州抽水蓄能电站为世界最大的抽水蓄能电站，电站上、下两个水库和巨大的地下厂房构成了独特的旅游参观景点。广州抽水蓄

石门森林公园

能电站内气候温和，盛产毛竹，原始次生林茂盛，是夏天的避暑胜地。这里的景观还有茵梦平湖，可泛舟湖上作环库游，每天24小时看湖心岛不停地“沉浮”。

响水峡
花海峡谷漂流

广州市从化区东北部

群山环抱的流溪河源头，两股清流汇聚，蜿蜒穿山而过，将壁立的峡谷折成“几”字形；湍流哗哗作响，四季不绝，“响水峡”因此得名。夏季，在花谷中畅享漂流的快感，在漂流的终点拥抱近千亩的富良野花海，既震撼，又浪漫。

钟楼古村
保留最为完好的古村落之一

广州市从化区神岗镇钟楼村

钟楼古村拥有百多年历史，为欧阳氏族人在清咸丰年间所建的大宅院建筑，是目前发现保留最为完好的古村落之一。每条巷的两侧是民居，每一路7户，前后毗连，共49户，每一户的两廊相通对望，小至对孩子的照看，大至防盗贼入屋，均可以很方便地互相照应，一家有难，众人相帮。此为“守望相助”的建筑形式，在全国都是独一无二的。

钱岗古村
活生生的岭南民居建筑博物馆

广州市从化区太平镇钱岗村

钱岗古村为南宋宰相陆秀夫后裔所建，古建筑遍布，村民大部分姓陆。格局既随意又复杂，被称为“迷宫村”。钱岗村西更楼檐口发现的一幅木雕刻画——《珠江江城图》，堪称“广州清明上河图”。另外，古村中心有座广裕祠堂，是陆氏后人为纪念先祖而建的祠堂，被专家称为建筑的“断代史”和“活标本”，值得一看。

链接

陆秀夫

陆秀夫（1236—1279），南宋晚期丞相，楚州盐城（今江苏盐城）人，他辅佐的三任小皇帝不是做了亡国君，便是做了终日漂泊海上的亡命者。无力回天之际，他在崖山背负幼帝投身碧波万顷的大海。

宝趣玫瑰世界
原生态花园

广州市从化区城郊街西和村

这里坐拥无垠绿野，是国内首个以玫瑰文化为特色的主题公园。景区充满了浪漫风情：使人震撼的久久玫瑰墙，长长玫瑰长廊，见证爱情的玫瑰心连心，独一无二的千年玫瑰，让人迷恋的星空心语童话世界……真是色、香、味俱全的漫步好地方。

宝趣玫瑰世界

荔枝皇景区

有世界上最大的荔枝树

广州市从化区太平镇木棉村

荔枝皇景区有世界上最大的荔枝树，树干10抱，树高过4层楼，树荫可覆盖一整个篮球场；产果超过3吨，要花3天时间才能采完。该景区还有古红砂岩采石场、从化古代水路交通枢纽——龟嘴古渡、清光绪皇帝亲自下令修建的“孝行流芳”牌坊等景点。

链接

“孝行流芳”牌坊的传说

相传，清光绪年间，木棉村有孝子名曰谢树藩，因其父谢相玲重病多时，寻遍各地却觅不到妙手圣医，在痛心和无奈之下，树藩对天祷曰：“若吾父能转安则请上苍截我寿龄，以续父命。”遂返家，父亲果然病情好转，但自己却不病而亡，时年33岁。此孝义之事在当时传颂甚广。

东方夏湾拿花园

拉丁风情小镇

广州市从化区太平镇

东方夏湾拿花园是由珠江地产精心打造的广州首个拉丁风情小镇，以广州独一无二的拉丁风情建筑与原始生态环境，荣膺从化十大旅游景点之一。

大丘园农庄

有机休闲农庄

广州市从化区城郊镇光辉村大丘园农庄

大丘园农庄环境幽雅，空气清新，以生产火龙果为主。不仅如此，农庄经过多年的发展已经成为一个极具吸引力的花园农庄，是游客感受田园生活，了解民俗的好去处。农庄内广种奇花异草，形成了犹如天造地设般的美景。

北回归线标志塔

南北回归线上高度最高的标志塔

广州市从化区太平场油麻埔村三甲子坡地上

北回归线标志塔塔高23.5米，塔身为火箭形，主体部分为花岗石混砌结构。塔顶有一钢球，其圆孔的垂线与塔底正中的经纬线交点相互垂直，北回归线正从这个圆孔经过。每年夏至中午12时26分，太阳直射光线经过这个圆孔，人站这里，有立竿不见影的奇观。

北回归线标志塔

景点推荐 佛山城区景点

西樵山风景区 AAAAA

广东四大名山之一

佛山市南海区西樵镇

景区门票55元，黄飞鸿狮艺武术馆15元

07：30~17：30

西樵山是一座死火山，山体外陡内平，状若莲花簇瓣，共有72峰，而以大秤峰为最高。山中最为有名的景点是南海观音及宝峰寺。由宝峰寺继续往前就是南海观音了，这座高61.9米的观音像是整个西樵山最重要的景点。除了这些，西樵山四方竹园里面圆方的四方竹也值得一看。这里还有个景点是黄飞鸿狮艺武术馆。“佛山无影脚”几乎让佛山这个名字传遍了大江南北，黄飞鸿狮艺武术馆会向你解释其中缘由。

玩家攻略

1.最佳季节：游西樵山最好是在3～4月。这时，西樵山的小溪边，悬崖上到处都是火红的野生山杜鹃，景色特别迷人。

2.游：西樵山民风淳朴、古韵犹存，到这里旅游，还能观赏到山里百姓的婚嫁、生产习俗以及各种民间游艺活动。去南海观音的路上会先经过宝峰寺，可以在寺里祈福，每一个神像前面

西樵山

观音法相高为61.9米，寓意观音成道之意。

佛像顶宝珠天冠，顶有圆光，弯眉朱唇，眼似双星，披天衣，挂璎珞，稳坐于莲花台之上。

西柏山海拔346米，是一座古火山，山上群峰罗列、参差有序，山体外陡内平，状如莲花簇瓣。

山上动植物种类繁多，气候宜人，风景秀丽，是观云海、看日出和避暑的胜地。

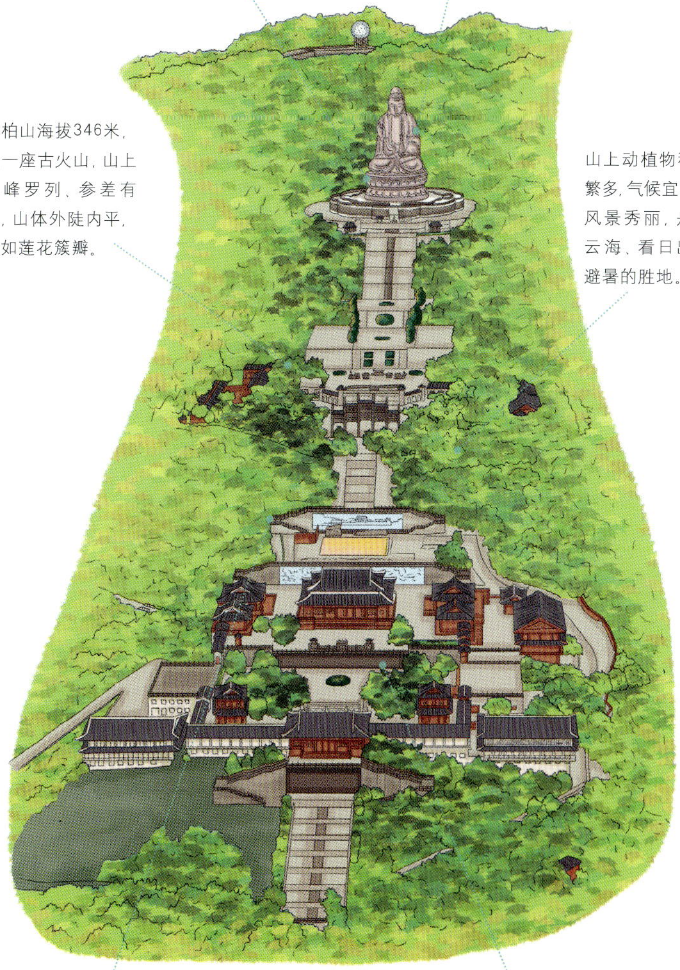

南海观音文化苑坐落于南海市西樵山大仙峰顶。

宝峰寺有着600多年的历史，为南粤四大名寺之一，是一个旅游祈福的好地方。

都有几个跪拜毯，可以一一参拜。另外，西樵山还有珠三角最大的桃花园，三月不妨来这里赏桃花，春天来的时候，还会看到漫山遍野的各色花朵。

3.吃：西樵山名吃非常多，而且多是传统菜，有大头鱼、紫贝菜、佛手瓜、山水豆腐等。

南海湾森林生态园 AAAA

道教文化与森林生态的完美融合之地

佛山市南海区西樵镇西岸

南海湾森林生态园，由庆云洞景区、银湖景区和十里茶山森林风光组成。南海西岸是历史悠久的宗教场所，是充满历史文化底蕴的旅游胜地，庆云洞道观于清光绪十九年（1893年）始建。气势宏伟，道教文化气氛浓厚。正门前有两棵被称为“阴阳树”的百年古杉，挺然耸立。庆云洞下方则有“阴阳太极水”——两条溪水从庆云洞左右两侧奔流而下。区内的“百岁老人村”向中外游人宣示着道教“崇尚自然、返璞归真、得道长生”的真谛。

南海影视城 AAAA

“中国好莱坞”

佛山市南海区狮山镇南国桃园旅游度假区

南海影视城是中央电视台四大影视摄制基地之一，进入南海影视城，金碧辉煌的天朝宫殿区就展现在眼前。天朝宫殿区的西面是江南水乡区，古朴典雅的江南水乡区令人心旷神怡，在此可以领略风景如画的水乡风情。景区最南面的旧香港澳门一条街由旧时期的香港街区和旧时葡式建筑风格的澳门景观组成，建筑物非常古旧。

玩家解说

南海观音寺，距今已有一千多年的历史，香火鼎盛，每年农历正月二十六为观音开库日（观音寺庙日），参拜的信徒达数万之众，已成为南海市最大的佛门圣地。

南海影视城

康有为故居

百年旧宅

佛山市南海区丹灶镇苏村

康有为故居原名“延香老屋”，建于1858年，康有为诞生于古屋。清代民居建筑，为一厅、二廊、二房布局，是一座典型的珠江三角洲清代农村住宅形式——“镬耳屋”。延香古屋采用青砖墙橡木结构，古色古香。古屋大厅用黑色木板搭建了阁楼，两廊中间留有天井，古屋采光足通风好，冬暖夏凉。在这座故居中，康有为度过了人生中最重要的青少年时期。

玩家解说

康有为，又名祖诒，字广厦，号长素（1858—1927）。中国政治家、思想家、教育家，广东佛山市南海丹灶苏村人，人称“康南海”或“南海先生”。信奉孔子的儒家学说。主要著作有《康子篇》《新学伪经考》（陈千秋、梁启超协助编纂）、《春秋董氏学》《孔子改制考》《日本变政考》《大同书》《欧洲十一国游记》等。

仙湖

南海四大旅游度假区之一

佛山市南海区丹灶镇，南海国家生态示范园区的西部

仙湖，是南海第二大湖，坐落于有名的侨乡丹灶。度假区冬暖夏凉，四季宜人，山岗

佛山祖庙

缓丘遍布果林灌木。青山绿水，景色秀丽，满目皆青葱绿意，扑鼻而来的是清新的自然气息。

佛山祖庙 AAAA

东方艺术之宫

佛山市禅城区祖庙路21号

佛山祖庙，从北宋元丰年间始建，之后逐渐成为一座体系完整且具有浓厚地方特色的庙宇建筑。这里有叶问馆及黄飞鸿纪念馆，叶问馆里收集了武术宗师叶问的珍贵照片和信件，而位于祖庙三门北侧的黄飞鸿纪念馆里，不但有他的生平，更展出了关于他的小说、电影、戏剧甚至于漫画，馆内还有一幅目前国内仅存的黄飞鸿真人照片。佛山祖庙与肇庆悦城龙母庙、广州陈家祠合称为岭南古建筑三大瑰宝。

玩家攻略

春季和秋节是游览祖庙的最佳时候，夏季虽然天气炎热，但祖庙到处都有绿荫，是一个避暑胜地；而佛山人大都喜欢在农历过年前两三个月结婚，新人结婚最喜欢去的地方就是祖庙，冬天游览祖庙则经常可见到十几对新人同时行礼的壮观场面，所以，一年四季游览祖庙都有不同的惊喜。

梁园

岭南四大园林之一

佛山市禅城区松风路93号

梁园是佛山梁氏宅园的总称，建于18世纪末至19世纪中叶。园内布局既秉承了岭南风格的园景交融、细腻玲珑，又借鉴了江南园林在规划上的开阖与朦胧感。梁家上下皆为书香门第，梁蔼如、梁九章、梁九华、梁九图等都是佛山名噪一时的诗书画名家，其园林意境也就格外充斥着文人特有的高雅情调和梁家人喜爱的水乡韵味。

南风古灶 AAAA

佛山新八景之一

佛山市禅城区石湾镇高庙路6号

南风古灶，始建于明朝正德年间（1506年），至今已有超过500年的历史。是我国乃至世界上年代最久远、保存最完好且延续使用至今最古老的龙窑。南风古灶和高灶传为“龙凤窑”，被誉为“活的文物”。在南风古灶主打的陶瓷艺术博物馆中，可以近距离欣赏到中国绵延五千年的陶瓷文化。

玩家攻略

每逢节假日，这里还有现场陶艺表演，一招一式间可谓精彩绝伦。

南风古灶

东华里古建筑群
清代城镇民居里巷

佛山市禅城区福贤路

东华里原名“伍杨街”，以清初聚居此地的杨族和伍族姓氏命名，至清乾隆年间更名为“东华里”。街道宽阔畅顺，街内两旁的宅第俨然清代旧貌，门房高大，石砌台阶，门墙多为水磨青砖结砌；室内的厅堂装饰也不俗，多有木雕屏风、花架及隔扇等高档设置。

石湾美术陶瓷厂
将石湾陶艺发扬光大

佛山市禅城区石湾街道

石湾陶塑是岭南著名的工艺美术品。石湾陶塑，源远流长，广东的石湾陶瓷早在新石器时代晚期的贝丘遗址中已揭开其烧陶的历史序篇。石湾陶塑艺术始于唐宋、盛于明清，迄今已有千年历史，是中国艺术史上的一朵奇葩。

状元公园
感受古代科举文化的精华

佛山市禅城区罗村镇罗村街道北湖一路

状元公园正门入口处是状元广场，设有金榜题名景墙、科举知识栏，介绍中国古代科举制度的起源、兴衰，内容、形式及影响。上山的路沿途有以伦文叙从举人、贡士、进士到状元为主题的雕塑群，能感受到伦文叙寒窗苦读，赴京赶考，高中及第的历史场景。山脚下北广场还有以伦文叙自幼生平故事为主题的艺术浮雕，似乎有着“神童”“急才”“鬼才”美誉的主人公活灵活现地就在眼前。

大浩湖
风光秀美景如画

佛山市禅城区大沥镇

大浩湖度假区以水而胜，拥有4500余亩（350公顷）天然山林湖泊，是华南地区离市区最近的生态型度假区。整个大浩湖度假区都是围绕水而建成的景区，步步是景、布局自然。到大浩湖度假区旅游，你可以看到大浩湖度假区内的千年古桐、百年老榕，更有难得一见的巨桂、红如火的凤凰木、刺桐、木棉等。

中山公园
纪念性公园

佛山市禅城区汾江北路25号

中山公园是佛山市民乘荫纳凉的常见去处。公园顾名思义是为纪念孙中山先生而建，1928年初建后，又经过佛山政府的不断扩建和改造，历经百年。园中的历史文化区、老年活动区、瀑布假山区等景区都是市民人流如织之处。

中山公园

景点推荐

顺德旅游区

清晖园 AAAA

广东四大名园之一

佛山市顺德区大良街道清晖园路23号

清晖园是典型的岭南园林风格，花园设计以精巧为主。清晖园的“清晖”二字取父母之恩如日光和煦的寓意。园林整个院子围绕着一池清水，小溪里的锦鲤长得很肥。有假山、小桥、亭台楼阁，并种上了银杏、紫藤、龙眼、龙顺枣等树种来配合景观建筑。临清晖园不妨到澄漪亭里看水色与园景，碧溪草堂看缺斤短两的“百寿图”。

史努比缤纷世界AAAA

儿童的天堂、成人的童话世界

佛山市顺德区大良新区龙盘西路1号

史努比缤纷世界是花生漫画公司授权的游乐场，致力于打造一个“儿童的天堂，成人的童话世界”。园区内有七个主题区：机动游戏、奇趣演艺、游戏地带、欢乐水世界、西式教堂、草坪婚礼、花生漫画精品商店。走进史努比缤纷世界，仿佛穿越半个多世纪的时空，让游客重拾儿时童真，和漫画人物来一次亲密接触，收获惊喜不断的难忘体验。

顺峰山

顺德第一高峰

佛山市顺德区大良街道南国路

顺峰山是顺德“新十景”之一，公园的建设突出了“山色水韵”的主题，巧妙利用自然空间布局以及旧寨塔、青云塔等历史古迹，依据山势地貌形成了“青山、碧水、一寺、两湖、两塔”的自然与人文景观格局。

陈村花卉世界 AAAA

中国花卉第一镇

佛山市顺德区陈村镇

陈村花卉世界有两千多年的花卉种

植历史，素有“岭南千年花乡”的美誉。作为佛山新八景——花海奇观的陈村花卉世界整个布局是以花卉为主题，是集花卉生产、销售、科研、花卉展览、花卉观光旅游于一体的大型花卉交易中心和花卉文化主题公园。

长鹿旅游休博园 AAAAA

岭南特色度假胜地

佛山市顺德区建设东路8号

150元（含大门票、动物园全票、矿洞海洋馆；5D/飞翔影院/科技馆三选一），另有一票通可以选择（成人370元） www.chuanloo.com

长鹿旅游休博园，又称长鹿农庄，是一个融合了岭南历史文化、顺德水乡风情和农家生活情趣的综合性景区。休博园由长鹿尖叫岛、童话动物王国、海藏蓝界主题公园、军事主题公园、农家乐主题公园、湿地主题公园等多个乐园组成。其中，长鹿机动游乐场是乐园的一大亮点，荟萃了上百种世界巅峰游乐项目，为游客提供刺激和乐趣并存的游乐体验。而童话动物王国则突破了传统动物园的模式，以独特的园林造型展示出动物神秘而又有趣的一面，让游客更加亲近动物。长鹿度假酒店也是乐园内的一大特色，拥有多种主题的客房，如火车站主题、海底世界主题、洞穴主题等，为游客提供丰富的住宿选择。

李小龙纪念馆

世界最大的李小龙纪念馆

佛山市顺德区均安镇上村

李小龙纪念馆湖光山色、绿树成荫，远离都市喧闹，堪称珠三角“世外桃源”，是广东省著名的旅游度假胜地。李小龙纪念馆将李小龙生前使用的三节棍和创作的诗歌在内的数件展品囊括其中。

玩家解说

李小龙曾被国际权威武术杂志《黑带》评为“世界七大武术名家”之一；中国武术协会颁发的“武术电影巨星奖”；《时代》杂志的“20世纪的英雄与偶像”，他是唯一入选的华人。

碧江古村

岭南古村

佛山市顺德区北滘镇

碧江古村是一个千年古村，集庭、台、楼、阁于一身。金楼是碧江苏家早年修建的一座书楼，富丽堂皇、尊贵典雅，楼中多取金箔镶贴，故得名金楼。它在当时是一种身份地位的象征，乾隆年间的浓墨宰相刘墉、淡墨探花王文治都曾登堂入室，与金楼的主人切磋琴棋书画，共叙风花雪月。

链接

金屋藏娇的传说

金楼以贴金得名，却凭藏娇闻名于世。相传当年慈禧的干女儿、法务大臣戴鸿慈的女儿戴佩琼下嫁时任兵部员外郎的苏丕文，苏丕文将戴佩琼安置在金楼之中伴读，夜夜有美人红袖添香，故传有金屋藏娇的佳话。

景点推荐

佛山西郊景点

盈香生态园 AAAA

集科普教育和旅游功能于一身

佛山市高明区西安冼村荷城街道

盈香生态园位于佛山高明区荷城街道凌云山麓，环山而抱，山间潺潺流水，宛如一曲曲娓娓动听、催人奋进的乐曲；山上绿树成荫，果园花香四溢，果实累累挂枝头。绿色长廊、楼台水榭、竹筏小舟、炊烟袅袅、田园绿野，好一幅江南水乡图。闲步园内，极目四周，全被大自然的优美景色陶醉，吸一口新鲜空气，心旷神怡，令人流连忘返。

皂幕山 AAAA

佛山第一峰

佛山市高明区西安冼村荷城街道

皂幕山纵深5千米，在55平方千米的大地上恣肆泼墨。立于峰顶，远山近峦浩荡奔来，尽收眼底。清代一位高明知县名鲁杰，登临皂幕山后赋诗赞曰：“上欲参天只咫尺，下临无地可盘桓。幽人若许峰头立，摘得一星堪弄丸。”

龙涛湾森林动感水城
广东日月潭

佛山市高明区西岸镇宫溪村幸福水库内

龙涛湾森林动感水城被环抱在有着仙山之称的“睡美人”山之中，这里是全省最大的人造沙滩纯天然矿泉水泳场。四面青山环绕，龙涛湾利用水风车制造出惊险无穷的山泉冲浪，浪花一层接一层直面向你扑来，让你惊喜连连，惊叫不断。

泰康山生态旅游区
乐活度假与文化寻梦

佛山市高明区明城镇城十路石塘段

泰康山生态旅游区内气候独特、风景优美、山清水秀、曲径通幽。周围群山莽莽，窗外绿水潺潺。泰康山旅游区千年未变的自然生态环境，使人真正体会到“山光悦鸟性，潭影空人心”的涤荡与宁静。

茶景园
梯田式的茶园

佛山市高明区对川茶场内

茶景园提供从采茶、炒茶到品茶再到茶食宴等一系列以茶为主题的旅游项目。最具特色的当数擂茶粥，将新采嫩茶擂成粉末后与优质米熬粥，出品色泽鲜绿、茶香扑鼻、口感绵甜，可健胃消食，深受食客欢迎。

灵龟园
历史名胜地

佛山市高明区沿江路293号灵龟园内

灵龟园是高明市的历史名胜地。因龟峰有神龟所化的传说，故塔名为灵龟塔。灵龟塔是平面八角七层楼阁式砖，没有基座，园内山水融汇，清澈明净，新建了下沉式广场，书画长廊，荷塘美景，曲径小桥，古代文化与现代文明在灵龟园内交互融合。

茶景园

蔼雯教育农庄
青少年教育基地

佛山市高明区明城镇鹿洞山脚

高明蔼雯教育农庄是一个集教育和旅游功能于一身，寓教于乐的非营利性青少年教育基地。四周山清水秀，空气清新。农庄有一个30多公顷的寓教于乐的青少年学习基地，让青少年亲密接触大自然，领略生态平衡的重要以及学习有关环境保护的知识。

缇香艺术馆
艺术陶瓷

佛山市禅城区季华西路瓷海国际

缇香艺术馆是佛山市南海区西樵缇香工艺品厂旗下一大型展馆，馆内展示的产品包括艺术瓷砖背景墙、地面拼花、陶瓷金箔画等。缇香的解析来源于西方油画之父提香·韦切利奥（Tiziano Vecellio），以他的名字取谐音为“缇香”。

景点推荐

佛山北郊景点

三水森林公园 AAAA

休闲度假的好去处

佛山市三水区云东海大道

三水森林公园树林密布、空气清新，园内有华南地区最大的孔圣园，入口处为棂星门，依次进入前园、大成门、杏坛、大成殿和崇圣祠，大成殿内有大型孔子塑像，庑殿有孔子七十二弟子塑像。大卧佛的雕造从传说中获取灵感，以盛唐敦煌卧佛为范本，佛身长108米，尺度堪称世界之最。

三水荷花世界 AAAA

佛山新八景之一

佛山市三水区南丰大道

在这座规模颇大的荷花生态专类园内可观赏到480个珍稀荷花品种，还有直径达1.98米、可承重40千克的王莲，以及形态万千的数百个水生花卉品种。园区还有歌舞和荷花大宴。

玩家攻略

在夏季，荷花开放的季节，你会看到一整池的荷花，风过荷举，莲障千重。

芦苞祖庙
儒、释、道三教合一的庙宇

佛山市三水区芦苞镇沿江路

芦苞祖庙，古称胥江祖庙，是一座集儒、释、道三教合一的庙宇，为三水区最古老的寺庙。寺庙以北帝庙作为主庙居中，左有观音庙，右有文昌庙，均有前后殿，虽历尽沧桑，但庙内不论陶塑、石刻、壁书等装饰，仍瑰丽精巧，栩栩如生，尤其北帝殿脊的“双龙戏珠”陶塑造型优美，壁画画工精细，生动传神，堪称岭南古建筑壁画的精华。北帝庙的阶级旁有一古井，称“金沙圣井”。相传金沙圣井水曾作为贡品，冬暖夏凉，久存不腐。

长歧村
机关重重的古村

佛山市三水区中北部的芦苞镇境内

长歧村建村于明代（1468年），现存建筑最早建于清朝初年（1678年）。村庄依山傍水，村前两口大池塘引入北江水，村后背靠文笔山。村中人家多为一厅四室、一厕一天井的四合院格局，石雕、灰雕、壁画一应俱全。古村的建筑风格体现了岭南传统村落建筑布局的特点。最有特色的建筑莫过于宗祠。

玩家攻略

古村还保留了不少传统风俗。每年五月初五端午节，长歧村都会组织村民进行龙舟赛，锣鼓喧天，蛟龙腾飞，参赛龙舟队达数十支。九月初九重阳节，村里则会组织千人宴，为村里的所有老人过节。近年来，村里还成立了醒狮队，使舞狮活动长盛不衰。

三水九道谷
原始生态度假胜地

佛山市三水区迳口华侨经济区的九道山内

三水九道谷景区野趣横生，丛林密布，各类野生植物1000多种，其中，“一藤成景”的野生“禾雀花”沿溪遍布从而成为当今都市人向往的“世外桃源”。九道谷漂流被称为“佛山第一漂”，其河道全长4.8千米，总落差138米，大小落差120多处。漂流穿梭“九弯、五峡、三十滩”飞驰而下，可体验“水上过山车”的动感刺激。

大旗头古村
清代村落

佛山市三水区乐平镇郑村

大旗头村始创于明嘉靖五年（1526年），原名叫大桥头，以清一色的“锅耳屋”民居为特色，是华南地区保存最完好最有代表性的清代村落。大旗头村是一座祠堂，家庙兼备，聚族而居的建筑群，内部布局采用广东民居典型的“三间二廊”式。

大旗头古村民居

玩家 攻略

傍晚的阳光使曲线优美的镬耳形山墙看上去非常柔美。这时如请看门的老人把村首郑氏宗祠第二道大门打开，金黄色的阳光可以穿过大门、二门，照射进来，是摄影发烧友们拍片的最佳时机。

玩家 解说

大旗头村是清光绪年间郑绍忠及家族的故宅，因郑绍忠颇得慈禧太后器重，1894年当其六十大寿时，慈禧降旨而建，他让本村所有郑姓人免费居住。不过，现在村子里已经没人住了，村民都搬进附近新起的宅子了。

三水侨鑫生态园

综合性生态旅游景区

✉ 佛山市三水区乐平镇南边居委会

侨鑫生态园把农业生产、休闲度假、康乐、饮食、科普教育融为一体，侨鑫生态园内郁郁葱葱，花香蝶舞，鸟语果香，散发出生态田园的浓郁气息。三水侨鑫生态园内种有各种珍稀果树，等到红果压枝、果香飘溢的季节，整个果园将是“接天枝叶无穷碧、映日果实别样红”。

三水芦苞祖庙

攻略资讯

- 交通
- 住宿
- 美食
- 购物
- 娱乐

交通

飞机

广州白云国际机场：辐射国内、东南亚和中东，连接欧、美、澳的东南亚及太平洋地区的综合性中枢机场，距广州市中心直线距离28千米。航线辐射全国各大城市，北京飞往广州的航班也很多。地铁3号线北延线到达机场南站；机场快线开通6条线开往广州市各个地方，另外还有开往佛山、珠海、恩平、东莞等城市的省内巴士。

佛山沙堤机场：位于佛山市南海区罗村街道机场路，距离市中心7千米。目前主要开通北京、上海、杭州、常州等航线。

白云机场

火车

●广州

广州境内有京广线、京九线、武广高速铁路等穿境而过，主要有广州站、广州东站、广州南站和广州北站。

广州站：是广深铁路、京广铁路、广三铁路及广州地铁2号线、5号线交会的车站，也是华南最大的火车站和广州市内最主要的铁路客运站之一。

广州东站：大多为京九线方向的列车。广州到深圳的城际列车每小时好几趟动车，还有到香港的直达列车。乘地铁1号线、3号线可到。

广州南站：连接武广高速铁路，目前主要发武广高铁列车，乘坐地铁2号线在石壁站下即到。

●佛山

佛山市主要有佛山西站和佛山火车站。另外还有三水南站、三水北站和顺德站等。

佛山火车站：位于禅城区站前路30号。车站交通便捷，四条旅游专线均可到达，市区内大多数公交线路也都经停这里。

松塘村

汽车

●广州

广州交通四通八达，以广州为中心有多条通往全国各地及省内的高速公路。从广州有到达各个地级市的班车，广州有大大小小近40个长途汽车站，每天有多班长途汽车驶往省内外各市县。

广东省汽车客运站：主要为发往省内以及湖南、江西、福建、广西等地的长途客车。乘坐7路、15路等公交车可达。

天河汽车客运站：主要为发往省内各地及省外的客车。乘坐地铁3号线、6号线可到。

滘口汽车客运站：已开通前往广西、海南、福建、江西、湖南、湖北等地的百余条客运班线。乘坐57路、61路等公交车可到。

●佛山

佛山市交通便利，主要有佛山汽车客运站、大沥客运站、石湾汽车客运站、容桂汽车客运站、高明汽车客运站。

佛山汽车站：佛山地区公路客运的主要枢纽站，形成辐射湖南、四川、江西、福建、广西、浙江等省近100个市（县）的长途客运网络。

大沥客运站：位于南海区大沥镇禅炭路沥西路段，有发往省内各地的多条客运班线。

高明汽车客运站：位于高明区荷城街道高明大道东123号，有发往省内各地及省外的客车。

市内交通

●地铁

广州市内地铁系统健全，目前已经开通了1号线、2号线、3号线、4号线、5号线、6号线、8号线、广佛线以及APM线等16条线路。基本覆盖了市区的主要景点，游客出行非常方便。

珠江日落

住宿

广州

广州城市繁华，酒店服务业相当发达，环市东路是广州酒店最集中的地区，高档酒店多集中在这里。另外，人民南路沙面岛等地区有一些中低档宾馆和高校招待所。

●长隆酒店

酒店地处长隆旅游度假区的中心地段，毗邻长隆欢乐世界、长隆水上乐园、长隆国际大马戏和长隆野生动物世界等世界顶级的主题乐园。酒店客房环绕着中庭动物岛，走进房间即走进了热带雨林，满目青葱。推开窗，即现全球360种欢乐。

广州市番禺区迎宾路

020-84786838

●白云宾馆

广州白云宾馆的楼群掩映在郁葱的“绿意”中，2000平方米的前庭花园，绿树葱茏，芳草如茵，在车水马龙的环市东路上，俨然是“城中绿岛”。

广州越秀区环市东路367号

020-83333998

宝墨园

佛山

佛山住宿有许多家酒店和旅馆，佛山酒店的最大特色就是环境优美，价格适中。酒店离各大风景区较近，方便出行。有公交车可通达。

●维也纳智好酒店

酒店距著名风景区——西樵山仅需10分钟的车程，并可眺望美丽的万灯湖。中餐厅特聘粤菜名厨主理，有数间风格各异的贵宾包房，南北美食荟萃、珍馐百味、环境舒适优雅，为本地高级食府之一。

佛山南海区樵高路西樵轻纺城

0757-86825888

●宿二爷卫邦酒店

佛山卫邦酒店坐落于市中心，靠近百花广场、祖庙，酒店环境幽雅，餐厅以做特色顺德美食和秘制鱼生为主而成名。

佛山禅城区江湾一路弼塘东二街3号

13302800158

●佛山金银酒店

佛山金银酒店秉承了佛山的文化氛围，装修采用仿古归真、古色古香、绿色环保的人性化理念，拥有不同档次的客房。酒店与大型商场百花广场、兴华商场及佛山祖庙相连。

佛山禅城区汾江西路4号

0757-83638101

美食

广州

广州的饮食文化源远流长，俗话说“游在杭州，食在广州”，以海鲜著称的粤菜，几乎遍及了全国各地。广州菜则是粤菜的代表，烹调方法尤以炒、煎、焖、炸、煲、炖、扣等见长，且时令性强，夏秋力求清淡，冬春偏重浓郁。

粤式早茶

惠福东路风味食街汇聚中式传统与异域美味，主要经营岭南传统特色美食和东南亚风味美食。另外，禺山路段老摊老铺随处可见，是一个能吃到很多正宗广东风味小吃的地方。环雁洲海鲜食街是一个以御水湾、好运来、金华安等为代表的20多家海鲜酒家集市，“看海景，食海鲜，到雁洲”是食街的主要特色。驾车到番禺汽车站，步行几百米即到。

●粤式早茶

在广东，人们有喝早茶的习惯，早茶主要由中式点心和茶水构成。配茶的点心除广东人爱吃的干蒸马蹄糕、糯米鸡等，还有著名的早茶四件套干蒸烧卖、水晶虾饺、鲍汁凤爪、豉汁排骨。

推荐店铺：陶陶居酒家

荔湾区第十甫路20号（近大同路）

●云吞面

云吞内馅有虾仁和猪肉，入口爽滑，面更具有弹性带嚼劲，并且云吞拥有丰富的蛋白质等营养元素。云吞面不仅深受港人的喜爱，就连许多名人明星也对其情有独钟。

推荐店铺：巧美面家（惠福东一店）

越秀区惠福东路401~403号

020-83374754/19128653303

●广州靓汤

广州靓汤是广府人传承数千年的食补养生秘方，慢火煲煮的中华老火靓汤，火候足，时间长，既取药补之效，又取入口之甘甜。汤料种类丰富，味道鲜美，且营养价值高，是到广州不得不尝的特色美食之一。

推荐店铺：山塘饭店（钟村店）

番禺区钟村镇平山二村金银洞大山塘

020-84719098/19120078308

佛山

佛山是珠江三角洲的“美食之乡”，无论天上飞、地上走、土里钻、水中游的动物，还是那青葱滴翠的各种果蔬，在厨艺大师们的精心烹调之下，都能变成美味佳肴。

民信老铺（东方广场店）——一家老字号甜品店，来吃的人很多，特别推荐他们家的双皮奶，奶味很浓郁。另外还有炸牛奶、牛奶蛋白杏仁糊、芝麻拉皮，味道都很不错。

辉记甜品店是来到佛山一定要去的一家甜品店，出品很地道。糖水真材实料、香滑可口；猪脚姜汤味道很正，姜味浓郁，猪脚煲得很绵软，连骨头都入味了。价格更是便宜，非常实惠。

●得心斋酝猪蹄

佛山酝猪蹄有两种形式，一是用整只猪手酝制而成；二是用猪脚开皮，抽去脚筋和骨，再用猪肥肉夹着猪精瘦肉包扎在猪脚皮内酝制。由于后者是用水草扎着来酝制，所以又名叫“扎蹄”。

推荐店铺：得心斋（文华北路店）

佛山市禅城区大围街16号

0757-82287947

●九层糕

九层糕是一种甜米糕，做工讲究。民间用白米浸透，用石磨磨成水粉，搅拌成浆，加入糖水，用铜盘放一层薄水粉，加热蒸熟，然后逐层加粉至九层。蒸熟的九层糕层次分明，软滑可口。

推荐店铺：大可以

禅城区祖庙路百花总汇B馆3楼

0757-82286438

●全鱼宴

南海人养鱼历史悠久，对鱼的烹饪制作更有独特心得，九江的著名菜式十大鱼宴正是汇聚了南海鱼美食大全。在很多人的想象中，全鱼宴也许很单调，但其实每一道菜，都经过了精挑细选。

推荐店铺：鲤鱼门满福楼

禅城区岭南大道北77号

0757-82367878

购物

广州

广州特产比较丰富，有木雕、牙雕、彩瓷、玉雕、铜雕、刺绣等，品类众多。另外还有流溪蜂蜜、清香荔枝干、广式月饼及腊肠等。

上下九步行街有大名鼎鼎的老字号餐馆——广州酒家、陶陶居、莲香楼等。其中上下九路的商业以经营服装、布料为主。广州著名的玉器街、红木家私专业街，以及清平农贸市场也都在这里。

●广州彩瓷

广州彩瓷是在各种白瓷器皿上彩绘而烧成的一种具有浓厚的东方特色的工艺品，大都采用我国的织锦图案，是我国釉上彩瓷的一个独特的品种。

●广州刺绣

广绣与苏绣、湘绣、蜀绣并称为全国“四大名绣”，品种繁多，有刺绣、织锦、抽纱、机绣、绣衣、通锦、珠绣、手工编结等。

上下九路步行街

●岭南盆景

盆景是以树木、山石等为素材，经艺术处理和精心培养，在盆中再现岭南大自然神态的艺术品。

佛山

佛山是著名的“艺术之乡”，陶塑、雕刻、塑扎、绣花和剪纸可以合称为佛山历史上光彩夺目的“五朵金花”。

祖庙商业街是祖庙、黄飞鸿纪念馆、泥模岗等旅游景点的所在地；既有古老的名胜，又有现代的商业，世界各地的名店林立于此，是佛山现时商业最繁华的地区。祖庙路更是广东四大“放心购物一条街”之一。

●石湾陶艺

石湾陶器享有“石湾瓦、甲天下”之称。石湾陶塑历史久远，代代艺人承先启后，佳作不绝、形神兼备、栩栩如生。

●佛山剪纸·佛山片画

佛山剪纸距今已有500多年的历史。其风格苍劲雄浑、剔透秀丽、明媚清雅、严谨工整。佛山片画原名佛山工艺，始于明代，清代为全盛时期。

●西樵云雾茶

西樵云雾茶已有1000多年的历史，又名“苦登茶”，其叶比普通茶叶大，颜色乌黑发亮，一经开水冲泡，全叶张开，色淡青，清香袭人心肺，入口涩味，但回味清适。多在日出之前采摘，因而得名。游西樵山，用无叶井水泡茶，更添风韵。

娱乐

岭南文化是中华文化中最年轻、最活跃、最“生猛”的部分。它折中中西、融合古今、勇于创新的特点，充分反映在岭南艺术中。其突出代表有粤剧、广东音乐、岭南画派及广绣、彩瓷、雕刻等。

广州

广州的灯光夜市主要集中在珠江、沙园、教育路、西河路、芳村小巷等地。在广州旅游可以参加夜游珠江的休闲项目，最好的游览方式是乘珠江上的游轮，航程从西堤码头开始，到广州大桥结束，在船上品茗赏景，一路上有30多个景点。

●粤剧

广泛流传于两广、港澳和海外华人社区，在广东文化中占有重要地位。著名粤剧剧目有《帝女花》《紫钗记》《牡丹亭惊梦》等。广州历来的粤剧剧团有觉先声剧团、广东省粤剧团、广州粤剧团、广州红豆粤剧团等，粤剧名伶有薛觉先、马师曾、靓次伯、梁醒波、新马师曾、芳艳芬等。

粤剧演出

●茶馆

广州人喜欢饮茶，尤其爱饮早茶。早上见面，往往喜欢以一句“一起去饮茶吧！”作为问候，足以见得，广州人对于饮早茶的偏爱。

佛山

佛山文化娱乐事业非常繁荣，季华六路上的东方一号酒吧以顶级音响著称。顺德长鹿休闲农庄以顺德农村水乡的传统风貌为特色，是尽享闲适生活的高档会所。

●行通济

每年的正月十六，佛山人都有一个风俗习惯“行通济”。佛山人认为“行通济，冇闭翳”（佛山方言，意即行通济无忧愁）。每年这一天，人们都到这里走过桥，烧香、抛生菜和转风车，人流络绎不绝，非常热闹。

●秋色

秋色又名“秋宵”“秋景”，是佛山独有的大型民间文化娱乐活动。由明永乐年间发展起来，各种精美的工艺品，通过游行的形式来展出，并表演舞龙、舞狮、十番、锣鼓柜等助兴。年复一年，技艺越来越高超，规模越来越大。

节日和重大活动

广州迎春花市：每年农历年初，在广州市各大公园及主要街道举行。春节前夕，各大公园都举办迎春花展，各区的主题街道上也搭起彩楼，四乡花农纷纷涌来，售花卖橘，一直闹到初一凌晨，方才散去，这就是广州特有的年宵花市。

波罗诞庙会：每年农历的二月十一至十三，在南海神庙举行，是广州最大的民间传统庙会之一，当地有“第一游波罗，第二娶老婆”之说。庙会期间，可观看到广州本地的民俗表演，还有一些精彩的异域风情表演。

发现者旅行指南

深圳

概览

亮点

华侨城旅游度假区

深圳八景之侨城锦绣，有锦绣中华、世界之窗、欢乐谷等主题文化公园，是全国一流的大型旅游度假区。

小梅沙

深圳最大的海滨度假胜地，素有“东方夏威夷”之称，每天都有海豚、海狮、海豹的精彩表演。

东部华侨城

东部华侨城是一处景色很美的大型生态度假区，主要包括大峡谷生态公园、茶溪谷休闲公园、云海谷体育公园、大华兴寺、主题酒店群落、天麓大宅六大板块。

梧桐山

梧桐山内溪流、瀑布等水景非常丰富，溯溪登高也是梧桐山的特色之一。溯溪攀登时，一路水声潺潺不绝

梧桐山

于耳，给人一种返璞归真的感觉。

东冲—西冲

这里三面环山，对面有岛屿，沿海岸风景优美。海沙特别细腻，海水也非常清澈，被驴友称为“深圳的天堂”。

必逛街道

罗湖商圈：地处最高档的商业片区，拥有万象城、西武百货、友谊城百货、天安国际商场等大型商厦。

华强北商圈：全国业态最齐的商业街。有唯一成行成市的服装专卖街振兴路，云集了深圳最优秀的女装品牌旗舰店铺。

线路

深圳深度三日游

第一天上午乘坐旅游空调车，沿着深南大道参观游览深圳市容市貌，之后抵达地王大厦，登楼观光。然后前往中英街，下午前往小梅沙去游泳看海，晚上还可以在海边烧烤，吃自己烤出来的美味海鲜。

第二天前往大梅沙旅游度假区，游览海滩风光。之后抵达东部华侨城——茶溪谷，乘坐茵特拉根小镇小火车，环线参观游览。之后步行前往茵特拉根小镇，欣赏别具特色的《皇家大巡游》。

第三天前往深圳标志性的景区——锦绣中华民俗村和世界之窗景区，观看各地、各国特色建筑，还有特色表演。

深圳一日游

游玩国内著名的娱乐天堂——深圳欢乐谷，这里有很多娱乐项目可以玩上一整天。晚上再趁着凉爽前往乐园路海鲜排档享用当地特色海鲜，十分惬意。

为何去

滨海都市深圳文物古迹丰富，成为经济特区后，旅游业随经济一起迅猛发展，锦绣中华、世界之窗、野生动物园、小梅沙度假区等众多优秀的主题公园使得这个移民城市独具魅力。

世界之窗

何时去

深圳属亚热带海洋性气候，风景宜人，降水丰富，游深圳四季皆宜，尤以冬天和早春为最佳。八九月去深圳也是一个不错的选择，夏日在沙滩上漫步，在大海里游泳，别有一番滋味。

小梅沙风光

莲花山公园

区域解读

区号：0755

面积：$1997.47km^2$

人口：1766.18 万人

地理 GEOGRAPHY

区划

深圳下辖9个行政区（福田区、罗湖区、盐田区、南山区、宝安区、龙岗区、龙华区、坪山区、光明区）和1个功能区（大鹏新区）。

地形

深圳全境地势东南高，西北低，大部分为低丘陵地，间以平缓的台地；西部为滨海平原。境内最高山峰为梧桐山，海拔943.7米。此外，深圳还有230千米长的海岸线，并有优良的海湾港口，通海条件优越。

气候

深圳属亚热带海洋性气候，年平均温度22.4℃，常年主导风向为东南风。深圳冬天时间很短，且温暖宜人，降水也较少，有“秋春相连”的说法；夏季相对炎热，并且由于山峦的阻隔，受台风影响较少，台风直接袭击深圳市的情况平均每年不到一次。

历史 HISTORY

历史大事记

●夏商时期

夏商时期，深圳是百越部族远征海洋的一个驻足地。居住在深圳沿海沙丘谷地区域的百姓是百越族的分支南越部族，以捕鱼、航海为生，很少农耕。

●两晋时期

东晋时期，此地建宝安县，这是深圳市最早的前身，辖区范围大致包括今天深圳

大鹏半岛风光

东部华侨城全景

深圳博物馆展品

市、东莞市和香港特区等地。

●唐宋元明清时期

宋朝时期，深圳成为南方海路贸易的重要枢纽，盛产食盐、香料。至元朝，又以出产珍珠闻名。

明朝时期，政府在此设立新安县，县治在今南山区南头，经济以产盐、茶叶、香料和稻米为主。

●近现代

1841年1月，第一次鸦片战争后，英国强占香港岛。其后，清政府被迫与英国签订《南京条约》《北京条约》和《展拓香港界址专条》，香港岛、九龙和新界被割让、租借给英国。

1979年，宝安县改为深圳市。次年8月，全国人大常委会在深圳设置经济特区。

鸦片战争第一炮

赖恩爵（1795—1848），字简廷，新安县大鹏城（即今深圳龙岗区大鹏镇）人。恩爵少时随父出任阳江，后在阳江入伍。道光十八年（1838年），恩爵补海门营参将。

1838年12月，清廷命林则徐为钦差大臣，节制广东水师，查禁鸦片。此举遭到英国人的记恨。1839年7月7日，英船“考奈蒂克”号和“满加洛尔”号的水手在九龙半岛南端尖沙咀“混行上岸，无故滋事”，将村民林维喜殴伤致死。同年8月15日，林则徐下令英国驻华总

赤湾左炮台

深圳中英街

领事兼驻华商务监督义律交出凶手，但遭到义律的拒绝。于是，林则徐采取了不准他们逗留澳门，断绝柴米食物等措施，逼其就范。

同年9月4日上午，义律登上快艇“路易莎”号，率领“珍珠”号等5艘武装船，开往九龙山炮台附近海面。这时，大鹏营参将赖恩爵率领本营3艘水师船，正在九龙山口岸巡查。义律向赖恩爵递交呈文，并且威胁说，如果中国不给英商船队供应食物，就会遭到武力惩罚。而林则徐坚决下令：村民林维喜被杀不能不了了之，在不具结不交凶的情况下，遵上谕令，不能接济英国人任何食物。同时，他还告诫赖恩爵等指挥官，严密布防，但不得轻举肇衅。

义律见林则徐寸步不让，暴跳如雷。当日14时30分，他派人递交最后通牒：“如果英国人在半小时内得不到食品供应，他们就要击沉在九龙港内的中国水师战船！”随后，赖恩爵正派遣兵前往答复英军之际，英船竟率先开炮，打死中国士兵。于是，赖恩爵立即指挥各船和九龙炮台，向英船开火，炮火集中攻击义律乘坐的“路易莎”号的主帆。

初遭败绩，义律并不服输，而是调来主力舰“窝拉吉”号及武装商船“威廉姆堡”号投入海战。赖恩爵率领的师船远远弱于义律及其增援的船舰，但他不畏强寇，指令师船连放大炮轰击英船，多名英兵坠海。战斗一直进行到当日18时，才以英船逃回尖沙咀而告结束。

这场海战持续了4个多小时，史称“九龙海战”。九龙海战是中英鸦片战争的首战，打响了鸦片战争的第一炮，也是中英双方第一次交锋而取得的胜利。

由于赖恩爵英勇善战，道光皇帝赐赖恩爵“呼尔察图巴图鲁”（勇士）称号，晋升副将。1843年，他又任广东水师提督、正一品，封“振威将军”。现大鹏城内有御题“振威将军第”的赖恩爵将军府，仍保存得十分完好。

名单 深圳历史名人

东晋著名的“南粤孝子”黄舒

第一位倡导“师夷制夷”的明代军事家汪宏

明代抗倭名将汤克宽

清代抗英名将赖恩爵

清代抗倭名将刘起龙

著名无产阶级革命家曾生

文化 CULTURE

设计之都

以文化产业发展来探寻现有经济结构转型方向，是深圳市一项长期的发展目标。

早在2003年，深圳就已正式确立“文化立市”战略。近年来，深圳文化产业一直保持快速增长的态势。

2004年，第一届文博会在深圳举办，给全国文化产业发展带来深远影响，也给该市产业转型带来契机。这一年，深圳提出构建“设计之都”的目标，并确立了“设计是产业核心竞争力”的理念，深圳以工业设计、平面设计、建筑设计、服装设计、室内设计、游戏设计、软件设计为代表的设计业开始进入蓬勃发展阶段。

近年来，深圳的设计业已经取得了重要成果，涌现出一批领军企业，例如，浪尖、嘉兰图等工业设计企业频频斩获国际顶尖的红点设计大奖，飞亚达凭借“航天表”成为国际钟表界的明星，“平面设计在中国”展览被视为中国最权威的平面设计比赛，而水贝珠宝一条街则依靠最流行的设计年产值逾800亿元。具备了制造业和设计业比翼发展的双重后盾，深圳成功加入“全球创意城市网络”，无论对于深圳市还是全国，都将产生重大的示范推动效应。

2008年11月19日，联合国教科文组织正式批准深圳加入创意城市网络，并授予其“设计之都”的称号。

大芬油画

大芬村是深圳市龙岗区布吉街道下辖的一个村民小组，原住居民只有300多人。1989年，香港画商黄江来到大芬，租用民房招募学生和画工进行油画的创作、临摹、收集和批量转销，由此将油画这种特殊的产业带进了大芬村。随着越来越多的画家、画工进驻大芬村，“大芬油画”成了国内外知名的文化品牌。

大芬油画村以原创油画及复制艺术品加工为主，附带有国画、书法、工艺、雕刻及画框、颜料等配套产业的经营，形成了以大芬村为中心，辐射闽、粤、湘、赣及港、澳地区的油画产业圈。根据统计，截至2008年，大芬油画村共有以油画为主的各类经营门店近800家，居住在大芬村内的画家、画工达5000多人。

大芬油画村

景点推荐

华侨城度假区 AAAAA

华侨城度假区以文化旅游为核心，集主题公园、文化演艺、酒店餐饮、休闲娱乐等多种旅游业态于一体。其核心景点包括锦绣中华、中国民俗文化村、世界之窗和欢乐谷四个大型文化主题公园。

除了主题公园外，华侨城度假区还拥有美术馆、艺术中心、旅游学院、公益性休闲公园、体育俱乐部、大型购物广场等二十多项文化娱乐、旅游休闲配套设施，以及多种不同层次的度假酒店设施。

深圳市南山区深圳湾畔

锦绣中华

一日畅游中国

210元（锦绣中华·民俗村）

周一至周五10:00～18:00，周六及周日9:30～18:00，特殊假日会提前至9:00开放

0755-26905222

www.szjxzh.com.cn

锦绣中华是目前世界上面积最大、内容最丰富的实景微缩景区。锦绣中华是绿的世界、花的世界、美的世界，更是中国的历史之窗、文化之窗、旅游之窗。让人在一天内可以

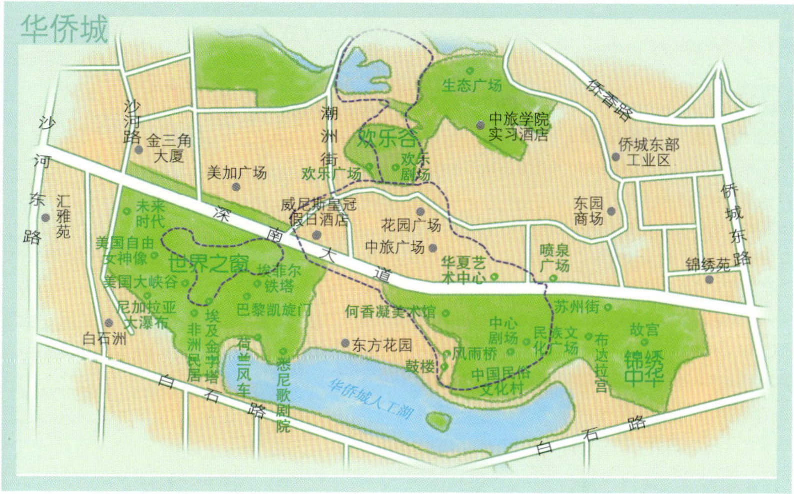

"畅游大江南北锦绣河山，领略中华五千年历史风云"。

玩家 攻略

在锦绣中华别忘了看360° 的环幕电影。

中国民俗文化村
民俗博物馆

中华民俗文化村是国内第一个荟萃各民族的艺术、民俗、建筑于一体的文化游览区。27个村寨，均按1∶1的比例建成。通过多种方式，多角度、多侧面地展示出我国各民族原汁原味、丰富多彩的民风民情和民俗文化。

玩家 攻略

1.在民俗村，各村寨里每个时段都有免费的、不同民族的表演。而且表演人员都是地道的少数民族，演绎原汁原味的传统风情，下午中心剧场的《东方霓裳》和晚上凤凰剧场的《龙凤舞中华》尤其精彩。

2.民俗村每年七八月举行泼水节，可以看表演，还可以参加泼水活动（现场有卖泼水的用具和雨衣，但最好还是记得带一套换洗的衣服）。

3.在民俗村内的"长城"上，可遥望香港。

世界之窗
世界与您共欢乐

9:00～22:30

210元

0755–26608000

www.szwwco.com

世界之窗正像它的名字那样，是一扇展现世界名胜的窗口，它是中国著名的缩微景观，以弘扬世界文化为主题的人造主题公园。公园中的各个景点都按不同的比例自由仿建。

玩家 攻略

1.中国首座全景式环球舞台每年定期举办"国际啤酒节""日本樱花节""埃及文化周""印度文化周""印第安文化周"等活动。

2.进入大门后就可见大型歌舞表演的世界广场，周围有华丽的浮雕及石柱，是中国首座全景式高科技舞台，每晚都有晚会演出，是游客逛园完毕后的压轴节目。晚会的表演项目有《创世纪》或《跨世纪》，前者主题是"战争与和平"，后者为"科技与文明"。

3.以1∶3的比例仿建的埃菲尔铁塔，高108米，可乘电梯至塔顶俯览深圳和香港的景色。

4.在园中的国际街，您可品尝到世界各地的风味大餐及德国啤酒、夏威夷雪糕等，还可以买到各国的工艺品。此外，晚上这里会有"狂欢之夜"艺术大巡游，主要是表演世界各地的民族歌舞和民俗风情。

链接

《创世纪》《天地浪漫》

具有国际水准的《创世纪》大型音乐舞蹈史诗，每晚在举世闻名的世界广场全景式环球舞台上演，由数百名中外演员倾情演绎，共有《古中国》《古埃及》《古巴比伦》《古印度》《古希腊》五幕，再现了世界发展史的波澜壮阔。

"到深圳，不到世界之窗，等于白来深圳；在深圳，不看《天地浪漫》是生活的缺憾！"《天地浪漫》集合国内顶级阵容、世界最先进的综艺制作理念创作，将剧场艺术、广场表演、视听科技与舞美艺术有机结合，歌舞、杂技、动漫、魔术等时尚缤纷的表现手段有效融合……

欢乐谷

亚太十大主题乐园之一

¥ 日场200元，夜场80元

✆ 0755-26949184

e sz.happyvalley.cn

深圳欢乐谷，是一座融参与性、观赏性、娱乐性、趣味性为一体的中国现代主题乐园。欢乐谷共分九大主题区：西班牙广场、卡通城、冒险山、欢乐岛、金矿镇、香格里拉·雪域、飓风湾、阳光海岸，加上独具特色的玛雅水公园。园内有100多个老少皆宜、丰富多彩的游乐项目。

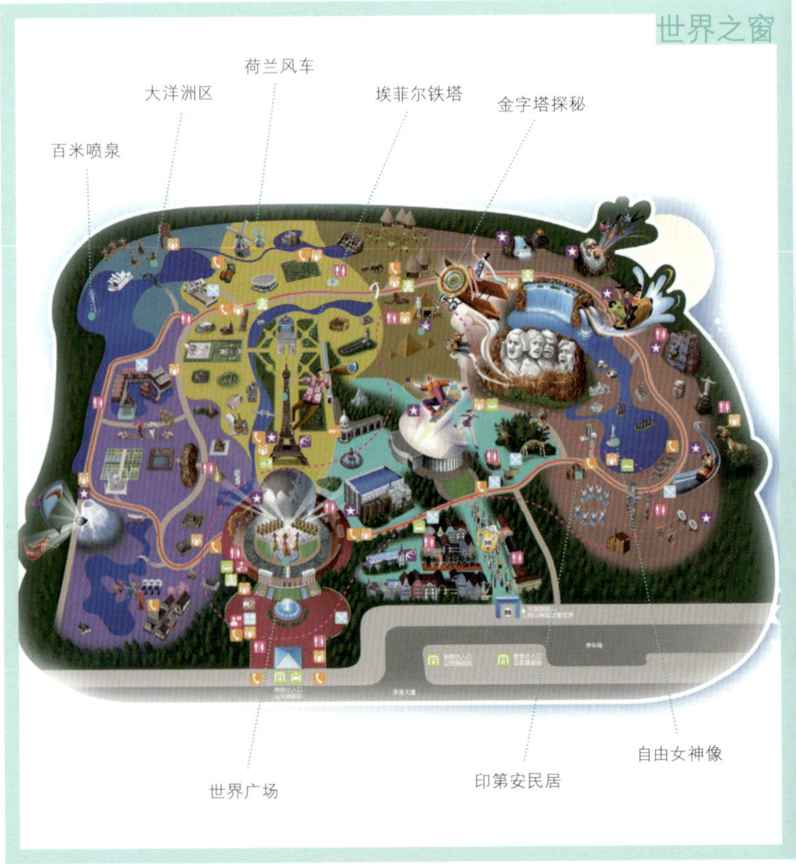

玩家攻略

1.欢乐谷的每个景点都各有特色，所以进门的时候一定要看区位地图，在检票口可免费索取《欢乐指南》，有公园运营时间及节目演出安排表。

2.公园内所有游戏项目均可重复玩，要合理安排游玩时间，尽量避开节假日和周末，如果时间充裕早出晚归，选择夜场也不错。但有些项目周二、周三是停演的。

提示：节假日来此游园，入园后先从尽头的"雪山飞龙"玩起，从里到外地玩出来，可避开人群，省去部分排队之苦。

3.园内四维影院依托欢乐谷的实景，打造出国内首个融声、光、电、影、特效为一体的大型水上实景，不可不看。

链接

欢乐干线——空中漫步华侨城

欢乐干线是无人驾驶高空观光列车，全程3.88千米，游览一周需25分钟。沿途可从高空俯瞰深圳欢乐谷、世界之窗、锦绣中华、中国民俗文化村、威尼斯酒店、华侨城大酒店、海景酒店、华夏艺术中心、生态广场等景观。

列车还可以到达深圳湾畔，远眺深圳的滨海大道、国家重点保护的自然景观——红树林。透过深圳湾浩渺的海面，可以将香港新界的"卫星城"——元朗和气势雄伟的深港跨海大桥——深圳湾公路大桥尽收眼底。

景点推荐

深圳城区景点

仙湖植物园 AAAA

植物海洋

深圳市罗湖区莲塘仙湖路160号

仙湖植物园有美丽的自然风光、别具一格的园林建筑、神秘的植物王国，共保存植物8000多种，建有十几个植物专类园，植物种类丰富多彩。全园分为六大景区，并建有独具特色的古生物博物馆。

玩家 攻略

1.仙湖的弘法寺据说是全深圳最为灵验的寺庙，每月农历初一、十五游客众多。

2.进弘法寺不收钱，为了环保，寺门口免费奉送香给进寺游客，自己带的香烛是不可以带入寺内的，所以不必在山下购买。

3.吃：仙湖植物园中有一间蓬莱阁酒家，另外园中还设有烧烤场，味道都不错。

梧桐山

市民登高首选之地

深圳市罗湖区莲塘罗沙路2076号

梧桐山自西南向东北渐次崛起，主要山脊线上分布着大梧桐、小梧桐、豆腐头三大主峰，其中大梧桐是深圳第一高峰。梧桐山内溪流、瀑布等水景非常丰富，溯溪登高也是梧桐山的特色之一。泰山涧由14条山涧小

溪汇集而成，因山势变化多形成瀑潭、流泉、叠泉、滚泉等景观。溯溪攀登时，一路水声潺潺不绝于耳，给人一种返璞归真的感觉。

东湖公园

综合性市政公园

深圳市罗湖区爱国路东湖一街11号

东湖公园原名“水库公园”，主要景区有趾曩山景区、观赏花木园、盆景世界、沉香阁等；园内还有大家乐露天剧场、红荔书画馆、谷对岭登山道等大型文娱及康乐设施。公园山清水秀，景色宜人，静可观山，动可观水，既具有优美独特的自然景色，又蕴含源远流长的历史人文气息。

地王观光·深港之窗

高层主题观光区

深圳市罗湖区深南中路地王大厦

地王观光·深港之窗——深圳市最高楼地王大厦（384米）的顶层是亚洲第一个高层观光区。从这里可以南望香港，北瞰深圳，是中国第一个主题性高层观光旅游景点。站在384米高空之上俯瞰，蜿蜒的深圳河仿佛巨龙展身静待腾飞，又像墨绿色的华丽绸带把深圳与香港紧密相连。

洪湖公园

荷花的世界

深圳市罗湖区文锦北路2023号

洪湖公园以荷花而闻名，每至莲荷花期，淡泊宁静的莲荷世界就平添了些许热闹。洪湖北面（芙蓉桥下）的迎曦亭、眺龙亭、流霞亭的组合建筑，同为传统造型又风格各异、高低错落，布局恰到好处，通过曲桥将三亭连接，宛如缎带上系的明珠。

地王大厦

人民公园
月季的天堂

深圳市罗湖区人民北路

人民公园始建于1983年，是一个以月季花观赏、栽培、研究为特色的市级专类花木公园。园内的园中园，是中国月协五大月季花种植基地之一。园内山水相连，湖泊纵横，湖岸蜿蜒曲折，园内多种植物营造的热带风情更令人陶醉。漱月亭建在全园最高处，登上漱月亭顶层，公园全貌尽收眼底。

思月书院
“寓学于民而惠于民”

深圳市罗湖区东门步行街老街文化广场

思月书院始建于清康熙年间，至今有300余年的历史，原为明代张姓宗祠。书院有“中华一绝”的民剪艺术一笔空心字及一剪成字像；“麦烫画”“豆豆画”形象逼真；文房四宝应有尽有；件件景瓷精美绝伦；名家墨迹，翰逸神飞。

东门老街
不逛老街等于没来深圳

深圳市罗湖区东门

东门老街，其实不是一条街，而是指深南东路以北，立新路以南，新园路以东，东门中路以西17.6万平方米范围内的17条街道和所有商业设施。它是深圳人气最旺的传统商业旺区。从凌晨至午夜，这里始终是人声鼎沸，人头攒动，呈现出浓郁的商业文化和生活气息。岭南特色民居、骑楼、庙宇、书院、祠堂、古钟……街街成市，家家有店，品种齐全、物美价廉的商品使“不逛老街等于没来深圳”貌似成了大家的共识。

翠竹公园
竹类大观园

深圳市罗湖区翠竹路1078号

翠竹公园以山地丘陵为主，多山头，坡势较陡。最高峰位于公园南部，海拔153.24米。公园风格体现了岭南特色、客家风情，全园贯穿竹的观赏、文化、科普、功用等，俨然竹类大观园。

莲花山公园
“城市荒漠”中的绿洲

深圳市福田区红荔路6030号

莲花山公园有山有树有湖，以其清新、秀丽的姿色和端庄、质朴的风格吸引着广大游人。沿着蜿蜒透迤的山中小径慢慢行走，既可享受登山的乐趣，又无登高的疲惫之感。站在山顶广场，俯视福田中心区鳞次栉比的都市建筑群，像一幅全景画。山顶广场另一个不可错过的景点是邓小平大步向前的铜像，颇有气势。

思月书院

玩家 攻略

1.莲花山为深圳八景之莲山春早，在山顶可以俯瞰中心区全貌。

2.莲花山脚下南侧是关山月美术馆，由江泽民同志亲笔题写馆名。这里经常举办各种高水平的美术展览，给游客们提供了艺术欣赏的机会。

笔架山公园

深圳绿化带的一部分

深圳市福田区梅岗路26号

笔架山公园是一片有十余座小山峰的丘陵起伏地，其中三座主峰东西鼎立，形同笔架，因而得名。笔架山主峰海拔178米，从峰顶可将深圳市貌一览无余。园内地形富于变化，山高林幽、鸟语花香，植物覆盖充分，风景资源独佳。

玩家 攻略

在公园内可自由漫步、小憩，观赏园内丰富的自然景致，眺望园外的城市天际线，尽情享受片刻远离喧嚣的宁静和气氛。

莲花山公园

深圳博物馆

香蜜湖度假村

园林式建筑

深圳市福田区西郊深南西路北侧

香蜜湖度假村，为中西合璧的中国园林式建筑特色，其中德式花街和法式古堡独具特色。香蜜湖大剧院造型独特，是目前深圳市观众容量最大的剧院，也是深圳首家旅游定点剧院。度假村内碧池含荷，亭立桥曲，棕榈摇曳，环境十分幽雅。

深圳水上乐园

东南亚最大的水上游乐场

深圳市深南大道西段香蜜湖度假村内

深圳水上乐园是东南亚最先进的水上游乐场，也是深圳第一个新颖有趣的戏水乐园。园里内设16个游乐项目，多引进美国、加拿大、瑞典和日本生产的先进设备和技术。

深圳博物馆

深圳历史研究中心

深圳市福田区深南中路1008号

深圳博物馆环境很好，设计前卫大气。第一层是野生动物标本展，摆在三层高的大厅中的非洲象及长颈鹿标本非常受孩子们的欢迎；第二层和第三层的常设展览有古代深圳、近代深圳、深圳改革开放及深圳民俗，在这里可以充分地了解深圳的历史和一些早期的南粤风土文化。

链接

邓小平画像

耸立在深圳深南大道路北荔枝公园东南出口的邓小平巨幅画像，近年来已成为海内外游客缅怀这位中国改革开放总设计师的最佳去处。邓小平画像建于1992年6月28日，画像高10米，宽30米，画像前鲜花常艳，绿草常青。据有关方面统计，每年都有百万以上的游人来此与这位世纪伟人“合影留念”。

赛格观光厅

360° 全景环形观光大厅

深圳市福田区深南中路华强北路路口

赛格观光厅是目前世界最高的钢管混凝土结构大厦，是深圳市跨世纪的标志性建筑。灿烂迷人的朝霞落日、瞬息万变的蓝天白云、美丽繁华的城市风光、流光溢彩的万家灯火及近在咫尺的香港都市，登高临望，深圳和香港的都市风貌尽收眼底，犹如一幅美丽的画卷。

玩家攻略

高倍数观光望远镜可将四周景色细细观赏；空中水吧氛围雅致，设有各式饮品、茶点；精彩的表演区奉献世上独一无二的奇特绝技表演；礼品专柜琳琅满目的纪念礼品可供选购。

会展中心

深圳市最大的单体建筑

深圳市福田中心区福华三路

深圳会展中心是一座集展览、会议、商务、餐饮、娱乐等多种功能于一体的超大型公共建筑，钢结构与玻璃穹顶及幕墙的完美结合，使它像一座玲珑剔透的水晶宫，彰显会展的魅力。

红树林保护区

观鸟胜地

深圳市福田区深圳湾畔

红树林自然保护区是以红树科植物为主的海洋木本植物群落，因树干呈淡红色而得名。这里并没有沙滩，而是一片滩涂，滩涂上的小鱼蟹吸引了许多的水鸟，别有一番风味。保护区里的自然生长植物有海漆、木榄、秋茄等珍稀树种。

保护区内除红树林植物群落外，还有其他55种植物，千姿百态，是深圳市区内的一条绿色长廊，背靠美丽宽广的滨海大道，与滨海生态公园连成一体，面向碧波荡漾的深圳湾。

园博园

免费主题公园

深圳市福田区竹子林西

园博园顾名思义是仿建的世界各地的园林，里面不仅可以看到世界各地的奇花异草，还有各种风格的建筑、雕塑点缀其中，它们相得益彰且不显做作。园内有一滩一瀑、两场两馆、三塔三茅、四湖四院、五泉五园、六桥六亭。园内52米高的九层石材福塔，成为深圳又一特色地标，恐龙馆则展示着世界各国千姿百态的恐龙。漫步在园中，可以看到仿建的隆中对、活水园、石林等国内著名景观，还有白墙黑瓦的徽派建筑、诗情画意的江南园林、岭南著名的园林景观等。

红树林保护区

景点推荐

深圳近郊景点

深圳野生动物园 AAAA

放养式的野生动物园

深圳市南山区西丽镇西丽路4065号

深圳野生动物园是新型园林生态环境系统的风景区，整个动物园放养着300多个品种近万头野生动物。目前，深圳野生动物园是世界上唯一拥有狮虎兽、虎狮兽的野生动物园。动物园的表演也值得一看，有鸟类表演、群虎群狮表演、海洋表演、百兽盛会、非常狮虎兽，其中最值得观看的莫过于大型动物广场歌舞剧《百兽盛会》。

青青世界 AAAA

观光农场

深圳市南山区月亮湾青青街1号

青青世界是一家以休闲度假为主题的观光农场，为“鹏城十景”之一。园内有热带雨林、侏罗纪公园、蝴蝶农场、瓜果公园等十余个景点，非常适合周末度假。值得一看的是热带雨林和蝴蝶农场，热带雨林里的花花草草，还有来自亚马孙的大鱼总能让小朋友开心不已；蝴蝶世界里一年四季都能欣赏到翩翩飞舞的蝴蝶，非常漂亮。

西丽湖度假村

深圳“五湖四海”之首

深圳市南山区西丽街道西丽湖畔

西丽湖度假村原名“西沥水库度假村”，是深圳西部旅游区的一颗璀璨明珠。“水光潋滟晴方好，山色空蒙雨亦奇”，山、水是西丽湖最美之所在。村内林木葱郁，一年四季，落英缤纷。与美景水乳交融是独特的村内建筑，1280米的全国第一长廊，游弋在山水胜境之中，使西丽湖更添妩媚；而散落各处的具有古典韵味的楼阁、别墅，玲珑精巧，楼前碧水照映，阁后绿树掩映，自有一番超然与宁静。

荔枝世界生态园

世外桃源

深圳市南山区沙河西路5002号

荔枝世界生态园依山傍水、湖光山色，荔林葱翠，拥有清新的空气、秀丽的风光，是都市人回归自然、释放自我的世外桃源。生态园果场种植荔枝4万多株、龙眼5000多株。同时，西丽果场还定期举办“品荔节”“南瓜节”。

中山公园

深圳市历史最悠久的公园

深圳市南山区南山大道3109号

中山公园是深圳市唯一以孙中山名字命名的公园，始建于1925年。整个园区以热带园林风光为主，景色与名人雕像相互映衬。有著名雕塑家钱绍武主持雕刻的、全国最大的孙中山先生石雕头像。在聚英草坪处安放了由众多雕塑界名家制作的深圳、南山地区有影响的历史名人雕像群。

海上世界
深圳的兰桂坊

深圳市南山区蛇口望海路1128号

“海上世界”原为法国建造的一艘豪华游轮，原名ANCEVELLER，由著名的法国委纳译尔大西洋船厂建造。“海上世界广场”由独具异域风情的西餐酒吧区、荟萃各国美食文化的特色餐饮区构筑而成，以世界各地代表性的音乐、舞蹈、美食、人文风俗和工艺品为经营载体，营造出国际风情，强调人与“山·海”自然环境的和谐共处。

玩家解说

“海上世界”原为法国建造的一艘豪华游轮，1962年由法国总统戴高乐剪彩下水作为其专用豪华邮轮。1973年，中国购下此船，改名为“明华”轮，承担运送我国援助坦桑尼亚的工程技术人员的责任，后又被澳大利亚一家旅游公司租用开辟海上旅游线。1979年廖承志率团乘“明华”轮访日，该船被誉为“中日友好船”。

1983年，该船停泊到蛇口海岸六湾，内部改造为酒店、娱乐等商业旅游项目，成为中国第一座海上旅游中心。1984年，中国领导人邓小平视察蛇口时下榻“明华”轮，并为该轮题词——“海上世界”。可以说，“海上世界”是蛇口也是深圳改革开放20年光辉历程的见证，亦是特区宝贵的历史财富。

海上世界

新安故城
深圳的历史源头

深圳市南山区深南大道3109号中山公园南侧

新安故城又名南头城，是目前深圳最具规模的历史文物旅游景点，具有1730余年的悠久历史。现南北城墙尚存基址，南城门保存完好。拱形城门上有一块长方形石块，上用小篆阴刻“宁南”二字。古朴雄伟的南头古城，是岭南古文化的宝贵遗存，它经历并记录着深圳地区的历史变迁。

赤湾天后宫（天后博物馆）
“海上丝绸之路”的重要一站

深圳市南山区蛇口街道赤湾六路

赤湾天后宫，也叫天后博物馆，其创建于宋代，营造气势宏伟。明万历初年，三宝太监郑和奉明成祖朱棣之命，率领舟师远下西洋，开创“海上丝绸之路”，赤湾天后宫为其重要一站。赤湾天后宫鼎盛时房屋有120余间，其殿宇巍峨壮丽，庙貌气象万千，是中国沿海地区最大的、拥有99道门的天后宫庙。

观澜湖休闲旅游区 AAAAA
充满热带气息的俱乐部

深圳市龙华新区观澜高尔夫大道1号

深圳市观澜湖休闲旅游区坐落于深圳北郊的观澜镇，是一座规模庞大的乡村俱乐部。

观澜湖高尔夫球会

观澜湖高尔夫球有180洞、10个球场的规模。球会成立于1992年，历经十余年的艰苦砥砺。承办了第41届高尔夫世界杯决赛，并被来自世界各地的球手称为世界上最优秀的大赛组织者和高尔夫球场之一。

观澜山水田园 AAAA

现代都市的世外桃源

深圳市宝安区观澜街道

毗邻世界著名的观澜高尔夫球会，它是一个大型的度假山庄。这里有小朋友十分喜欢的动物园，可以看到动物表演。园区的东北角还有个叫作开心乐园的游乐场。夏天的时候还有水上乐园，冬季的时候可以考虑泡个温泉，回归到简单的田园生活。

观澜版画村

百年的客家村

深圳市宝安区观澜牛湖大水田村

深圳观澜版画村是个非常寂静的地方，简单来说就是个充满艺术的地方。村内风景如画，具有极其浓厚的人文气息和艺术氛围。古村落依山傍水而建，水塘、古井、宗祠、碉楼，古色古香，构建成独特的客家居住风情。村子被参天大树环抱，椰树、杧果树、榕树等亚热带植物成片相连。

大芬油画村

油画基地

深圳市龙岗区布吉街道

大芬油画村核心区域面积约0.4平方千米。目前这里有60多家规模相对较大的油画经营公司，1200多家画廊、工作室以及画框、画布、颜料等绘画材料门店。油画村以油画为主，附带书画、刺绣、雕塑艺术品及其他工艺品经营，是上下游产业链条较为完善的文化产业基地，是重要的商品油画集散地。

布吉公园

“小苏州园林”

深圳市龙岗区布吉镇金鹏路21号

布吉公园内碧湖荡漾、轻舟如梭、亭台水榭、虹桥飞架、连绵不断，有“小苏州园林”之美誉。公园大门口外是一处宽阔广场，四周是商业楼铺，包括银行、酒楼、超级市场、商品批发市场、商住大厦、菜市场等设施，交通四通八达。

求水山公园

郊外的休闲基地

深圳市龙岗区南湾街道南岭村

南岭求水山公园占地53公顷，主峰求水顶海拔253.26米，可尽览深圳水库景色和眺望深圳美景。走进求水山公园，会感觉到进入了人间的仙境，求水山公园绿树环抱，鸟语花香，清澈的泉水潺潺流淌，这里可以使您呼吸到那来自山间公园独有的清爽空气。

赤湾天后宫

景点推荐 深圳东部旅游区

小梅沙

"东方夏威夷"

深圳市盐田区梅沙街道大鹏湾畔

小梅沙是深圳最大的海滨度假胜地，素有"东方夏威夷"之称，每天都有海豚、海狮、海豹的精彩表演。这里还建有山间别墅、海滨住宅、野营地、街市及仿古庙宇殿堂等。景区为"深圳八景"之"梅沙踏浪"。

大梅沙海滨公园

免费海滨浴场

深圳市盐田区盐葵路33号

大梅沙海滨公园地处南海之滨。这里三面环山，一面临海，中间绵延1800米的开阔沙滩是深圳最长的海滩。公园的中心是太阳广场和月亮广场，一条"阳光走廊"连接其间。金色的沙滩、蔚蓝的海水、轻淡的白云、碧绿的山峦、阵阵的椰风、飘香的花草，配以轻松的音乐、点点的白帆、多姿的风筝，构成了大梅沙立体动感的热带海滨风光。

东部华侨城 AAAA

海滩旁的时尚度假地

深圳市盐田区大梅沙东部华侨城

东部华侨城是一处景色很美的大型生态度假区，占地近9平方千米，主要包括大峡谷生态公园、茶溪谷度假公园、云海谷体育公园、大华兴寺、主题酒店群落、天麓大宅六大板块。其中，大峡谷、茶溪谷度假公园是休闲度假的好去处。大峡谷是自然风光和惊险刺激的游乐项目的融合；而茶溪谷则是一片繁花似锦的田园风光。这里还有茵特拉根小镇、茶翁古镇等特色小镇，镇上不仅有各具特色的风情建筑，还可以看到各种特色表演，可以参与互动节目。

大峡谷

大峡谷生态乐园以“人与自然”为主题，集山地郊野公园和都市主题公园于一体，自然奇幻的主题乐园为人们带来了不一样的欢乐体验。景区主要包括水公园、峡湾森林、海菲德小镇、生态峡谷和云海高地五大主题区。

茶溪谷

茶溪谷度假公园呈现了一个绿的世界、花的世界、中西文化交融的世界和休闲度假的世界，主要包括茵特拉根、湿地花园、三洲茶园、茶翁古镇以及水上高尔夫练习场、屋顶可开合式网球馆、东部华侨城大剧院等。

云海谷

云海谷郊野体育公园占地2.5平方千米，是一个以高尔夫运动为中心、以户外奥林匹克运动训练基地和野外拓展训练基地为两翼的户外运动休闲胜地。景区内的高尔夫球会由两个高品位的18洞高尔夫球场组成，球会还配套一个极具自然山地特色的66打位练习场。

大华兴寺

寺庙所在的观音坐莲山位于三洲田之地。传说每年立春至清明，观音菩萨都会降临此山，闭关修行，故取名观音山。观音山状如莲心，被四面山水簇拥，后人为恭敬菩萨，修铸了一座四面观音金像，得名“观音坐莲”。

大华兴寺拥有目前世界上唯一一座集四尊不同观音像为一体的户外贴金佛像、国内首家佛文化主题酒店——大华兴寺菩提宾舍、国内首台以佛文化为主题的多媒体编钟诗乐《天音》等精品。

中英街

“一街两制”

深圳市盐田区沙头角街道

中英街，原名“鹭鹚径”。1997年香港回归前，街东侧属中方，街西侧属英方，所以叫中英街。1997年香港回归后，目前东侧归深圳，西侧则属香港。中英街长不足0.5千米，街心以“界碑石”为界，街边商店林立，有来自五大洲的商品。位于街尾有一个中英街博物馆可以逛一下。这个博物馆值得一看，它全面地反映了中英街的历史沧桑变迁。

东部华侨城茵特拉根

玩家 解说

中英街是一条具有“一国两制”特殊历史背景和人文景观的小街，它既是中国过去贫穷落后、清王朝腐败没落和帝国主义侵略的历史见证，也是改革开放以及香港回归祖国和中国走向繁荣富强的历史见证。

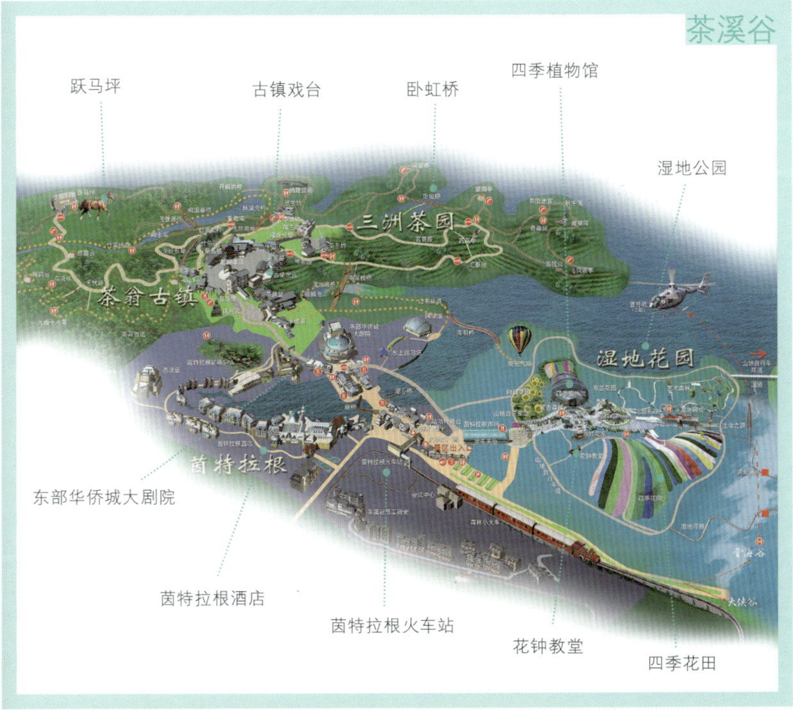

三洲田

1898年刻立的“光绪二十四年中英地界第×号”的界碑立于街中心，将沙头角一分为二，东侧为华界沙头角，西侧为英（港）界沙头角，故名“中英街”。中英街的名字一直沿用至今。

三洲田
风景处女地

深圳市龙岗区龙城街道

三洲田以三洲田水库、茶园、瀑布，风景秀丽闻名深圳。这里山青水碧、鸟鸣谷幽、云遮雾绕、幽静清妙，是深圳市唯一未被开发的风景处女地，马峦瀑布更是深圳最大的瀑布群。三洲田水库岸线随山盘曲，水面烟波浩渺，翠冈掩映。库区空气清新，水库的东北侧有五级瀑布，落差达百米，石壁凌空，飞花溅玉。三洲田茶园所产绿茶，历来为深圳名产，远销海内外。

中英街

园山风景区
“都市的后花园”

深圳市龙岗区横岗街道大康社区公园路

园山风景区以山峦起伏、沟谷蜿蜒幽深，植被基本保留原自然生态，被誉为“都市的后花园”。园山的天然山水、自然生态区、养生健身场所，使游客在趣味性与参与性的游乐中受到生态文化的熏陶，以自然景色旅游为基调的园山风景区将更适合现代人的口味。

玩家攻略

1.大康溪谷溯溪：溪谷全长约2.6千米，溪水长年不断，巨型河卵石堆积谷底形成滩、洞、台、壁及溪流、瀑布、河潭，气象万千。

2.老虎沟探险：一路景点有九曲十八弯、高山流水、野猪林、老虎沟飞瀑、失落园、关帝庙、许愿树、杨梅林。

大万世居
客家风俗

深圳市龙岗区坪山街道坪环大万社区

大万世居是古堡式客家围龙屋建筑，为曾氏族人于乾隆五十六年（1791年）始建。四面高高围墙相连的大万世居，屋前照样是半月形的池塘，算是比较古的围屋了，四角还建有御敌的炮楼，围墙上也是走马廊相通。身临其中，让人感受到一股浓郁的客家文化氛围，体验到客家人的生活习俗。

马峦山

茂林修竹，田园村落

深圳市龙岗区坪山街道

马峦山有深圳最大的瀑布，这里瀑布数量之多，落差之大，水量之丰富，景观之美，在深圳可以说是难得一见的生态旅游自然风景点。谷内岩石因水流冲刷而形成各种形态，大小不等，且呈犬牙交错之状，溪水清澈见底，山谷两旁植被浓郁，藤蔓横生，野花遍地，偶尔伴有的几声鸟叫虫鸣，会使此地更显静谧。

在马峦山散落着保存完好、有着600多年历史及岭南风格的客家民居，罗氏宗祠、赖氏宗祠，还有碉楼及古井、水塘、百年古樟。这里有抗日游击队东江纵队指挥部，有孙中山当年亲自讲学的位置，人文景观十分丰富。

玩家解说

1.龙潭瀑布群景区，是海岸山地离城市最近的自然瀑布群，位于马峦山郊野公园，盐田区三洲田与龙岗区坪山镇交界处的碧岭村龙潭山下。从深圳市区驱车行驶约需30分钟可达。

2.径子沟谷雨林，绕道坪山镇，过马峦村一路前行，来到上下肚水库，步行即可到达。此地百年古木参天，四季都有不同的奇花异草点缀，是寻幽探秘的好去处。

鹤湖新居

典型客家民居建筑群

深圳市龙岗区龙岗街道罗瑞合村

鹤湖新居是全国占地面积最大的客家民居建筑，也是深圳龙岗客家民俗博物馆。鹤湖新居始建于清嘉庆二十二年（1817年），为龙岗罗氏祖宅。其建筑外围前宽后窄，略呈梯形。围墙内屋宇、厅、堂、房、井、廊院布局错落有致，号称“九天十八井，十阁走马廊”。

据说，原来此地周围水草丰美，物产丰富，有一水塘，水质清澈甘甜，经年不竭，吸引了成群结队的白鹤在此栖息、繁衍，构成一幅优美的图画，因而取名为“鹤湖山”，“鹤湖新居”因此得名。

大鹏所城

中国历史文化名村

深圳市龙岗区大鹏街道

大鹏所城始建于明洪武二十七年（1394年），有着600多年抵御外侮的历史。深圳今又名“鹏城”即源于此。为深圳八景第一景观。明代大鹏所城有武略将军刘钟、徐勋，清代的大鹏所城有赖氏“三代五将”、刘氏“父子将军”等明清两代十几个将军，所城因之

马峦山风光

大鹏所城

享有“将军村”的美誉。

大鹏所城有雄伟的古城门，有古色古香的古民居、古街道，有气势宏伟的将军府第。村内的主要格局、街道及清式建筑原有格局至今仍基本保留：东、西、南三城门以及振威将军第、刘起龙将军第等建筑规模宏伟，保存完好。

玩家解说

1.昔传七仙女下凡游玩至此，见半岛如神鸟踞海，形若大鹏展翅，故以“大鹏”名之。深圳今又名“鹏城”的出处就在这里。

2.古城还保存了独特的民俗文化，是岭南文化的重要组成部分：大鹏话、大鹏山歌、大鹏凉帽、大鹏海节、大鹏海胆盎。历史沿革、文化特质、生活习惯、性格特征以及世纪末崛起的奥秘，均独具魅力。尤其是独特的古城语言，是研究古代“军语”的“活化石”。

金沙湾

运动休闲的好去处

深圳市龙岗区大鹏街道下沙社区

运动休闲是金沙湾的最大特色。金沙湾三面青山环抱，一面碧波万顷，这里绿草如茵，花木葱葱，灿烂的“金沙夕照”，绚丽的“波光帆影”，辽阔的“碧海蓝天”，悠然的“峰峦叠翠”，迷人的“碧浪含珠”，秀丽的“翠屏环玉”，雄壮的“长龙卧波”，神奇的“林涛海韵”，被誉为“金沙八景”。

坝光乡村风景区

深圳最美乡村之一

深圳市龙岗区葵涌街道坝光社区

坝光村背山靠海，风光秀丽，由于这里还未曾开发，生态环境保持得特别好，至今仍保留着较为原始的地形地貌。这里蓝天白云，低丘连绵，山林葱茏，绿野广阔，风景迷人。村里的古树品种多，姿态美，树龄在百岁以上的古树比比皆是，沿海岸线还有红树林群落。如今仍是山清水秀，果丰林密，海产丰富。

七娘山

深圳第二高峰

深圳市龙岗区南澳街道新大村

七娘山是大鹏半岛南岛的主要山峰，海拔869米。山中森林茂盛，保存着未经人为破坏的常绿阔叶林，由于七娘山雨量充沛，云雾易于形成，云峰在无边无际的云海中穿梭，景象瞬息万变。七娘山有七个山峰，山中奇峰异石、岩洞、山泉、密林，以及丰富的野生动物资源互相融合，多彩多姿。山顶是观海景佳处。

链接

深圳大鹏半岛国家地质公园

大鹏半岛国家地质公园内地质遗迹类型丰富，具有“山海相依、水火共存”的奇特景观资源，是古与今、山与海、火与水的完美结合。它以古火山遗迹及海岸地貌为主，另有古生物化石、褶皱、断层等地质构造。由火山喷发形成的火山地貌保存完好，是研究我国东南沿海晚侏罗纪火山活动演化的永久性文献。大鹏半岛的火山地质是“全世界独一无二的地质遗迹，是深圳的万吨金矿”。

西冲—东冲海岸

经典户外海岸穿越线路之一

深圳市龙岗区南澳街道东冲社区、西冲社区

东冲、西冲也称东涌海滩、西涌海滩。东冲行政村由6个自然村组成，是深圳唯一不通省级公路的村，东冲沙滩长约500米，三面环山，对面有岛屿，沿海岸风景优美。西冲行政村由8个自然村组成，村落前就是著名的西冲沙滩，这里的海沙特别细，海水也非常清澈，村民以养殖业和捕鱼为生。两个海港偎依在七娘山下，烟雾缭绕，水清沙白，被驴友称为“深圳的天堂”，而村落里的海鲜小酒馆亦让游人流连忘返。

玩家 攻略

1.传统穿越西冲—东冲海岸线是从东往西走，其中一半路程走的是山路，另一半路程走的才是海岸线，穿越需3~4小时，路途几乎没有树木遮阴，只有一个山洞可以庇荫休息。

2.穿越西冲—东冲（全程）海岸线从西往东走，可以避免太阳西晒的酷热，并可从摄影角度得到“顺光”的最佳摄影效果。

3.这里的沙滩上满是贝壳，记得带上塑料袋装贝壳。东冲是见到深圳第一缕阳光的好地方，也是前往三门岛最近的码头。

东冲海岸

东山珍珠岛

深圳的世外桃源

深圳市龙岗区南澳街道东渔社区

七娘山下的东山珍珠岛静静地矗立一旁，风景如画，更难得的是有一汪好水来养育珍珠的灵秀。这里出产的海水珍珠光洁度高、质地细密、色泽均匀，属优质的“南珠”体系。

古语云：“西珠不如东珠，东珠不如南珠。”可见南珠的盛誉自古有之。据史书记载，东山珍珠岛自五代时期就盛产珍珠，可见东山珍珠历史之悠久。

杨梅坑

深圳最美的溪谷

深圳市龙岗区大鹏街道大坑村麻角山大亚湾畔

杨梅坑是一处临海的山丘。这里有青山、有溪流，还有大海，景色很美，被誉为“深圳最美的溪谷”。杨梅坑是由两个大坑汇合而成，一路清潭涟漪，风景秀丽，两侧林木茂盛、鸟雀争鸣。杨梅坑最棒的是有一条接近大海的自行车骑行带，沿路一面是山一面是海，还有一条溪流和一个小湖泊。在南澳镇的西北面、位于七娘山脉与老虎坐山之前，有一片长满了杨梅的山丘，山丘下面的村庄就叫作杨梅坑村。

杨梅坑

景点推荐 深圳西部旅游区

羊台山

深圳八景之“羊台叠翠”

深圳市宝安区羊台山

羊台山海拔高度587米，是深圳西部的最高峰。公园以羊台山主峰为中心，向四周延伸，形成中间高、四面低的高丘陵、低山地地貌特征，最高处海拔为587.1米，有“深圳西部第一峰”之称。羊台山有溪之谷、嫩七娘峒等胜景，登上主峰远眺，心旷神怡。“羊台叠翠”被评为深圳八景之一。

玩家解说

抗战期间，羊台山游击队从日寇占领下的香港，拯救出以茅盾、邹韬奋、何香凝为首的数百名文化界人士和爱国民主人士，安全地将他们转移到羊台山区，故羊台山有“英雄山”的美誉。

光明农场大观园 AAAA

恍若世外桃源

深圳市宝安区光明街道

光明农场的7个水库和众多的鱼塘明珠般撒落其中，到处青山绿水，恍若世外桃源。此外，农场拥有迷人的天鹅湖，亚洲最大的鸽子城，牛奶生产基地，万亩荔枝园，全国最大的滑草场和滑车场。在光明农场可品尝乳鸽的美味、牛奶的醇香、水果的鲜甜，观赏奶牛的风姿及“落地皇鸽”的神采。

海上田园 AAAA

亚热带海滨湿地生态景观

📍 深圳市宝安区沙井街道

深圳西部海上田园，以珠江口岸的亚热带海滨湿地生态系统为依托，以迷人的景观、多变的布局，深圳西部海上田园将一片沿海滩涂变成了旅游胜地。

游人可以在这里漫步于郁郁葱葱的绿意之中，感受大自然的宁静与和谐；也可以在丰富多彩的娱乐活动中尽情放松身心，享受休闲度假的乐趣

凤凰山

“凤山福水福盈地”

📍 深圳市宝安区福永镇凤凰村

凤凰山主峰海拔678米，素有“凤山福水福盈地”的美誉。凤凰山风景区由山下宝塔胜景区、山中古庙胜景区和山顶晚霞胜景区三部分组成。凤凰山奇拔峻秀，像一弯新月镶嵌在西海之滨，高悬在南国昊天沃土上。这里峰峦连绵叠翠，树木四季葱茂；百鸟啼鸣，花果飘香；山泉浅唱，古庙生辉；水光山色，峭岩古洞，构成了一幅风光旖旎、雄伟壮观的山水画卷。

万福广场

“万福”地

📍 深圳市宝安区福永镇万福广场

屹立在万福广场的万福壁，采用红色紫砂陶高温烧制而成，整个浮雕由8833块紫砂陶拼制而成，收集了从最早的象形文字到钟鼎文、草、隶、篆等字体的“福”字1万多个。2000年被录入世界吉尼斯大全。引来众多游人前往触摸壁上各种写法的福字以求沾沾福气。

玩家 解说

据了解，万福壁上的“福”多数来自民间的创作。上面既有古代帝王的墨宝，如宋徽宗的半个福，寓意他当时统治的半壁江山，还有乾隆皇帝赐给刘罗锅71岁的寿礼“福”字等，也有古代大书法家王羲之的“福”字。毛泽东、周恩来、邓小平的“福”字手迹皆在万福壁上可以找到。

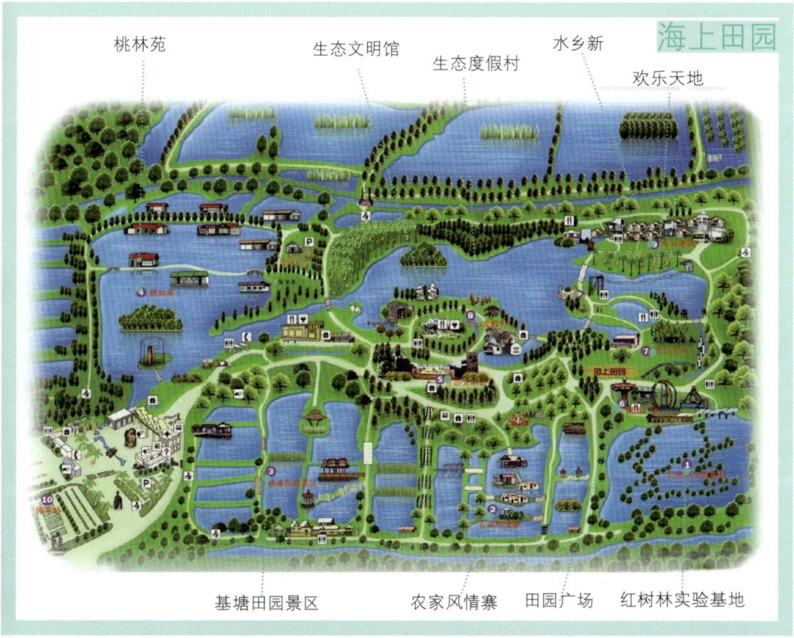

攻略资讯

- 交通
- 住宿
- 美食
- 购物
- 娱乐

交通

飞机

深圳宝安国际机场位于珠江口东岸，距市中心35千米。宝安国际机场是全国一级民用机场，已跻身我国四大繁忙空港之列，现已开辟国内航线120多条，国际航线近20条，包括北京、上海、杭州、乌鲁木齐、沈阳、大连等城市。

地铁：轨道交通1号线罗宝线，候机楼与地铁1号线机场东站通过连廊实现无缝连接，旅客可以乘地铁便捷地从机场往来于深圳各区。

机场巴士：机场与市区及深圳周边城镇之间有大巴往返，旅客可在地面交通中心17号门购票乘车，M387、A7路等大巴均可前往机场。

火车

深圳市交通四通八达，主要有深圳站、深圳西站、深圳北站、深圳东站、深圳机场站、深圳机场北站等多个火车站。

深圳站：位于罗湖区，市内乘7路、102路、215路等公交可到，主要始发于全国各个大、中城市，深圳与广东的动车组均在此站发出。

深圳西站：位于南山区南头街道，市内乘20、31、36路等公交可到，主要有发往东莞东的始发列车。

深圳北站：高铁站，与多条市政快速干道相连，实现了广深港、厦深等国铁与地铁龙华线、环中线、光明线一站换乘，具备优越的通行条件。

深圳东站：主要有深圳地区往江西、湖南、湖北等地的中长途普通列车始发和终到，厦深铁路通车后有部分厦深铁路高铁列车停靠该站。

汽车

深圳市大小长途汽车站共40多个，每个区都设有好几个客运站，分别可到达全国各地市区及香港、澳门，交通非常方便。

福田汽车站：开通了往返广州、珠海、东莞、中山等地的高速直达专线，并发往11个省、市和粤东、粤西、粤北及珠江三角洲等地城镇及中国香港地区。

罗湖汽车站：车站主要以高速直达客运服务为主，主要营运班线有：珠三角各城镇、

深港跨海大桥

深圳夜景

江门、潮汕地区、澳门特区等。

深圳北汽车站：主要开通惠州等珠三角城镇及粤东、香港等方向的班车。

市内交通

目前深圳已经开通了16条地铁线路，分别为1号线、2号线、3号线、4号线、5号线、6号线、6号线支线、7号线、8号线、9号线、10号线、11号线、12号线、14号线、16号线、20号线。其中1号线可以通达华侨城、世界之窗等景点。

住宿

深圳的住宿比较贵，在商业及金融业的黄金地带，也有一些一星级、二星级的酒店，设施完备，出行方便。深圳还有数百家招待所，大部分整洁卫生，服务周到，住宿方便且安全，是自助旅游住宿的理想之处。

俯瞰深圳城区

旅游者选择住宿的最佳点主要有三个：经济发达的华强北地区；世界之窗、欢乐谷、锦绣中华等景点集中的华侨城地区；覆盖大小梅沙、东部华侨城、仙湖植物园的盐田地区。此外，追求交通便利、乘火车到达的旅客也可选择深圳火车站就近住宿。

●华强北地区

华强北区域位于市中心福田区东部，是金融、经济、人气最旺的商业圈。该区写字楼、购物场所、酒楼、食肆较为集中。区域酒店邻近东门大街地标性建筑地王大厦，方便观赏深圳都市全景，也方便购物、就餐。

深圳中洲圣廷苑酒店位于深圳福田区华强北路4002号（华强北地区接近华强北商业步行街）；深圳999丹枫白露酒店位于深圳市罗湖区深南东路1003号；深圳华强广场酒店位于深圳市福田区华强北路1019号。

●华侨城地区

华侨城区域位于南山区，深圳西南部。邻近景点世界之窗、欢乐谷、锦绣中华民俗文化村、华侨城等，是深圳旅游最热门地段之一。

深圳麒麟山庄位于深圳市南山区西丽麒麟山庄；深圳海景嘉途酒店位于深圳南山区华侨城光侨街3~5号；城市客栈深圳新侨

店位于深圳南山区新侨大厦，地铁站华侨城站A出口旁，毗邻锦绣中华旅游景点。

●盐田地区

盐田区域位于黄金海岸风光一带，大小梅沙、东部华侨城景区、明斯克航母世界等集中在此。夏天，这里是深圳吃海鲜、旅游的热门胜地。

深圳大梅沙京基海湾大酒店位于深圳盐田区盐葵路90号；深圳大梅沙雅兰酒店位于深圳盐田区大梅沙盐梅路92号，接近愿望塔；深圳小梅沙观景度假酒店位于深圳盐田区小梅沙度假村14号。

●会展中心、皇岗口岸地区

会展中心、皇岗口岸区域位于福田区。香蜜湖度假村、深圳高尔夫俱乐部就在边上，吃住娱方便。该区内有高交会馆，这里经常举办各类会展，尤其是每年一届的中国国际高新技术交易会影响最大。皇岗口岸与香港24小时通关，是连接内地与香港的重要通道之一。

深圳深航国际酒店位于深圳福田区深南大道6035号；皇岗口岸秋果酒店位于深圳福田区福田南路32号；深圳维也纳国际酒店位于深圳市福田区北环大道7001号。

●深圳火车站地区

深圳火车站位于罗湖区，乘火车晚上到达深圳火车站，在这里住宿是最佳选择。

深圳富苑皇冠假日套房酒店位于深圳市罗湖区南湖路3018号；深圳凯美豪盛酒店位于深圳市罗湖区沿河南路1021号双城世纪大厦。

美食

深圳的美食以海鲜和煲汤为亮点，盐田区海鲜一条街，多以客家风味和潮汕风味为主。此外，夜宵大排档也是深圳夜生活的主体。深圳拥有多条饮食街，如华强饮食圈以及东门美食圈、八卦路美食街、南园路美食街等，每个地方都有自己独特、拿手的菜肴。

美食小吃

●沙井鲜蚝

深圳靠海，喜欢吃海鲜的有口福了。蚝是深圳最著名的特产，以沙井鲜蚝最著称于世。沙井鲜蚝被誉为“海底牛奶”，用它来佐餐、清蒸、酥炸，都十分鲜美可口，而且富含蛋白质和维生素。

推荐店铺：领鲜环球自助餐

罗湖区友谊路63号友谊城B座6楼

●乳鸽

乳鸽也是广东出名的美食之一，以润、滑、甜、嫩为特点，滋味浓鲜。乳鸽因皮脆肉滑、鲜嫩味美受到市民喜爱，成为深圳特色食品。

●海胆

深圳的南澳海胆一般生活在水深1米多的石头上、石缝里。有南方特有的娇嫩、好看的金黄色，肉质幼嫩、细滑，却带点酸味。

●三黄鸡

深圳龙岗所产的鸡，样貌特别，龙岗三黄鸡中的“三黄一须”即嘴黄、毛黄、脚黄并有胡须；其体型较大于其他品种的肉鸡，肉质丰厚、嫩滑，更容易入味。

小吃去处

深圳乐园路海鲜街以平价海鲜赢得港

人的青睐，并因港人集聚而口碑远扬。乐园路24小时营业，街道两边大大小小加起来有20多家海鲜大排档，价格便宜，味道也很好，建议晚上去最佳。

翠园走的是精致的英式风，还有点上海的风情。独有Logo的手绣桌布，精巧的水杯，是个喝下午茶的好地方。出品味道不错，分量也足。

购物

深圳的土特产有坪山金龟橘、南山荔枝、西丽杧果、甜桃等，海产品有大鹏鲍鱼、基围虾、沙井蚝。

上海宾馆至电子科技大厦一带以电子产品为主，人民桥商业区以杂货为主，沙头角中英街以日用品为主。老街至东门、华强北商业区、振兴路商业区也是主要购物场所。

深圳特产

●甜桃

甜桃主要分布在南山、罗田、龙华等地，但以南山甜桃最为著名。南山甜桃种植有70多年历史，所产甜桃爽甜如蜜，大如碗口，一个有半斤重，南山甜桃与南山荔枝同享盛誉。

●沙梨

沙梨是深圳主要水果之一，其特点是果大如碗，最大达半斤重，皮薄汁脆，肉白无渣，汁甜如蜜，可疗热症，主要品种有黄梨和蜜梨。

●沙井蚝

蚝学名牡蛎，是名贵海鲜之一。含有丰富的蛋白质，味道鲜美可口。蚝产于宝安沙井、福水、西乡及深圳南头、蛇口、沙头、上沙等地。但以沙井蚝最为出名。沙井蚝以其色泽乳白、肥嫩爽滑著称。

●大鹏鲍鱼

大鹏鲍鱼因产于大鹏湾一带得名，属海中贝壳类动物。它以吸盘附着在海中石排峭壁上，因它肉质鲜脆美味可口，高蛋白，是"鲍、参、翅、肚"四种海味珍品之首。

●基围虾

基围虾在松岗、沙井一带称沙虾，产于珠江口两岸，浅海滩之基围、沙田里。食法多，如白灼虾、清蒸虾、炒虾仁、炒虾段等。

深圳购物场所

俗话说："没到东门老街，就不算来过深圳。"东门老街已经成为深圳商贸业的一面旗帜。大大小小的店铺遍布老街，长长的骑楼构成商业长廊，精品店、专卖店也比比皆是。

罗湖区离香港很近，每天人来人往十分热闹，地铁的开通更加带动了该地区蓬勃地发展。最高档的商业片区中，它拥有万象城、西武百货、友谊城百货、天安国际商场等大型商厦。

华强北商业街是全国业态最齐的商业街。有唯一成行成市的服装专卖街振兴路，云集了深圳最优秀的女装品牌旗舰店铺。另一个颇有实力的商家天虹商场与免税商场处于该商圈边缘，形成另一个热点。

链接

深圳的娱乐

《深蓝秘境》是欢乐海岸与法国ECA2公司携手打造的大型多媒体表演节目，是一座未来感十足、与海浑然一体的超大型水域舞台。剧场运用水幕、喷泉、激光、投影、火焰、音乐、烟火等国际最新的多媒体艺术和技术成果，结合天然红树林，细腻生动地展现了树林中的唯美世界。

保利剧院

发现者
旅行指南

东莞

概览

亮点

可园

清代广东四大名园之一，建筑工艺讲究，是岭南古典园林的珍品。

鸦片战争博物馆

收藏、研究、陈列林则徐销烟与鸦片战争文物史料，保护林则徐销烟池与虎门炮台旧址及有关文物。

粤晖园

岭南园林的代表作，中国最大的私家园林，岭南园林传统艺术与现代审美情趣融合于一园。

威远炮台

临江而建，设在虎门镇三远岛的海滩上。与镇远、

威远炮台

靖远的两处炮台相连，构成珠江咽喉的“封喉关”，号称“金锁铜关”。

必逛街道

富民步行街：位于东莞市南城区宏远社区与新基社区交界处，建筑风格是欧陆式，环境宜人。步行街有商铺600余间，满足各阶层人士的消费需求，雅俗共赏。餐饮区集中国南北风味之精华，多种风味互相补充，顺应餐饮潮流的趋势而发展。

线路

东莞历史文化一日游

上午参观富有东莞古城象征的迎恩门城楼，之后参观可园，畅游这一岭南古典园林；下午参观鸦片战争博物馆，深刻了解鸦片战争的历史，之后参观威远炮台和沙角炮台。

东莞魅力新城一日游

上午参观被誉为“亚洲第一广场”的东莞中心广场，在此休闲放松心情，顺便参观位于中心广场的东莞科技馆；下午参观东莞展览馆，领略东莞名城风采。

迎恩门城楼

为何去

东莞历史源远流长，具有光荣的革命传统，是虎门销烟之地。东莞既保持了江南水乡的秀丽，又有大都会的繁荣，是城乡一体化的宜居宜旅城市。

威远炮台

何时去

每年9月、10月是游览东莞的最佳时节，生活在北方的人如果想在寒冬感受夏日温暖可以南下东莞。

大岭山森林公园

东莞可园

区域解读

区号：0769
面积：$2542km^2$
人口：1043.7万人

地理 GEOGRAPHY

区划

东莞市辖32个镇（街道），其中包括4个街道（莞城街道、南城街道、东城街道、万江街道），28个镇（茶山镇、虎门镇、长安镇、大朗镇、道滘镇等）。

地形

东莞的地势总体而言东南高、西北低。地貌以丘陵台地、冲积平原为主，东南部多山，集中成片，海拔在200～600米，银瓶嘴山主峰高898.2米，是东莞最高的山峰；东莞市主要河流有东江、石马河、寒溪水。

气候

东莞市属于亚热带季风气候，长夏无冬，光照充足，气候温暖，年平均温度为22.1℃。这里雨量充沛，干湿季明显。冬季多晴好天气，并无寒冬；春夏多降雨，但夏季时常会受台风影响；秋季多晴朗天气，秋高气爽，非常适合外出旅游。

历史 HISTORY

东莞历史大事记

●秦朝时期

秦始皇三十三年（前214年），秦朝统一岭南，并设置南海、象郡、桂林三郡，东莞属南海郡番禺（今广州）县地。这是东莞历史上第一次被纳入中央王朝的行政版图。

●唐宋时期

到了唐肃宗至德二年（757年），改名为东莞。以“东莞”作县名即由此开始，相传是因境内盛产水草（莞草），且位于广州以东（今为东南面）而得名。

●清朝末年

清宣宗道光十九年六月三日（1839年6

虎门大桥

南社村

月3日），林则徐在东莞虎门海滩当众销毁鸦片，至6月25日结束，共历时23天，史称“虎门销烟”。

虎门销烟

18世纪末至19世纪中叶，中国正处于清王朝统治的后期，国内经济落后、政治腐败、军备废弛。而与此同时，欧洲资本主义国家迅速崛起。英国在19世纪二三十年代就基本完成了工业革命，代表了当时最先进的生产力水平。中国拥有庞大的人口资源，正是英国资产阶级梦寐以求的潜在市场。

19世纪30年代以前，中国对英贸易每年都保持出超二三百万两白银的优势。为了扭转这种局面，英国资产阶级竟用鸦片来冲击中国的贸易市场，获取一本万利的不义之财。

由于鸦片输入的急剧增加，使中英两国的贸易地位完全改变，造成中国白银大量外流，这也开始扰乱清王朝的国库和货币的流通，使清朝处于经济崩溃的边缘。更为严重的是，鸦片的泛滥极大地摧残了吸食者的身心健康，如任其发展下去，必将使中华民族面临灭亡的危险。因此，要求禁烟的呼声也越来越强烈。

1836年起，清朝统治阶级内部出现了一场禁烟与弛禁的激烈争论。鸿胪寺卿黄爵滋向道光皇帝上疏，提出一个“重治吸食”的严禁方案。湖广总督林则徐、两江总督陶澍等均支持黄爵滋的主张。道光皇帝权衡之后，便于1838年任命林则徐为钦差大臣，加兵部尚书衔，节制广东水师，前往广东厉行禁烟。

1839年6月3日，林则徐在虎门销烟。林则徐主持下的震惊世界的虎门销烟壮举，不仅一雪耻辱，而且向全世界表明了中国人民决心禁烟和反抗外国侵略的坚强意志，谱写了近代史上中国人民反对外国侵略光辉篇章的第一页。

虎门雕像林则徐

名单 东莞历史名人

明代民族英雄袁崇焕

清末海军爱国将领、民族英雄邓世昌

清末海军爱国将领叶富

近代著名画家、书法家、篆刻家邓尔雅

近代著名学者、历史学家张荫麟

著名抗日爱国将领蒋光鼐

文化 CULTURE

艺苑奇葩——木偶戏

木偶戏古称“傀儡戏”，是由艺人操作木偶表演故事的一种戏剧形式，是中国民间艺术的一个瑰宝。东莞排演木偶戏源于清末，始称“手托京戏”“唱京腔”，后渐变为唱粤腔，演粤剧。木偶戏主要为神庙活动演出。

清光绪初年（1875年），东莞大朗镇圣堂村的叶满从福建购回一套木偶，拟办木偶剧团。后被大朗巷头村一户陈姓村民以高价将木偶买去，并成立木偶剧团。该团艺术水平日益提高，远近闻名。1930年，巷头木偶剧团改称新世界木偶班，广邀省港等地著名木偶班师傅参加排演，艺员三四十人，长期在广州先施公司演出，主要剧目有《三英战吕布》《赵子龙拦江截斗》等。木偶头雕刻形神兼备，表演细腻，动作传神。演出时，只需一小块空地就可以搭台表演。表演时后台由三人或四人操纵木偶，盘腿而坐，每人操纵一尊至二尊，后面伴唱、伴乐者九人至十二人；表演过程根据人物行当和剧情需要，表演飞天、入地、点火、射箭、骑马、张扇、划船、武打等动作，呈现独特的操纵技艺。一年四季都有演出，新年、元宵等喜庆节日是演出木偶戏的最佳季节。

20世纪二三十年代是东莞木偶剧鼎盛时期，抗日战争爆发后，木偶戏日渐衰落。中华人民共和国成立后，木偶戏被电影、粤剧、歌舞等文艺形式所取代。1976年，莞城镇林场曾成立业余木偶剧团，翌年解散。如今，木偶艺术后继乏人，一些著名木偶艺人后代不愿继承衣钵，社会上也难找人传承，木偶戏面临着消亡的危险，急需抢救保护。

客家文化——麒麟舞

麒麟舞是客家人从北方带到南方来的一种民间艺术表演形式，以锣鼓加唢呐为伴

木偶戏

客家麒麟

奏，具有长江北部地区花会的风格，与广东岭南音乐有着显著的差异，是客家人世代相传的艺术文化。麒麟为古代传说中的一种吉祥仁兽，客家人视之为吉祥物，舞麒麟已有500多年的历史。而作为东莞清溪镇和樟木头镇传统民间艺术形式，东莞麒麟舞也有三百多年的历史。

舞麒麟是东莞客家人传统的民间文化活动。舞麒麟集歌、舞、乐于一体，所舞麒麟的骨架用竹篾扎成，皮用各色彩布做成。分成头、尾两截，中间穿孔，舞者站在穿孔处将麒麟系在身上，在春节期间，入村上街挨家逐户恭贺新年。

樟木头镇是东莞市的纯客家镇，麒麟舞已有450多年的历史。樟木头麒麟以耐用著称，整只麒麟是用黄竹扎框，优质沙纸糊面。其最大的特点是体形靓，体宽、个高、尾长；画在麒麟上的牡丹、桃花、菊花、蝴蝶等更是色彩鲜艳、细腻生动，使整只麒麟舞起来威武、轻盈，充满灵性。

醒狮舞——广东舞苑一宝

醒狮是中国的传统民间艺术，分为北狮和南狮两大拳派。在中国，醒狮代表着吉祥、喜庆和美好祝愿。千百年来，每逢重大节日或有大喜事，人们都会舞动醒狮，表达对美好生活的祝愿和追求。

醒狮是东莞的民间传统艺术瑰宝，因其眼睛闪烁灵动而谓之“醒狮”。1985年，东莞市成立了武术醒狮协会，醒狮艺术水平不断提高，涌现出一批高水平的醒狮队，充分展现出了“南狮”的风采。

东莞石排镇中坑村明德醒狮队，拥有醒狮50多头。1996年，在东莞市文化局何环珠、刘影的指导下，该队继承传统，锐意创新，精心创作了一套赏心悦目、惊心动魄的醒狮舞表演“醒狮踩高桩”。表演由“群狮震威”“险走钢丝”“攀登高桩”“飞跃高桩”“欢庆吉祥”等舞段组成。整个表演生动活泼、形神合韵，将传统舞狮进一步升华成为集南北醒狮艺术于一身的“狮舞”。

舞狮

景点推荐 东莞旅游区

可园 AAAA

广东四大名园之一

东莞市莞城街道可园路32号

可园始建于清道光三十年（1850年），可园古建筑区集合了很多岭南园林的经典元素，长廊环绕，并且亭台楼阁极多。其建筑是清一色的水磨青砖结构，多以“可”字命名，如可楼、可轩、可堂、可洲。最令人瞩目的建筑当数可堂，四条红石柱并列堂前，庄严大气。最高建筑可楼高15.6米，沿楼侧石阶可登顶楼的邀石阁，凭窗可远眺莞城景色。

玩家解说

岭南园林与北京的皇家园林（颐和园）、苏州的江南园林（拙政园、网师园等）并称中国古典园林三大体系。

可园与顺德清晖园、番禺余荫山房、佛山梁园又合称清代广东四大名园。

链接

可园创建人张敬修

可园创建人张敬修投笔从戎，官至江西按察使署理布政使，金石书画，琴棋诗赋，样样精通，又广邀文人雅集，使可园成为清代广东的文化策源地之一。居巢、居廉客居可园十年，创造了没骨法、撞粉法画花鸟画，并予以传授，为岭南画派开创了先河。

环碧廊

长廊环绕整座园林，环长廊一周，全园景色可一览无遗。环碧廊的开端设在“擘红小榭”之中。“擘红”是剥荔枝的意思，擘红小榭就是主人邀请文友品尝荔枝的地方。

双清室

园主人用来吟风弄月的地方，根据“堂前滥明桥翠、曲池映月”之景，而命名“双清”。“双清”之后，是“问花小院”，为主人赏花之处。顺环碧廊步出“问花小院”，来到一处广阔空间，园中花丛果坛，满目青翠，被称为“壶中天”。

可堂

可园最庄严的建筑，四条红石柱并列堂前，显得气派不凡。堂外左右两廊长花基，秀丽中蕴藏着庄严肃穆。右前方设一小台名“滋树台”，为专门摆设盆景之用。堂外正中筑一大石山，状似狮子，威武雄壮，其间建一楼台，人称狮子上楼台。

人民公园

我国最早的公园之一

莞城街道公园路1号

人民公园始建于1913年，园内有钵山、孟山、元宝山、平山和晓湖、莲塘等，并有东莞第一个公共图书馆、第一个博物图书馆。园内亭台楼阁相映，树木青翠高大，红桥绿水，竹树夹道，尤以“风篁煮茗”等八景最为著名，是游人休闲度假的好去处。

旗峰公园

园内有岭南第一名山

东莞市莞城街道旗峰路

旗峰公园绿树成荫，幽静秀丽。公园内有海拔189米的黄旗山，形似旗展，唐代以前称“黄岭”，是东莞的象征。“黄旗岭顶挂灯笼”是民间传说的东莞八景中的第一景。山下有建于宋代的黄旗观音古庙，山麓尚存古井，名“廉泉”，传说饮廉泉水，可使人变得廉洁。

东莞市展览馆 AAAA

以展示东莞名城风采为目标的展览场馆

东莞市南城街道鸿福路97号

东莞市展览馆建筑面积约3万平方米，展览面积1万平方米。整个展览分为历史篇、经济篇、城市篇、文化篇和独立展区分置于一、二、三层大厅，以展示东莞名城风采为目标，运用宏大的场景、翔实的资料、艺术的构思和高科技的手段，生动形象地再现了东莞的发展历程、发展成就和发展图景，浓缩了东莞过去、现在、未来的精华。

迎恩门城楼

东莞古城的象征

东莞市莞城街道运河东二路

城楼建于明代洪武年间，环护东莞城，坚固高大，雄伟壮观。如今，迎恩门城楼依然屹立，红墙碧瓦，飞檐斗拱，蔚然壮观，而其保存的明代基座，尤为珍贵。迎恩西门，是历史文化名城的重要坐标。

饮食风俗博物馆

东莞的饮食风俗展览

东莞市万江区金泰路1号

博物馆是以东莞饮食风俗为主题，展示和弘扬传统饮食文化的休闲消费类专题博物馆。馆藏文物1500余件，展示各种烹饪器具和饮食餐具，展现各镇区的饮食特色、饮食风俗等，表现东莞饮食文化的历史沿革。

水濂山

山灵水秀

东莞市南城水濂山地区水濂山路

水濂山旧称彭峒山，因昔有彭公楼隐于此，故名。山上有泉，水清冽味甘；有古峒山寺，规模宏大，遗址保留完好。半山处有观音庙，驱车可直至庙前。山巅飞瀑悬泻十余丈，形如水帘，四时不绝。山涧多藤萝，横垂削壁。泉水绕庙后左侧，注入芙蓉涧。

水濂山

鸦片战争博物馆 AAAA

爱国主义宣传教育基地

东莞市虎门镇解放路113号

鸦片战争博物馆始建于1957年。博物馆负责收藏、研究、陈列林则徐销烟与鸦片战争文物史料，保护林则徐销烟池与虎门炮台旧址及有关文物，利用这些文物资料向广大观众进行爱国主义宣传教育。“虎门故事”的展览用蜡像再现了从前的生活和街景，把鸦片战争描述得清楚而不枯燥。最为震撼人心的画面，是将鸦片烟枪一折为二的雕像，充满了力量感。

链接

鸦片战争

中国近代史上一共有两次鸦片战争：第一次鸦片战争从1840年6月至1842年8月。第二次鸦片战争从1856年10月至1860年10月。两次鸦片战争使旧中国逐步沦为半封建半殖民地社会。第一次鸦片战争是英殖民主义强行向中国倾销走私鸦片引起的，所以历史上叫作鸦片战争。鸦片战争以后，中国开始由独立的封建国家逐步变成半封建半殖民地的国家，中华民族开始了一百多年屈辱、苦难、探索、斗争的历程。

链接

林则徐

林则徐（1785.8.30—1850.11.22），福建省侯官（今福州市闽侯县人），字元抚，又字少穆、石麟，晚号俟村老人、瓶泉居士等。是中国清朝后期政治家、思想家和诗人；官至一品，曾任湖广总督、陕甘总督和云贵总督，两次受命为钦差大臣；因其主张严禁鸦片、抵抗西方的侵略、坚持维护中国主权和民族利益深受全世界中国人的敬仰。史学界称他为近代中国“开眼看世界的第一人”。1838年9月20日，湖广总督林则徐奏陈严禁吸食鸦片。1839年6月3日，林则徐进行了虎门销烟。

虎门林则徐纪念馆

虎门林则徐纪念馆里的销烟池旧址是1839年林则徐销毁英美鸦片的历史遗存。具有炮台神韵的门楼、陈列大楼、抗英群雕、林则徐铜像、虎门销毁鸦片纪念碑、抗英大炮等，共同营造了浓郁的历史氛围。

海战博物馆

海战博物馆馆名由江泽民亲笔题写，基本陈列“鸦片战争海战陈列”被评为“2001年度全国十大精品陈列之最佳形式设计奖”。《虎门海战半景画》，采用艺术与声、光相结合的现代展示手法，具有强烈的艺术表现力和感染力。《全国禁毒教育展览》是青少年禁毒教育的重要课堂，海战博物馆被列为全国禁毒教育基地之一。

威远炮台

鸦片战争古战场遗址之一

东莞市虎门镇威远岛

威远炮台临江而建，设在虎门镇三远岛的海滩上。与镇远、靖远的两处炮台相连，构成珠江咽喉的“封喉关”，号称“金锁铜关”。炮台雄伟壮观，炮台平面呈半月形，沿台面上还有4个露天炮位，每个炮位两边各有一个储蓄室。

玩家 解说

炮台暗炮洞后面由一条2米宽的露天炮巷沟通，炮巷后面还有一条相距2米多的护墙，墙上设有枪眼，万一敌军上岛仍可以坚持抵抗。炮台内围有官厅1座，神庙3间，兵房12间，药局1座，码头1个。原来炮台的东西两头各有券项城门1座，控制着烟台两端唯一的通路。整座炮台背山面海，内有广阔的平地回旋，结构严谨，险要壮观。

威远炮台

虎门大桥

东莞标志性建筑

东莞市虎门镇，与威远炮台遥相呼应

虎门大桥与威远炮台遥相呼应，堪称东莞的地标性建筑。其跨径888米的主航道桥为目前我国已建成跨径最大的悬索桥，主桥长4688米，是广深珠高速公路的枢纽。桥梁不仅跨度极大，而且未使用任何钢索牵挂，因而以高难度的造桥技术闻名于世。

沙角炮台

鸦片战争古战场遗址

东莞市虎门镇沙角山

沙角炮台建于清嘉庆五年（1800年），是鸦片战争的古战场，当时的沙角炮台与大角炮台是虎门海口的第一道防线，被誉为粤海第一重门户。

“逆水流龟”村堡

明代村堡

东莞市虎门镇白沙村

“逆水流龟”村堡，又名“水围”村，建于明崇祯年间，为虎门白沙人郑瑜所建。因寨堡建筑布局如龟游水，故得名。村堡正门前面是一道水泥桥，以前为木桥，是出入村堡的唯一通道，也是这只逆水流龟的龟尾，村堡四角的小楼堡为龟的四足，北面高出护墙的堡垒楼则是龟头，青色堡垒楼上的红砖则是龟眼。

玩家 解说

该寨的创建人郑瑜，是明崇祯四年（1631年）进士，授吉安推官，旋摄广顺府事，后因平乱护民有功，内摆户部主事，历员外郎中，出知太平府，迁上江漕诸道，又转山东按察副使，督催直隶江西湖广军需，屡著劳绩，升太仆寺少卿（正四品官）。告老还乡后卒于家，享年81岁，著有《焚馀集》。该寨围墙的砖规格不一，传说是郑瑜派兵士拆取邻近烽火台的砖筑成的。

蒋光鼐故居

广植荔枝而名

东莞市虎门镇南栅村三蒋村新基二巷1号

蒋光鼐故居又名荔荫园，初创于清道咸年间，是一代抗日名将蒋光鼐将军祖父蒋理祥首创。蒋光鼐故居是一座造型典雅的西洋别墅式园林建筑，荔荫园的大门横匾上刻有“荔荫园”三字，门左右是一副对联：造庐谁道龙犹卧，题户应嗤鸟是凡。

玩家 解说

1887年，蒋光鼐在园边祖屋出生并度过少年时期，青年从军，跟随孙中山革命，战功显赫。1931年升为陆军上将，任十九路军总指挥。1932年指挥了“一·二八”淞沪抗战，大挫日寇锐气，大振国威，震动了中外。

龙凤山庄影视旅游区 AAAA

游龙凤山庄，感受新人幸福

东莞市凤岗镇嘉辉中路59号

龙凤山庄占地38万平方米，以婚庆文化为特色，是华南地区较大的集度假休闲、婚纱摄影、蜜月旅游、亲子娱乐于一体的影视与度假基地。这里有客侨、欧式、南亚和日式四大主题风情园，分为婚纱摄影区、动感玩乐区、欢乐艺演区、烧烤野炊区等八个功能区域，被誉为“中国最佳拍摄基地”。

玩家 攻略

山庄内各项表演节目精彩纷呈，如西西里舞台的高空钢丝表演和海狮表演、FullhouseWorld大剧场的《龙凤恋歌》情景剧表演等，游客在这里可饱享视听盛宴。

东江纵队旧址 AAAA

展示东江纵队革命史迹的专题博物馆

东莞市大岭山镇大王岭村

东江纵队旧址景区分为大岭山抗日根据地旧址和东江纵队主题纪念馆两部分。东江纵队主题纪念馆是收藏及展示东江纵队革命史迹的专题博物馆，设有基本陈列展厅、临时展厅、报告厅等，楼顶还有观景台，可欣赏大王岭抗日古村落、百花洞战场和大岭山镇新貌。大岭山抗日根据地旧址现存广东人民抗日游击队第三大队大队部、会议室等9处文物旧址，按照历史原貌进行复原陈列。

康王庙

进香参拜之地

东莞市石排镇横山村上宝潭自然村

康王庙又名灵应祠，原为祭祀玄天大帝北帝的庙宇，后摆放康王神像，始称康王庙。庙为三开间三进四合院落式布局，硬山顶，抬梁穿斗混合结构。首进屋正脊陶塑工艺精美，正面有“光绪戊子年”、背面有“宝玉号店造”铭文。庙内现存康王神像为清光绪十四年（1888年）以前造像，抬康王出巡用的神龙椅也为光绪十四年制作，造工精细。

康王庙

黄大仙庙

二进式古建筑

东莞市企石镇西北紧靠东江旁边的金交椅岭

黄大仙庙原名啬色园，始建于清同治十二年（1873年）。走出黄大仙古庙，从石牌坊旁的麻石小径可登上金交椅山。山只是小山丘，但“山不在高，有仙则名”，从麻石小径向上，先可到达休憩亭，从休憩亭向上，攀上山顶，可见山顶之上巍然矗立着一座文昌阁。登上文昌阁，奇石美景尽收眼底。

观音山国家森林公园 AAAA

“南天圣地”

东莞市樟木头镇石新区笔架山大道1号

观音山森林公园是一处融生态观光和宗教文化旅游为一体的自然风景区。园内有东莞地区最大、最集中的自然瀑布群；有全世界最大的玄武岩观世音菩萨雕像雄踞观音山顶；有视野开阔的观音广场，既可俯瞰樟木头镇全景，又可远眺惠州、东莞、深圳的璀璨夜色；还有观音寺、激流探险、登山缆车、航空运动俱乐部、水上乐园、小鸟天堂等各具特色的游乐设施。

玩家解说

观音山原名观音肚山，是樟木头境内东南屏嶂诸山之一，与双面髻山（主峰海拔791.3米）、大细锅、笔架山、仙宫岭、飞鼠山、尖峰等群山环绕，海拔为450~750米，自东南向西北方向倾斜。

观音山大佛

香市动物园 AAAA

东莞市首家饲养和观展野生动物的专类园

东莞市寮步镇药勒村内

香市动物园是东莞市唯一一座集野生动物饲养繁育、科普、科研、保护于一体的主题公园。园内饲养了包括大熊猫、东北虎、梅花鹿、丹顶鹤、金雕等在内的100余种2000多只来自世界各地的珍禽异兽，还拥有表演阵容强大的动物综合表演馆和海兽表演馆。此外,园内拥有大面积的湖泊和植被，以及室内农业生态园,可以看到东莞特产莞香、桂兰花等植物。

香市文化旅游区 AAAA

中国首个香文化主题博物馆

东莞市寮步镇祥富路1号

香市文化旅游区位于寮步镇中心区，占地300多亩，依傍神仙岭和龙船山，有着“仙迹留香，祥龙献瑞”的美好寓意。旅游区包括中国沉香文化博物馆、香市公园、香远塔、香慧寺、迎香门、三福泉、龙神台、神仙脚印等景点，其中核心景点是中国沉香文化博物馆。

中国沉香文化博物馆是国内首座香文化博物馆，建筑总面积约8800平方米。博物馆设计灵感源于古时盛装贡品莞香的“香盒”。该馆集中展示了中国香文化从古至今的发展演变历程，展出了世界各地的精品沉香和沉香艺术品，可以让人们近距离感受沉香的魅力。

隐贤山庄 AAAA

贤臣李觉斯的隐居地

东莞市常平镇隐贤山庄大道8号

隐贤山庄是明代贤臣李觉斯的故乡，庄内有我国最大的天然汉白玉雕刻而成的普慈观音圣像（29米高），还有“老三宝”（隐贤寺、晚翠居、孝思寺）和“新三宝”（“喜鹊登梅”对瓶、明青花瓷“龙纹盘碗”、釉裏红大缸）。

链接

李觉斯

李觉斯，字伯锋，莞城县后坊人，明万历四十六年（1618年）举人，天启乙丑（1625年）进士，因破滁州有功，升工部侍郎，后因督建京城有功，官至刑部尚书，晚年因忠言进谏，上疏救良臣而触怒龙颜，后罢官归里，归隐山林，耕田劳作，饮酒赋诗，扶危济困，著书立说，宣扬仁义，教化百姓，朝夕以山水为伴，游乐于田园之间，过着农家居士的隐居生活。在当时的岭南一带影响深远，被人喻为“竹林隐士”，隐贤山庄也因李觉斯故居晚翠居建于此而得名。

海月岩

红石质山岗

东莞市厚街镇涌口村金牛山

海月岩位于金牛山上，造型奇特。蟹壳岩上刻有“海月岩”三字，为宋绍兴二年（1132年）刻，岩下有井泉，曾有“海上风帆落井中”之说。海月岩前的海月湖面积百多亩，绿水荡漾，可供游人划艇。迂回曲折的九曲桥连接湖中小岛，湖边柳树成荫、环境优雅，令人流连忘返，是休闲垂钓的好地方，雕塑园内矗立着中国古代名人的石像，栩栩如生、惟妙惟肖。

链接

海月岩的传说

海月岩的传说讲述了一个美丽动人的爱情故事：一对新婚燕尔的夫妻十分恩爱，夫妻俩靠丈夫出海捕鱼为生，由于丈夫每次出去都要很长的时间才回来，妻子相思成灾，每日站在金牛山蟹壳岩上盼望出海谋生的丈夫归来。有一天，妻子到海月岩洞内的井边汲水，忽然看到井水里映出一叶归帆，船头站着的人竟是自己的丈夫，跑到码头去看，果然是自己日夜思念的丈夫归来，认定是井神显灵。

粤晖园

全国最大的私家园林

东莞市道滘镇

粤晖园重现了岭南古建筑的神韵，是

岭南园林的代表之作。蘩文馆是园中的主体建筑，为岭南仿古楼阁之冠，珍藏着岭南文化艺术瑰宝。南韵馆则是古典剧场，可聆听传统粤曲的天籁之音。五元坊、诗廊、归水桥等众多景点，工艺精湛，富于岭南文化气息。

冠和博物馆

广东最大的民营博物馆

东莞市樟木头镇莞惠大道中心广场三楼

冠和博物馆是中国第一家以古董家具为主的博物馆，馆内文物陈列面积逾5000平方米，拥有上万件各类文物。馆内总体布局按“园中馆、馆中园”的构思设计，展馆布局独特，色调新颖，以富有中华民族特色的连廊组合和琉璃砖瓦，再现古典风格。古典家具展主要是以明、清两朝代为主，年代跨度为543年（1368—1911年），这个时期是中国传统家具的黄金时代，明代家具高大威昂，线条优美，花纹简朴，很有气派。

佛灵湖

“镶嵌在东莞大地上的一颗绿宝石”

东莞市寮步镇南面

佛灵湖郊野公园山水合 ，野鸟嬉戏，被誉为“镶嵌在东莞大地上的一颗绿宝石”。园内有成千上万棵优质荔枝树、龙眼树可供观赏；还有2万平方米的水上乐园，有沙滩、标准泳池、儿童泳池、跳水台、烧烤场等，是休闲的好去处。

粤晖园五元坊

攻略资讯

- 交通
- 住宿
- 美食
- 购物
- 娱乐

交通

火车

东莞是广九铁路、广深港高速铁路、广梅汕铁路与大京九铁路的交会点。北京、上海至香港九龙直通旅客列车的出入境检查手续在这里办理。往来港九以及北京、上海、华东等地区极为方便。

东莞火车站：地处常平镇东部，位于京九线和广深线的交会处，是大京九铁路唯一在东莞经停的车站，成为东莞市对外联系的主要交通枢纽。

东莞火车东站：位于常平镇，是发往京九线的长途车站，主要是发往郑州、成都、南京、汕头、西安、厦门、南昌、福州等地的列车。

东莞南站：位于东莞市塘厦镇林村，是京港高速铁路的客运枢纽站，也是东莞市东南片区的综合交通枢纽。

汽车

东莞市交通四通八达，有汽车客运东站、南城客运站、大朗客运站、清溪客运站等多个汽车客运站。

南城汽车客运站：位于南城区科技路袁屋边地段，主要是发往佛山、澳门、广州以及贵州等省市的长途客运汽车。

汽车客运东站：位于东城区五环路以西、东城大道以南，主要是发往佛山、广州、深圳、珠海以及外省的长途客运汽车。

市内交通

东莞目前已经开通了3条地铁线路，分别是2号线，莞惠城际铁路和穗深城际铁路。

住宿

东莞的市中心，酒店、旅馆最为集中。在人民公园附近的解放路、莞太大道上都有许多宾馆、酒店和旅店可供选择。此外，东莞的各区、镇均有质优价廉的旅舍、招待所供背包族入住，如虎门、厚街镇等旅游城镇的住宿旅店离各旅游景点都很近，交通方便，卫生安全。

东莞政府大楼

大岭山森林公园

●万怡酒店

万怡酒店地理环境优越，毗邻广深高速公路东莞出入口、东莞歌剧院、东莞会展中心等地。

东莞市南城宏图路兆丰大厦1楼

●丰泰花园酒店

丰泰花园酒店是一家商务型酒店，在设计风格上充分体现了人与自然的相融和谐，运用了热带雨林风情的设计元素，经国际著名设计师的演绎，体现出优雅、休闲的气氛。酒店还拥有400多间各类型豪华商务套间，9个不同经营风格及特色的餐厅和酒吧，荟萃中、日、法等多国特色美食。

东莞虎门镇S358省道大板地路段横圳水库旁

0769-85708888

●御阁大酒店

御阁大酒店是一家经济型酒店，酒店建筑中西结合，内部设施以欧美最流行的星级标准为主，管理系统全部电脑化，一楼设有温馨浪漫的中西餐厅以及商务中心，餐厅荟萃各地美食佳肴。

东莞市虎门镇358省道北栅路段

13318445331

美食

东莞云集了大江南北的各式佳肴，有雍华庭的湘菜馆、东城南路的东北菜等，五花八门，应有尽有。而东莞最著名的风味小吃首推“三禾宴”和厚街烧鹅濑粉。

东莞西餐厅

美食小吃

●烧鹅濑粉

濑粉是东莞人寿宴的传统食品，寓意长长久久，多福多寿。吃的时候，将濑粉在热水中烫一烫放入碗中，然后加上一大勺高汤，粉面再铺上一层皮脆肉嫩的烧鹅，鲜美的汤中浸上了烧鹅的香味，相辅相佐，美味诱人。

●道滘肉丸粥

道滘肉丸粥在岭南粥品中独树一帜，独占鳌头。肉丸选用新鲜上等肉，切碎后用钢条敲打直至成为肉酱，这样使肉丸有韧性，入口香脆，弹性特强，佐肉不夺肉香，丸香不腻，齿颊留香，肉味长存，令人垂涎欲滴。

●糖不甩

糖不甩做法简易，直接把糯米粉揉搓成粉丸，在铁锅中用滚热的糖浆水煮熟，然后撒上碾碎的炒花生或切成丝的煎鸡蛋拌食，

糖不甩

口感酥滑香甜、醒胃而不腻，味香四溢，老少皆宜。

● **龙舟饼**

龙舟饼又名松沙酥或嫁女饼，是传统的手制饼之一，寓意为富贵团圆、幸福连年。每年的龙舟节都以龙舟饼作为犒船的主要物品，而每艘龙舟都会在游龙过程中向沿河两岸群众派发龙舟饼，人们争先恐后，为抢先夺得一块龙舟饼而欢天喜地、笑逐颜开。

美食去处

花园新村食街：位于东城区堑头的花园大街一带，有海鲜酒楼、西餐厅、粥城、茶餐厅、快餐店、面包屋、果汁店、客家菜馆等。

虎门新湾食街：位于虎门镇新湾渔村，是一条以竹棚搭成的食街，延绵近百米，绝对新鲜的海鲜，简易的竹台竹椅，颇有特色。

石排食街：位于石排镇中坑村，这里的食肆以精心炮制塘鱼著称，尤以四大家鱼(鳙鱼、鲩鱼、鳊鱼、鲮鱼)的烹制最为出色。

清溪客家菜食肆：清溪镇一带是客家人聚居的地方，这里许多食肆烹制的客家菜都很正宗，尤其是客家狗肉、酿豆腐。

购物

东莞的时装和小电子产品是购物首选。虎门已成为全国最大的服装产销基地，中外闻名的“服装之都”。东莞的土特产主要有大朗荔枝、荔枝干、厚街腊肠、虎门膏蟹、莞香（沉香木）等。

东莞特产

● **荔枝干**

鲜荔枝加工干制，历史悠久，成品肉厚，味道香甜，历来为自食及送礼佳品，远销国内外。加工荔枝干的品种，多采用怀枝、糯米糍，尤以糯米糍为佳，制成品肉厚核小，蜜甜醇香。

● **虎门膏蟹**

选用虎门盛产的青蟹，个大肉肥。在做法上，不同于其他常见蟹的做法。先将蟹切开洗净，用鲜猪肉、鲜蛋、姜葱调味料，拌匀剁烂，再以三两片食用薄荷叶（又叫“土薄荷”）捣碎加入，用碟盛好，放入锅煲内蒸，饭好蟹熟。

● **莞香**

别名牙香树、女儿香，为瑞香科沉香属

乔木，属国家二级保护植物。是在中国树木中唯一以东莞地方命名的树木，它历史悠久，宋朝已普遍种植，历来是东莞的地方特产。

●云雾仙茶

罗浮山甜茶味道甘甜可口，具有清凉解热、生津止渴、开胃消滞、降胆固醇等作用，是居住在罗浮山的制茶人采集天然生长在罗浮山的独有茶种，用独特的传统工艺精制而成的特产。

●沙糕板

沙糕板松软可口，、是适合老人和小孩的上好食品，它是由三成黏米粉和七成糯米粉制成，行话称“三破七”。制作方法是将上述米粉和白糖混合，两手相擦过筛，然后平铺在有一块纱布的木板隔内蒸熟，而后切成两寸见方的方块。

东莞购物场所

迈豪街：在东莞城迈豪街，西正路中间有一条巷子走进去，西正路都是品牌专卖店，特别是珠宝的店铺，迈豪街就在禄福珠宝、永恒珠宝对面。

富民时装城：富民时装城素有“中国乡镇第一号时装批发商”之誉，是目前国内辐射力最强、影响力最大、竞争力最强的大型服装批发市场之一。

娱乐

东坑泼水节：起源于明末清初，每逢二月初二，数以万计的群众都聚集到东莞市东坑镇，游走十里长街，争相淋泼“仙水”，购物寻仙，观赏花车，场面盛大热闹，是当今东莞的第一大节。

“石龙杯”龙舟竞赛：每年端午节期间，在东莞市石龙镇金沙湾都要举行为期2天的“石龙杯”龙舟竞赛，除有多支传统龙队和国际标准龙队参赛外，还举行大型文艺晚会、烟花表演、极限运动表演、书画大赛、明清家具及古玩展等一系列活动。

横沥红荔风情节：每年6月末荔枝上市时，东莞市横沥镇都要举办为期一周的红荔风情节，开展龙舟巡游、“荔枝红”民族舞表演、“横沥风情”摄影大赛、体育嘉年华、大型文艺晚会、烟花会演、生态果园品荔游、风情节电影周等精彩活动。

七月七风情节：每年的农历七月初七，主要活动场地在东莞市望牛墩镇，东莞人称之为“七姐诞”，又称“拜七姐”。其意即思念敬仰牛郎（董永）、织女（七姐）坚贞的爱情，通过虔诚祭拜、花车巡游等活动祈祷平安，寄福未来。

赛龙舟

发现者旅行指南

珠西

（含珠海、中山、江门）

概览

亮点

圆明新园

以北京圆明园焚烧前的建筑为原稿，按1:1的比例精选圆明园四十景中的十八景建成，再现了清朝盛世风华。

珠海情侣路

珠海沿海的一段海滨大道，长约12千米，著名的珠海渔女雕像就位于路的中部。

开平碉楼

侨乡开平一带特有的乡土建筑群落。立园集传统园艺、西洋建筑、江南水乡特色于一体，自力村的水塘荷花、竹林稻田间有15座建筑精美、风格各异的碉楼，锦

开平立园

江里有开平现存的最高的碉楼——瑞石楼……

必逛街道

珠海景山路：集中体现了生态、旅游、休闲、购物的理念，是极具海滨休闲意境的购物风景。

珠海湾仔海味市场：市场具有浓厚的地方特色，且与澳门隔河遥望，所以每天都吸引大批游客探访拍照留念。

线路

珠海二日游

第一天在码头乘快船前往东澳岛，最后登一千零八级石阶上斧担山，撞撞世纪大钟。晚上在东澳岛住下，吃海鲜看海景。

第二天乘坐游艇从东澳岛抵达外伶仃岛的伶仃湾码头，登上岩石上的山头，可以看到写着外伶仃岛字样的标志塔。从海螺石走下去就是海滩泳场，拣着贝壳，晒着暖暖的太阳。

中山一日游

非常随性的中山一日游，从孙文公园开始。然后去中山纪念堂，中山纪念堂出来就是孙文东路，一路往西走，终点是孙文西路，这条路是一条当地出名的步行街。

江门两日游

第一天上午来到立园，立园是由旅美华侨谢维立先生家族历时十年建造的私人园林。随后去赤坎古镇，中午一定要尝尝古镇的鸭粥，美味又滋补。午后来到加拿大村，欣赏欧美建筑。

第二天早餐后前往锦江里瑞石楼，午后来到金山温泉，舒舒服服地泡泡温泉，放松身心。晚上吃烧烤，观海滨夜色。

为何去

新兴的花园式海滨旅游度假城珠海，是南海之滨一颗璀璨的明珠。珠海自然环境优美，山清水秀，海域广阔，素有“百岛之市”的美称，极富海滨花园情调和现代气息。

孙中山故居纪念馆

中山历史源远流长，因伟人孙中山先生而闻名于世，是中国唯一一座以伟人名字命名的城市。五桂雄峰，范围宽广，巍峨挺立，既有奇岩怪石，也有流泉飞瀑。

江门五邑是全国著名的侨乡之一，名胜古迹众多，旅游以海滨沙滩、温泉保健、森林生态和侨乡风情为主要特色。台山上川岛有“东方夏威夷”之称。

何时去

珠海全年温暖湿润，冬无严寒，台风出现的时间多在6～10月，所以春秋两季是珠海的最佳旅游季节，适合到珠海的各岛屿上度假、探险和徒步。

海泉湾游乐场

中山最佳旅游时间以春季（3～5月中旬）与秋季（9～11月）为宜。

江门气候温暖湿润多雨，4～9月多雨，出门最好带雨伞，冬天最低气温5℃，可穿厚的保暖外套。

珠海风光

区域解读

珠海区号：0756
中山区号：0760
江门区号：0750
面积：13 043km²
人口：约1173万人

地理 GEOGRAPHY

区划

珠海市下辖香洲、斗门、金湾3个区。

中山市下辖6个街道、18个镇。

江门市下辖3个行政区（蓬江、江海、新会）。代管台山、开平、恩平、鹤山4个县级市。

地形

珠海市区内陆地势由西北向东南倾斜，有山、海、丘陵与平原。境内最高峰是二洲岛上的凤凰山，海拔437米。珠海的海岸线、岛岸线长690千米，最大的海岛是三灶岛，面积约78平方千米。珠江口外海滨滩涂辽阔，水下滩地向岸外缓慢坡降。

中山市的地形以平原为主，地势中部高，四周平坦，平原地区自西北向东南倾斜。五桂山、竹嵩岭等山脉突屹于市中南部，五桂山主峰海拔531米，为全市最高峰。全市河流面积占全境的8%，其间汊道纵横交错。水系划分为平原河网和低山丘陵河网两个部分，平原地区河网深受南海海洋潮汐的影响，具有典型的河口区特色。

江门市地势西北高，东南低。北部、西北部地带山地丘陵广布，东部、中部和南部多为河谷、冲积平原、三角洲平原广阔，丘陵、台地错落其间。其中，与恩平、开平与新兴接壤的天露山，长70余千米，主峰海拔1250米，为全市最高峰。

气候

珠海市地处北回归线以南，冬夏季风交替明显，终年气温较高，偶有阵寒，但冬无严寒，夏不酷热；年日温差较小，属南亚热带海洋性季风气候。值得一提的是，每年的5~10月是珠海的雨季，其中7~9月更是时常受热带风暴和台风影响。

中山市全境均在北回归线以南，属亚热带季风气候，光热充足，雨量充沛，太阳辐射能量丰富。全市年平均温度为21.8℃。其中，春秋两季尤为宜人，适宜出行；夏季高温多

珠海情侣路

珠海风光

雨，时受台风影响；冬季总体较为温暖，偶有低温冻害天气。

江门市属亚热带低纬地区，受海洋性季风影响，温暖多雨，终年无雪，年平均气温在22℃左右。春夏潮湿多雨，夏季会受台风和热带风暴天气的影响；秋高气爽，冬无严寒。

历史 HISTORY

珠海历史大事记

早在四五千年以前，就有原始先民在珠海这块土地上开发、繁衍、生息。

宋朝以后，因这里盐业和银矿业兴旺，开始在山场村设置香山镇。沿至元、明、清三代。明末在前山筑城池，称“前山寨”，既是军事要塞，又兼管澳门和前山行政、外交事务。

1980年8月26日，五届全国人民代表大会常务委员会二十五次会议批准，在珠海设立经济特区，下设一区（唐家）、二区（前山）、三区（三灶）、四区（万顷沙，属于广州市南沙区）。

名单　珠海历史名人

晚清推广西医的医学家黄宽
近代留学教育先驱容闳
清华大学第一任校长唐国安
近代民族工商业的杰出代表陈润
民国第一任内阁总理唐绍仪
近代著名文学家、诗人苏曼殊
近代著名的买办、实业家唐廷枢
中国驻夏威夷首任领事陈芳
近代无产阶级革命家苏兆征
新中国第一个世界冠军容国团

中山历史大事记

中山古称“香山”，因此地多神仙花卉，故曰香山。在距今5000多年前的新石器时代，中山只是珠江口伶仃洋上的一个岛屿，此时就有古越族人在此渔猎、生活。

西晋末年，晋朝皇族之间爆发了史称“八王之乱”的宫廷权力争斗，为躲避战乱，大批中原人移居岭南，其中一部分来到香山

中山五桂山

岛上。

北宋设香山寨，因五桂山“多神仙花卉”“色香俱绝”得名。南宋绍兴二十二年（1152年），宋廷又设香山县，隶属广州。

南宋末年，宋端宗在元军的追杀下，曾逃往香山躲避，南宋灭亡后，大批南宋皇族和官员的后裔流落定居于香山。

清康熙二十三年（1684年），广东宣布“迁界”令废止，加上原来几个分离的岛屿因沙田成陆连接而与顺德、南海陆地相接，因而使农业、商业和交通等骤然发展起来。

1925年3月12日，孙中山逝世。同年4月15日，香山县易名中山县，以纪念孙中山先生。

名单 中山历史名人

汉朝贤官陈临

明代文学家、学者黄畿

明代著名学者黄佐

明末书法家、文学家何吾驺

清朝收复台湾的功臣钟宝

清代学者郑应元

清代书法家鲍俊

清代协助林则徐查禁鸦片的黄琮

近代民主主义革命的先行者孙中山

近代著名实业家郑观应

近代航空事业的先驱杨仙逸

近代影星阮玲玉

江门历史大事记

1279年，南宋军队与元朝军队在新会崖山（今江门市新会区崖门镇）进行了大规模海战，宋军覆没，宋朝灭亡。此一役，史称“崖山海战”。

在蓬江区圩顶的地方有一个小圩集，后来圩集逐渐向海滩扩展，到16世纪，已发展成为“千艘如蚁集江滨”相当热闹的商品集散地。到了明末清初，更是“客商聚集，交易以数百万计”。

1904年，江门被辟为对外通商口岸，设江门北街海关，为广东八大关之一。江门成为中国沿海重要的对外通商口岸。

名单 江门历史名人

明代著名理学家陈宪章

清朝天地会领袖陈开

晚清名将张其光

近代著名启蒙思想家、政治活动家、学者梁启超

著名建筑学家梁思成

近代画家、革命家李铁夫

中国航天第一人冯如

崖山海战，宋王朝的最后决战

南宋末年，元兵渡江南侵，偏安江南的南宋朝廷招架不及。元军在襄樊之战重挫宋军后，直逼南宋都城临安（今浙江杭州）。德祐二年（1276年），宋廷求和不成，于是5岁的小皇帝宋恭帝投降。同年五月初一，赵昰在福州正式登基称帝，改元景炎。

赵昰做皇帝以后，元朝加紧南侵。景炎二年（1277年），福州沦陷，张世杰率船队带着宋端宗和流亡朝廷从海上南下，经泉州至雷州时，遇上台风，不久端宗去世。其后，由端宗的弟弟——7岁的卫王赵昺登基，年号祥兴。赵昺登基以后，左丞相陆秀夫和太傅（太子的老师）张世杰护卫着赵昺逃到新会崖山（今江门市新会区崖门镇），在当地成立据点，继续抗元。不久，在今广东和江西二省抗元的文天祥，因得不到流亡朝廷的支援，被元军生擒，陆地上的抗元势力覆灭。

祥兴二年（1279年），元将张弘范大举进

东澳岛

攻驻守在新会崖山的赵昺朝廷。张世杰率军大战元军，张弘范擒张世杰的外甥，并以其向张世杰三次招降不果。2月6日，张弘范预备猛攻，正午时段，张弘范率水师从正面进攻，两边船舰接近，元军鸣金撤布交战，一时间连破七艘宋船，宋师大败，元军一路打到宋军中央。

张世杰见大势已去，急忙抽调精兵，并已经预先和苏刘义带领余部十余只船舰斩断大索突围而去。而宋帝赵昺的船还在军队中间，陆秀夫见突围无望，便毅然背着年仅8岁的赵昺跳海自杀。据《宋史》记载，七日后，竟有十余万具尸体浮海。而突围出去的张世杰仍希望奉杨太后的名义，再找宋朝赵氏后人为主，以图后举。但杨太后在听闻赵昺的死讯后，亦赴海自杀，张世杰将其葬在海边。不久张世杰在大风雨下溺死于平章山下（约今阳江市西南的海陵岛对开海面）。

崖山海战以宋军的全军覆没结束，宋朝灭亡。

文化 CULTURE

独步岭南的民居

会同村位于珠海市唐家湾镇西南，至今已有170余年历史。村内是清一色岭南民居，家家都是灰瓦、青砖、飞檐，建筑布局整齐，外形色调一致，嵌填在“棋盘式”方格网形成的整齐的宅基地中。

据《香山县志》记载：黄与京号会同“爱黎岗山水之胜”于“雍正壬子”（1732年）出资“购得其地”，然后让原来与他同村的鲍、谭两姓乡人一起都迁居于此，而有些人家不能负担“版筑之费”，他便又“罄其资助之”。乡人感其高义，因以号名村曰“会同”。

19世纪中叶清政府开放洋务后，会同村民纷纷赴港澳、海外谋生。清同治至光绪年间，由当时的海外富裕宗亲投资，会同村在统一规划下重建。

会同村选址隐幽，在村口抬眼望去，只见2座碉楼、3座祠堂整齐地排列在村前大街上——典型岭南风格的祠堂，清一色的硬山顶，青砖墙，门廊、月台、屋脊上都是精美的石雕装饰；而体量高大的碉楼却携带着浓烈的西洋风格，无言展现着当年的雄心与视野。

此外，颇值得一提的是，梅溪村的陈芳家宅也有110余年历史。作为清驻夏威夷首任领事陈芳的家庭庄园，占地5.7万平方米的建筑群雕梁画栋，中西合璧，人称“岭南大宅门”。

海洋文化

珠海作为一个三面环海的城市，本身就拥有发展海洋文化的优越地理环境。加上珠海位于珠江入海口，面朝着南海和东南亚地区，正是中国面向南洋的门户。被称为“史前清明上河图”的宝镜湾岩画、代表中国早期海洋文明的沙丘遗址、见证宋元海战的海岛要塞，以及作为连接半个世界的海上丝路的途经处，这一切都使得珠海拥有着丰富的海洋文化遗产。

历史上，珠海是我国海上丝绸之路的重要地域。海上丝绸之路兴起于西汉，发展于三国至南朝，鼎盛于唐宋，转变于明清。珠海地处珠江出海口，自古以来都是海上丝绸之路必经之地。在珠海外伶仃岛涌湾和平沙棠下等多处遗址中，均出土过刻着“朱师所治”“钱璞”等字样的汉代陶罐残器，说明汉代时期已出现了陶瓷外销活动。最能说明珠海与古代海上丝绸之路关系的，莫过于珠海

珠海东南岛屿

珠海渔女

三灶草堂湾和平沙海域的古沉船。

到了近代，珠海更是成了中西文化的交汇点。100多年前的唐家湾，最多时每天有二三百艘商船在那里停泊。1989年，人们在珠海高栏岛宝镜湾发现了摩崖石刻画。据考证，这些石刻画是距今三千年前青铜时代的产物，为广东仅见，与中国北方、西南岩画风格迥异，是当地先民生活的写照，更是珠海海洋文化萌芽发展的有力证明。

现如今，香炉湾的珠海渔女雕塑，象征珠海是海洋的女儿；中国海岸线最后一艘保存完好的清代三桅式古帆船，也为珠海平添了海洋的神秘；海盗遗踪与海防炮台，则记录着古往今来海洋上的风云变幻；而海上丝绸之路的遗存和清代海关的遗址，则昭示着近代珠海海洋文明发展的漫长历程。

醉态蒙眬的醉龙舞

醉龙舞又称“剪龙”“转龙”，主要流行于现中山、珠海、澳门一带，因起舞时要“醉态蒙眬”，故而得名。过去，每逢农历四月初八，即传说中佛祖释迦牟尼的诞辰，中山民间就要舞醉龙并吃栾樨饼。

按照西区长洲当地老人的说法，早在明代，长洲侯王庙里就祭放了许多小木龙，每年四月初八浴佛节，村民从侯王庙中请出木龙，与长洲的醒狮一道在大街小巷巡游，祈求风调雨顺。中午酒席过后，年轻力壮的后生酒意未散，将木龙舞得自然狂野。后来这种表演在龙舞中自成一派，被称作醉龙。

一般而言，龙头用木雕刻，配上一副真鹿角，装上眼睛，活灵活现。起舞者故作醉态，举步轻浮，东倒西歪；龙尾随之摆动，时而伏地翻滚，时而金鸡独立，千姿百态，妙趣横生。舞醉龙要求有一定的武术功底，马步如山，腰法灵醒，举手投足，力鼎千钧，所以要经过一定的训练。舞醉龙常与舞醒狮相结合。一是海上大王，一是山中霸主，一海一山，一醉一醒，相当默契。龙腾狮跃，高潮迭起。锣鼓助威，鞭炮轰鸣，更加热烈可观。

链接

醉龙舞的由来

传说200多年前浴佛节那天，一个和尚来到香山县（今中山市）龙塘树坑的小河边洗澡，他刚脱下衣服，一条大蟒蛇闯了出来。那和尚拔出宝剑，把蟒蛇斩成几截，丢在河里。这时正好来了个老渔翁，他醉醺醺地抓起蛇头，又搬来蛇尾，胡乱地跳起舞来。这一舞，竟使那条蟒蛇死而复生了，它变成了一条龙，腾空而去。余下的几截蛇身，居然在河边变成了几棵小树，就是现在的栾樨树。有一年夏天，当地瘟疫流行，死了不少人。河边有户穷苦人家，无钱请医购药，闻到栾樨树叶发出阵阵清香，便摘了一把，回家捣碎冲水喝，不久病就好了。这事一传十，十传百，人们纷纷采摘栾樨叶，冲水喝，做饼吃。后来，每年四月初八，人们还做栾樨饼来贡神。

时代的中山装

中山装是中国现代服装中的一个大类品种，其上衣的左右上下各有一个带盖子和扣子的口袋，下身是西裤，这是辛亥革命后流行起来的服装，以伟大的革命先行者孙中山做临时大总统时穿用而流行于世，故称中山装。

中山装因其造型大方朴实，结构严谨持重，民国十八年（1929年），中国国民党中央政府通令，将中山装定为党政官员的礼服。从形式上来看，中山装紧收颈部的衣领是一种压力与危机的象征；前襟的4只口袋标志着“礼、义、廉、耻”四大美德，并认为此为国之四门。门襟的5粒纽扣则代表国家行使的五权：“行政、司法、立法、考试、监察”；衣袋上的4粒纽扣则含有人民拥有的四权：“选举、创制、罢免、复决”；袖口上的3粒纽扣则寓示三民主义中的“民族、民权、民生”三大主义原则。所以说，中山装给人以一种信心和力量，它蕴含着设计者强烈的主观意愿和设计理想，并与中国历史的背景和使命相融汇。

中华人民共和国成立后，由于革命领袖和革命干部都穿中山装，人民群众也以这种服装来表达对新时代的欢迎。值得一提的是，新中国开国领袖毛泽东经常在公开场合穿中山装，因此西方也习惯称呼中山装为“毛装”（MaoSuit）。在20世纪六七十年代，亿万中国成年男性更是大多穿着中山装，中山装在社会上广泛流行，成了中国男装一款标志性的服装。即使在如今的T台上，依然能见到由它演变而来的时尚服饰。

链接

中山装的由来

中山装得以流行于世，溯其缘由，还要追到我国伟大的民主革命先行者孙中山与华侨巨商黄隆生的一段逸闻上。

据有关资料证实，中山装的设计者为黄隆生，他祖籍为广东省台山县（今台山市）斗六福洞洋村。黄隆生少年时去越南河内当学徒，先学做鞋，后学裁缝，成为当时河内著名的裁剪师，并开设了洋服店。1902年，孙中山到越南筹组兴中会，一次到他店里购物，黄隆生得知顾客是孙中山时，当即要求加入兴中会。

1911年，武昌起义胜利。黄隆生听到这一喜讯，立刻回国。当时革命党人服装繁杂，急需统一服装。孙中山就委托黄隆生设计一种新款式，要求既要有中华民族的传统特点，又要适合世界潮流。黄隆生参考了多种样品，最终选择以英国学生制服为蓝本，设计出样品。样品一出，当即受到革命党人的欢迎，孙中山先生更是连声称赞。这便是风靡一时的中山装。

风格独特的开平碉楼

开平碉楼与村落以碉楼和建有碉楼的村落闻名于世，位于江门市开平县境内的乡村地区，现存的碉楼共有1833幢，数量庞大，中西合璧，历史悠久。

开平的碉楼最早始于明朝时期。当时，本地居民饱受水患和匪患之苦，于是就慢慢修建了碉楼。20世纪20年代，开平地区的侨汇收入明显增加，为碉楼的兴建提供了经济基础。而当时开平地区的匪患十分猖獗，加上时值民国战乱时期，当地的治安较差，曾多次发生学校学生等被抢劫的事件，因此，具有防涝防匪之用的碉楼受到了当地华侨的青睐，得以大量修建，鼎盛时当地曾一度拥有3000多座碉楼。

散落在开平乡村地区的碉楼融合了中国传统乡村建筑文化与西北方建筑文化的独特建筑艺术，其特色是中西合璧，有古希腊、古罗马及伊斯兰等多种风格。开平碉楼为多层建筑，高于一般的民居，且墙体比普通民居坚固厚实，窗户的开口也比普通民居小，外设铁板门窗。碉楼上部四角都建有突出悬、挑的全封闭或半封闭的角堡，可居高临下还击进村之敌。

开平的碉楼建筑，汇集了外国不同时期不同风格的建筑艺术，这些不同风格流派、门类的建筑元素在开平表现出极大的包容性，汇聚一地和谐共处，形成了一种新的、综合性很强的建筑类型，表现出特有的艺术魅力。中西合璧的碉楼，正是以这种包容性而成为华侨文化的载体，并成为世界建筑史上的奇葩。

链接

电影《让子弹飞》的取景地

相信看过姜文和周润发主演的《让子弹飞》的人，一定会对剧中周润发饰演的土地主那城堡似的家印象深刻，其实这就是在开平市自力村取的景。据说，为了配合导演姜文的拍摄，当地政府破例首次允许剧组进入碉楼内部进行取景拍摄，不过前提是签订了协议，以提醒剧组在拍摄时要时刻注意保护碉楼内文物。

随着《让子弹飞》的成功播出，开平碉楼的名气也越来越大。可以说，开平碉楼为电影提供了完美的场景，该电影也间接地为这一世界遗产地作了宣传，成为一段佳话。

水田附近的碉楼

景点推荐

珠海旅游区

圆明新园 AAAA

小皇家园林

珠海市香洲区九洲大道大石林山下

园名取自于被英法联军烧毁的圆明园，它以北京圆明园焚烧前的建筑为原稿，按1:1的比例精选圆明园四十景中的十八景建成。以其浓厚的清时期文化，精雅别致的亭、台、楼、阁和气势磅礴的大型舞蹈表演吸引了无数国内外游客。圆明新园融古典皇家建筑群、江南古典园林建筑群和西洋建筑群为一体，再现了清朝盛世风华。

梦幻水城

情景式水上乐园

珠海市香洲区九洲大道

梦幻水城，是以世界文明古国古埃及为背景建设的大型情景式水上乐园。梦幻水城以神奇的文明古国为文化背景，融入了超现实的、古朴的造景方式，以人类回归大自然为主题，以水为核心，采用了世界上最先进的水上乐园设计方案、设备器材。

珠海市博物馆

珠海的文化中心

珠海市香洲区景山路191号

珠海市博物馆又名九洲城，是一座黄瓦青墙的仿古宫殿式建筑，主城楼高为16米，宽达70米。场馆以豪迈雄壮的中国古典城楼式建筑为主体，形成集殿堂、廊宇、凉亭、水榭、园池等传统建筑元素于一体的古典园林式建筑群，颇得珠海市端庄秀美而内蕴悠远的形象精髓。城楼之外还有一条护城河，河上有汉白玉造的桥梁。城楼上经常举办各类商品展销，城内共有30多家商店。

罗西尼工业旅游园区 AAAA

钟表文化、制表工艺的展示之地

珠海市香洲区唐家湾镇科技六路68号

罗西尼工业旅游园区是一个集设计研发、生产制造、品牌运营、旅游参观、钟表文化传播于一体的综合性旅游区。它分为多个主题参观区，包括罗西尼钟表博物馆、手表工艺生产观览、企业文化长廊、品牌腕表展示、钟表主题园林厂区等。

罗西尼钟表博物馆是旅游区的核心景点之一，分为五大部分，包括古代计时仪器展览区、近现代钟表展览区、钟表科普展览区、多媒体互动体验区、瑞士馆等。馆藏珍品囊括从古至今“时间”系列作品2000余件，开启一道时光大门，带领游客走进悠远而神秘的钟表世界。在这里，游客可以欣赏到人类千年计时文化和现代钟表精密制造工艺的全景。

手表生产透明工厂展示区是罗西尼工业旅游区的另一个重要景点。这里展示了世界一流的数控加工中心、10万级洁净度成表装配车间，可深度解锁现代钟表制造工艺的精湛和完美。游客可以在这里亲眼见证手表的生产过程，了解钟表制造的精密工艺和精湛技术。

罗西尼工业旅游园区

此外，罗西尼工业旅游区还设有企业文化长廊、品牌腕表展示、钟表主题园林厂区等主题参观区，让游客更加全面地了解罗西尼品牌的钟表文化和制造工艺。

白莲洞

旧石器时代的文化遗址

✉ 珠海市香洲区九洲大道，吉大官村以北

白莲洞，建于清乾隆年间。它是中国第一座洞穴博物馆，陈列了大量的古人类和哺乳动物的化石。它隐匿在树林茂盛的板障山东南麓的山谷中，因“古有僧人隐迹于此，遍种白莲”而得名。

园中怪石嶙峋，山洞环环相扣，丘陵湖泊此起彼伏，颇有野趣。近山脚处有几十块巨石错落构成石脊，脊间有石桥相通，桥下有一座莲花状巨石，石顶筑池植莲，是为“观音座莲”。东侧有巨石覆盖成洞，即白莲洞。下有潺潺流水，从鲤鱼状巨石嘴中喷出，故有“赤鲤流水”之说。

珠海农科奇观

绿色生态旅游基地

✉ 珠海市香洲区旅游路2428号

珠海农科奇观，是一个以无土栽培农业为主题的旅游基地，一处集现代科技农业生产景观、传统农业种植景观旅游观光于一体的农科大观园。园区可见到一座座现代化的温室大棚，常年种植五百多种瓜果、蔬菜、花卉，令人目不暇接。

梅溪牌坊

珠海本土人文景观

✉ 珠海市香洲区前山街道梅溪村

梅溪牌坊，建于清光绪十二年（1886年），后于光绪十七年（1891年）续建。梅溪牌坊被视为“中国第一牌坊”，该文物群已经被国家列为重点文物保护单位，是华南地区罕见的古建筑，为珠海有名的十景之一。牌坊现存3座，是光绪帝为表彰清朝驻夏威夷领事陈芳及其父母等人造福桑梓而赐建的。

玩家 解说

陈芳，字国芬，珠海梅溪村人，生于1825年。第一次鸦片战争后，离家到香港、澳门等地学习经商。1849年，24岁的陈芳随伯父到檀香山经商，从商店学徒开始，后自立门户，经营甘蔗种植和制糖业，成为华侨第一位百万富翁，被誉为“商界王子”。

珠海烈士陵园

为纪念“香洲兵变”而建立

✉ 珠海市香洲区凤凰南路1149号

珠海烈士陵园依山傍海，为纪念1925年4月26日晚“香洲兵变”遇难烈士27人而建。陵园主要由花园、牌坊、瞻仰台、27座烈士墓、赍志亭和浮雕像群等组成。整个园内有郁葱葱、生机勃勃。大门宽20米，大门两旁的门亭嵌有1979年叶剑英题写的“珠海烈士陵园”园名，入门两旁各一行参天英雄树，每年春季的报春花，红灿灿的一大片，实为香洲一大特色。

情侣路

珠海的名片

✉ 珠海市香洲区香炉湾畔

情侣路分情侣南路（位于拱北）和情侣北路（位于吉大、香洲），长约12千米，是珠海最著名的一条路，其实就是珠海沿海的那一段海滨大道，像一条白玉带般萦绕着这南海之滨的绿角，也像情人那温暖的臂弯。著名的珠海渔女雕像就位于情侣路的中部，作为美丽与希望的化身，也是珠海市的标志。

玩家 攻略

1.在情侣路的中段部位最值得一看的是珠海渔女。这是一座巨型石雕，高8.7米，用70件花岗岩石组合而成，渔女高举珍珠，神情喜悦而又含羞。珠海渔女是珠海的象征（乘9路、99路公交、观光巴士可达）。

2.情侣路每晚有大型歌舞表演，但需另收费。

珠海渔女

珠海知名的景点

珠海风景秀丽的香炉湾畔

珠海渔女是珠海市的象征，她颈戴项珠，身披渔网，裤脚轻挽，双手高高擎举着一颗晶莹璀璨的珍珠，带着喜悦而又含羞的神情，向世界昭示着光明，向人类奉献着珍宝。而今，这座雕像已成为珠海市人的骄傲，渔女优美的传说，伴随着珠海市在国内的知名度，流传得越来越广、越来越远。

链接

珠海的传说

传说远古时代有位仙女被香炉湾风光迷住，扮成渔女下凡，与渔民海鹏私订终身，但海鹏听信谗言，导致渔女死去。九洲长老为这深情所感动，救活了仙女，从此仙女成了真正的渔女。成亲当日，渔女把她挖到的一颗举世无双的宝珠，献给了德高望重的九洲长老。

情侣路

九洲岛

度假休闲、登山望远的去处

珠海市香洲区，距九洲港2千米

九洲岛由9个小岛组成，林木茂密，海岸线长2100米，海水清澈。岛的东部风景较为集中，奇石林立，千姿百态，沙滩洁白，海水清澈。九洲岛有3个山丘，主峰海拔56米，峰顶平坦多石，有石级小路通达山顶。北部山峰建有澳门机场的导航塔，成为小岛一景。天然石景环列海岸，不得不令人叹服大自然的鬼斧神工，还有巨石相拥成洞，曲径通幽。最为有名的石景是九洲回音石，它是一块面向南海，高约15米、宽约30米的巨石。

唐家湾古镇

南中国海第一湾

珠海市香洲区

走进唐家湾绵长深幽的古巷中，你能嗅到混合着现代与淳朴的气息。虽然已经时过境迁，但是在唐家湾的16条自然村中，各保留了一片明末清初的建筑群落，青砖灰瓦的百年老屋，隐约可见气势恢宏的屋脊图腾，工艺精湛的飞鱼挑檐、木雕檩板。在唐家湾镇有一个一字排开的唐家三庙，它由蒙古圣堂庙、魁星文武庙、送子金花娘娘庙三座并列而成。

玩家攻略

到唐家湾，可以吃到真正的茶果，还有古镇“上海滩”小店的唐家老汤、淇澳红树林中的泥煨鸡、老外婆的姜薯糖水，据说这一切的一切，都是因为这里的山泉老井水质一流。无怪乎拱北、香洲一带高档的茶居、酒楼都来唐家湾买水呢。

唐家共乐园

犹如民国历史的园林

珠海市香洲区唐家湾镇鹅岭北麓

唐家共乐园原名“小玲珑山馆”，原为唐绍仪私家花园，始建于清宣统二年（1910年）。唐家共乐园则如一部民国历史，它与民国第一人孙中山有重大关系，漫步园中，好像走进历史，犹如置身于另一个世界，心头涌起中国近代历史的百年风云。

珍珠乐园
珠海最大的游乐园

珠海市香洲区唐家湾镇

珍珠乐园是一个现代化的花园式游乐场，园内常年草木葱绿，花团锦簇，别致的异国风格建筑矗立在宽阔整洁、油彩鲜明的柏油广场和马路旁，构成一幅幅绚烂的热带风情画。乐园占地广袤，虽然游乐项目繁多，但依然拥有大面积绿化带铺衬，长年草木青葱、花团锦簇，是老少皆宜的出游场所。

凤凰山
珠海驴友聚集地

珠海市香洲区凤凰山

凤凰山一带地形地貌丰富多样，山岳峦峰较多，凤凰山海拔437米。这座横亘在珠海主城区香洲中央偏北的大山如今还披着神秘的面纱，这座被原始森林覆盖的大山，静静地看着珠海经济特区日新月异，自身却越来越成为珠海人心中神秘的境地。

玩家攻略

1.吃：到凤凰山的普陀寺里有斋饭吃，有时候还免费供应。

2.住：凤凰山的普陀寺内有为香客准备的斋房，但为数不多不容易入住。要是想住宿方便的话可以回到珠海市区。

四大佛山
园林式风景

珠海市香洲区唐家湾镇凤凰山

四大佛山旅游区以1∶1的比例重现中国四大佛教名山——普陀山、九华山、峨眉山、五台山的主要建筑物及名胜。

四大佛山旅游区古建筑艺术精湛，殿堂黄墙黛瓦、飞檐翘角，佛像雕刻造型精美、姿态雄伟。特别是钟楼悬挂着重达3500千克的“大吕铜钟”堪称一绝，叩之其声轰鸣，余音绵绵。

淇澳岛
“淇澳八景”

珠海市香洲区唐家湾镇，与大陆有大桥相连

淇澳岛自然景色优美，素有“九湾十八峰”之说，被誉为“珠海十景”之一。淇澳岛有着30多公顷的红树林，是珠海市森林覆盖率最高的地方之一，有绿之岛的美誉，更是观鸟的好地方。

珍珠乐园

玩家 攻略

来到淇澳，千万不要错过著名的“淇澳八景”，它们分别是赤岭观日、鹿岭朝露、松间流水、金星波涛、鸡山夕照、夹洲烟雨、婆湾晚渡、蚧珠夜月。

淇澳岛的绿道不错，是个值得去骑车的地方，尤其是湿地里的木栈道，上有绿荫下有湿地，凉风阵阵，非常适合骑车观景。

黄杨山

“珠江门户第一峰”

珠海市斗门区斗门镇

登黄杨山远眺，珠江三大出海口尽收眼底，黄杨山是斗门闻名已久的风景胜地，九峰相连。第一峰海拔580米。有闻名遐迩的黄杨八景，其中金台寺（原名金台精舍）为八景之首。

白藤湖

现代化旅游城

珠海市斗门区井岸镇

白藤湖水陆各半，是一个山清水秀、风景秀丽、气候温和、空气清新、设施齐全的现代化旅游城。“白藤湖新八景”荟萃了白藤湖的山水、民情风俗之精华，具有浓郁的地方特色。

鳄鱼岛

有众多动物表演

珠海市斗门区

鳄鱼岛上十多个鳄鱼池坐落在鲜花丛中、绿茵地上，池中养有扬子鳄、泰国湾鳄、马来鳄、杂交鳄4个品种的鳄鱼，大小近千条。在这里，最富刺激性的莫过于驯鳄表演了。这些与恐龙同宗的狰狞猛兽任凭驯养员摆布，异常温驯。游客可以模仿饲养员的口哨声把大大小小的鳄鱼呼唤过来，亲手投食喂它们，独得一分乐趣。

黄杨山金台寺

金海滩

“珠三角的世外桃源”

珠海市金湾区三灶镇长沙湾

金海滩长3千米，宽800米，是目前珠海最大的海滨浴场。金海滩依山傍海，风景秀丽，湾口朝向东南，海水清澈见底，是一个游水晒日光浴的好去处。这里的沙滩非常好，沙质柔软细腻，在阳光下熠熠生辉，宛如金沙，故得名。

武林源

中国首座武林文化主题公园

珠海市金湾区平沙镇珠海大道8481号

武林源，是中国首座武林文化主题公园，有优美的山水景观、五千年中华武术文化精髓、健康美食、竞技体验等。珠海武林源以内涵深厚的中华武术文化、传奇武侠故事为主题，依托自然的山水峡谷，精心打造武林文化景观，同时设计大批游客参与性的各类动态表演，使游客在游与乐中体会中华武林文化的博大精深、源远流长。

玩家 攻略

游客可以享受江湖美味佳肴，亦可在湖景别墅住上一晚，细细品味这美丽的山水风光。景区里山水剧场还上演大型山水实景《武林传奇》，可感受中华武术的博大精深。

珠海神秘岛

中国第一家主题式拓展训练营

珠海市金湾区平沙镇海泉湾度假城

神秘岛是珠海海泉湾度假城的重要组成部分，以罕有的海洋温泉为核心，由两座五星级度假酒店、集美食娱乐演艺于一体的渔人码头、高科技的现代剧院、刺激动感的神秘岛主题乐园、星级服务的体检中心、为健康加油的健身俱乐部、打造精英团队的拓展训练营八大板块组成。

玩家攻略

1.狂欢节：景区每年的5月初都会举办神秘岛狂欢节，届时分为8个主题，而且还有互动游戏，是游客在神秘岛难得一遇的盛会。

2.吃：渔人码头、神秘岛、海洋温泉、星级酒店都有各种中西餐厅、休闲吧，非常方便。

提醒：儿童快餐可选择神秘岛的美人鱼湖餐厅，神秘岛的海盗餐厅以北方面食为主，幸运餐厅是一家典型的粤式茶餐厅，海港餐厅提供港式快餐。

飞沙滩

“飞沙奇景”是南国罕见的奇观

珠海市金湾区南水镇飞沙村

飞沙滩自然生态资源异常丰富，每逢盛夏到来，一眼望去便是飞沙滩天然点缀的风景线。碧波浴日，是飞沙滩的主题，“飞沙奇景”是南国罕见的一大奇观，该景点为古代海上丝绸之路的天然海岸航标。飞沙滩两岸青山夹道，怪石嶙峋，一旦遇到夏日的雨过天晴之后，便有白雾如细纱般飘荡在山际，恍若纤尘不染。

荷包岛

风景如画的岛屿

珠海市金湾区南水镇

荷包岛总面积约13平方千米，海岸总长约28千米，而岛屿南部的大南湾就有4千米之长，此处海岸线极具纵深感，沙质松软细腻，有“十里银滩”之称，是一处难得的天然海滨泳场。荷包岛的西侧地势险要，遍布大量的原始森林。

荷包岛

玩家攻略

1.必备物品：驱蚊药、防晒油、手电筒（晚上可以在荷包岛上的沙滩抓螃蟹）等。

2.吃：岛上建有度假村，可在那里尽情游玩并品尝各种海鲜。

3.住：如果去海岛，最好回市里投宿，因为那些岛上基本上没有住宿的地方。

汤臣倍健透明工厂 AAAA

技术先进的膳食营养补充剂生产基地

珠海市金湾区三灶科技工业园星汉路19号

汤臣倍健透明工厂是一个技术先进、品控严格的膳食营养补充剂生产基地，集生产、科普、娱乐于一体，为游客提供了一个了解营养健康知识、感受先进生产工艺和体验健康生活的好去处。园区分为智能工厂和营养探索馆两部分。

在智能工厂车间，游客可以亲眼看到汤臣倍健营养品的生产全过程，了解产品的研发、生产、质量控制等各个环节。这里采用了先进的生产技术和设备，确保产品的品质和安全。

营养探索馆是汤臣倍健首座以营养探索为主题的创新科技展馆，外形设计灵感来源于莫比乌斯带和数学中的无穷大符号∞，寓意生命周而复始、生生不息。这里集营养科普、健康检测、游乐分享等体验式互动于一体，通过声光电等时下热门的多媒体互动技术，让游客在获得沉浸式娱乐体验的同时了解营养健康的奥秘。在云健康检测中心，游客可以免费体验尖端的健康检测项目，如骨密度检测、糖基化终产物检测、人体成分检测等。这里也提供了全方位的健康检测服务，可帮助游客了解自己的身体状况，为健康生活提供科学依据。

东澳岛 AAAA

热带海洋风情

珠海市香洲区万山镇

东澳岛，因在岛东侧的东澳湾，嵌入中部约1500米，形成一块大凹部，故称东澳岛。东澳岛上的植被丰富，有蔚蓝色的海水，绿色的山野。南沙湾位于南沙湾码头，它的沙滩温暖细腻，还不时有躲藏在沙底的螃蟹吐出气泡，在海边看着广阔的大海，总让人觉得心情平静。

东澳岛

外伶仃岛 AAAA

以水清石奇为人称道

珠海市香洲区担杆镇

外伶仃岛因文天祥的《过零丁洋》而闻名，是唯一可看见香港市中心的海岛。它与香港一水之隔，是中国唯一能看到香港市区的海岛。眺望香港方向，太平山、香港仔、大屿山、南丫岛、长洲岛、青马大桥等尽收眼底。岛不大而绮丽，山不高而峻秀，尤以水清石奇为人称道。

桂山岛

爱国主义教育基地

珠海万山海洋开发试验区

桂山岛是万山群岛离珠海最近的一个海岛，岛上高楼鳞次栉比，商业较为发达。桂山岛有着独特的人文历史价值，据说当年文天祥被俘后曾路过这里。现在，文天祥的塑像凭海而立，受人凭吊。桂山岛也是万山群岛中开发最完善、居住人口最多的岛屿，除了海岸风情，游人更可以在这里深刻体验到岛屿居民特殊的生活方式。

庙湾岛

"中国的马尔代夫"

外伶仃岛的正南面

庙湾岛，因岛上有一海神庙而得名。庙湾岛海洋资源丰富，被港澳同胞称之为"梦幻之岛"。庙湾最大的特点就是水清，能见度应在5米左右。岛上的房屋都是渔村原本的样子，灰色的石瓦，非常破旧。该岛的沙质和水质在珠海绝对是数一数二的，岛上拥有中国罕见的风蚀海貌，四周礁石星罗棋布，自然环境很好。

景点推荐

中山旅游区

岐江公园

以工业为主题的市政公园

✉ 中山市西区岐江河畔

岐江公园位于岐江河畔，是在粤中船厂的旧址上改建而成的。公园在设计上保留了很多粤中船厂的工业元素和自然植被，并加入了一些和工业主题有关的创新设计。2002年，该公园的设计和它的设计者获得了美国景观设计师协会2002年度荣誉设计奖，成为第一个获得该奖项的中国项目和中国人。

琥珀水塔

琥珀水塔位于岐江边上的榕树岛上，由一座有五六十年历史的废旧水塔罩上一个金属框架的玻璃外壳而成。该水塔顶部的发光体接受太阳能后在夜晚发光，灯光水塔除了构成岐江夜晚的一景之外，还起到了引航作用。

骨骼水塔

骨骼水塔是位于公园中间的另一座水塔，最初的设计是将一座废旧水塔剥去水泥后，剩下钢筋留在原处。不过最初的设计由于原水塔结构的安全问题而不能成功处理，最终用钢按原来的大小重新制作而成。

红色记忆

红色记忆是一个装置艺术作品，该装

岐江公园

置由一个红色的敞口铁盒围成，内有一潭清水，它的一个入口正对着公园的入口，而两个出口分别对着琥珀水塔和骨骼水塔。设计者想通过强烈的红色让观众联想起"革命不是请客吃饭"的名句。

中山美术馆

中山美术馆是岐江公园的主体建筑，楼高两层，该馆的外形设计也是以工业元素为主题，与公园一脉相承。该馆的外墙立柱采用柠檬黄色的水泥立柱，上架铁青色的工字钢钢架，并用大幅的落地玻璃镶嵌其中，整个设计如同一个工厂车间。

仙踪龙园

生态文化观光园

中山市城桂公路聚华园

进入仙踪龙园，您会先经过一条常年长流不息、清澈见底的天然山溪，溪旁两岸的竹林，随风摆动、竹影婆娑。远山的葱茏，眼前的青翠，别具一番文人墨客之情。园内尽是各个品种的仙人掌，置身其中，仿如亲临墨西哥式的美洲风情。大峡谷外，更能从各种各样，不同朝代的石雕、砖雕、木雕、根雕中领略到更多的人文气息。

紫马岭公园

生态化城市公园

中山市市区中山五路南侧（公园四个入口，北门是主入口）

紫马岭公园是一座城市公园。紫马岭原为"香山八景"之一的"天池芰荷"旧址，空气清新，景色宜人。明清两代，是富家子弟跑马游乐的场地。公园林荫郁郁葱葱，池莲清凉，四季鸟语花香。

进入北门，象征中山市建设腾飞的"紫马奔腾"铜质圆雕迎面耸立，70米长的喷水池里碧波荡漾，与彩灯辉映。登上园中的"览胜阁"，俯瞰全园风景，如果天气晴好，中山全市风光也可尽收眼底。

孙文纪念公园

以纪念孙中山先生为主题

中山市市区兴中道城桂路口

孙文纪念公园主要由两个平缓的山坡改建而成，分为革命纪念区和综合游览区两个不同功能的区域。革命纪念区以纪念孙中山先生的题材为主，设有孙中山先生铜像、喷水池以及松园、竹园、梅园和栽种了999株龙柏的龙柏山等景点。革命纪念区与综合游览区之间，有一个宽阔的草坪，草坪绿草如茵，一侧亭台水榭立于绿树红花中，另一侧石雕、椰树尽显热带风情。

孙中山纪念堂

独具民族风格的建筑

中山市市区孙文中路190号

纪念堂入口上方镶嵌有一块前全国人大常委会副委员长廖承志亲笔题书的"孙中山纪念堂"的金字横匾，庄严肃穆。进入一楼大厅，便可见到大厅中央安放着的一座用汉白玉雕刻的孙中山胸像，墙面上还悬挂着一块有孙中山"天下为公"的大字匾额。在纪念堂三座亭楼的顶尖还有三颗金黄色的大琉璃珠，象征孙中山先生倡导的“新三民主义”。纪念堂高大雄伟，为复式结构，分前、中、后三座，从高空鸟瞰呈一“中”字，而从地面平视则又呈一“山”字，整个建筑既有浓厚的民族风格，又充满了时代的特色。

詹园 AAAA

岭南最大的私家古典园林

中山市南区北台村，105国道旁

詹园，又名中山大宅门。詹园建筑以苏杭园林为基调，结合岭南水乡的布局脉络，使湖州山、北溪河等自然风光与詹园建筑构成一体，形成天人合一的建筑风格。詹园是由园主黄远新先生亲自设计为父母建造的一处淡雅精致、颐养天年的静心居所。为了彰显严爱、永志慈恩，园主以父名命桥名，以母姓冠詹园，又专辟一处设立“孝道馆”，彩绘《二十四孝》图悬挂其内。

詹园

中山华艺广场 AAAA

世界灯饰MALL

中山市中兴大道南1号

中山华艺广场景区是一个集多种功能于一体的综合性商业生活新体验的地方。景区以华艺国际灯饰广场为核心，配套有购物中心、温德姆酒店、维也纳星级酒店、甲级写字楼、宴会厅五大功能区，为游客提供了丰富的购物、休闲和文化娱乐体验。华艺国际灯饰广场是景区的核心，是一个专业的灯饰市场，有300多家灯饰品牌进驻。下设中式馆、欧美馆、现代馆、灯光制定馆、水晶馆、进口馆六大灯饰馆。

郑观应故居

硬山式砖木结构

中山市三乡镇雍陌村西上巷6号

故居建于清光绪二十九年（1903年），坐北向南，为硬山式砖木结构，前后两进，中间天井加盖改为住房。现故居门额镶嵌一块长2.35米、宽65厘米的石匾，楷书阴刻“秀峰家塾”四字。

屋内保存有镂空神楼、神台木雕，并雕有人物、花鸟、狮子等，具有中山清代的雕刻艺术特色。屋内还存有：“奉旨出使暹罗查办事件”“钦命广西分巡左江兵备道”两块木匾（已破损）。

链接

郑观应

郑观应（1842—1921）本名官应，字正翔，是中国近代最早具有完整维新思想体系的理论家，揭开民主与科学序幕的启蒙思想家，也是实业家、教育家、文学家、慈善家和热忱的爱国者。

中山泉眼温泉

岭南名汤

中山市三乡镇泉眼村兴泉路1号

中山泉眼温泉地处中山市区内，毗邻港澳及珠三角繁华区，是名副其实的“都市温泉”。泉眼温泉至今已有千年历史，温泉水质经检测，是难以求得的优质岩层温泉。温泉设计融汇中外名泉优点，巧妙将现代与自然结合，温泉空间人泉合一，泉区布局幽静浪漫，有“浪漫温泉”之美称。

菊城金瓣

中山十景之一

中山市小榄镇

“菊城金瓣”是小榄镇的美称，小榄镇的群众酷爱种养菊花已有几百年的历史，几乎家家户户都有花圃庭园。阳台楼顶，以至街头巷尾，都有数不清品种名目的菊花种养。每到金秋季节，七彩纷呈的菊花到处盛放，生机盎然。而金黄色的菊花更呈主色调，形成名副其实的菊城金瓣。

链接

“菊城金瓣”的由来

小榄镇有“菊城金瓣”美誉，原来有个哀艳动人的故事。相传南宋咸淳年间，有一名姓苏的妃子为了追求婚姻的幸福，冒死逃出皇宫南下，藏匿于广东南雄珠玑巷。宋度宗派出官兵搜捕，沿途滥杀无辜。当时珠玑巷居住着大批因避战乱而南逃的士族商贾，闻讯又继续南迁，来到香山县（现中山市）小榄时，看见黄菊遍野，土地肥沃，气候温和，他们爱上这些菊花和这个地方，于是在此定居下来，垦荒生息，而爱菊种菊亦蔚然成风。

孙中山故里旅游区 AAAAA

以伟人孙中山为主题的旅游区

中山市南朗街道翠亨大道45号

旅游区涵括孙中山故居纪念馆、中山影视城、辛亥革命纪念公园、翠亨村和犁头尖山五个核心景区，全方位呈现了孙中山从出生、成长到进行革命活动的相关历史遗迹。

孙中山故居纪念馆

纪念馆向公众开放了孙中山纪念展示区、翠亨民居展示区、农耕文化展示区、非物质文化遗产展示区、辛亥革命纪念公园及杨殷、陆皓东纪念展示区等六大区域。这些区域通过实物、图片、模型等方式，展示了孙中山的生平事迹和思想。

中山影视城

该影视城是为了配合中央电视台拍摄大型电视剧《孙中山》而建的，内有中国景区、长安镇景区、英国景区、美国景区和展览馆区五大部分。游客可以在这里参观影视拍摄现场，了解电影制作过程，还可以欣赏到民族风情歌舞表演和北伐军马战表演等丰富多彩的节目。

辛亥革命纪念公园

纪念公园展示了辛亥革命进程中以孙中山为首的民主革命家敢为人先的精神，花岗岩日记墙刻有孙中山、黄兴、蔡元培、毛泽东、朱德、董必武、宋庆龄等人对辛亥革命历史的日记、回忆录以及诗词等，游客可以在这里重温辛亥革命的历史记忆。

翠亨村

翠亨村是一个人文荟萃、极具岭南韵味的古村，因诞生于此的世纪伟人——孙中山而闻名于世。人们可于此追寻伟人史迹，感受岭南建筑艺术与民俗风情。此外，游客还可以参观翠亨民居，了解那个时代的建筑风格和生活方式。

犁头尖山

位于翠亨村北，因形似犁头而得名。山上是葬有孙中山祖父孙敬贤、父亲孙达成、兄长孙眉等人的孙氏家族墓群，为传统的圈椅式风格建造，保有翠亨村的墓葬特色。

五桂山

广东抗日根据地之一

中山市五桂山镇，逍遥谷在银坑

五桂山故称“香山”，有连接中山、珠海两市的屋脊之称。相传此地自古即是百花齐放，草长莺飞的怡人景象，是中山最富自然山林景观的名胜。主峰海拔531米，有奇岩怪石，异羽奇禽，盛产吊钟花、杜鹃花、兰花和沉香木，景色可与岭南胜景西樵山、罗浮山媲美，引人入胜。另外，五桂山区是广东省三个抗日游击根据地之一，是中山人民抗日义勇大队诞生、成长之地，已被定为广东省的革命纪念地。

五桂山

景点推荐 江门市区景点

陈白沙纪念馆

为纪念陈白沙先生而建立

江门市蓬江区西区大道37号

陈献章，世称白沙先生，是明代著名理学家，世称“岭南第一人”。馆内除展出陈白沙的生平事迹简介、哲学思想作品及大批遗物、墨宝外，还开设了一间古色古香的茶艺馆。此外，还有一个中国传统木结构建造的明朝“贞节牌坊”。

玩家解说

陈献章（1428—1500），明代著名的自然主义思想家、教育家、书法家、诗人、生命科学家，世称白沙先生。历史上岭南地区被称为南蛮之地，陈献章是岭南地区第一个获准进入文人祖师孔子的故乡（山东孔庙）朝拜的文人，故被称作“岭南第一人”。

东湖公园 · 碉楼

综合性市民公园

江门市蓬江区港口路7号

东湖公园是一个以湖光山色、绿色生态环境、自然景观为主的旅游胜地。它分内湖区、外湖区和北园区三大区域，公园宽阔的湖面上，有风格各异的柱桥、五拱桥、亭桥、单拱桥、曲廊桥。公园内还有潺潺流水的山涧溪、气势磅礴的叠水瀑布。

江门市区水南乡的碉楼位于东湖公园英雄山。英雄山内有抗日烈士墓，是江门市区学校的爱国主义教育基地。

玩家攻略

东湖公园园内有环境优雅的食府和茶艺馆，以及侨乡特色的美食餐厅，让你在餐饮之余饱览东湖秀色；游泳场里碧波畅泳，可以洗去你身心的疲惫，令你神采再现；还有30多项游乐设施，成人小孩都可以找到自己喜欢的项目。

长堤风貌街

“小广州”

江门市蓬江河畔

长堤风貌街是江门市老商业区和历史街区。这里的商铺几乎是独具岭南特色的“骑楼”建筑群，充满了浓厚的文化氛围和内涵。长堤风貌街的建筑风格中西结合，数百间骑楼各具特色。鼎盛时期，商业、娱乐、物流等风生水起，高度繁荣。

公坑禾雀花

禾雀花为江门五邑奇葩

江门市新会区棠下镇乐溪村公坑寺

侨乡知名旅游景点之一。禾雀花为江门五邑奇葩，因其形似禾雀而得名。禾雀花花期较短，每年清明前后两星期便一串串挂满枝头，近看朵朵头、眼、嘴、翼、尾俱全，盛开者如振翅欲飞，含苞者则如雏鸟待哺，十分有趣。赏花地点以新会棠下公坑寺为首选。

白水带风景区

龙脉圣地

江门市江海区金星路

白水带风景区始于清道光二十七年（1847年）。白水带有一溪、三泉、天山环抱。一溪即麻溪，三泉即红桃泉、龙口泉、涤净泉。山泉涌出的流水清凉洁净，带有甜味，乡人称为“仙水”。数百年来人们誉称该处为龙脉圣地，争相前来游览朝拜。景区内的茶庵寺则是明代所建，为纪念唐代高僧一衡禅师曾在那结庵小住而得名，景色清幽，曾被誉为“龙溪八景”之一。

圭峰山森林公园 AAAA

“圭峰新会秀，绿化呈奇观”

江门市新会区圭峰路永镇山门口

圭峰山濒临南海，毗邻港澳，集自然景观、人文景观于一体，融高山、湖泊、森林于一身。

圭峰山山势雄伟，秀峰挺拔，因形似圭璧而得名，方圆55.1平方千米，峰峦叠起，错落起伏，主峰云峰，海拔545米。圭峰山开辟有多条生态旅游线路，是人们愉悦身心、休闲健身的好地方。

圭峰山森林公园

叱石旅游区

新会八景之一

江门市新会区杜阮镇的羊石坑（圭峰山的北面）

叱石山是圭峰山绿护屏向东北延伸的一条支脉，每逢重阳都有万人登高，场面壮观。叱石旅游区山势雄伟，古松参天，奇石嶙峋，更有泉水清凉如白练。区内既有雄伟古刹，又有园林风光。早上，云雾缭绕，景致变化无穷。晨登山顶观日出，远眺银湖，旭日东升。傍晚，可欣赏江门万家灯火辉煌。晴天，山下村庄成片，风景秀丽，令人心旷神怡。

玩家 攻略

旅游区内的叱石宾馆设有客房、会议室、餐厅，可供百人会议食宿，也可供游客憩息休养，可以品尝到杜阮叱石香茶、山珍佳酿、碧绿凉瓜、全斋套餐、雀花套餐、龙虎凤宴等名菜特产。

古兜温泉 AAAA

温泉疗养，旅游休闲

江门市新会区崖门镇古兜山下

古兜温泉旅游度假村是一个中西文化交融、典雅别致的天然度假天堂。新会古兜温泉的温泉谷内有30多个露天温泉池，并且它还是广东省唯一一家同时拥有两种不同类型的温泉：海洋温泉（咸温泉）及氡温泉（淡温泉）。

温泉谷北边是欧式风格的“罗马殿”，东边则是日本民间风格的“东瀛阁”，南边是参照中国唐代的华清宫风格建造的“唐宫”。唐宫对面有一尊约两米的杨贵妃出浴像，雕像边，建有烫石板，下边有温泉水流过，可以享受热石板浴的感觉。

崖门古战场

广东故宫

江门市新会区崖门镇

崖山是中国著名四大海战之一——崖海大战的发生地，是广东境内唯一的皇帝行宫遗址。崖山、汤瓶山两山对峙曰崖门，是南宋覆亡最后一场血战的古战场。其中崖门大桥跨度之大为目前国内同类型桥梁之最，亚洲第一，世界第二。

小鸟天堂 AAAA

天然赏鸟乐园

江门市新会区会城街道银湖大道

小鸟天堂又名“鸟的天堂”。岛上有一株500多年历史的奇特的大榕树，这棵树的树枝垂到地上，扎入土中，成为新的树干，随着时间的推移，大榕树竟独木成林，林中栖息着成千上万只鸟雀，鸟树相依，人鸟相处和谐。鸟的天堂又令人称奇的是，这棵神奇的古榕树上栖息着的各种野生鹭鸟，以白鹭和灰鹭最多。白鹭朝出晚归，灰鹭暮出晨归，一早一晚，相互交替，盘旋飞翔，嘎嘎而鸣，非常壮观。1933年，著名作家巴金乘船游览后叹为观止，写下著名散文《鸟的天堂》，使其闻名遐迩。

玩家 攻略

除了在此观鸟听鸟，还可欣赏绿树碧水与蓝天白鸟相映成趣的优美景致和享受具有岭南水乡特色的河上休闲乐趣。

最佳观鸟时间是早上5点左右和晚上6点左右。

梁启超故居 AAAA

为纪念梁启超而建立

江门市新会区会城街道茶坑村

梁启超故居建于清光绪年间（1875—1908年），是一幢古色古香的青砖土瓦平房。故居有一正厅、一便厅、一饭厅、二耳房，两厅前各有一天井，便厅侧有梯级直达其顶部楼亭书房，可远眺崖海风光；怡堂书室是梁启超曾祖父所建，是梁启超少年读书、接受儒家传统思想的地方。

故居正厅的左右两侧各有一耳房，是梁启超父母和少年梁启超的卧室，通屋建有木楼阁，设走马式曲折栏杆，别具晚清岭南侨乡建筑的艺术风格。

梁启超故居

玩家 解说

梁启超（1873—1929）字卓如，号任公、饮冰室主人，广东新会茶坑村人，是中国资产阶级启蒙思想家、政治家、教育家、学术大师，有“中国近代百科全书式的文化巨匠”之称。他的一生，经历了晚清与民国两个时期，他的业绩，包括了政治和学术两个方面。

华侨城古劳水乡 AAAA

岭南700多年历史的原生水乡

江门市鹤山市古劳镇沇江路

华侨城古劳水乡旅游区位于江门鹤山，已开放的景点包括“横海游梦”游船、上古劳圩滨水商业街、欢乐水乡（童梦村、乡野时光、鱼蔬农场）等。

“横海游梦”游船项目是一个6公里长的游船体验，其设计充满了中国古典风格和当地文化特色。在游船体验过程中，游客可以欣赏到行进式演艺，包括去赶圩、去渔耕、去展艺等核心场景，这些演艺活动生动地还原了水乡历史上“水上赶集、塘基农耕、茶亭对饮、荷丛起舞”的惬意生活状态，为游客呈现出一幅700多年自由流淌的水乡生活画卷。

上古劳圩滨水商业街则是一个融合式场景体验商业街区，它漂浮在水面上，由渔市街、咏春街、茶行街三大主题街区和榕树广场、渔市广场、三角市、蝴蝶广场四大主题广场组成。在这里，游客可以体验到咏春会馆、王老吉凉茶文化体验馆、“耳朵里的展览馆”等特色体验项目，还能观看5场沉浸式演出。

欢乐水乡则包括童梦村、乡野时光、鱼蔬农场三大主题区域，游客可以在这里畅玩30多个游玩项目，享受水乡户外的乡野生活。

玩家 攻略

在古劳水乡可以选择不同类型的住宿：乡野时光营地，为河边草坪型露营基地；水墨·方塘艺术酒店是小学旧校舍经过艺术改造而来的；水墨·方舟酒店则是“可居住的美术馆”。无论哪种住宿类型，都可以感受质朴悠闲的水乡生活。

大雁山 AAAA

江门侨乡新八景之一

江门鹤山市沙坪城区北部

大雁山面临西江，因其山形似大雁而得名，2002年评为江门侨乡新八景之“雁影波光”。

大雁山主峰海拔310米，景区山与水结合，且峰峦起伏，奇石竞秀，山林葱郁，清溪潺潺，泉水哗哗，还有庙宇、亭台等。

景区内从山脚至峰顶，有寺前广场、雁山门、半山阁、海会寺、狮子峰、雁山平湖、日月峰、海元洞、许愿树、陆佑亭、纪元塔、状元坊、烧烤村、禾雀花、清沾潭、贵人峰等景点。

大雁山

景点推荐

开平旅游区

开平碉楼文化旅游区 AAAAA

土洋结合的建筑艺术品

开平市塘口镇赓华村 立园景区:100元/张;自力村景区:78元/张;马降龙景区:60元/张

开平碉楼文化旅游区是集华侨文化、园林艺术、中西建筑、文物古迹、原生态自然环境、风土民俗等多元素于一体的著名景区,主要由开平立园、自力村碉楼群、马降龙古村落三大景区组成。

开平立园

开平碉楼是侨乡开平一带特有的乡土建筑群落,始建于明朝后期,融合了古希腊、古罗马、阿拉伯及中国古典的风格,是活生生的近代建筑博物馆,一条别具特色的艺术长廊。

立园是1926年由当地旅美华侨谢维立先生历时十载兴建的私人园林。它集传统园艺、西洋建筑、江南水乡特色于一身,分为别墅区、大花园和小花园三部分,有泮文、泮立等别墅六座、碉楼一座,艺术品颇多,在中国园林中独树一帜。

玩家解说

有人说"到广东不到开平看碉楼看洋楼,等

于没到过广东”。

20世纪20年代，因土匪猖獗、洪涝频繁等原因，村民关子瑞及其后代在赤坎先后兴建了瑞云楼和迎龙楼，有防洪和防盗两项功能，这便是碉楼最初的由来。此后，兴建碉楼蔚然成风。自力村碉楼兴建的年代也是开平碉楼最兴旺的时期，是开平碉楼的缩影。

每逢乱世，开平必大规模建碉楼，其中许多海外华侨亦集资汇回家乡建碉楼，乃至“无碉不成村”，他们把西方的先进建筑技术介绍过来，开平碉楼的建筑功能和建筑艺术得到不断升华，遂成为一种独特的乡土文化。

自力村碉楼群

自力村取“自食其力”之意，由三个方姓自然村安和里、合安里和永安里合并而成。自力村是远近闻名的华侨村，是开平地区碉楼最集中的村子，在水塘荷花、竹林稻田间有15座建筑精美、风格各异的碉楼和庐（西式别墅），放眼望去便是美轮美奂的古朴风情。值得一提的是，这里正是创下国产电影票房纪录的《让子弹飞》的主要取景地。

马降龙村碉楼群

马降龙村的碉楼群坐落于潭江东岸，是电影《让子弹飞》中葛优饰演的汤师爷所赞誉的“竹林掩映，碉楼耸立”之处，村中随处可见翠竹茂密，鸟语花香，生态环境十分优美。保存完好的7座碉楼和8栋西式别墅如珠链般错落分布。其中最具代表性的天禄楼，是1925年由29户村民集资兴建，为典型的众楼。

开平立园

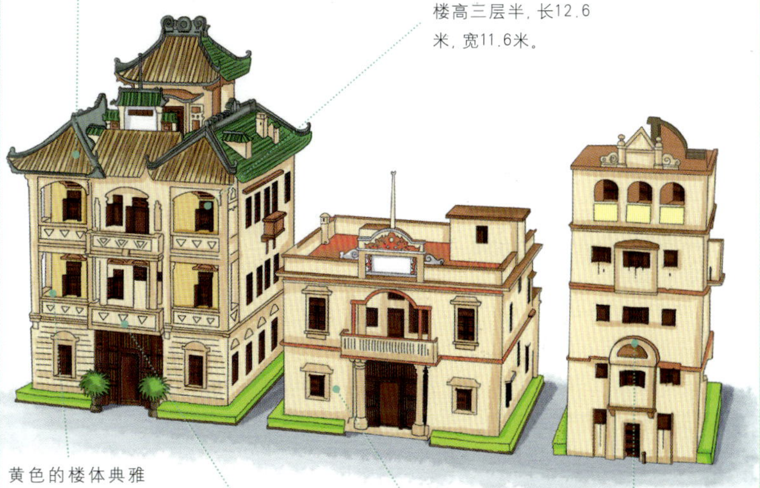

赤坎古镇
中西合璧的文化古镇

开平市赤坎镇

赤坎镇是一座有着超过350年历史的古镇，因建于"赤土高地"而得名，镇中江水环绕，古树婆娑，几百年来镇中古朴的建筑风格和民俗风貌几乎未曾改变，这也使古镇成为了许多影视剧制作团队的重要拍摄基地。赤坎古镇保留着大量中西合璧的华侨建筑，墟镇堤西路的骑楼建筑群"欧陆风情街"更是侨乡一绝。骑楼下，是紧挨着的各式商铺，一应俱全。

加拿大村
侨民落叶归根的地方

开平市赤坎镇加拿大村

加拿大村，原名"耀华坊"，始建于1923年，村内由11座建筑构成，其中有5座庐，4座楼，1座碉楼，1座会所。其中1座碉楼是四豪楼。四豪楼楼高5层，该楼的建造目的是用于避难和防洪，故整座楼房的结构较为坚固。在楼顶设有四个碉堡，每个碉堡都有枪眼，可以从高处俯视整个村庄，如有入侵者可给予还击。据称是村中的保护神。

三门里·迎龙楼
开平第一楼

开平市赤坎镇芦阳村委会三门里

三门里有开平最古老的碉楼——迎龙楼，建于清初，距今已有400多年历史。楼高三层，高约10米，楼的四角各有一个落地式塔楼，塔楼的第二层、第三层开设了射击孔，楼顶为传统硬山顶式，风格拙朴，造型简洁。底层正面开有一个圆顶门，每层都分为中厅和东西耳房。

赤坎南楼
抗日旧址

开平市赤坎镇窖堤洲藤蚊村

赤坎南楼是钢筋水泥建造的古式楼。南楼楼顶设有探照灯，和平时期，南楼是航标，战争时期，南楼是关卡。抗日战争时期，有抗战的七壮士，凭借其险要，阻击从三埠向赤坎进攻的日寇船只，令其不敢越雷池半步。后来日军动用大炮和毒气攻击，致使七壮士中毒晕厥，被俘杀害。七壮士英勇抗敌的感人事迹在当时引起了极大的震撼，南楼之名由此流传。

赤坎南楼

赤坎影视城
电视剧的场景

开平市赤坎镇上埠

赤坎影视城整体建筑按照电视剧《三家巷》的剧情、场景进行设计和兴建，完全按照20世纪20年代的建筑风格兴建。影视城与东边骑楼式古建筑群巧妙地融合成一体，丰富了"欧陆风情街"的建筑文化和历史内涵，使这座古城更具有迷人的风采。

锦江里碉楼群

拥有开平最高的碉楼

开平市蚬冈镇

锦江里碉楼群是位于开平市蚬冈镇锦江里的一组碉楼，由升峰楼、锦江楼和瑞石楼三座各具特色的碉楼组成。这些碉楼是开平碉楼中最具代表性的，充分体现了中西建筑风格的完美结合。碉楼群四周阡陌纵横，清澈的潭江河经村前流过，俨然一幅淳朴的乡村画卷。

龙冈古庙

三进古庙

江门市开平市中山西路

龙冈古庙建于清朝康熙年间，集宗祠、庙宇于一身。庙内供奉刘备、关羽、张飞、赵云神像，供刘、关、张、赵四姓人士祭祀。据考证，目前国内许多该四姓人士聚居地，包括中国香港、中国台湾以及国外如美国、加拿大、墨西哥等都建有龙冈古庙，而开平龙冈古庙为鼻祖。

荻海风采堂

开平最著名的古祠堂

开平市太平路风采中学内

荻海风采堂，又名贤余忠襄公祠，始建于清光绪三十二年（1906年），是开平、台山两地余姓族人纪念他们的祖先北宋名臣余靖而修建的，是中西方建筑文化交流的产物。它的结构形式既继承了中国古代建筑的民族风格，又吸取了西洋建筑的艺术特色，结构严谨，瑰丽宏伟，在侨乡建筑里独具一格。

开平锦江里碉楼群

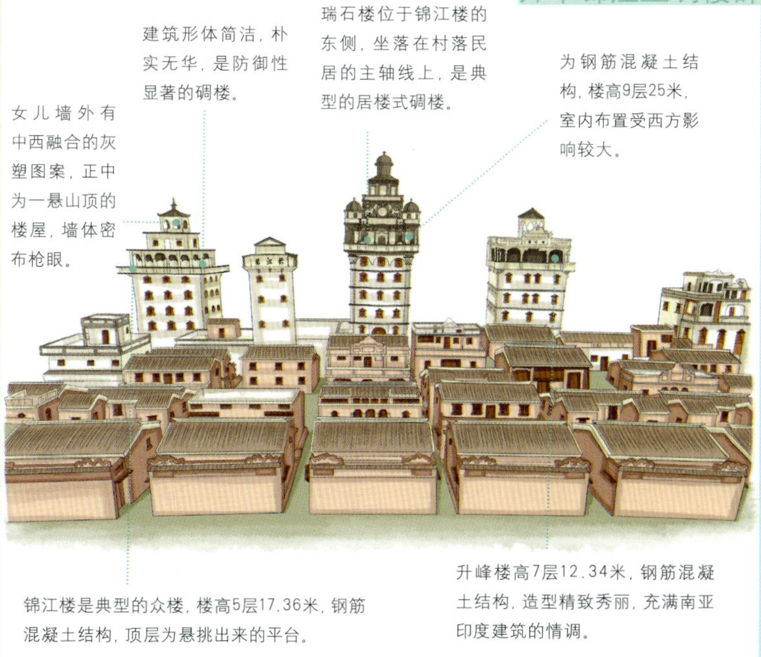

景点推荐

恩平旅游区

锦江温泉 AAAA

温泉沐浴

恩平市大田镇

锦江温泉拥有悠久的发展史，根据《恩平县志》记载，早在380多年前，大约明朝时，在锦江温泉一带已经有丰富的自溢温泉，造福于当地村民。锦江温泉露天温泉区建有50多种各具特色的温泉池，含有冷热瀑布、椰岛泉、喷泉、温泉石板床、小天使乐园等景。

金山温泉 AAAA

“天下第二泉”

恩平市那吉镇那吉河畔

金山温泉的水温常年达80℃以上，露天泉涌300多处。含48种矿物元素，当今唯秘鲁有处温泉超过它，故有“天下第二泉”之美称。

链接

江门恩平地热国家地质公园

恩平地热国家地质公园所在区域属低山丘陵地区，经过长期地质作用的发展演化，遗留下丰富的地质遗迹景观。全区以金山温泉为主体，以各种花岗岩石及其演化遗迹、石臼、节理、巨型石英脉体、构造破碎带及瀑布等自然景观为依托，还有古代采金遗址和石头村人文景观，形成了这里独具特色的融自然、生态及人文为一体的国家地质公园的特色景致。

主要看点：地热温泉、七彩峡谷、花岗石阵、五乡金矿遗址、雁列状石臼、帝都温泉庄旅游区、云礼石头村。

恩平石头村

石头古建筑

恩平市那吉镇西部

恩平石头村原名云礼村，以别具一格的石头古建筑著称。云礼石头村的祠堂、农舍、塘基、水渠等都是就地取材，用石头堆砌而

金山温泉

帝都温泉

成。整个村落布局得当，古韵犹存，在广东甚是罕见。石头村历史悠久，这里曾发现4500多年前人类所使用的生产工具的石器，也发现1000多年前的唐代中期少数民族曾活动过的遗迹。石头村，布局得当，错落有致，古韵犹存，石径通幽，古榕参天，荷花飘香，有原广州市市长黎子流题词巨石屹立在大门口。

链接

那吉黎姓不食狗肉

传说黎氏第十世祖黎源广葬于鹅山，因其家人不按照风水先生的吩咐，结果那山穴周边的黄茅像箭射到皇帝的琴台上，皇帝派兵镇压，并误杀那吉平地园村的村民，黎氏也遭受了一场较大的劫难，源广所生的八子中仅第八子振胜被马氏表姑婆用麻裙罩住才免于一死，后用狗乳汁喂大成人，并取小名贱。所以至今，那吉黎姓都不食狗肉。

帝都温泉

世界上最大的园林式温泉浴区

恩平市良西镇，距恩城镇12千米

帝都温泉以绿色植物覆盖率和浓郁的山水文化氛围闻名，水质晶莹幼滑，并含有偏硅酸、氟、氢、硫等多种有益于人体健康的元素，是世界少有的滑温泉。浴区内有不同水温，不同形态的大、中、小露天温泉浴池80多个，其中十二生肖浴池水面积3200平方米。

鳌峰公园

恩平八景之一

恩平市市区北郊

鳌峰山高150米，山势雄伟，松林如海。古代称为石神山，明代已把“石神松翠”列为恩平八景之一，清代则称为“鳌峰公园”。峰顶建有冯如纪念馆、恩平市历史博物馆，还有宾馆、酒家、商场、十天松古寺及其他亭台楼阁。

公园门口建有一座牌楼，上书“鳌峰公园”，是整个游览区的入口处。鳌峰公园东侧，建有一座规模宏大的百兽园。北边还兴建有一座石雕园。包括古罗马女神维纳斯和中国著名历史人物等，选用汉白玉和花岗岩等材料，名师雕琢，惟妙惟肖。

七星坑

珠江三角洲内保存最好的天然森林

恩平市、阳春市和阳东区三地交界处，距恩平市区57千米

七星坑原始森林最高峰为七星顶，海拔844.5米。保护区内有国家一级保护植物桫椤王，还有古老的客家部落生活地遗址，见入不见出的飞鼠洞、充满传奇色彩的香炉坪、罕见的娃娃鱼和滑竹、气势如虹的飞瀑等，是一个现代版的“世外桃源”。林区属典型南亚热带季风性常绿阔叶林，动、植物，矿产资源丰富，已鉴定的植物种类有735种。

景点推荐 台山旅游区

梅家方院

梅家大院

台山市端芬镇大同河畔

梅家方院，即汀江圩华侨建筑群，108幢二三层带骑楼的楼房，呈长方形排列，中间有40亩（约2.7公顷）专供商贩摆卖商品的市场空地，俨如一座小方城。为了《让子弹飞》影片拍摄，在保护梅家大院原有历史建筑的同时，剧组将后来翻修的水泥路面和溜冰场等其他现代建筑全部敲掉，为了画面效果，一整条水泥马路变成了红土路。

玩家解说

由于始建之初，其规划设计是业主将各自旅居国的风情和建筑特色融入于中华建筑艺术之中，因而大院的建筑物既表现出欧美国家的建筑风格，又体现了中国传统的建筑艺术；虽然楼宇规划整齐，但外形却各异。

海侨东南亚风情园

原汁原味的小小联合国

台山市海宴镇华侨农场

海侨东南亚风情园是一个聚居了来自印度尼西亚、越南、泰国、马来西亚等13个国家和地区归侨的村落，园内居民穿戴东南亚各国不同的民族服饰，各自沿用着各自不同的风俗习惯和饮食文化。这里是一个未经琢磨、原汁原味的“小小联合国”，在这里，还可欣赏到别具风情的东南亚歌舞和美食。

那琴半岛地质海洋公园 AAAA

台山的小圣托里尼岛

台山市北陡镇南部海湾

那琴半岛地质海洋公园拥有独特的自然景观和丰富的旅游资源，是一个集游览观光、休闲度假、婚庆婚摄等多功能于一体的旅游度假乐园。

那琴半岛地质海洋公园的海域是中华白海豚自然保护区，被誉为“南中国海上石林”。这里的海岸线绵长，拥有600多亩独特的自然奇石林，景点众多，星罗棋布。漫步在3000多米环岛观光木栈道上，可以观赏到官帽石、佛脚石、灵兔望月、镇海神狮等鬼斧神工的奇礁怪石，感受大自然的神奇魅力。

那琴半岛地质海洋公园还拥有地中海、巴厘岛和中式古典等不同风格的别墅客房116套，以及海滩特色的中西餐厅等度假设施。此外，那琴半岛国际婚纱摄影基地拥有国内独一无二的空中教堂。在这里拍摄婚纱照，可以感受到浪漫与神圣的氛围，留下美好的回忆。

川岛旅游区 AAAA

著名的海滨浴场

台山市川岛镇川岛，上、下川岛隔海相望

川岛旅游区由上川岛与下川岛组成，2座岛屿位于碧波荡漾的南海之中，地处北回归线南侧。有着“中国布吉岛”美称的上川岛，是广东沿海最大的岛屿，拥有众多水清沙白的大沙滩。方济各纪念园是纪念被天主教誉为“最英雄的先锋战士和最伟大的传教士”方济各而建。

下川岛上椰树成荫，有沙质优良的天然海滩、温婉秀丽的海湾、引人入胜的古迹、茂密的原始生态林等，还有烂漫的山花、斑斓的蝴蝶、清脆的鸟鸣以及旖旎的离岛和天然深水良港。

北峰山

层林叠翠，山环水抱

北峰山国家森林公园与有着“东方夏威夷”之称的上川飞沙滩省级旅游区合称为台山地区“一山一水”著名风景名胜区。主峰瓶身峰海拔高度922米，外貌酷似日本富士山，被誉为“台山富士山”。

玩家攻略

北峰山漂流全程80多米的落差，密林之下，瀑布飞舟，在峡谷中穿石绕壁，凌波逐浪，融逍遥漂与勇士漂于一体。途经长城峡、瀑布潭、巨石滩、小龙峡、大龙峡“五大”奇观仙景，每个落差均达到5米以上，激情无限。

北峰山溪流

攻略资讯

- 交通
- 住宿
- 美食
- 购物
- 娱乐

交通

珠海

飞机：珠海金湾机场原名珠海三灶机场，距离珠海市区和澳门约35千米。机场主要来往国内航线。珠海机场每天有8条专线巴士来往市区，并且有来往于江门市区、中山市区、阳江市区及澳门的跨市巴士。

火车：珠海有多个火车站，包括珠海火车站、珠海北站、珠海机场站、珠海长隆站、横琴站、横琴北站、明珠站、前山站及三灶东站。其中珠海火车站位于香洲区拱北街道，是广珠城际铁路、珠机城际铁路的起止站点。珠海机场站是新站，也是珠机城际铁路上的西端客运终点站。

汽车：珠海目前主要有香洲长途站、拱北通大站、湖心路汽车客运站、南溪客运站等7个汽车客运站。其中珠海长途客运站位于香洲紫荆路，是珠海最大的国营长途客运站，主要是发往广西、湖南、江西等省以及广东省内的长途客车，从这里发往省内的长途巴士站点多、班次多、流量大。

拱北长途客运站位于拱北莲花路1号（拱北海关正对面），主要发往广州、佛山省内各地以及海南、湖南、河南等外省。

拱北口岸

中山

火车：中山有两个火车站，分别是中山站和中山北站。目前只有广珠城际经过中山，都是从广州南站往返珠海北站的动车。

汽车：中山市的汽车站主要有中山市汽车总站、小榄汽车站、城南汽车客运站和坦洲汽车客运站。其中中山汽车总站位于中山市石岐区富华道58号，客运班线覆盖了广东省内以及周边省份的多个城市。小榄汽车站是中山第二大汽车站。

江门

火车：江门主要有江门站、江门东站和

珠海风光

新会站三个火车站。其中江门东站是广珠城际铁路江门支线的站场之一。新会站是广珠城际铁路支线的终点站、深茂铁路的中途站。

汽车：江门汽车总站位于江门市建设路42号。担负着粤中五邑地区与省内各市、县和深圳、珠海、汕头经济特区以及邻近省份的公路客运任务。

住宿

珠海

在珠海住宿十分方便，珠海的酒店住宿资源丰富，环境舒适。市区的住宿最好安排在香洲、拱北等区域内，交通方便。几个大的海岛如东澳岛等，有别墅和旅馆，但是一些无名小岛基本上不具备良好的住宿条件，旅客前往这些海岛旅游后，最好回珠海住宿。

●香洲周边

香洲位于珠海香洲区北部，东水连着中国香港，南接壤中国澳门，背倚珠江口西岸。推荐酒店：维也纳酒店、珠海天鹅大酒店、珠海立洲度假酒店。

●吉大周边

吉大地处热闹繁华的市区中部，区内拥有风景秀丽、闻名遐迩的情侣路，海滨浴场及石景山等地。推荐酒店：珠海怡景湾大酒店、珠海粤财假日酒店、珠海德翰大酒店。

珠海风光

●拱北周边

拱北位于珠海香洲区西南部。区内拱北口岸，是内地和澳门联系最为紧密的关口。该区经济繁荣，商业发达，购物场所相对集中，是珠海最繁华的地段之一。推荐酒店：珠海新海利酒店、珠海骏德会酒店、珠海LHOTELS酒店。

●前山周边

前山位于珠海市中心城区的西北部、上冲检查站外广珠公路旁，与中山市坦洲镇接壤，是北部地区进入珠海的门户。推荐酒店：珠海嘉远世纪酒店、珠海万意假日酒店。

●南屏周边

南屏镇位于珠海市主城区的西南部，隶

属于珠海市香洲区，背倚青葱翠绿的将军山麓，是市区通往珠海机场、珠海港、湾仔、横琴口岸的必经之地。推荐酒店：珠海碧湾大酒店。

玩家攻略

每年的5～10月是珠海各小岛上的旅游旺季，每到周末，客房都比较紧缺，所以选择旺季出游的游客，最好避开周末并切记事先预订好酒店。在淡季（11月至次年4月），海岛外景没有大的改变，且极为宁静，此时客房价格比旺季便宜一半左右，并享有其他多项优惠。

中山

中山的宾馆主要集中在市区，这里分布有各个档次的宾馆，可满足不同的需求。另外，小榄镇和三乡镇等也有宾馆可供住宿。

●中山利和希尔顿酒店

中山利和希尔顿酒店矗立于政府机构与企业林立的繁华商业中心区，汇集了世界美食，无论是国际自助餐，还是高雅的特色火锅，抑或是意大利风情美食，都会让您赞不绝口。

中山市中山三路16号

0760-88888888

●中山喜来登酒店

中山喜来登酒店位于市内繁华的商业中心，邻近岐江公园，至岐江公园，步行约5分钟。另外，距离孙文纪念公园5千米，乘坐出租车约15分钟。酒店拥有各类舒适的客房，其中包括装饰精美的套房。

中山市西区西堤路28号

0760-88228888

江门

江门各市、区的旅游资源都非常丰富，与之配套的住宿条件也相当成熟。温泉度假区是秋冬季住宿的最佳选择，市区从一星到五星的酒店能满足不同游客的需求，价格从几十元至二三百元。

●江门侨城酒店

江门侨城酒店是一家集住宿、桑拿、餐饮、汽车销售于一身的中型酒店。酒店装修美观，设备齐全，环境幽静舒适。周边有秀丽的圭峰山风景区，高雅的高尔夫球场，大型娱乐总会，高中低档餐厅。酒店提供免费停车，国内长途电话免费任打，数字电视，极速光纤上网。

江门蓬江区建设三路133号

0750-3486222

●江门双龙广场大酒店

江门双龙广场大酒店楼层高12层，装修豪华，设施齐全，是商务、会议、接待、旅游、购物、休闲、娱乐的理想酒店。江门双龙广场大酒店一楼是商务中心和大堂吧。二楼至三楼为世界五百强企业泰国正大集团的“卜蜂

江门市区

莲花”大型超市。酒店四楼、五楼是中餐厅、桑拿健康中心和歌舞大剧院。酒店六楼的康乐部有豪华标准棋牌室，可免费提供茶水和水果。七楼至十二楼的客房都有超宽敞、色调柔和的标准双人房、标准单人房、豪华双人房、豪华三人房、豪华商务房、豪华套房。

江门蓬江区建设二路99号

0750-3622222

美食

珠海

“住海边，玩海面，吃海鲜。”这几句时时挂在珠海人嘴边的话简单却道出了珠海人的生活特色，吃喝住玩无不与海相关。来到珠海，不得不品尝的是珠海“四大美食”和“十大名菜”。珠海的饮食习惯和广东大多地方的相同，菜式和广州接近，多喜食早茶、喝糖水、饮凉茶，擅煲汤。由于地理优势，这里的海鲜产量和质量都非常好，所以是主要的食材，也是在珠海不可错过的美味。

珠海的餐馆主要集中在老城区，想找美食来这里绝对不会错。另外还有专门吃海鲜的海鲜街，比如湾仔海鲜街、南屏海鲜街等，可以买到新鲜的刚捞到的海鲜，去店里加工，实惠又美味，海鲜控可以来这里大饱口福。此外，去“食街”也是珠海饮食的一个特色，在这里游客不仅能品尝到各地美食，还能欣赏到不同的建筑风格。

珠海市内还有几个知名的风味食街，包括银都食街、青蓝山庄美食一条街、口岸广场食街、百货广场澳门街、中华美食城等。其中银都食街是一条古色古香的食街，据说食街的设计还是受到“清明上河图”的启迪，既有庭院长廊式的古式餐厅，又有现买现烹的大排档，让人感觉似乎走进了古代的闹市，别有风味。

珠海膏蟹

●珠海膏蟹

珠海出产的螃蟹没有内河和淡水湖生产的螃蟹那种泥草腥味。南水、淇澳两岛和斗门五山出产的膏蟹味道特别鲜美。其蟹肉厚膏多，膏充满蟹盖，人称之为“顶角膏蟹”。“蟹黄扒瓜甫”“蟹肉炒鱼肚”“蒸膏蟹”等美味绝对会让你流连忘返。

推荐店铺：金湾食王海鲜酒楼

香洲区湾仔海鲜街18号

●斗门河虾

斗门得天独厚的自然环境，咸淡水适度的水域，最利于河虾的生长。因此，斗门的著名土特产沙虾具有鲜、甜、美、脆等特点，是食客推荐的美食，配以海鲜酱油，味道鲜美。

推荐店铺：食神海鲜城

香洲区唐淇路437号鸡山综合楼

●南屏脆肉鲩

南屏脆肉鲩是用特殊方法培养出来的鲩鱼，肉质脆而爽口，因产于南屏而出名。鲩生活在淡水中，是中国特产的重要鱼类之一，亦称“草鱼”。南屏水库水质清新、溶氧充足。脆肉鲩的营养价值是极其高的，鱼肉鲜嫩爽口。

推荐店铺：青兰山庄美食一条街

珠海市香洲区吉大洲仔青蓝山庄内

中山

中山传统的本地菜式以粤菜为主，在五

白灼虾

桂山一带的客家人中还保留有传统的客家菜式。中山的菜式来自于民间，乡土色彩浓郁一些，多为家居烹调方式的菜式。

长江美食城原来只是经营海鲜粤菜，餐厅只有1个大厅，之后发展到15间贵宾房，再到23间贵宾房，时至今日，长江美食城已经拥有40多间贵宾房。贵宾房前的小桥流水、庭园小筑更形成了目前国内少有的十分独特的餐饮环境。

石岐美食街是中山著名的美食一条街，美食街里有很多好吃的，地道的粤菜和中山小吃在这里都能品尝到，街道两边都是小小的店铺，有的店家就在小街中间摆桌子纳客，非常热闹。

●石岐乳鸽

石岐乳鸽，体型大、胸肉厚、肌肉饱满、肉质嫩滑爽口。最著名的是富华宫的“红烧乳鸽”，其色泽金黄，皮脆肉滑，骨软味美，真是吃后齿颊留香。另有一种烧法是“淮杞炖鸽”，汤味鲜美可口，鸽肉极为嫩滑。还有吊烧鸽、生炸鸽、卤水鸽等。

推荐店铺：石岐佬中山菜馆

石岐区康华路36号

●禾虫

禾虫因为它经常出没在乡间禾田里，以禾根为食物，每年又恰逢广东早、晚两季水稻孕穗扬花时破土而出，故得“禾虫”之名。烹饪后的禾虫，风味独特，清香鲜美，用禾虫烹制而成的“煲仔焗虫”“生炒禾虫”“禾虫煎蛋”，更是被誉为广东经典特色名菜。

江门

江门地区的饮食主要是以粤菜为主，多吃海鲜、野味等特色菜肴，小吃以粥、粤式点心、田螺最为出名，口味清淡。如果要吃当地特色的菜肴，最好选择摊位集中的食街，尤其是夜排档，人头攒动，烧、炒、烩、炸声声入耳，很能感受到广东人爱吃、会吃的热闹氛围。

长沙光明东路食街位于开平市中心，长长的街道都是美味的海鲜，让你吃到江门新鲜美味、好吃不贵的海鲜。

●恩平濑粉

濑粉是恩平地区的一种独特的食品，是用大米为原料制作而成。中秋佳节，恩平市北部地区以濑粉为主食。吃时用开水烫过，兑进上汤，就成独具一格的濑粉了。在濑粉中兑入白糖烧酒，又另有一番风味。

推荐店铺：江门白石美食街

江门市郊环市镇白石乡

●古井烧鹅

新会古井烧鹅色、香、味俱全，多肉汁而甘香脆，甜中带咸。烧鹅源自南宋末年，相传是一位宫廷厨师逃难到新会银洲湖一带开了一间烧鹅店，用宫廷秘制烧鹅的手艺养家糊口，因味道鲜香而声名远播，并流传至今。

推荐店铺：平香烧鹅

新会区古井镇天成街136号

购物

珠海

珠海的水产品极为丰富，主要特产有叠石蚝油、珠海肥蟹、黄金风鳝、横山粉葛、白藤藕粉、水鸭、乾务软骨鲮、南屏脆肉鲩、白蕉禾虫、草织品、小托山橘、黄杨荔枝、湾仔鲜花等。

情侣路商业区的OUTLETS名牌服装折扣城、怡景湾酒店、国会中心、皇朝五月花及西餐酒吧组成了一个集休闲、购物、饮食、娱乐为一体的海滨高尚休闲商业区。

湾仔海味市场位于湾仔码头对面，这里十分整洁，铺位十分整齐，主要经营海味干货，大部分干货是从外地进口，除了海味干货以外还有一些小饰物。由于这个市场具有浓厚的地方特色，且与澳门隔河遥望，所以每天都吸引了大批游客探访拍照留念。

●湾仔咸鱼

湾仔原来是渔村，城市化之后，原来的渔民多数开始从事咸鱼腌制和销售，形成了现在的湾仔咸鱼品牌，是珠海颇具特色的旅游产品。

●横山粉葛

横山粉葛产于珠海市斗门区的横山村。上横粉葛特别多，以上横新埠一处所产最佳。特点是松化、无渣，有清香味，其汤如奶水，闻名遐迩。

中山

中山的土特产丰富，有杏仁饼、粉果金

珠海夜景

吒、三月红荔枝、神湾菠萝、石岐碌龙眼、茂生围香蕉等，其中以状似杏仁的杏仁饼最为有名。

●粉果金吒

中山粉果，历史悠久，其中以金吒为代表，它是用猪腮肉（肉质不腻）配南乳、花椒、八角等调料做成的。金吒的吃法有窍门：从粉果的尖端食起，到肉馅时，先吮一口油香，然后咬肉食，如果一口咬下去，就会油沫四溅。

●三月红荔枝

中山市历史名牌产品，又是荔枝家族中的“迎春使者”。它的特点是：果壳色泽鲜红，果体肥大，果肉厚而雪白多汁，味道似酸非酸，似甜非甜，别有风味，食之使人醒脾开胃，是岭南有名的佳果。

●神湾菠萝

一般每个重一市斤左右，色泽金黄，皮薄肉厚，更难得的是肉细爽脆无渣，甜蜜清

神湾菠萝

香而无酸味，齿颊留香，经久不散。中山著名的神湾菠萝，又称“金山种”，果黄色，果眼浅，果心可食。

●石岐碳龙眼

中山所产的龙眼，过去以榄镇九洲基的脆肉龙眼最为有名。近年来创出了石岐碳龙眼的特优品——中山脆肉龙眼，其特点是果大、核小，果肉晶莹厚润、爽脆清甜，不流汁。

江门

江门地区的物产丰富，得益于这里得天独厚的自然条件。新会盛产有鲜美多汁的水果，恩平有传统手工的小食，开平出味道独特的狗肉，每到一处，都能满载而归。

长堤风貌街是江门市老商业区和历史街区，这里的商铺几乎是独具岭南特色的“骑楼”建筑群，充满了浓厚的文化氛围和内涵。长堤风貌街的建筑风格中西结合，数百间骑楼各具特色，鼎盛时期，商业、娱乐、物流等风生水起，高度繁荣，曾有“小广州”之称。

开平旅游购物街兴建在幕涌河上。祖籍开平的港商谭锦豪先生在开平考察投资环境时，发现幕涌河污染严重，遂生“一箭双雕”之念——在幕涌河上兴建旅游、购物、休闲、娱乐一体化的具有欧陆罗马特色的旅游购物一条街，既整治了幕涌，又发展了旅游购物业。

●濑粉

中秋佳节，恩平市北部地区以濑粉为主食。濑粉，吃来易，做来难。从选料到制作，工序颇为复杂，而且必须合数户之人力始能制作。合格粉团制作的粉条，无继粉，入口软、韧、爽、滑，有独特风味。

●亚佗霉姜

亚佗霉姜是新会特产。其味甘脆可口，甜中带酸，香辣适宜。暑天能凉喉生津，寒天能祛风散寒，并有健胃助消化功能，还有防止晕船晕车的功效。

●新会陈皮

新会陈皮，是新会大红柑的干果皮，它具有很高的药用价值，又是传统的香料和调味佳品。柑皮以贮藏的时间越久越好，故称“陈皮”，陈皮以广东所产为佳，历史贸易中特称“广陈皮”。

娱乐

珠海

珠海又素称“百岛之市”，因此，珠海的主要娱乐活动还是集中在水面上。珠海的众多海岛被辟为了旅游区，小岛风光旖旎，沙滩绵长，海水洁净，既可充分享受冲浪、划水、潜水、帆船、水上降落伞等活动带来的刺激，又可安心泛舟于海面或置身于小岛上静静享受垂钓的乐趣。此外，在东澳岛、桂山岛等小岛上，游客还可领略渔家风情，随渔船一道出海撒网捕鱼。

另外，在珠海还可以欣赏到国际化的航空展，也可到国际赛车场观看速度与激情并举的顶尖车赛。

海泉

中山

●民歌

中山的民歌汇集了水乡文化、广府文化和客家文化等多种文化传统，内容丰富，种类繁多。这里的民歌包括有男女在田间树下谈恋爱时唱的咸水歌，谈婚论嫁拜高堂时唱的高堂歌，以咏叹调和叹情为主旋律的姑妹歌，还有渔民在划船途中唱的大罾歌。

在沙溪镇申明亭一带流行的是另外一种风格的民歌鹤歌，通常和鹤舞一起搭配演出，并用三种地方方言融于一体来演唱。而在客家人居多的五桂山一带，主要流行的民歌则是客家山歌和白口莲。

●民舞

中山的民舞是以模仿龙、狮、凤、鹤等动物的形象而舞的舞蹈，主要是调龙耍狮、舞灯拟船等形式，有舞狮、舞龙、木龙舞、鹤舞等几种特色民舞。传统节庆的时候，年轻力壮的青年人在酒足饭饱之后就会借着酒力把木龙舞到街上，所以又称为醉龙舞。

●节日和重大活动

沙溪浴佛节：每年农历四月初八，中山市沙溪人过浴佛节那天，家家户户吃栾茜饼，然后到街上观看万众参与的大型游街庆祝活动。当地人称这种喜庆大游行为“出高兴”，欢迎来自远近的客人欣赏和参与活动。

小榄菊花会：是以菊花为主题的大型文化艺术节，中山市小榄人种菊已有700多年的历史。举行菊花会，起源于清代乾隆元年（1736年）。当时小榄乡举行菊试，在李姓和何姓祠堂前设立花场摆设盆菊园艺，由各姓氏中的文人雅士为菊花取名吟诗作对，分三场考核，推选出佼佼者。

龙舟赛：每到临近端午节的时候，中山的一些乡村都会举行“龙舟出水”的仪式。乡民们先到宗祠庙宇拜祭龙舟头、龙舟尾，再由村里最年长的老人举着龙头，率众将上年埋藏在河涌里的龙舟挖出来，装上龙头、点眼，再重新漆上猪油。仪式过后，村民开始组织起来进行训练，参加一年一度的龙舟竞赛。

中山舞狮

发现者旅行指南

粤西

（含湛江、阳江、茂名）

概览

亮点

海陵岛

自然生态海岛，被誉为“一块未经雕琢的翡翠”。这里不仅有优美的海景和优质的海水浴场，还有吃不腻的海鲜可以大饱口福。

湖光岩

湖光岩是中国唯一的玛珥湖。玛珥是一种封闭式特殊类型火山口形成的火山湖，是世界上罕见的不可再生的地质资源。

东海岛

中国第五大岛，岛上的龙海天沙滩，延绵28千米，是中国最长的海滩，仅次于澳大利亚的黄金海岸，为世界第二，已被载入吉尼斯世界纪录。

大角湾

以阳光明媚，沙滩松软，海水清澈著称。

渔港公园

水东湾第一滩旅游度假区

该景区有“东方夏威夷”的美称，号称“中国第一滩”，还有“南方北戴河”之称。

必逛街道

湛江人民大道繁华商业街：这里的商业圈汇聚了300多个国内外著名品牌，游人可在这里随心选购自己所需的商品。

茂名路繁华商街：茂名路是茂名市一带繁华的购物场所，整条商街以服装类商品为主，但也讲究配套，在服装店的中间，间或跃入眼帘的还有首饰店、美容美发店、鞋饰店以及一家画廊中充满写意色彩的田园画。

线路

湛江风情二日游

第一天上午到湖光岩游逛，然后到东海岛，这里有各种异国情调的别墅群、别具风采的民族村。

第二天上午先大致游览雷州古城，这里是历史上楚越文化、土著文化、闽南移民文化、海洋文化和中原文化的交汇地。下午，着重游览古城的两个重要景点三元塔公园和雷州西湖公园。

阳江看海二日游

第一天前往海陵岛，大角湾是海陵岛的主要游玩地点之一，可以先来这边海滨浴场游泳或者玩玩水上游乐设施。

第二天可以去十里银滩游玩，坐沙滩车可以轻松横跨十里银滩。海上丝绸之路博物馆就位于银滩，感兴趣的可以一起游玩。

茂名休闲一日游

从茂名市可坐1～2小时的旅游专线到第一滩旅游度假区沙质洁白细软、宽阔平缓的沙滩，可体验海水浴、日光浴、海上运动、沙滩排球、度假疗养等旅游项目。

为何去

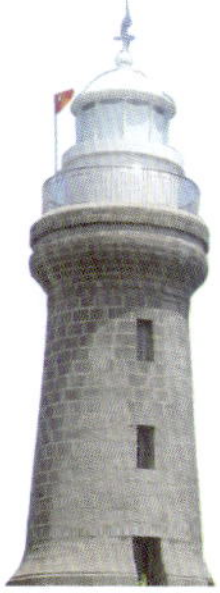

湛江东海岛风光

湛江气候宜人，自然景观独特，拥有中国唯一的玛珥湖、中国最长的沙滩。湛江人文历史积淀深厚，半岛上随处可见传习久远的古老民俗。

阳江紧邻珠三角，扼粤西要冲，是广东最古老的地区之一。阳江古用名为“高凉县”或“高凉郡”，阳江历史悠久可与广州相媲美。

茂名是古代越族聚居之地。威震岭南的南越首领冼夫人就出生在这里。茂名已经形成了“古、俗、生态与探险”四大系列的旅游景点。

何时去

迎春花市

湛江常年高温、台风频繁，夏秋多雨，冬春干旱，在湛江11月开始后才会比较凉快些，外出旅游最适宜不过。

阳江最佳旅游时间一般是10月至次年3月，这里夏秋季多台风，每年的4~9月为雨季。

茂名四季皆宜旅游，茂名属于热带向亚热带过渡地带，春秋是最佳旅游时间。

湛江海湾大桥

区域解读

湛江区号：0759
阳江区号：0662
茂名区号：0668
面积：32 657km²
人口：1589.58万人

地理 GEOGRAPHY

区划

湛江市下辖4个区（赤坎区、霞山区、坡头区、麻章区）、3个县级市（吴川市、雷州市、廉江市）和2个县（徐闻县、遂溪县）。

阳江市下辖2个区（江城区、阳东区），1个市（阳春市）以及1个县（阳西县）。

茂名市下辖2个区（茂南区、电白区），代管3个县级市（高州市、信宜市、化州市）。

地形

湛江境内大部分是武岩台地和滨海平原，多岛屿、港湾，地势北高南低，以北部廉江市境内的双峰嶂（382米）为最高点。

湛江港的海岸线全长460多千米，仅内港岸线就长达241千米；湛江较大的河流有鉴江、九洲江、南渡河以及雷州青年运河等。

气候

湛江属亚热带海洋性季风气候，因深受海洋影响，这里没有明显的四季之分，终年温暖湿润，皆宜旅游，但每年的7~9月，湛江易受台风等热带风暴的影响。

历史 HISTORY

湛江历史大事记

据考古学家发现，湛江地区远在4000年前的新石器时代中晚期就已经有人类居住。

公元前214年，秦始皇统一六国后派遣任嚣、赵佗平定南越，设置桂林郡、象郡、南海郡，今湛江地区属于象郡。

唐代，政府“徙闽民于合州”（即雷州半岛），雷州地区的人口开始增多。雷州逐渐成为东通闽浙的重要港口，“巨舶往来，可致千里”。

湛江海滨

湛江古兆度假村

南宋末年，元兵南进，闽、潮沿海大批居民从海路南迁，老市区赤坎开始成埠。宋朝，雷州地区的外贸相当发达，“雷州知州郑公明、赵伯柬因使铜钱博易番货而遭到放罢”。

明清两代，雷州的手工业有了较大发展，尤以葛布著名。雷州地区的商业在明朝中期已相当繁荣，在5条街道上分行设市。雷州城区规模到清朝中期已达3.2平方千米。

清康熙、乾隆年间，在内港康皇庙附近设雷州口海关部，今关部街由此得名。全县的传统手工业、现代工业，2/3集中在雷城。

1899年11月，湛江地区开始了长达45年的法国殖民统治。

1945年9月21日，由我国收回，以广州湾范围划设市治，定名为“湛江市”。1946年1月15日湛江市政府正式成立，为省辖市。

名单 湛江历史名人

明代廉史周德成

清代著名才子林召棠

清代考古、语言、文学大师陈昌齐

著名抗清人物乌石二

著名抗法英雄吴邦泽

首任中国驻美公使陈兰彬

我国近代爱国名医蔡忠

国民党十九路军爱国将领张炎

国民党抗日爱国将领李汉魂

阳江历史大事记

1960年阳春县陂面发现独石仔旧石器时代晚期、新石器时代初期遗址，说明距今14000多年前已有人类在漠阳江流域生息繁衍。

秦始皇统一六国后，在岭南设置了桂林郡、南海郡、象郡，现在的阳江地区属其中的南海郡。

唐太宗贞观二十三年（649年），阳江县、西平县、阳春县、杜陵县等从高州分出，建为恩州，州治在阳江。从贞观年间唐太宗时建恩州起至洪武元年（1368年）朱元璋撤除恩州止，这一地区被称为恩州达719年之久。

1988年2月10日，国务院批准建立阳江市（地级），下辖阳西县、江城区、阳东区。

海陵岛

名单 阳江历史名人

清代著名教育家、公益家、艺术家邓琳

南国诗人阮退之

中国现代国画大师关山月

中国现代著名油画家苏天赐

中国当代一流的音乐家、作曲家、指挥家何士德

茂名历史大事记

汉高祖元年（前206年）汉朝建立后，赵佗建立南越国，今茂名市属于南越国管辖。

隋朝开皇十八年（598年），为了纪念潘茂名为民灭害除病和用石船救水灾居民的历史功绩，朝廷以其名设立茂名县。

1959年3月22日，国务院决定设立茂名市（县级），由湛江专区领导；1975年11月22日，茂名市升为地级市，由广东省管辖。

名单 茂名历史名人

杰出的女政治家和军事家冼夫人

道教先驱潘茂名

岭南著名才子陈鉴

南宋著名将领黄十九

著名的农业科学家、水稻专家丁颖

著名油画家丁衍庸

著名教育家林砺儒

湛江人民的抗法斗争

1925年3月，我国现代著名诗人和学者闻一多先生写下了名篇《七子之歌》，诗歌以拟人的手法，将我国当时被列强掠去的澳门、香港、台湾、威海卫、广州湾、旅顺、大连七处失地，比作远离母亲的七个孩子，哭诉他们受尽异族欺凌，渴望回到母亲怀抱的强烈情感，其中第五章广州湾即是现在的湛江。

1898年3月11日，法帝国主义向清政府提出“租借”广州湾（即湛江）的无理要求，并于当年4月22日派出军舰在遂溪县的海头汛武装登陆，强占海头炮台。对此，清政府却委曲求全，屈膝投降，竟然派官员与法军划定租界。法帝国主义入侵后，所到之处四处烧杀掳掠，妄图扩大“租界”范围。敌人的野蛮暴行激起了广大人民的极大愤慨，进而爆发了震惊中外的抗法斗争。

1898年6月19日，南柳、海头、绿塘、洪屋（霞山区沿海一带）等地村民500多人在吴帮泽等的率领下首举抗法义旗，歃血誓师，以大刀、长矛、木棍等为武器，攻打广州湾的法国侵略者。之后，抗法斗争风起云涌，湛江人民在代理知县李忠珏（上海人）的支持下成立抗法团练，抱着“寸土当金与伊打”的信念，与敌战斗十余次，打退了装备精良的敌人的数次进攻。

但是，清政府却向法国侵略者节节退让，钦差大臣苏元春于1899年11月16日不顾人民反对，竟与法国海军提督高礼睿签订了丧权辱国的《中法互订广州湾租界条约》，把广州湾租借给法国，期限99年。但慑于人民的反抗，法国不得不将租界西线从万年桥（现遂溪县新桥糖厂附近）退至赤坎西面的文章河桥（今寸金桥），租界范围从纵深一百几十里缩小至三十里。

同心挽狂澜，春风绿古城

雷州古城位于中国大陆最南端，是国家历史文化名城。它以雷著称，因雷而得名，古称“天南重地”。古老的雷州石狗见证着它的

雷州苏东坡雕像

荣辱兴衰，川流不息的南渡河诉说着它迂回曲折的历史进程。

雷州城是一座有名的历史港城。西汉时，雷州港曾作为我国海上丝绸之路的外贸港口，满载丝织品、古陶瓷的西汉官船自雷州城南的沿海口岸起航，与南亚、西亚及欧洲等地经商贸易，国内闻名的雷州葛布、古瓷器及工艺品远销异国他乡。唐朝时雷州港为雷州东通闽浙的重要港口，当时“巨舶往来，可致千里”。明朝指挥魏怀信在内港西侧建“偃波轩”作为督造船舰的地方。商业在明朝中期已相当繁荣，在5条街道上分行设市。清康熙、乾隆年间，城区规模已达3.2平方千米，与现在旧城区的规模基本相同。

雷州城也是一座有名的文化古城。宋朝时期，寇准、苏轼、苏辙、秦观等名臣和文化名人曾被贬来雷州或路过滞留雷州，为这里带来了中原文化；同时，宋代这里还建了县学官和府学官，并设莱泉书院。至清代，雷阳书院已经成为广东省6大书院之一，宋至清有进士21人，举人151人。清末，雷州城办起雷州中学、广东省第十中学、省立雷州师范学校。

链接

南方兵马俑——雷州石狗

雷州石狗信仰习俗主要存在于雷州半岛中部的湛江市，覆盖范围包括雷州半岛、海南岛、广西、越南北部等广阔区域。雷州石狗经历了自然崇拜、祖先崇拜、图腾崇拜、守护神、吉祥物的发展过程，是汉越文化融合的产物，石狗的雕刻、祀立、供奉是雷州石狗习俗的主要内容。它从选材、工艺、供奉地点、文化认同等方面展示了雷州工匠的智慧与精湛的技艺，展示了雷州先民的独创精神及美好愿望，是雷州半岛带有广泛性与普遍性的地方特色民俗文化。

雷州市的石狗文物分布密集，遗存丰富。全市已发现石狗近10 000尊，雕刻年代从战国至现代，石质为玄武岩。雷州石狗是一个庞大的“家族”，“成员”的脸谱各异，造型艺术林林总总，有卧相、蹲相、坐相等，具有明显的时代特征及乡土气息。

巾帼英雄——谯国夫人

谯国夫人也叫冼夫人，公元522年出生于高凉郡山兜丁村一个世代为俚族首领的冼姓家庭。冼夫人生活于梁、陈、隋三个朝代，是我国闻名的俚族女首领，她一生致力于维护祖国统一和民族团结，反对叛乱掠夺和贪暴，高瞻远瞩，有勇有谋，是一位卓越的女政治家和军事首领，周恩来总理称她为“中国巾帼英雄第一人”。

冼夫人20多岁时，就力请南朝梁丁海南设置崖州，使自汉元帝时起脱离大陆656年之久的海南岛重新回归中央政权的统治。她还教化民众，传播先进的文化与技术，极大地改变了以往海南的部族割据、互相残杀、茹毛饮血的原始落后局面，使海南社会安定，经济发展。

梁太清三年（549年）三月，梁将侯景叛乱，攻陷都城建康（今江苏南京），把梁武帝围困在台城（宫城）内。高州刺史李迁仕认为，这正是割据称雄的好机会。他假称有病，拖延发兵救援的时间。为了一举成功，他想争取冼夫人的支持，因为冼夫人在俚族人民中威望很高，只有通过她，才能把当地的俚族人煽动起来参加叛乱。而要取得冼夫人的支持，就必须让冼夫人的丈夫冯宝也参加叛乱。但是主张维护国家统一的冼夫人，打碎了李迁仕的如意美梦。并且配合梁朝始兴太守陈霸先平定了侯景的叛乱，解救了梁朝的危亡，维护了国家的统一。

隋灭陈时冯宝已死，冼夫人担当重任，被部众公推为“圣母”，统一调度保境安民事

冼夫人纪念馆画像

冼夫人纪念馆塑像

务。开皇九年（589年），隋灭陈，同年进军岭南。隋将韦洸由江西向岭南进军，陈太守徐瓆据守南康，韦洸不敢前进。韦洸派人写信给冼夫人，告知陈朝已亡，劝她归隋。冼夫人得书，即召集地方首领会商，议定后，便派孙子冯魂率兵击败徐瓆，迎接韦洸到广州。

开皇十年（590年），隋文帝选派裴矩巡抚岭南，整顿政纪。冼夫人再次以国家大局为重，派孙子冯盎带兵击败王仲宣，解广州围。冼夫人还亲自率队陪同裴矩一起巡抚20余州，使岭南局面稳定下来。朝廷嘉奖冼夫人为谯国夫人，授予其选任长史以下属官和调度6州兵力的特权。

隋朝开国以后，改广州为番州，除了倚重谯国夫人坐镇岭南地区以外，更由朝廷派赵讷为番州总管，统辖地方政务。由于赵讷贪污不法，动辄苛虐番民各部族，使得怨声四起，纷纷上书朝廷，指斥赵讷的种种不法情事，有的甚至叛离朝廷而自立。隋文帝下诏谯国夫人惩治赵讷，并招抚诸部族。

谯国夫人识大体、明大义，安抚百姓、绥靖地方，使岭南安定繁荣达半个世纪；她虽然历事三朝，但始终忠于她的部族，忠于她的职守，对一个女人而言，确实是难能可贵的。

文化 CULTURE

体会湛江红土风情

壮阔或秀丽的自然景观，可以让人领略造化的神奇；悠久而深远的人文历史，可以使人感知文明的魅力。到过湛江的游客，没有不为这里的自然景观和人文历史而激动的。一年四季满眼的绿，湛蓝湛蓝的大海和天空，脚下是如晚霞一般颜色的红土，耳边流传着雷州城古老的故事，音韵动听的雷歌……

红土文化是广东雷州半岛一种具有地域特色的文化。地处雷州半岛的广东湛江有着千年的历史文化底蕴，其中，雷州石狗、“舞蹈活化石”傩舞、东海岛人龙舞、吴川飘色、遂溪舞狮等被列入国家级非物质文化遗产名录。

湛江是红土文化风情游览的理想之地。丰富的名胜古迹，独特的民俗风情，构成一幅幅魅力十足的画面。如果说景点名胜是一种历史文化的结晶，那么渗透着南亚热带特色的民俗风情则是一种活着的红土文化，其洋溢粗犷、扩张活力的姿态，在我国民间文化中独树一帜。

孕育于雷州、吸收了中原古文化精华的雷歌、雷剧，堪称为红土文化的奇葩，这是一种最容易把人引入红土文化氛围的艺术，游人闻之，无不为之击节叹赏。在吴川，每年的元宵节是湛江的嘉年华会，飘色、泥塑、花桥被称为“吴川三绝”。东海岛的人龙舞与别处以竹、布为龙身不同，东海岛的人龙舞均为精壮汉子和儿童按一定的次序排列，腾挪跳跃，灵动矫健，龙是人，人是龙，把“龙的传人”演绎得更加形象、贴切，这在我国民间传统的龙舞中是绝无仅有的。

中国刀剪之都

阳江刀剪业有着悠久的历史，由此也衍

生出了深厚的具有地域特色的刀剪文化。刀剪业与刀剪文化相伴相生，一路走来，使阳江刀剪历经千年不衰，从20世纪末开始更是强势崛起，超越所有对手，成为全国刀剪行业的领军者，阳江也由此成为“中国刀剪之都”。

多少年来，“王麻子”“张小泉”作为中国刀剪业最响亮的传统品牌，声名流传于大江南北，没有任何一地的刀剪文化，足以撼动这两棵大树。可是自从20世纪90年代开始，一匹“黑马”冲到了它们身边。以“十八子”为代表的“阳江刀剪”，挟1400多年的历史文化底蕴，渐渐为世人所认识，所瞩目。世人终于明白：一直处在“王麻子”“张小泉”光芒之外的“阳江刀剪”，其实也有着不同凡响的传统和实力。

阳江刀剪产业称雄全国。近百亿元的年产值，占了全国半壁江山还多。表面上看，这是近20年来阳江刀剪业质量技术进步及产业集聚的成功。但深究一层，阳江相沿1400多年的刀剪行业发展历史，传统刀剪文化的氛围，做刀人对“做一把最好的刀”的孜孜追求，则是阳江今天发展成为“中国刀具之都”的基因和内驱力。

漫漫千余年，打铁造刀行业深深影响了阳江的地域文化。以往阳江人到了年关，家家户户都喜欢买一把新的“大利”（大刀、小刀），图个吉利。还有一种民间习俗“破蔗”，即把一根甘蔗竖在地上，参赛者持刀砍落，刀砍到什么地方，这段甘蔗就属于他。这是当年许多阳江农村孩子的游戏，后来也曾流传到周边一些地方。这种习俗，与阳江盛产质量上乘的刀具大有关系，人们也以拥有一把好刀而自豪。

阳江刀剪文化，已成为广东众多地域特色文化中的一朵奇葩。阳江的刀剪生产有意识地融入了地域文化和中国传统文化的因子，千年相沿的刀剪文化在阳江得以光大，并成为阳江建设“文化名城”的一项重要内容。

链接

阳江三宝

“阳江三宝”主要由阳江小刀、阳江漆器、阳江豆豉组成。

阳江小刀以其锋利、美观、耐用而享誉海内外。近半个世纪以来，国内外人士都一致称阳江小刀是“小刀之王”，多次荣获部优产品称号，涌现出“十八子”“盛达”“三人”“厨乐”等知名刀具品牌。

阳江漆器素以平滑淡雅，久用愈亮，牢固耐用而著称。阳江漆器在装饰上多采用平绘手法，取材于花鸟山水。它用笔简练，流畅生动，色调明快，刻工精细，风格豪放，形成了浓厚的地方色彩。

阳江豆豉生产制作历史已有近千年，历史悠久、中外驰名。阳江豆豉选用本地产的黑豆为原料，以其独特的传统工艺，历时两个月的时间发酵酿制而成；色泽乌黑油润、豉肉松化、豉味浓香、味道鲜美、风味独特，是调味佐膳佳品，也是食品加工行业的主要原料。阳江豆豉现在远销澳大利亚、加拿大、日本等38个国家和地区，以其优良的品质被客商誉为“一枝独秀”。

王麻子剪刀铺

阳江风筝的独特韵味

中国风筝源远流长，从古至今在风筝文化的不断沉积之中形成了风筝的“五大流派”。在风筝文化千年的不断延续之中，在原来的“五大流派”中又产生了“南有阳江，北有潍坊”的这样一种形势。在国内，阳江与山东的潍坊匹敌，南北遥相呼应，成为中国南北风筝实力最为强大，最有可比性的两个流派。

阳江背山面海，旷野辽阔，到处都是天然的放飞场。阳江人扎制的风筝，种类繁多，造型美观，技术精巧，栩栩如生，不但放飞效果良好，而且形神兼备。

阳江风筝的文化韵味，首先表现在制作风筝的取材上，其特点是取材广泛、品种繁多、内涵丰富。阳江风筝的文化韵味，还表现在风筝的做工和造型上，最具代表的就要数“龙头蜈蚣”风筝了。放到高空时，能摇头摆尾，犹如蛟龙出水、神龙飞天，真是栩栩如生，有的还能附加特技表演，如“龙吐珠”“戏鞭炮”“龙头吐火”等，有声有色，游人看了无不拍手称绝。最后，阳江风筝的文化韵味当然就体现在放风筝上了。每逢九九重阳节，秋高气爽，正是纸鹞放飞的最佳时节，放风筝便成了民间最兴盛、最有趣的赛事。从某种意义上说，放风筝正体现了阳江人渴望飞翔、渴望自由的人文思想。

地方流传说，早在南朝至隋时期的岭南巾帼英雄冼夫人于阳江治所时，城池曾为叛军所围，冼夫人命人扎、放“风筝”（纸鹞）于高空，传递“危情”搬来援兵。城池围困解除后，民间百姓将冼夫人开创的扎制、放鹞作为习俗延续至今，算起来也有1400多年的历史了。

风筝制作在阳江有着非常广泛、深厚的群众基础，家家男女老幼都会自己动手制作风筝，在屋前空地、田垄旷野随风起放。阳江风筝的制作技艺经过了无数代名师的改进和创造，放飞时能依风力、风向变化而调节，突出最佳的“放飞”效果。

提线木偶戏

高州木偶戏

高州木偶戏，也称“傀戏”“傀仔戏”，是国家级非物质文化遗产，也是群众喜闻乐见的民间戏曲艺术。

高州木偶属杖头木偶，始于明朝万历年间，是在福建布袋木偶的基础上发展起来的。高州木偶制作讲究。高州木偶选用质地细软的枝松木雕刻并加以彩绘、装潢；头部和手部串以竹竿，操作自如，眼、口、舌、鼻均可活动，表演时栩栩如生；服装、发饰、头盔及各种道具丰富多彩；角色分生、旦、净、丑等。

高州木偶戏以高州白话演出，以高州山歌调为基础形成木偶腔，唱词为7字诗体句式。木偶表演以叙事方式进行，没有完整的文字剧本，只有演出大纲，记录戏目大概情节。内容多取自历史演义、公案小说、民间传奇、神话故事等，传统剧目不下数百种。木偶艺人集唱、念、做、打和奏乐于一身，技艺高超。

高州木偶戏没有固定的演出场地，只需一小块空地就可搭台演出。戏棚一般由8~10根木条或竹竿搭建而成。单人木偶班戏棚狭小，约四尺见方，四柱八横，前面挂一块围布，使观众不见艺人，只见木偶像。顶上一块布幕，以遮挡风露。棚架两旁横木钻孔以插杖头。中班戏棚比单人戏棚宽阔，中间用布景布隔开前后台，前台是演出场所，后台放置戏箱。大班戏棚规格比中班大一倍。高州木偶戏一年四季都有演出，以春季最盛，元宵、年例和喜庆节日都是演出旺季。

品茂名荔枝

茂名种植荔枝的历史悠久，至今已有两千多年的历史。从唐朝开始，茂名荔枝就成为历朝贡品。唐朝诗人杜牧《过华清宫》云“一骑红尘妃子笑，无人知是荔枝来”，说的就是当年高力士用八百里快骑日夜兼程送茂名荔枝入朝博得佳人一笑的故事。时至今日，在高州根子镇柏桥村和电白区禄段村还有当年采果进贡的老荔枝园，人们一直称之为“贡园”。

荔枝

茂名荔枝比其他地区早熟一个多月，得天时、地利。自20世纪90年代起，茂名每年举办一期荔枝节，以荔枝为媒，旅游、文化搭桥，经贸唱戏，八方佳宾、客商和游人会聚，参观果园，品尝新鲜荔枝，进行经贸洽谈交易，甚是热闹，已成为当地一大节庆活动。

每年4月中旬三月红荔枝开始上市，5月上旬白糖罂、妃子笑荔枝成熟上市，5月中旬黑叶、白蜡等荔枝陆续成熟上市，比广西、珠三角同种水果早熟10~20天。茂名荔枝畅销全国各地，并远销日本、欧盟、美国、加拿大、荷兰、新西兰、新加坡、中国香港等国家和地区，深受消费者的欢迎。

宋代大文豪苏东坡说：“日啖荔枝三百颗，不辞长做岭南人。”茂名荔枝将会让你感同身受。

链接

茂名荔枝节

茂名人钟爱荔枝，情系荔枝，孕育积淀了深厚的荔枝文化。茂名市从20世纪90年代起，开始每年举办荔枝节，至今已经举办八届。茂名荔枝节以荔枝为媒，旨在“广交朋友、宣传茂名、发展经济、弘扬特色文化”。

茂名荔枝节一般在每年5月下旬至6月初举行。茂名荔枝节内容丰富多彩，形式多种多样，有山歌擂台、粤剧曲艺等大型文艺晚会表演，还有采尝观赏荔枝、书画家“翰墨丹青”进荔园采风等丰富多彩的活动。

景点推荐

湛江旅游区

寸金桥公园

湛江最大的亚热带园林式公园

湛江市赤坎区南方路

寸金桥桥名含“中华国土寸土寸金、不容外敌侵占”之意，以纪念1898年当地人抗法斗争。桥西头竖纪念碑一方，记抗法斗争事迹始末，郭沫若题字“一寸河山一寸金”。1964年2月，国家领导人董必武来湛，为桥题诗：“不甘俯首听瓜分，抗法人民组义军。黄略麻章皆创敌，寸金桥隔自由云。”

寸金桥两侧为寸金桥公园，公园建于1958年，原名“西山公园”“人民公园”，1981年3月改名。抗法英雄塑像庄严地立在公园大门宽敞的广场上，正气凛然，威武不屈，体现了湛江人民的英雄形象。

湛江观海长廊

海滨城市景观

湛江市赤坎区东部海滨

观海长廊地处湛江城区黄金海岸地带，全长约2.5千米，根据其地形现状分为南、中、北三个区。南区较狭长，以紫荆广场居中，两翼园道收分有致，曲弯自如，特别是北翼的园道曲直对比，同时节点连接灵活，小型空间收放得体。中区地形宽广，分东西两面，东面冠名“观海台”，有园路通绕，整体以草地为主。北区以海螺广场为主，种植着不同的棕榈植物。

金沙湾 AAAA

观海休闲公园

湛江市赤坎区金沙湾东海岸

金沙湾景区自西向东分为多个区域，包括水上运动中心区、人文景观展示区、沙滩亲水活动区、中心广场景区、生态之旅景区和滨湖公园区。在景区内，游客可以欣赏到各种雕塑和手印石刻。其中，《奥运女神》和《水之花》等雕塑展现了艺术与海洋的完美结合。而曾获得世界、国内冠军的20名湛江籍运动员的手印石刻，则是对他们辉煌成就的永久纪念，也激励着更多人追求卓越。此外，金沙湾还提供了丰富的沙滩亲水活动。

海滨公园

湛江的“城市客厅”

湛江市霞山区海滨大道南路

海滨公园建成于20世纪50年代，以植物景观和生态造景为主，园内保留有良好的生态环境。这里有细白的沙滩、湛蓝的海水、挺拔的椰树、如茵的芳草、鲜艳的花卉，富有亚热带海洋风光，被称为湛江的“城市客厅”。公园主题雕塑大门为欧式建筑风格，由20根圆柱顶起一弧形柱廊，公园上方镶嵌着9幅汉白玉浮雕，浮雕描绘了湛江百年历史，广场地面用红、褐、灰三色马赛克拼成一幅世界地图。

广州湾法国公使署

湛江百年历史的见证

湛江市霞山区海滨路

广州湾法国公使署建于清光绪二十九年(1903年)，建立后至1945年，广州湾租借地法国公使署均设于此。1946—1949年湛江市政府、1950—1954年湛江市人民政府亦设于

广州湾法国公使署

此。公使署为混凝土结构，典型的法式建筑风格。公使署室内宽敞明亮，里面设有壁炉和装饰性门窗。广州湾法国公使署遗址离时代广场很近，可以一并参观。

三岭山森林公园 AAAA

湛江的“市肺”

✉ 湛江市霞山区西南郊3千米

三岭山位于广东湛江市区西南3千米处，由三座山岭相连接而得名，最高峰海拔140.1米，在顶峰可览市区全景和湛江海湾景观。这里环山依水，一派湖光山色，大小不一的山岭连绵起伏，山沟峡谷形态各异，林木茂盛，云蒸霞蔚，鸟语花香，是一个集旅游、观光、科普教育、休闲度假和运动娱乐于一身的生态郊野公园。

金鹿园

华南地区最大的养鹿基地

✉ 湛江市湖光岩风景区北侧，距湖光岩1千米

金鹿园占地近百亩，与湖光岩、南亚热带植物园共同构成环湖生态旅游圈，附近空气清新，景色优美，是湛江市理想的天然“氧吧”。鹿在中国自古就有吉祥、福瑞之意，金鹿园养殖的梅花鹿性情温驯，毛色颇具质感，极富观赏性。在绿草茵茵、曲径通幽的园区中，游人可以尽兴地享受逗鹿、喂鹿的野趣，给旅程增添不少轻松和惬意。

湖光岩 AAAA

火山爆发的遗址

✉ 湛江市麻章区湖光镇

湖光岩是国家地质公园，是20万年前火山爆发的遗址。湖光岩为中国玛珥湖的典型代表，湖底的沉积物真实地记录了10多万年以来古气候、古环境的变化情况，蕴含着丰富的热带亚热带气候环境的变化信息，

被专家们誉为“天然环境变迁年鉴”。湖光岩为火山岩环抱，湖水清澈如镜，湖四周悬崖陡壁，火山岩层理、韵律清楚。湖深18米、底有一深洞。湖中无落叶，湖区无青蛙，是为奇谜。

园区历史悠久，早在隋朝时期，佛教僧人就依岩而建楞严寺、白衣庵等古刹，宋朝丞相李纲题写的摩崖石刻“湖光岩”存留至今。

玩家解说

湖光岩是中国唯一的玛珥湖。玛珥的英文“Maar”来源于拉丁文“mare”，即海的意思，是一种封闭式特殊类型火山口形成的火山湖，是世界上罕见的不可再生的地质资源，是全球古气候、古环境科学研究的“天然年鉴”和“自然博物馆”。目前世界上仅发现了两个玛珥湖，另一个位于德国。

湖光岩还有很多有趣的谜团，其一，湖光岩与外界地表水系不相通，但湖水旱不涸、涝不溢，这满湖碧水从何而来又往何而去，让人大惑不解；其二，湖水清澈见底，自净能力强，沿湖有茂盛的草木，但湖面几乎没有漂浮树叶等杂物；其三，水中无蛇无蛙，但鱼类丰富，最大者长近2米，重达上百斤。

湖光岩

南亚热带植物园

湛江八景之一

湛江市麻章区湖秀路1号

南亚热带植物园是我国南亚热带作物重要的综合性科研基地，长期从事热带植物的引种和开发利用工作，是湛江八景之一。园中收集和培育的热带植物有1000多个品种，包括能让人们吃酸变甜的神秘果、具“百果之香”的鸡蛋果、“世界干果之王”澳洲坚果、“热带果后”山竹以及味道奇特的毛叶枣、番荔枝、珍珠莲雾等热带水果珍品。还有紫檀、油楠、印尼桂木等世界名贵树木。

海上城市

一个新兴的海洋生态旅游项目

湛江市霞山区湛江港

“海上城市”原名“巴西玛鲁”，是日本一艘国际远航客货轮，已有四五十年的历史。这是一个新兴的海洋生态旅游项目，以美丽的海滩、蔚蓝色的大海、亚热带风情为组合的海上旅游娱乐景区。夜幕降临，海上城市灯火通明，犹如镶嵌在湛江海湾中的夜明珠。

东海岛

国家森林公园

湛江市麻章区东简镇

东海岛是一个平坦而开阔的大海岛，岛上最出名的莫过于龙海天沙滩，延绵28千米，是中国最长的海滩，仅次于澳大利亚的黄金海岸，为世界第二，已被载入吉尼斯世界纪录。

在这个海岛上，拥有各种异国情调的别墅群、别具风采的民族村，还有天然形成的温泉泳池、蔚为壮观的红树林，令人流连忘返。“东海人龙舞”是这里的特有民间艺术，是人搭人构成的长龙，被誉为“东方一绝”，1992年“五一”节曾应中央电视台的邀请上京演出。

硇洲岛

中国第一大火山岛

湛东港与东海岛之间

硇洲岛，古称硭，是一个50万~20万年前由海底火山爆发而形成的海岛。其南国风光饮誉中外。岛中名胜古迹众多，有南国著名的旅游度假胜地——那晏海石滩，有十分理想的天然海浴场，有与伦敦、好望角灯塔齐名的世界著名三大灯塔之一——硇洲灯塔。另外，硇洲岛人杰地灵，物产丰富。它是南海大陆架的一处肥沃渔场，盛产享誉世界的硇洲鲍鱼、龙虾等名贵水产。

硇洲灯塔

著名的灯塔之一

湛江市麻章区硇洲岛马鞍山

硇洲灯塔位于硇洲岛海拔81.6米的马鞍山上，灯塔高23米，由麻石一块块砌成，石块与石块之间非常吻合，浑然一体。

它的中央底部设一封闭式能转动的托盘，内置水银，承托着整个灯座架。座架由160多块弧形水晶三棱镜片，组成一个焦距2米的抛物面反射架体，座架两边每个圆的中心相对处，装有凸透镜一片。在座架中央悬挂一盏400千瓦的荧光灯。座架由马达带动，以每12秒转一周的速度，周而复始地旋转。强大的光束通过水晶三棱镜面不同的位置、不

硇洲灯塔

同的角度，互相折射，最后分别汇集在两片凸透镜上，以水平方向放射，射程为26海里（约48.2千米）。

南三岛

距湛江市区最近的外海旅游点

湛江市坡头区南三岛东部

坡头区南三岛，自古以来便是水土肥美，让候鸟眷恋的一方净土，故古称鹭洲岛。南三岛地势平坦，没有岭，特色是林海与大海相映，海产与养殖并茂。旅游南三岛，探林海、游南海、听涛声，访养殖户，参与捉小海，在渔村中吃海鲜，看日出日落，不失为一种返璞归真的享受。

蓝月湾 AAAA

热带海滨园林风光

湛江市海滨宾馆内

蓝月湾温泉包括1个大泡池、4个中泡池、30多个风情各异的小泡池及大小游泳池各1个。温泉源自600多米地底深处，泉水水温43℃，水质无色透明纯净，不受地表污染，对风湿、关节炎、神经性骨痛等多种疾病均有特殊疗效。

雷州古城

岭南古郡，海北奇观

雷州市，距湛江市区70多千米

雷州是人文荟萃之地，历代南来的文人

骚客、谪官贬臣多会于此。雷州地处天涯海角，文明史源远流长。特别的地理位置和历史的渊源使得这里名胜古迹众多，人文景观丰富。众多文物古迹，独特的雷州文化，迷人的半岛风光，构成雷州古城得天独厚的旅游风景线。

玩家 解说

雷州历史悠久，战国时“楚子熊挥受命镇粤，至此开石城，建楚豁楼，以表其界”。西汉元鼎六年（前111年）在此屯兵为城。唐代以后雷州城地位日益重要，宋、明两代曾大规模扩展城郭，其不仅是古代的政治中心，而且是古代军事防御要塞，被称为“天南重地”。现古城内保留着方城十字街、骑楼式楼房及传统民居的环境风貌。

雷州城自古就是一座有名的港城。城区处在河海交通的枢纽，南渡河支流绕城而上，干流东流泻入南海，城南有雷州港，外港叫港头，距城7里，内港在城区今关部街。西汉时期，城南已经开设港口雷州港，打通了海上交通的航路。唐时是中国南海“海上丝绸之路”的始发港之一，对外贸易的重要口岸。

茂德公鼓城度假区 AAAA

以鼓为主题元素打造的度假区

湛江市雷州市文化路8号

茂德公鼓城度假区是以鼓为主题元素打造的度假区，以古雷州府城池为参照，融入雷州半岛古民居建筑风格，多处景观采用鼓元素。度假区内设有主题文化酒店、剧院、特色食街、茶楼、咖啡馆、电影院、本土特产店和民俗特色工艺坊等，晚上还有雷州民俗文化舞台剧表演。游客不仅可以换装汉服沉浸式体验古风之旅，还可以在鼓城内欣赏到不倒翁秀、茂府招婿、靠活巡游等精彩活动。

天成台

海滨旅游度假胜地

粤西名港——乌石港港门右侧的北拳海滩

天成台旅游度假村北峙草帽岭，南眺东坦山，东见渔家乐业，西抱涛声入怀，为我国

天成台

大陆最南端的海滨旅游度假胜地。天成台旅游度假村，濒临北部湾、三面环海，有长达约4千米的金沙滩，沙质清洁细润，椰风海韵，碧海蓝天。附近海底有大片活珊瑚。

吴阳古镇

历史文化古镇

吴川市吴阳镇

吴阳是广东西部著名的历史文化古镇，是历代吴川县城所在地，“吴阳自古多骚客，醉赏流连不欲还”，吴阳乃仙境胜地，有“名胜古迹冠吴川”之称。现存的文物古迹众多，镇区内有始建于南宋的极浦亭、读书楼，元朝的圣殿（学宫），明代的双峰塔，清朝的状元府、状元坊等。

玩家 解说

吴阳是粤西著名历史文化古城镇，已有1300多年的历史，物华天宝，人杰地灵。清道光三年（1823年）癸未科状元林召棠就是本镇霞街村人。现存文物古迹众多，镇区内有始建于明代的双峰塔、古城、读书楼、古兴隆寺、城隍庙、白衣庵，清朝的状元府、状元坊，中山纪念堂以及限门寨东炮台遗址、芷寮港遗址等。吴阳风景秀丽，古代著名“吴川八景”中吴阳独占六景，即东海朝阳、一览凭高、文翁耸翠、极浦渔归、延华弄月、港门飞雪。时光流逝，历史更替，部分景点虽已时过境迁，但现存景点仍焕发着历史的光彩，让人叹为观止，成为吴阳一大旅游资源。

鼎龙湾国际海洋旅游区 AAAA
世界滨海欢乐王国

📧 湛江市吴川市麓岛二街

鼎龙湾国际海洋度假区占地约2.5万亩，坐拥16公里长黄金海岸线，是集星级酒店群、环球特色小镇、海洋度假休闲、海洋文化体验于一体的旅游度假综合体。度假区内有约500亩的德萨斯水世界、德萨斯牛仔小镇、特色商业街区、情人沙滩、风情街、海之角、温泉乐园等景点。

贵生书院
“贵生”精神

📧 徐闻县徐城镇古城内圣殿塘东50米处

贵生书院是明代大戏剧家汤显祖于万历十九年（1591年）贬任徐闻典史时，有感于当地士子轻生，因而倡建此书院。书院前有明代石道，东西走向，路面有牛车车轮碾成轨迹2道，深达13厘米。沿石道西走300米碾有学宫，建于明朝。

徐闻珊瑚礁
中国最大的珊瑚礁自然资源

📧 湛江市徐闻县西部角尾乡和西连镇沿海

徐闻珊瑚礁形成于约1万年以前，是中国大陆沿岸少有的发育和保存完好的现代珊瑚岸礁。保护区濒临的角尾乡和西连镇为滨海地区，三面临海，地势低平，北部稍高，南部较低，地质多为沙壤和沙质土。

高桥红树林
中国大陆第一大红树林带

📧 廉江市高桥镇

高桥红树林系中国大陆地区最大的连片面积红树林生长区，为广东湛江红树林国家级自然保护区之核心区。高桥红树林品种

高桥红树林

多，树龄长，林相美，隐藏的动物千奇百怪，远远望去，层层叠叠，密密匝匝，莽莽苍苍，成为独特的旅游资源。北宋大文学家苏东坡曾在这里留下古迹“松明八井”。

谢鞋山
面积庞大的原始次生森林

📧 廉江市廉城镇东南5千米的谢鞋村

谢鞋山由两峰形成，又名狮子山。山上林木葱茏，尖冠奇绝。特别是满山的野生荔枝树，成为我国少见的生存着的野生荔枝林。由于资源十分罕见，谢鞋山既是生态保护区，也是神秘的旅游区。

链接

谢鞋山名字的由来

山下村人杨钦，曾任明翰林院编修，辞官回乡时，明成祖朱棣赐其一双鞋。为不忘皇恩，杨钦回乡后，把家后的狮子山改为谢鞋山，一直名传至今。山上有杨钦读书处遗址——翰林石椅。又传汉唐的进贡荔枝多为谢鞋山所产，杨贵妃所吃的荔枝也是由谢鞋山专人专马急送去的。

景点推荐

阳江旅游区

海陵岛大角湾海上丝路旅游区 AAAAA

中国十大最美海岛之一

阳江市江城区海滨路38号海陵岛内

40元

08：00~18：00

0662-3887080

海陵岛是国内外不可多得的自然生态海岛，享有“南方北戴河”和“东方夏威夷”之美称，被誉为一块未经雕琢的翡翠。这里不仅有优美的海景和优质的海水浴场，还有吃不腻的海鲜可以大饱口福，是旅游度假的理想之地。

大角湾是海陵岛最知名的景点，素以阳光明媚灿烂、沙滩均匀松软、海水清澈纯净、空气清新多氧而著称，湾内风和浪平。

玩家 攻略

闸坡“帮记饭店”最拿手的是“鸡饭”，以选料精细，烹出香、爽、滑的口感而出名。“新乐大排档”，以烹调各种海鲜出名，价格经济合理。“新城大排档”以经营地方特色饭菜出名。

玩家 解说

阳江市闸坡大角湾位于海陵岛闸坡镇东南，三面群峰环抱，面向浩瀚南海，滩长2.5千米，宽100米，正所谓“山无水不秀，峰无云不媚”，湾内风和浪软，峰顶时有云雾缭绕。大角湾阳光明媚灿烂，是旅游度假的好去处。

十里银滩

世界最长海滩

阳江市江城区海陵镇

十里银滩的特点在于海岸线很长，它的

海陵岛

海岸线长达16.5千米，金色长滩，一望无际。去往海上丝绸之路博物馆的路上，就可见到碧海向金沙涌去的景象。这里沙质洁净均匀，水质清澈透明，是一处海边戏水的好地方。

石觉寺
阳江古八景之一

阳江市江城区漠阳江东南岸

石觉寺始建于唐开元年间，原名开元寺，与开元塔旧址相连。这里香火鼎盛，僧侣云集，八角亭题有"登彼岸"名人字迹，边寺联"漠江水汇三摩地，顿钵山呈一指禅"是清代贡生阎守清所书。

东湖水库
大型水库

阳江市阳东区爱国路

东湖水库，是阳江市最大的水库。东湖湖区水面星星点点分布着108个岛，远望如浮在碧波上的朵朵莲蓬，故名曰"东湖星岛"，连片小岛宛如银盘里的108颗翡翠。

水库碧水青山，清澈晶莹。湖中有水鱼、黄鱼、生鱼和难得一见的娃娃鱼；陆上有20多种动物，还有一棵出土于那龙河的重达58吨、直径4.3米、长26米的古樟树王。

咸水矿温泉景区 AAAA
园林式温泉养生旅游度假区

阳西县城东湖生态开发区内

阳西县咸水矿温泉景区拥有300多万平方米的自然园林和20多万平方米的湖景水系，环境幽雅宜人。咸水矿温泉是该景区的特色之一，它源自县城织策河出海口沙洲中，经年流淌，源源不绝。温泉水温高达76摄氏度以上，为高浓度氯化钠矿泉，极为罕见，对人体健康有益的微量元素含量最多。在温泉中浸泡，让人感到放松舒适，对身心健康也有益处。

景区内还有50多个大小不一、功能各异的公共温泉泡池，组成了全省最大的水疗世界。这些泡池提供了各种不同的水疗体验，让人体会到不同的舒适感受。

此外，景区还设有大型水上乐园，为游客提供各种水上娱乐项目，如滑水道、漂流河、水枪等，可在水中尽情玩耍，享受快乐时光。在住宿方面，景区有200余间不同房型可供选择，包括标准房、豪华房、套房等，能满足不同游客的需求。

沙扒湾风景区
中国的马尔代夫

阳西县沙扒镇

沙扒湾海岸线长2千米，有马尾松林带。它头枕风光秀丽的北仔岭，面向浩瀚的南海。沙扒湾包括沙扒海滨、月亮湾、青洲岛和白额岭等景点。这里，湾似虹，沙如玉，岸边绿林含翠，海面碧波粼粼，是一个理想的天然浴场。

玩家解说

沙扒海面5千米处，有一座青洲岛，那里风平浪静，海产资源丰富，是浅海作业的理想场所，每年春秋月黑时分，照鱼小艇便云集这里进行"照火"作业。渔灯一亮，那些鱿鱼仔、钢针等趋光鱼类就集合到小艇周围，打鱼人用网兜就能把它们兜上来。幸运者，一晚可以兜到100~200斤鱼。这闪烁的渔灯，呈现出毛宁《涛声依旧》的景象，构成了这南国小岛独特的"青洲渔火"奇观。

凌霄岩 AAAA
南国第一洞府

阳春市河朗镇

凌霄岩是以喀斯特岩溶地貌为特征，

凌霄岩

自然山水溶洞为主的风景名胜区。洞内高度120多米，上下分三层，有凌霄大厅，凌霄宝殿和观景台。洞内19条如楼宇般高大的钟乳石柱直撑岩顶，气势磅礴，雄伟壮观。天然形成的一线天、一颗星、水底月为三大奇景，甚是奇妙。

玉溪三洞

洞内石钟乳琳琅满目

阳春市河朗镇凌霄岩北侧

玉溪三洞原名三洞天，古名甘婪水，洞内泛舟，清泉叮咚，溪水清莹如玉，故又名玉溪三洞。洞的"金盏叠泉"，引人入胜。二洞的"三变石"，二洞天外有三窿村，依山临水，梯田叠叠，茂林翠竹，农舍宁静，颇有桃园诗意。玉溪三洞内石钟乳琳琅满目。

链接

玉溪三洞的传说

因为玉溪景区是三座大山骑着一条漠江河，所以关于这里有这样一个传说：相传很久以前，这地方经常发洪水，蛟龙肆虐，民不聊生，生灵、花果、金竹三仙知道后，为救民于水火，请玉帝准允下人间降龙。三仙使尽法宝才把蛟龙降服，为免日后恶龙再次为祸，三仙幻化三座山，把龙镇在胯下，因而变成今天的佳景。

春湾景区 AAAA

电影拍摄选景点

阳春市春湾镇

春湾旅游景区内群峰拢聚，千姿百态，名胜奇多，有龙宫岩、春湾石林、通天蜡烛、慈云岩、通真岩等景点。春湾湖畔的"通天蜡烛"，山峰奇秀，湖山相映，垂柳轻飘，景色迷人，有"小桂林"之称。

春湾石林，也称"百页剑门"，从"百页剑门"进入，草地四周矗立着无数如刀似剑的石峰，高60多米，宽50多米，极其险峻奇特。珠江电影制片厂、香港亚洲电视台等在这里先后拍摄了《岳飞》等30多部影视片。

八甲景区

奇花异草

阳春市八甲镇八甲大山

八甲大山上树林茂密，生长着许多观赏价值高的奇花异草。山上，有一座16万平方米的天池，水质极佳，尝之微甜，池面有游船往来，形成"山顶行舟"的奇观。其中的八甲瀑布有"岭南第一瀑"之称，全长470米，落差248米，5千米内闻其声，10千米外见其形。景区雨水充沛，云雾多，景色瑰丽多姿。

鹅凰嶂

"阳江屋脊"

阳江市西北70千米处

鹅凰嶂，海拔1337米，是广东第二高峰。为广东第一降雨中心，植被保存完好，是广东大陆记载的唯一一块山地雨林。鹅凰嶂莽莽苍苍，巍峨挺拔，其石极黑，其水极清，漫步其中犹如在云雾中穿梭。登上鹅凰嶂顶峰，可俯瞰南海。其山脚下，有著名的里坪风光，那情意绵绵的流水，醉人的山歌小调，古老的水车，犹如世外桃源。

景点推荐

茂名旅游区

茂名森林公园 AAAA

省级森林公园

茂名市茂南区公馆镇

广东茂名森林公园占地面积300公顷，公园总体规划本着“以森林为主，以引种新、奇、特南亚热带植物为主，以科普教育为主”的三个为主的原则，划分为森林休闲区、科普教育区和文化娱乐区。

南海旅游岛·中国第一滩景区 AAAA

中国第一滩

茂名市电白区南部

水东湾第一滩素有“南方北戴河”之称，有洁白的海滩，蜿蜒的林带，海边建有富于异国风采的别墅和民族特色的蒙古包。

度假区内有12千米长的沿海防护林带，这条防护林带于20世纪60年代营造，是我国第一条人工营造成功的沿海防护林带。我国著名画家关山月的名作《绿色长城》就取材于此。度假区曾举办过多届世界和全国女子沙滩排球赛。

虎头山海滨

南国海滨风情画卷

茂名市电白区南部

虎头山海滨是风光毓秀、景色迷人的水东湾省级旅游度假区的重要组成部分。这里有理想的天然海滨浴场，海滩绵延12千米，沙质洁白，宽阔平缓；海水清澈，无礁无鲨，安全条件好，海表温度高，全年适宜海浴时间在280天以上。

放鸡岛海上游乐世界 AAAA

茂名最大的海岛

茂名市电白区博贺港的东南方

放鸡岛，又名湾舟，原名汾州山。据传海船到此必放一只鸡于岛上，予以放生祈求平安，故名放鸡岛。该岛附近海域水深6～12米，能见度可达8米，是一个美丽而神秘的潜水旅游胜地。放鸡岛潜水分为观光潜水和海外船潜、精品潜水、专业夜潜和夜潜狩猎。同时岛上的植被覆盖率也居广东省海岛之冠。

放鸡岛海上游乐世界还有很多娱乐项目，如海面拖曳伞、海泳、潜水、摩托艇、飞鱼、滑水、沙滩车、沙滩排球等，另有木屋帐篷、宾馆，可提供300人同时住宿。沿岛4公里长的游览观光道路，沿途放养了孔雀、鸵鸟等动物与游人共同娱乐。另有木屋帐篷、宾馆，可提供300人同时住宿。沿岛4公里长的游览观光道路，沿途放养了孔雀、鸵鸟等动物与游人共同娱乐。

天马山

自然风光与人文景观并举

信宜市北界镇旺将村的西南边

天马山海拔1080米，有蓊蓊郁郁的森林、清澈的甘泉、幽深的峡谷、形态各异的瀑布、鬼斧神工的怪石、高旷令人神往的南国大草甸。天马山还有浓厚的人文色彩，曾是苗人聚居之地，留下石砌梯田、石屋遗址和大片茶树、柠檬等景观。

西江温泉

自然景色与田园风光交映生辉

信宜市郊北界镇西江岸边

西江温泉度假区四周群山起伏，层峦叠嶂，风光秀丽，景色迷人，村前西江蜿蜒，河水清澈。西江温泉自然水温高达80℃以上，可将鸡蛋烫熟，所以在诸多泉池里有个烫鸡蛋小池，可以边泡温泉边剥烫熟的鸡蛋来吃。

大唐荔乡文化旅游区 AAAA

荔枝文化为主题的景区

茂名市高州市根子镇

大唐荔乡文化旅游区，以荔枝文化为主题，设有一骑红尘广场、中国荔枝博览馆、国家荔枝种植资源圃、初心广场、百荔园、贡园—古荔枝博物馆、红荔阁、网红桥头村和根子碧道精华段等九个区域。

中火嶂

粤西形胜、南国名山

化州市石湾镇

中火嶂上五星连环，山石壮观，气势雄伟，环境幽雅，风光殊绝，近观似地上圣境，远看如天上人间，被誉为“粤西形胜，南国名山”。这里有着极广泛的自然景观、人文景观与原始旅游资源，是一处极难得的旅游胜地。

化州孔庙

化州古镇的文教中心

化州市市区宝山南侧

化州孔庙，又叫文庙、学宫，是当代有名的古建筑。孔庙原为化州古州郡的文教中心，包括崇圣祠、明伦堂、乡贤祠、名宦祠和石龙书院等建筑群体。这些建筑群体分布于宝山之南，重楼叠阁，十分壮丽。它与海南的文昌孔庙并雄于南粤。

化州孔庙

攻略资讯

- 交通
- 住宿
- 美食
- 购物
- 娱乐

交通

湛江

飞机： 湛江机场原距湛江市中心5千米，现已正式转场至湛江吴川机场，该机场位于吴川市塘㙍镇合山村，西南距湛江市中心约35千米，现已开通37条客运航线，通航39座城市。机场有前往湛江市各区县和茂名市各区的机场快线。

火车： 湛江是粤西地区重要的铁路交通枢纽，有两个客运火车站，分别是湛江南站和湛江西站。其中，湛江南站位于湛江市霞山区南柳路，车次略多一些。湛江西站位于湛江市麻章区，乘坐公交火车西站专至火车西站下车或乘坐6路至聂村下车。

汽车： 湛江的公路四通八达，长途汽车站很多，最主要的汽车站是湛江市汽车客运站。湛江汽车站位于湛江市海田路100号，多趟公交可达，至海田车站下车。

水运： 湛江港位于市区东南部，主要负责湛江至海口的海上客运业务。

阳江

飞机： 合山机场位于阳江市阳东区东17千米的合山镇，从市区沿325国道、开阳高速公路向东北前行即可达。目前机场开通了阳江至广州、珠海等城市的直升机航班。

火车： 阳江的火车站主要有阳江站、阳春站、阳西站、阳东站、春湾站。阳江站位于江城区城南街道，是江湛铁路的中间站。阳春站位于阳春市迎宾大道，有开往广州、深圳、成都、昆明等地的客运列车。阳西站位于阳西县织篢镇联安村325国道旁，是深湛铁路的重要站点。阳东站位于阳东区合山镇，也是江湛铁路的中间站。春湾站位于阳春市春湾镇，是三茂铁路的重要站点。另外在建的有阳江北站和阳春东站，为广湛高铁上的站点。

汽车： 阳江公路交通十分便利，境内有广湛高速、西部沿海高速公路、325国道纵横贯通全市。主要有阳江汽车客运站、二运汽车客运站和闸坡客运站三大汽车客运车站。

阳江市汽车站位于阳江市西平北路，车站每天有发往深圳、珠海、南宁、玉林等地的班车。

火车铁轨

海湾大桥

茂名

火车：茂名市主要有茂名站和电白站（茂名东站），另外还有规划中的茂名南站。

茂名站位于茂南区站北五路1号，主要途经线路为深湛铁路、广茂铁路和西九高铁。电白站位于茂名市电白区281省道。

汽车：茂名市区内主要有两个汽车站。茂名客运中心在茂名火车东站对面，是主要的汽车站，到全省各城市的车都在这里。茂名汽车总站位于油城三路222号车站大厦，靠近茂名批发市场，主要是发往附近的城市或城镇的车。

住宿

湛江

湛江住宿比较方便，价格也不算昂贵，四象假日酒店位于开发区龙潮路粤西明珠广场D栋，交通方便；海滨宾馆位于广州湾畔，是一座园林式宾馆。二星级、三星级酒店很多，价格低廉。

阳江

阳江市宾馆酒店业十分发达，各种档次的住宿场所遍布全市各地，星级酒店就有十多家。高档一些的宾馆双标房价格从300元

宾馆大堂

至700元不等；而一些大众化的旅馆比较便宜，花几十元就可以住到，条件也不错。

茂名

茂名市较小，但宾馆、招待所却有很多，设计风格独特，住宿条件较好。茂名的住宿也分高中低档，各星级酒店服务上乘，设施齐全，可以根据自己的需要选择。

美食

湛江

湛江的传统饮食属于正宗粤菜，与广东其他菜系相比，虽名不见经传，但却独具浓郁的地方风味。湛江菜最大的特点是选料鲜活，原汁原味。俗语道：“食海鲜，来湛江。”这里的海鲜以品种丰富而著名，清灼的海鲜独具天然风味，吸引了大批广东省内食客专程前往。

除了众多海鲜，湛江的风味小吃也很有特色，受粤菜口味和当地环境、民俗的影响，

湛江的小吃以鲜甜为主，原料多样、品种众多，热闹的夜市中人来人往，各种小吃茶点任君品尝。

飞奴坊鸽馆是以鸽为主题的一家小馆，这家店最大的特色当然是鸽子，包括鸽子的各种做法，红烧最受欢迎。不过该店的其他菜式做得也不错。金沙羊排，很干身，很香脆。弹牙炒米粉，样子乍看上去有点像炒桂林米粉，但口感很不同。

●清煮花蟹

湛江人吃花蟹，其吃法特别之处是清煮。方法是将花蟹洗净，整个放于锅中盖好，不下水，慢火煮，闻到香味即可吃。这样的蟹保持了其本身的风味，因此特别可口。

●白切鸡

这道菜所选鸡均为本地细骨农家鸡，绝无饲料鸡和大骨鸡；煮鸡要求慢火煮浸，熟至八九成即可；配料用生姜、蒜蓉。本地之白切鸡肉嫩骨香，十分可口。

推荐店铺：新莱丰大酒楼

霞山区霞山莱丰路26号

●沙虫

沙虫爽而不韧，口感一流，与海蜇的味道相似但更多了些变化。沙虫菜谱多种多样，有白灼、清蒸、沙虫汤、沙虫瓜菜煲等。不论沙虫单独煲、煮、蒸，或配瓜菜、葱、蒜炒，吃起来均肉质脆嫩、味道鲜甜、酥香可口。湛江本地人更喜欢用沙虫来煮粥，用沙虫煮出的粥会有种自然的甘甜味。

推荐店铺：永香沙虫汤

赤坎区调顺路10号

阳江

阳江是一座坐落在广东西南部的海滨城市，丰富的海产品成为阳江人餐桌上最常见的美食。阳江人吃海鲜追求的就是一个“鲜”字，或蒸或煮之后，将原汁原味的海鲜慢慢食用，纯粹自然的味道在口中蔓延，令人

秘制鲍鱼

沉醉不已。受粤菜风格的影响，煲汤也是阳江人饮食中的一项重要内容，各种汤料加上海鲜、鸡骨，煲上一锅老汤，浓浓的香味令人回味无穷。

漠江路是阳江比较出名的餐饮场所，街道两旁既有以海鲜为主的酒店，也有以牛羊肉为主的火锅店，还有老火靓汤店，也有清真酒店和日本料理。

●煎堆

煎堆是用纯真糯米粉掺黄糖为皮，裹花生、黑芝麻，香馅经油炸而成，通体金黄，脆皮甜心爽口，没尝过的不可不试。

●粉酥

粉酥是用炒米粉掺猪油、黄糖、黑芝麻等原料制成饼皮，包入花生、芝麻、猪肉、椰蓉等馅，填进雕刻着花纹图案的木模夯实后取出，经精心烤制后而成。其口感甜而不腻，入口酥香，外形精致玲珑，为各家过节办喜事时必备的送礼待客之物。

推荐店铺：十八子饭店

阳东区东城镇东风四路308号

0662-6600333

茂名

茂名秋冬季盛行煲狗肉，营养价值高。

化州香油鸡、隔水蒸鸡等是常见的特色菜。这里海鲜多种多样，是当地人喜欢的美食。

●化州香油鸡

化州香油鸡的制作很讲究原材料，然后是严谨的制作工序。化州香油鸡有隔水清蒸和热汤浇制两种做法，隔水清蒸做法口感爽滑而有弹性，味道浓厚，原汁原味；热水浇制则口感爽滑而嫩香，散发清香。

推荐店铺：茂名正宗化州香油鸡饭店

茂名茂南区油城五路9号

●海马瑶柱粥

茂名人有吃夜宵的习惯。其中电白的海马瑶柱粥味道清香爽口，令人击掌叫绝。海马瑶柱粥中选用的“海马”，是海蟹中的一种爬行动物，俗名白螯蟹。个体小，形像螃蟹，在它适应的海滩里繁殖，栖息在洁白的沙滩洞穴里。

推荐店铺：兴记鸭粥店

茂南区新福二路3号 0668-2884444

购物

湛江

湛江海产品异常丰富，各农贸市场均有大量供应。除海鲜外，还有闻名全国的水产品珍珠“南珠”。除了海产品，湛江还盛产各种亚热带农作物，茶叶、红烟、橡胶、剑麻等品质优良经济作物。著名的廉江红橙还被选为国宴用水果，名扬四海。

湛江市霞山东风市场位于霞山民治路31号，是湛江市最大的综合性市场，市场有门店、档位1000多个。

●南珠

南珠产于马氏珠母贝中，以光泽亮丽、细腻圆润著称，用南珠加工成的各种珠宝首饰和工艺品制作精美、新颖时尚。除了观赏价值，珍珠粉还可入药或制作成美容护肤品，具有延缓衰老的功效。

南珠项链

●龙虾

主要产于硇洲岛东南海域，该岛谭井村家家捉龙虾，有“龙虾之乡”之称。在硇洲岛及市内高级酒店可吃到鲜龙虾。硇洲岛制的龙虾标本亦是很有特色的工艺品，产品远销国内外。

●蟹

沿海各地均有出产，主要有青蟹、花蟹。优质青蟹称膏蟹，其中东海民安和吴川芷寮所产膏蟹以其膏黄、肥嫩、味美而闻名，近年来膏蟹已成为名贵的出口海产品，酒家、市内各大市场均有出售。

●海蜇

海蜇为高蛋白海产品，营养价值高，在日本等国际市场可卖较高价钱。主产于吴川黄坡一带及坡头区乾塘海域，品种有红蜇、梅花蜇等，尤以红蜇质优，其味美色佳、脆口，别有风味，百吃不厌。吴川市一般年产数百吨，近年来已大批加工腌制出口。凉拌海蜇是本地名菜。

湛江国贸大厦位于湛江市商业中心——人民大道繁华商业圈核心地带，得天独厚，国贸购物中心汇聚了300多个国内外著名品牌。

阳江

阳江背山面海、物产丰富，著名的阳江三宝历史悠久、盛名远扬。所谓三宝即漆器、小刀、豆豉。阳江漆器造型古朴、美观大方；小刀锋利耐用、种类众多；豆豉以土产黑豆为原料，味道香甜、营养丰富。三宝不仅展示了阳江地区的丰富物产，也表明了阳江人民的勤劳与智慧。现如今的阳江除了三宝，春湾板栗、孔雀石、纸鸢、海产品也都声名远播、畅销海内外，是旅游纪念、馈赠亲友的佳品。

南恩商业街位于新华北路，有环城东路花卉、化妆、洗涤用品街，北门"女人街"，北门电器城，北山门口水果街，建设路海产品批发市场。

"海味一条街"集中于闸坡镇人民路，这里海产品琳琅满目，游客可选购自己喜爱的海干、海货，还有海螺、贝壳、珊瑚及其以之为原材料加工的工艺品，以及各种久负盛名的阳江特产。

●干鲜制品

海陵岛的海鲜品种繁多，各类干鲜制品琳琅满目。以大海为主题的旅游工艺品有海螺号、贝壳盘景、螺贝项链、渔女帽等，精致有趣；传统的海陵食品如粉酥和煎堆，值得带回去与亲友品尝。除了新鲜的海产品，干制海味也是一种好的选择，不但可带回家，也可馈赠亲友，十分方便。

●漆器

阳江漆器有300多年的历史，是我国传统的工艺品之一，具有东方民族风格和浓厚的地方特色。它色彩绚丽，造型奇巧，技艺精湛，又防潮耐用，既可作为生活用品使用，也可作为美术工艺品鉴赏。

●阳江豆豉

阳江豆豉是以阳江土产黑豆配以鲜姜，经过传统工艺加工制成，享有"一枝独秀"之称，驰名中外。豉肉松化、味道鲜甜、鲜香可口、富于营养，是蒸鱼、肉、排骨和炒菜的调味佳品。

茂名

茂名盛产荔枝、龙眼、芒果等水果，"白糖罂"是茂名特有的荔枝品种，为馈赠佳品。高州的角雕、缅茄，信宜的南玉雕，电白的贝雕，茂名工艺蜡烛等，均是游人可选购的工艺品。

茂名的主要购物商场有茂名明湖商场、茂名人人乐商场，很多特产都可以在这些商场里面买到。

●高州角雕

高州角雕系采用畜角经雕刻而成的艺术品。多为鱼、虾造型，其质地坚实，色泽光润明亮，形态逼真，饶有生趣。已有30余年生产历史。

●高州缅茄雕刻

该雕刻已有300余年历史，系以当地所产缅茄树果实的核仁雕刻而成。该树体质圆润，顶部突出较长，色鹅黄，坚实可供雕刻，称之"蜡头"。讲究一刀功夫，一气呵成。所雕龙凤、狮虎以及人物、名胜、风景等，无不玲珑剔透，形象生动。

娱乐

湛江

湛江有乡土浓郁的民俗风情，每逢佳节，吴川飘色、泥塑、花桥、单人木偶戏，东海岛的人龙舞，廉江城的舞雄鹰，乌石镇的舞蜈蚣，安铺镇的会八音等，都令人耳目一新。

●畅游湛江海港

可登上湛江港湾的"红嘴鸥游船"畅游

茂名街景

湛江海湾美景。站在游船甲板上，海浪如同在屋檐下拍打，大海的气息在脚边环绕，海鸥、海燕等水鸟在空中翱翔。海面上一朵朵雪白的浪花闪烁着开满海湾，金光灿烂。

●醒狮

湛江的醒狮很出名，最有代表性的是文车醒狮团，曾多次荣获醒狮比赛金奖，曾受邀全国多处表演及出国表演，是吉尼斯世界纪录中醒狮高桩跨越最远的创造者。醒狮表演最多的时期是每年的正月元宵，在湛江的农村都有过年例的习俗，一般都有醒狮巡游和舞狮武术表演，场面非常盛大，比过年还有气氛。

阳江

阳江是“文化之乡”，这里文艺娱乐活动非常丰富，市区和各主要景区景点都有文艺演出，现代的、传统的、歌舞的、戏剧的，应有尽有。

●赛龙舟

中国南方各地都有端午节赛龙舟的风俗，阳江也不例外，除了江城和东平的逆水赛龙舟外，闸坡的海上赛龙舟更具特色。海上龙舟不像江河龙舟那样刻意雕琢，只是由渔民日常使用的“艇仔”插上彩旗而成，这样赛龙舟更显示出一种粗犷的原始美，更能让游人兴奋和心醉。

●阳江山歌

阳江山歌起源于明末清初的一种民间节目——跳禾楼。类似跳禾楼的还有妇女祈子的“跳花枝”、新婚闹洞房时的“打堂梅”以及海边渔家的咸水歌“对叹”等。

茂名

●高州民俗

茂名的娱乐主要以高州的最为特色。高州是粤语地区，群众向来喜欢观看粤剧。高州山歌以表现普通百姓劳动、生活、爱情的内容居多。它具有鲜明的地方特色和浓郁的乡土气息，语言质朴自然。唱歌时由歌者根据内容填词，依调吟唱。主要调式有金塘调、红泪调、丰收乐等多种。金塘调音域广阔、悠扬；红泪调低沉、忧郁；丰收乐轻松、活泼，各具特色。

●节日和重大活动

舞龙在茂名已有悠久历史，每年八月十五、春节和年例，就是舞龙爱好者施展拳脚的好日子，也是扎龙者手艺接受评议的日子。全龙首尾相距十丈长。舞龙时，因龙身较长，要十多个壮汉，才能举竿来回奔走。行走中，龙珠、龙首、龙身、龙尾的舞龙人要按鼓声舞步，配合默契，才能整齐合拍，舞出好龙。

湛江醒狮

发现者旅行指南

肇庆·云浮

概览

亮点

梅庵

用来纪念佛教禅宗六祖惠能的佛庵建筑，以其独特的建筑艺术著称岭南，堪称江南珍贵的北宋遗构。

肇庆星湖

该景区是国家4A级旅游区，包括“七星岩”和“鼎湖山”两大景区，是我国南方著名的旅游胜地。

悦城龙母庙

始建于秦汉时期，为岭南古建筑瑰宝，庙内的雕梁画栋精妙绝伦。每年五月初八有“龙母诞乡会”。

贞山六祖寺大殿

贞山

原名广正山，山清谷幽，云蒸霞蔚，犹如人间仙境。行走于缓坡小路间，其山石草木无不给人静谧放松的舒适感。

龙湾生态旅游区

领略名山大川和自然风光的仙境胜地，这里就像是自然山水迷宫一样，等待着游人探秘。

线路

肇庆二日游

第一天，先参观端州古城墙；中午到梅庵参观，它是广东省最古老的木构建筑之一；七星岩的湖波景色十分幽美，傍晚到牌坊音乐喷泉看看，听着音乐观赏喷泉。

第二天，上午先到鼎湖山看看，下午到庆云寺。这里建筑雄伟，佛教色彩浓厚。

云浮二日游

第一天，上午先到蟠龙洞名胜区游览，可以尽情感受大自然的鬼斧神工；下午到龙山度假区，感受一下田园风光。

崇禧塔

第二天，集中精力游逛龙湾生态旅游区，是人们探秘的好地方。

为何去

西江明珠肇庆市古称端州，是黄金之乡，是岭南文化的发祥地。肇庆有着灿烂的历史文化和秀丽的自然风光，以七星岩和鼎湖山最为有名。

硫都、石材之乡云浮市以盛产云石和硫铁矿而闻名天下，有无山不石、无石不洞、无洞不奇的风景名胜。

庆云寺精致的屋檐

何时去

肇庆、云浮属亚热带季风气候。降雨多集中在4～9月，冬天不是很冷，夏天也不是很热，一年四季都是很好的旅游季节。

肇庆古村

肇庆七星岩

区域解读

肇庆区号：0758
云浮区号：0766
面积：22 684km²
人口：654.49万人

地理 GEOGRAPHY

区划

肇庆市下辖3个市辖区（端州区、鼎湖区、高要区）、1个县级市（四会市）、4个县（广宁县、怀集县、封开县、德庆县）。

云浮市下辖2个市辖区（云城区、云安区）、2个县（新兴县、郁南县），代管罗定市。

地形

肇庆地势南北高，中部低，西高东低，由西北向东南倾斜，北部怀集县与阳山县交界的大稠顶海拔1626米，为全市最高峰。肇庆地区水资源丰富，有西江、绥江、贺江等河

肇庆西江

流，其中横穿肇庆的西江是中国南方大河珠江的干流。

云浮市地势西南高，东北低，市内主要河流罗定南江、新兴江均大致呈西南—东北流向。丘陵是云浮市的主要地貌，云浮市的山区面积占60.5%，丘陵面积占30.7%，是典型的山区市。

气候

肇庆属南亚热带季风气候，雨水充沛，阳光充足，气候温和，冬不见冰雪，夏不见酷暑，四季皆宜旅游。肇庆的降雨多集中在4~9月。

云浮市属亚热带季风气候，夏长冬短，年平均气温为21.5℃。雨量充沛，但其一年四季降雨的时空分布不均，春季阴雨天气多，雨量少；夏季高温多雨，雷暴日数多；秋季凉爽，气候宜人；冬季干燥少雨，阳光充足。

历史 HISTORY

肇庆历史大事记

距今约14万年前，肇庆地区就已经有人类活动；距今约1万年前，这里已开始向新石器时代过渡；距今约5000年前，肇庆的先民已有锄耕农业、家畜饲养业、编织业以及较先进的制陶业。

秦始皇三十三年（前214年），秦平定百

七星岩

越，建南海郡、桂林郡及象郡。今肇庆部分地域属桂林郡、南海郡。

从汉武帝到东吴永安七年（264年），岭南首府设在封开近四个世纪之久，肇庆地区也成为岭南文化和中原文化的交会中心。

宋重和元年（1118年），宋徽宗认为是由于端州的灵气使其当了皇帝，遂改端州府为肇庆府，御赐一名“肇庆”，意为“开始带来吉庆”，自此更名为肇庆。

1646年，朱由榔以肇庆府署为行宫，即位称帝，改称永历，并在肇庆组织军民抗清。

1988年3月，肇庆改为地级市。

名单 肇庆历史名人

汉代著名古文经学家陈钦和陈元父子

唐代两广第一位状元莫宣卿

抗英英雄苏廷魁

清末民初思想家、社会活动家陈焕章

著名物理学家、中国物理学之父吴大猷

著名的爱国主义者邓兆祥

国民党高级将领余汉谋

当代重要画家黎雄才

我国著名农业昆虫学家赵善欢

云浮历史大事记

秦始皇三十三年（前214年），包括云浮地区的百越地区被秦朝征服，云浮地区被划入南海郡。

唐武德四年（621年）在此设勤州，辖铜陵、富林二县。天宝元年（742年）改勤州为云浮郡。“云浮”一名自此而来。

明万历三年（1575年），聚居于罗旁山区（今罗定、云浮、郁南三县毗连之地）的瑶族、壮族人民不堪明王朝统治者的压迫，举行了大规模的武装起义。明王朝派兵镇压了起义，为加强对这一地区的统治，于1577年在此设县。

名单 云浮历史名人

唐代佛教禅宗祖师六祖惠能

抗日名将、民族英雄蔡廷锴

中国共产党早期领导人之一邓发

邓发故居

文化 CULTURE

端砚

端砚是肇庆市的名片，经过千百年的筛选，居中国四大名砚之首，与宣纸、湖笔、徽墨并称“文房四宝”，端砚不仅石质坚实细腻，发墨不损毫，书写流利生辉，且雕琢精美，堪称砚之上品。

千百年来，由端砚衍生的端砚文化，以其独有的艺术神韵著称于世，成为我国传统文化中的瑰宝。端砚开采至今已有1300多年的历史，在唐代初期肇庆（古称端州）东郊羚羊峡栏柯山的端溪一带，就出现了依靠采砚石、生产端砚为生的劳动者。这里生产的端砚慢慢地成了肇庆独有的工艺美术品，深受文人墨客的喜爱，并得到达官贵人和帝王将相的赏识。从宋朝开始，端砚成为“贡品”，蜚声中外。

端砚之所以名贵，除了石质特别纯净、细腻、坚实、严密，制成的端砚具有呵气可研墨、发墨不损毫、冬天不结冰的特色，还与其开采、制作的艰辛有关。

端砚的开采、制作要经过十多道艰辛而精细的工序。采砚石无法用机械化操作，只能以手工为主，历代采石工人都是按石脉走向，顺其自然向深层采掘，从接缝处下凿。坑道向下倾斜、曲折蜿蜒，工人进出要下蹲弯腰，有些地段仅能容一人裸体匍匐爬行。古人云：“老坑匍匐仔坑斜，采石人同隔世赊。刘取紫云烦镂削，千金一砍未为奢。”

另外，历代制砚艺人的精雕细琢，使其造型式样多姿多彩，由初唐的实用型逐渐提高到明清时期的实用与欣赏相结合的高度，步入了民族工艺美术的行列。现在端砚已成为中国工艺美术百花园中的一朵奇葩，闻名遐迩。来肇庆观光的中外游客无不为工艺精湛、多姿多彩的端砚而惊叹。

因为端砚兼具实用与艺术之美，很早就成为中国文人的亲密伙伴，或置于案头，或随身携游。李贺、刘禹锡、王安石、苏轼、陆游、文天祥、黄遵宪等名家都曾经吟咏过端砚，寄托自己的文化理想。端砚文化中具有特色的砚诗尤其能够传达中国传统知识分子对于端砚的感情。

裹蒸粽

时近端午，粽子飘香。按照中国的传统习俗，又到了一年吃粽子的时节。但广东的肇庆有些特别，即使是在平时，这里的大街小巷也充满着阵阵粽子的清香，这就是著名的肇庆裹蒸粽。

裹蒸粽已经成为肇庆地区的传统产品。在当地，裹蒸粽还作为春节探亲拜年的必备礼品，寓意着丰衣足食和来年好运。南齐书记载：在皇帝御食中，有“裹蒸”这一道菜。皇帝十分喜爱：“我食此不尽，可四片破之，剩余权当晚食。”清代诗人王士祯有诗赞肇庆城乡除夕熬煮裹蒸的盛况：“除夕浓烟笼紫陌，家家尘甑裹蒸香。”

肇庆裹蒸粽里也蕴含着一则缠绵悱恻、动人心弦的爱情传说故事。相传古时候，端州有一对青年男女，女的叫阿青，男的叫阿果，情深意笃。但阿青父母认为阿果只是一介书生，无财无势，不允许女儿和他相爱。为此，阿果立志发奋图强。这一年大考又到，他打点行李赶赴京城。清晨，阿青赶到，送上

端

连夜用冬叶包裹的糯米绿豆饭团，叮嘱他一路珍重，勿忘双方情意。阿果高中状元，皇帝欲招为驸马，阿果不从。皇帝怒而囚之。阿果每日抚饭团而泣，公主奇之，阿果说："糟糠尚不弃何况饭团乎？"公主大受感动，遂放阿果归乡。阿果和阿青终成眷属。后人发现用冬叶包着糯米、绿豆、猪肉等材料做成的饭团味道甘香可口，遂纷纷仿效，及至后来，更成了端州年关时家家必备之物。

现在的裹蒸粽做法十分讲究，肇庆人会选用色绿、叶香、防腐的冬叶作裹蒸的外皮，选用上好的糯米和当年的绿豆，挑选肥瘦相间的猪肉，加以五香粉、曲酒作为调料，以使馅味醇香、肥而不腻。

肇庆裹蒸的吃法也颇具特色，当地人通常是将热气腾腾的裹蒸从锅里取出之后，拆开冬叶，加入切细碎的芫荽、葱和炒香的芝麻粉，再加上几滴土榨花生油和酱油，随吃随蘸，确有风味。而另一种吃法是将冬叶打开后，裹蒸蘸上蛋浆后用猪油煎至金黄，表皮香脆，再加上述配料食用，同样味道不俗。

而民间最喜欢吃的还是新鲜出炉的"开炉裹蒸"，不加任何调料，直接食用。新鲜出炉的裹蒸，久经煲煮的冬叶已变为深绿色，糯米表层吸收了冬叶的叶绿素，呈现一层通透的浅绿，冬叶与糯米、绿豆混合的清香令人垂涎欲滴。在春天乍暖还寒的时节，裹蒸成为人们欢度春节的传统食品确实有其效用。

裹蒸粽已经成为肇庆的城市名片，在岭南地区家喻户晓，经过多年的发展，如今的肇庆裹蒸粽行业已经步入了产业化阶段。

链接

裹蒸粽与普通粽子的区别

裹蒸是肇庆特产，人称"茶点王"，也叫裹蒸粽，但与人们熟悉的"端午粽"却有明显的区别。

相比于普通粽子，裹蒸粽有四大特色。其一，裹蒸粽外形硕大，棱角分明，呈金字塔形状，重量至少在一斤以上；其二，裹蒸粽的粽叶要选用肇庆特有的色绿、叶香、防腐的冬叶；其三，上好的当年去壳绿豆是裹蒸粽的独有配方，糯米、绿豆和肥猪肉的比例为10∶6∶4；其四，裹蒸粽明火煲煮时间长，一般在十个小时以上，直至糯米、绿豆、猪肉完全融合为止。

禾楼舞

禾楼舞，传统舞蹈的"活化石"

清代学者范端昂在《粤中见闻》中说："西江东水源最长，北江次之，东江又次之，南江独短。"他将南江列入广东"四江"之一，南江现称罗定江，是西江的主要支流。南江流域是古代岭南百越经济、文化最发达的地区之一，也是百越与汉族移民较早实现民族融合的地区之一。有不少学者认为，已被列入"国家非物质文化遗产名录"的民间舞蹈"禾楼舞"最能演绎出古代南江人的生活形态，是南江文化的"活化石"。

禾楼舞是原始的巫文化与傩文化经过结合变化的产物，源于中原地区的关于神农氏的神话传说，现主要流传于南江流域地区的郁南县连滩镇一带。根据当地的学者考证，该舞是古时百越乌浒族人（壮族祖先）庆祝丰收、祈求风调雨顺五谷丰登的一种舞蹈。

禾楼舞始于上古时期，后经秦、三国、唐等朝代的发展，逐渐经历了从畏神到敬神，从娱神到娱人，从神话化到艺术化的进程，其间不断吸收了各种神话传说、民间说唱，极大地丰富了傩祭的内容，尤其是这之中神的"人化"，使得娱人成分不断增强，具有较高的文化内涵。

禾楼舞一般在晚上举行。跳舞者戴上面

云浮石材博览中心

罩，头戴蓑帽，脚穿麻鞋，身着黑衣，手持火把围绕火堆边唱歌边跳舞。在古老的民间音乐的伴奏下，身披红袍的"族长"左执牛头锡杖，右执铜铃登场。跳舞者通过火门，拜过"族长"，然后双手举起稻穗过头顶，庆祝五谷丰登，祈求上天再次赐福。在牛角音乐声中众人围着火堆继续跳舞。禾楼舞结合了割稻、打稻、挑担等劳动场景，场面十分热闹喜庆。

石文化

云浮市境内石山遍布，初步探明的地面部分可供开采大理石（又称云石）、花岗岩石、石灰石达11亿立方米。这里的云石不仅储量多、分布广，而且质地优良，是岭南四大名石之一。丰富优质的云石资源，为当地民间石材雕刻工艺的诞生和发展提供了自然条件和资源优势。

云浮的石文化历史十分悠久，早在明朝万历年间，云浮人就开采石片、雕刻云石工艺品。到了清末，除承袭云城本土文化，中原文化、闽南文化和西方文化等对云石雕刻艺术也有一定的影响，并逐渐形成了当地独特的云石雕刻艺术。"云浮石艺"主要是分石雕工艺、石拼图工艺和装饰实用工艺三大类，极具南方石艺特色，是南方石雕工艺的代表。

云浮石艺产品的文化含量很高，一块平淡无奇的石头，在云浮能工巧匠地精工细作之下，往往幻化为美轮美奂的艺术精品。"人天同构"的岭南本土特色，丰富的想象力，高超的技艺，传统与时尚、夸张与写实、完整与简约……石匠人信手拈来各种表现手法，赋予石头无尽的生命力。云浮的艺人们借石抒情，带着人们在石艺海洋中领略石头的生命张力，享受石文化带来的激情飞扬。

云浮的石雕石刻艺术富有民族性，能反映出各个时期的社会风貌，对研究我国南方石艺文化的发源和云浮地区的历史及建筑、家居装饰等多种文化有着重要的作用。云浮石艺多用于建筑和装饰，具有较为广泛的实用价值。北京人民大会堂、西藏布达拉宫、埃及国际会议中心、俄罗斯圣彼得堡、美国白宫等国内外著名建筑，都用到云浮石艺作为建筑装饰，云浮石的名气之大，可见一斑。

链接

云浮石材工艺展览馆

在云浮流行这样一句话："来云浮不看石头等于没来过云浮，来云浮看石头，不到云浮国际石材城也不算了解石头。"而著名的云浮石材工艺展览馆就位于云浮初城工业区的国际石材城内。展览馆内陈列了1000多套收藏展品，生动再现了云浮石材业由发源、起步、发展、提升直至成为"中国石材基地中心""中国石材流通示范基地"的发展历程。

云浮石文化节

景点推荐

星湖风景区 AAAAA

广东肇庆市的星湖风景名胜区，是我国南方著名的旅游胜地。很多游人认为它兼有杭州西湖和广西桂林的胜景。星湖风景名胜区是国务院1982年公布的第一批国家重点风景名胜区，包括七星岩和鼎湖山两大景区。

鼎湖山

岭南四大名山之首

肇庆市鼎湖区西郊

70元

鼎湖山是知名的旅游胜地，拥有千姿百态的流泉飞瀑、林木茂盛的原始森林、丰富的亚热带植物。鼎湖山还是著名的佛教圣地，这里有唐朝就已建立的知名古刹白云寺和庆云寺，前来祈福的香客很多。其中庆云

星湖

寺还是岭南四大名刹之一，香客们可以来此烧香祈福。西南坡西龙泉坑有水帘洞天、白鹅潭等八处瀑布。

玩家解说

鼎湖山位于北回归线附近。在世界上，北回归线穿过的许多地方都是荒凉的大沙漠，但在鼎湖山截然相反，这里雨水充沛，山清水秀，林木茂盛，形成了一片有4000公顷的原始次森林，有野生植物2000多种、栽培植物300多种，其中亚热带植物丰富，孑遗植物繁多，木本植物比例高，常绿植物占优势。其中有属国家一类保护的珍稀濒危植物桫椤、水松等11种，还有我国特有的珍贵树种鼎湖钓樟、鼎湖冬青、扁藤等。此外，鼎湖山还生活着170多种鸟类、30多种兽类和20多种蛇类，还有珍稀动物。其中，白鹇鸟被命名为广东省鸟。

宝鼎园

宝鼎园位于鼎湖山的天湖景区旁，以展现中国古代鼎文化为主题，里面有各种知名鼎的复制品，将中国著名的青铜器鼎、鼎文化与自然和山水文化融为一体。其中，园中的九龙宝及端溪龙王砚在当时被列入世界之最。

庆云寺

它位于鼎湖山中部偏东的山谷中，坐西面东，具有浓重的东方建筑艺术特色，寺内文物古迹甚丰，佛教文化浓郁，与广州光孝寺、韶关南华寺和潮州开元寺并称为岭南四大名刹。

蝴蝶谷

蝴蝶谷是典型的亚热带沟谷雨林，瀑布碧潭遍布，溪涧纵横，古木葱茏，林木繁荫，是蝴蝶栖息繁殖的理想场所。来到这里感受山野异趣，看蝶恋花，与蝶共舞，是为人生一大乐事。

七星岩

南方最集中的摩崖石刻群

肇庆市端州区北郊4千米

70元

七星岩又名星湖，因七座形似北斗的石岩得名。景区分为东西南北四个门，东北方还有个仙女湖入口，冬日有梅花奇景。石室岩是游览中心，附近有水月宫、五龙亭、飞龙桥。湖区北部有双源洞。“千年诗廊”七星岩摩崖石刻是南方保存数量最多、质量最高的石刻群。

玩家 解说

七星岩景区主要包括了星湖和七座山峰，它们似北斗七星散落湖中，因而得名；星湖烟波浩瀚，穿起数个翠绿的小岛，景色十分宜人。

七星岩景区还有广东罕见的庞大石刻群，保存着唐代以来的石刻531题（七星岩摩崖石刻）。位于七星岩东面的仙女湖风景优美，每当太阳西下的时候可以观赏到卧佛吞日的自然奇观；七星湖与仙女岩之间的湖面上建有东方禅林，在这里游客可以领略到禅趣。

七星岩

七星岩

东方禅林内设4个景群，分别是佛光道、莲花湾、祖师岗和罗汉岛，风光秀美，佛教文化底蕴深厚。

“莲湖泛舟”这里设有竹排、摇橹船、电瓶船等，船在水中行，看两岸风景，如在画中游。

石峒古庙位于七星岩东北部，仙女湖游览区内。始建于唐初，因古庙置于岩洞中而得名。

七星岩牌坊是钢筋混凝土的仿古建筑，高12米，四柱三间，仿歇山顶，上盖琉璃瓦。

摩崖石刻位于景区中心，共有531题，其中石室洞有333题。

景点推荐

肇庆旅游区

梅庵

"千年古庵，国之瑰宝"

肇庆市端州区梅庵路16号

梅庵是一座保留北宋时期建筑风格、用来纪念佛教禅宗六祖惠能的佛庵建筑。这座古端州名刹，以其独特的建筑艺术著称岭南，堪称江南珍贵的北宋遗构。梅庵主体建筑现存山门、大雄宝殿和祖师殿三大部分。其中山门为砖木结构的清代建筑。位于山门之后的大雄宝殿，是梅庵最为重要的建筑，整个大殿保有古朴气息。它完整地保留了宋代木构架的形制和做法，具有浓郁的岭南特点。

肇庆古城墙

广东仅存完整古城墙

肇庆市端州区人民中路

古城墙始建于宋代，呈长方形，城墙一共开有四门，城门之上各有城门楼1座，四门之外有瓮城，城墙四角各有角楼1座，北城墙西段有披云楼，南城墙东段有文昌阁。

据史料记载，肇庆始为土城墙。该城墙虽历尽沧桑，经过20多次修葺，但城墙和城门位置未改。古城墙制高点在城北披云楼，因常有云雾缭绕而得名。如今的披云楼是20世纪80年代复建的。

阅江楼

广东四大名楼之一

肇庆市端州区阅江路，东门外西江畔

阅江楼始建于明宣德六年（1431年），肇庆知府王莹将石头庵改建为崧台书院，是典型的南方园林庭院式古建筑。阅江楼南楼檐下悬挂木质匾额，上面有楷书"阅江楼"3个大字。楼与楼间建有回廊小阁，相互衔接构成一体，中间是典型的岭南庭院，

设有水池、假山等。院中植着几棵有着300多年历史的米兰古树，米兰古树每年开花两次。

丽谯楼

肇庆府衙旧址

肇庆市端州区城中路175号

丽谯楼是肇庆府衙旧址入口处，始建于1118年。古端州曾是宋徽宗赵佶的封地，赵佶继位后，亲笔赐书此地为“肇庆府”，当地守臣在府衙前筑高台盖此楼宇，用以供奉此御书，故此楼又称“御书楼”。明代重建时改称丽谯楼。楼建成后，置铜壶滴漏、乾宁铜钟、大藤鼓报时刻。1925年冬，该楼曾为叶挺独立团直属队的驻地。

包公祠

为纪念包拯功业而建的一座祠堂

肇庆市端州区厂排街

包公祠是一组仿宋建筑群，布局严谨、古朴大方、庄严肃穆、巍峨壮观。正殿塑包公金身坐像，东西配殿绘包公政绩及民间传奇壁画，并塑宋代名将岳飞、名相文天祥像，是古端州一处重要名胜古迹。

白沙龙母庙

皇帝赐封的龙母行宫

肇庆市端州区前沙街，龟顶山麓

白沙龙母庙因庙址面临西江北岸的白沙滩，故名白沙龙母庙。白沙龙母庙始建于南宋咸淳年间，其中蓝色琉璃瓦顶的龙母

披云楼

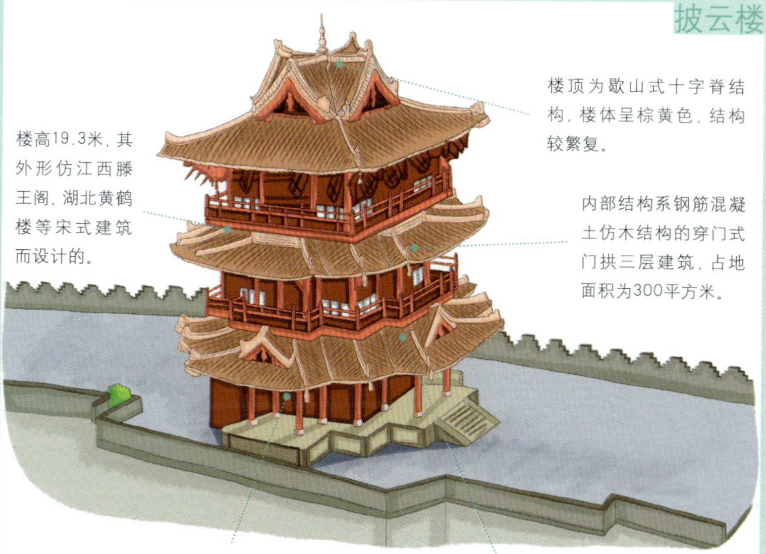

亭，游人至今可见柱上刻有“书赐龙章恩承上国，碑铭母德泽沛神州”的对联。该庙现仅存牌坊、龙母亭及大殿的一部分，肇庆八景中的“龟顶松荫”和“白沙夜月”离庙不远。

盘古生态景区
山水型和城郊型公园

肇庆市端州区北郊盘古坑，北岭山南麓

盘古生态景区素来有“小鼎湖”之称，景区内峰高谷深，森林繁茂，动植物丰富，瀑布溪潺，环境幽雅，集奇、秀、幽于一身，兼有山水型和城郊型公园的特点。

玩家解说

传说，在远古时代，自从黄帝打败蚩尤之后，一部分蚩尤人向南迁徙，一直隐居在缅甸金三角一带的原始深山野林中，封闭了几千年，一直是最原始、最古朴的民族。他们居住在原始森林古树上搭建的吊脚小木楼里，穿着土法染制的衣裳或用兽皮、树皮、飞鸟羽毛编织衣服，男人文身，女人文脸。他们善良纯朴，粗犷豪放，长期生活在树上，爬树比走路快。他们崇拜树神，“生于树上，死于树下”，还保留着吃泥巴，吃生肉，喝生血的风俗。部落里的长老文脸阿婆，是最后一代的文脸人。

羚羊峡
“华南第一峡”

肇庆市鼎湖区西南部

羚羊峡在三峡之中，山最高、水最深、峡最长，最为雄伟壮观。西江流经至此，呈大角度转弯态势，水流湍急回旋于山岭间，越发显现出岭南特有的绮丽姿态。羚羊峡重峦叠嶂，两岸风光秀美，无边山水风情不可尽览，它又与紧邻的三榕峡、大鼎峡共同被称为“小三峡”。

端石老坑洞遗址
端砚贡品生产地

肇庆市鼎湖区羚羊峡端溪

端石老坑洞遗址位于羚羊峡端溪的老坑，是盛产端砚石之名坑。洞内原有多个洞穴，今存大西洞与水归洞。老坑砚石集端溪各名坑砚石优点于一身，质地称冠，被视为“砚中至宝”，唐代以来被列为贡品。

玩家解说

老坑，又称水岩，清康熙后又称皇岩，位于羚羊峡东端南岸紧西江处。因它开坑采石年代久远，历史较长，故称老坑；又因洞内长年累月为泉水浸渍，故称水岩。自唐代开采至今。石色紫蓝，其石品花纹为鱼脑冻、蕉叶白、青花、玫瑰紫、火捺及石眼等，为端溪各名坑之冠，是端砚贡品的主要用材。

羚羊峡

九龙湖

雨林面积很大的景区

📧 肇庆市鼎湖区凤凰镇

九龙湖的湖面呈“人”字形，由九条山溪水汇合而成，九条山溪又宛如九条蛟龙腾空欲出，故有“九龙湖”之称。九龙湖和鼎湖山一脉相连，地理位置十分优越，因其丰富的自然资源，春夏秋冬皆各自成趣，尤其是到了冬季，每逢日出，湖水便会在日光温暖柔和的牵引下，从湖面弥漫出形态迥异的缭绕白雾，恍若人间仙境。

九龙湖

黄金沟

亚热带沟谷雨林

📧 肇庆市鼎湖区凤凰镇竹坝村

黄金沟位于九坑河主干流的源头，因当地山民曾在此采砂淘金而得名“黄金沟”。景区内瀑布成群，水质清澈，溪流泉水均可直接饮用，是集旅游、休闲、养生、度假及自然科普教育于一身的生态旅游胜地。

猫爪谷景区 AAAA

猫文化主题景区

📧 肇庆市高要区回龙镇刘村

猫爪谷景区以萌猫艺术、互动体验、特色民宿、花海等景点为主打，包括猫文化艺术街区、麦奇牧场、马鞭草花海、樱园、油菜花田、杜鹃长廊、爱情岛、涂喵墙等景点，还有猫の窝咖啡馆、多拉猫水乐园、粉红小火车等多种休闲游乐项目。

斑石风景区

被誉为“天下第一石”

📧 封开县杏花镇斑石村

大斑石一石成山，完整无缝，高190多米，巍然屹立。远眺斑石，纹理从上而下，宛如瀑布从石顶轰鸣直下，壮煞游人。尤其是雨过天晴后，斑石身生五彩，斑斓缤纷，气度非凡。

链接

肇庆封开国家地质公园

肇庆封开国家地质公园内的地质旅游资源具有极高的美学观赏价值，是北回归线带上弥足珍贵的稀有旅游资源。地质公园内地质景点分布也异常集中，典型性强，保存完好，以地质地貌类型见长，为古人类遗址古迹锦上添花。在狭小的地域面积里集中了丰富的地质遗迹，浓缩了粤西5亿年的沧桑巨变，记录了岭南古人类的演化历史，构成了一个集锦式的旅游大观园。

龙山 AAAA

“小桂林”

📧 封开县河儿口镇

龙山景区以石灰岩溶岩景观为主，以石钟乳、石笋、石幔组成千姿百态、鬼斧神工的自然景观。洞中有潭、洞顶平滑如天花板的龙泉洞；点缀别致的龙山草坪；设置幽雅的龙山花坛；满池荷花的荷香池；游鱼成群的龙山湖；遍布垂柳绿树的沿湖幽径。一路美不胜收，让人流连忘返。

千层峰

垂壁千层石，悬空万朵花

📧 封开县渔涝镇黄岗河畔

千层峰景区由重重叠叠、色彩斑斓的砂页岩和局部钙质页岩构成，属砂岩峰林地貌，形成于三亿八千万年前的泥盆纪。山虽不高，但却集“黄山之奇、华山之险、庐山之秀、峨眉之幽”于一身。每年暮春三月，各色杜鹃盛开，漫山遍野，五彩缤纷。

莲都十里画廊

如诗如画的风景

封开县莲都镇

莲都十里画廊是龙山风景名胜区辖下最大的风景区，它属于典型的喀斯特地貌。景区以绵延起伏、犹如雨后春笋般的绿色群峰为主景，还有传统的水车群，碧绿生辉的神秘龙潭，美丽的田园风光和各具特色的大小溶洞等景点和服务设施。这里风景如诗如画，故曰“十里画廊”。

燕岩风景区

天然的岩洞博物馆

怀集县桥头镇

燕岩风景区由360多座拔地而起、神态各异的石峰和170多个大小各异的岩洞组成，呈典型的喀斯特地貌，有“小阳朔”之称。这里山峰秀丽，形态奇特，自成景观。其岩洞也极为奇异，以燕岩、风洞、朝岩、黑洞为代表的岩洞尤其壮观。

世外桃源

一个传奇的古村落

怀集县桥头镇

世外桃源四面环山，风景与外界截然不同，成片成片的桃花林，牛羊成群，牧歌声声，宛如人间仙境。村民世世代代通过一段400多米的溶洞，靠火把穿过洞穴与外界联系沟通，其他没有任何通道。村落里至今仍然保留着古老的语言文化、风俗习惯等历史痕迹。世外桃源主要由“桃源洞天”和“世外桃源长寿村”两部分组成。

世外桃源

燕峰峡漂流

融合了惊险、刺激、浪漫与奇趣

怀集县凤岗镇水坑

广东怀集燕峰峡坐落在凤岗镇高山环绕之中的热水坑，热水坑河水清澈见底。乘坐橡皮船从起点码头滑道起漂，跌宕起伏顺流直下，可见处处“山围着水转，水绕着山行，”水边是山，山边是水。漂流活动融合了惊险、刺激、浪漫与奇趣，使人与大自然融为一体，陶醉在大自然的怀抱之中，乐而忘返。

宝锭山

“上朝峨嵋，下朝宝顶”

广宁县南街镇长塘村碧翠湖

宝锭山因景区内两座大山山影重叠，形似元宝而得名。竹子是宝锭山的一大特色，这里集天下竹之大成，有全世界最大的竹，全世界最小的竹，也有全世界罕见的红宝石竹，更妙的还有酸竹、甜竹、苦竹、辣竹。

广宁竹海 AAAA

中国面积最大的竹海

肇庆市广宁县南街镇平头沙

景区内翠竹绵延浩如烟海，构成一幅气势雄伟、景色奇特的天然竹林美景。景区内有万亩竹海“空气维生素”吸吮区和“竹林精气熏蒸区”，特色民族竹寨、竹林茶寮、竹生态园、竹水车、竹吉普车等。在竹海景区有核心景点观竹亭，登上观竹亭仿如置身在竹梢之上，茫茫竹海尽收眼底。

德庆学宫 AAAA

南方最古老的孔庙

德庆县德城镇朝阳路

德庆学宫始建于宋朝，是一组庄严、雄伟的古代建筑群。学宫坐北向南，大成殿居正中，前有文明门、石栏、泮池，后有崇圣殿、尊经阁、明伦堂，还有东西两原殿。大成殿具有很高的建筑艺术，是广东省唯一现存的宋元两代砖木结构古建筑，现为县博物馆。

德庆学宫

龙母祖庙 AAAA

南方古建筑“三瑰宝”之一

德庆县悦城镇五龙山

龙母祖庙始建于秦汉时期，距今有2000多年历史，与广州陈家祠、佛山祖庙并称为岭南古建筑的“三瑰宝”。整个建筑群与周围的山水浑然一体。庙内的雕梁画栋都堪称精妙绝伦的艺术品。庙侧有龙母坟、碑亭、观音。每年五月初八有“龙母诞乡会”。

玩家 解说

龙母祖庙精湛的建筑艺术令人赞叹不已，庙内殿中有殿，规模宏大，富丽堂皇。石雕、砖雕、木雕、灰雕技艺精湛，独具匠心；陶塑、壁画神态逼真，栩栩如生。特别是山门和香亭的蟠龙花岗岩石柱，全部采用深雕和部分透雕工艺，盘旋而上的玉龙，鳞甲毕具，活灵活现，口中的龙珠，滚动自如却不能取出，实属岭南清代柱之上品。同时，它在建筑艺术上别具一格的防雷、防水、防虫技术也堪称一绝。龙母祖庙重修至今，已经历了上百年风雨雷电的考验，至今瓦不漏，墙不裂，柱不弯，地不陷，令专家们赞叹不已。庙内的柱基特高，墙四周砌以水磨青砖，盖以琉璃瓦，殿内外地面，全以花岗岩石板铺设，每逢水淹过后，别处淤泥淹膝，庙内稍作清扫地面便干净如故。

链接

龙母的传说

传说龙母姓温，秦时人，自少能预知祸福，且乐善好助，人称神女。一天，温氏在西江边洗衣时偶拾到一大卵，孵出五只小动物，能为温氏捕鱼。长大后五物竟变成头角峥嵘、身皆鳞甲的五条真龙。温氏让它们施云播雨，保境安民。人们便称温氏为龙母。后来龙母仙逝，五龙悲恸欲绝，化作五秀才，将龙母葬于北岸的珠山下。后人感于五龙的孝心，就此建庙，名曰“孝通庙”。龙母曾得到历代皇帝的册封，现在庙中还完整地保存着明代开国皇帝的洪武诏书碑。

盘龙峡 AAAA

广东最美丽的地方

德庆县官圩镇

盘龙峡景区是中国龙文化与传说的圣境。景区内古木葱茏，国家一级保护植物活化石“黑桫椤”遍布其间。沿着栈道穿越瀑布群，瀑布分为东西两部分，整体落差达300米。西瀑布群以雄伟闻名，其中最大的是落差达90米的腾龙瀑布。

往下一眼望去，薰衣草花田中种满了不同品种的薰衣草，不同的花朵有不同的味道，羽叶薰衣草更是不分季节地绽放着。景区内有一个古老的黄道婆纺织村，这是一个具有700多年历史的小山村。建村初期，黄道婆织布技术就流传到这里。

华表石
西江第一怪石

德庆县回龙镇西部西江岸边

华表石，又称锦裹石、锦石山，为高约200米圆柱形岩石，西侧悬崖上刻有“华表石”三个大字，每字两丈见方，为明代广东书画家黎民表所书，乃岭南历史上最大的摩崖石刻。下层为馒头状土山，上层为180多米高的圆柱形石山，犹如巨大华表，直插云天。

三洲岩
取“蓬莱第三洲”之义为名

德庆县九市镇东南部321国道旁

三洲岩高约50米，岩洞幽胜，岩洞内多石钟乳，滴泉甘洌，又名玉乳岩。石钟地鼓，击之有声，丹灶砚池，如有烟色；猫、白象、巨鳌、仙羊窝、观音倒影诸景，形象酷似。历代文人墨客题刻甚丰，仅宋、明两代的题刻就有174人，190刻。苏东坡、周敦颐、李纲、陈白沙等名人贤士都曾为三洲岩题诗刻字。

金林水乡
充满神话色彩的古村落

德庆县官圩镇

金林水乡是一个拥有1700多年历史、文化底蕴深厚、自然景观丰富、充满神话色彩的古村落。“寿星、金龟、蝠、鹿、鹤”五山环绕村庄，有五山会聚之势。村前八棵秀茂古榕，加上樟树、相思树、红棉及稀有的菩提树，像绿色屏障横亘于村边。金林独具水乡特色，古来就有两河双圳五大井，两河就是金林河、古岚河，村内的四大井和村外的“高清井”是“龙眼”，双圳从各家各户的门前流过。

贞山
似人间仙境

四会市贞山街道

贞山原名广正山，唐朝年间，因有“文氏贞女在此升仙”之说而改名贞山。贞山海拔649米，风景区内林木茂盛，山青谷幽，云蒸霞蔚，有如人间仙境。山谷中一年四季风景恬静、氛围闲适，行走于缓坡小路间，其山石草木无不给人静谧放松的舒适感。

链接

四会六祖寺

六祖惠能寺位于贞山风景旅游区内，原寺始建于唐代，距今已有1300多年的历史。于清嘉庆十四年（1809年）重修时，六祖惠能寺的建筑面积为600多平方米，灰沙舂墙杉木瓦结构。整体为中轴线平面布局，分别由大门、前殿、后殿及左右辅以的厢房、廊庑及小巷构成一体。

奇石河景区 AAAA
奇山、奇水、奇石

四会市威整镇

奇石河风景区是利用奇山、奇水、奇石等自然资源开发，集观光、休闲、娱乐、度假、美食、购物于一身的多功能旅游区，以其独特的地形地貌、优越的自然环境和美丽的民间传说而在旅游界中独树一帜。

奇石河景区内主要有水车群、铁索桥、卧龙潭、呐喊喷泉、神仙岛、银龙大瀑布、儿童乐园、玻璃桥、玻璃滑道、空中漂流和养生栈道等景观设施，森林茂密，瀑布恢宏，景致优美，被誉为“广东版九寨沟”。

景点推荐

云浮旅游区

蟠龙洞

世界罕见的稀世景观

📍 云浮市云城区狮山路狮子山上

蟠龙洞因其洞身曲折蜿蜒，形似蛟龙而得名。蟠龙洞属于喀斯特溶岩，分三层，上为天堂通天洞，下为龙泉地下河，中为九龙长廊。洞内石花高挂，钟乳低垂，石笋石柱如林；山中有洞，洞中有洞，处处有景，景景皆奇。蟠龙洞具有较高的科研考古和科普价值，是世界罕见的稀世瑰宝。

玩家解说

蟠龙洞的特殊景观有三处：其一是世界三大石花洞之一。洞内石花剔透玲珑，晶莹如玉，它附着于岩壁之上，不按重力方向生长，而向四面节节开花，见气成石，继续生长，变幻无穷。其二是我国南方典型的大熊猫——剑齿象动物群“古动物化石区”，最为珍贵的是“智人”古人类化石。其三是蟠龙洞尚未开发的龙泉地下河，河中有泉眼，每隔十分钟左右，泉眼波浪翻滚，似海潮汹涌，冲刷河岸，随后又似退潮，静静地回流石洞，经专家确认为地下间歇泉，是一罕见洞府奇观。

另外，“玉罗伞帐”又是蟠龙洞内另一个世界级洞穴奇观。“玉罗伞帐”由两部分组成，顶部的盾形板面叫石盾、调色板，从盾顶坠下来的部分叫盾坠，也就是石幕式石幔的一种，两部分结合起来，便是一顶神似玉石的华丽宫廷蚊帐，故被称为“玉罗伞帐”。其成因目前仍是一个谜。“玉罗伞帐”后部色泽较暗，生成较早，据测定已有24 200年了，而前半部洁白如玉，生成较晚，估计其生成年仅在数千年之内。“神龟朝圣”“龙母浴池”等景观，惟妙惟肖，栩栩如生，引人入胜，纯属自然形成。

星岩古洞

“云浮八景”之首

云浮市云城区东郊龙头山

九星岩也称星岩古洞，是游客览胜、文人访古、广结佛缘、市民假日信步的极好去处。岩的外部彩霞映照，水韵映射，青松挺拔，陡峭壁立，石罅渗沁水珠，汇成清溪，岩石形状各异，青苔蔓生。

龙湾生态旅游区

自然山水迷宫

罗定市龙湾镇南充村

罗定龙湾生态旅游区是集雄、奇、秀、雅、险、幽于一身的自然山水迷宫。据传这里是远古时期神龙生息的地方，因而得名“龙湾”。景区的飞瀑流泉是最大特色。南线谷地有一道落差600多米的“云开高瀑”，如银河倾泻而下，蔚为壮观。

龙湾瀑布

玩家解说

龙湾原始次生森林茂盛，山水风光优美，被誉为“山水之府”。有两亿年前恐龙时代的植物桫椤树，有“活化石”之称的国家珍稀野生水陆两栖动物——蝾螈，这是龙湾的镇山之宝。林中还可以找到古时候刀耕火种的遗迹。漫山遍野都是红枫林和古藤，林中蕴造着极高的空气负氧离子，对人体多种疾病具有缓解和辅助治疗的作用。

蔡廷锴故居

带有客家特色的大屋

罗定市罗镜镇龙岩村

蔡廷锴故居建于1912年，大屋是三进院落式布局，内外墙青砖包泥砖，瓦木结构。两侧设附屋，主屋有楼阁、回廊。故居正面大门有吴南生题写的匾额。第一进绍义堂，当中安放蔡廷锴将军半身塑像，故居内布置有其生平事迹，“一·二八”淞沪抗战重要史料图片、照片、实物等，分六个部分陈列着十九路军抗日英雄事迹。

链接

蔡廷锴将军是我国著名民主人士，爱国将领，抗日民族英雄。曾于1932年1月28日在上海率领十九路军抗击侵华日军，以少胜多，战败日军，使其三易其帅。

龙龛岩摩崖石刻

唐代武周年间刻石

罗定市苹塘镇谈礼村

龙龛岩摩崖石刻铭文刻于凹凸不平的岩壁上，全文1238字，分41行，每行20余字至30余字不等，楷书，每字约为方寸大小，除二三字剥蚀，余皆可辨，笔法遒丽，镌刻技艺精湛娴熟。石室内还有明清以来的访碑石刻多题，可辨认的访碑墨书题记100多处。

玩家解说

唐高祖李渊武德四年（621年），时任永宁县令的陈普光与僧人惠积主持建造龙龛道场，成为岭南著名佛教圣地。唐高宗李治上元年间（650—683年），陈普光的长子陈叔琼在神龛中建造“当阳连地尊像”，即唐高宗李治的立地像。并对道场作了进一步的修建。后来陈叔琼的三位胞弟陈叔珪、陈叔玮、陈叔在道场之南（正门内）建造了一座释迦牟尼尊像。武则天圣历二年（699年），陈普光的孙辈对道场进行了重修。

六祖故里 AAAA

岭南第一圣域

新兴县六祖镇夏卢村

国恩寺始建于唐高宗弘道元年（683年），既是六祖肉身菩萨的故居，又是六祖弘法、示寂以及辑录六祖“法宝坛经”的圣地，名扬海内外。国恩寺与广州光孝寺、韶关南华寺同称为中国禅宗的三大祖庭，有日本高僧更是称其为“祖庭之祖庭”。国恩寺寺庙建筑依山而建，规模宏大，至今仍保持着唐代的寺庙建筑特色，又因经过精心布局而颇具岭南建筑风骨。

翔顺金水台温泉小镇 AAAA

粤港澳大湾区的后花园

云浮市新兴县水台镇

金水台温泉小镇占地800多亩，环境清净，小镇内设水疗池、泡泡池、鱼疗池、酒吧池等50多个不同功能的温泉池。还有溶洞漂流、超大型冲浪池、巨兽碗、巨型皮筏滑梯等游乐项目可供游客选择。

天露山旅游度假区 AAAA

当地人的养生秘境

云浮市新兴县里洞镇

天露山海拔1251米，是粤中南部最高峰之一。度假区集湖光山色、森林花海于一身，环境优美。区内有无忧谷酒店、湖景酒店、温泉木屋、半山观景别墅、童话木屋、云端玻璃桥、禅龙峡餐厅、禅龙峡漂流、玻璃漂流、梅溪小镇、拓展基地、空中飞人、无忧谷原始森林探险栈道、机动游戏乐园等设施项目。

光二大屋

广东第一大屋

郁南县连滩镇

光二大屋被当地村民称为“清朝古堡”。这座清朝古堡是供红尘小民繁衍生息的普通大宅，始建于清嘉庆年间，至今已有200多年历史。整座大屋呈四方形，占地10亩（约0.7公顷），有136间房。屋顶最高处约20米，外边用厚达1米的围墙圈起来，围墙最高处有13米。

光二大屋

大湾镇古民居

浓厚的粤西地方艺术特色

郁南县大湾镇五星村大湾寨

大湾镇古民居建筑群规模较大，布局较集中，具有浓厚的粤西地方艺术特色和民俗风格，这些古民居经历悠悠岁月的洗礼，至今依然散发出迷人的风采。大屋、祠堂、庙宇设计独特，造型美观，气象辉煌壮丽，深具岭南特色。各座建筑巧饰石雕、楹联、匾额、镬耳等，雕梁画栋，龙脊飞檐，工艺十分精巧，惟妙惟肖。绘画、雕塑、建筑三种艺术共熔一炉，交相辉映。

攻略资讯

- 交通
- 住宿
- 美食
- 购物
- 娱乐

交通

肇庆

火车：肇庆火车站坐落于肇庆市著名的景点七星岩对面，每天都有发往全国各大城市的班次列车。

肇庆东站位于肇庆市鼎湖区，是贵广高铁、南广高铁在广东西部交会并线后设立的第一站，还衔接广佛肇城际铁路，实现了高铁站与城轨站间的无缝对接换乘。

公路：肇庆公路交通很发达，比较大的汽车客运站有城东粤运汽车站、肇庆长途汽车客运站和肇庆高新区站。其中城东粤运汽车站位于端州区端州三路13号，有客车直通汕头、珠海、广州等地。

肇庆火车站

云浮

飞机：罗定机场是云浮地区的民航机场，有通往珠海、阳江的低空航线。

火车：云浮东站位于云浮市云安区都杨镇境内，是南广铁路上的一站，主要有开往广州、南宁方向的动车和高速列车。

汽车：云浮有通往很多城市的汽车，主要发车方向是岑溪、阳江、汕头、高明、茂名、恩平等地区。云浮城西客运站位于云城区龙华路90号。云浮客运站位于云城区兴云东路246号。

住宿

肇庆

肇庆的主要宾馆都集中在市区交通便利的地方和景点内，端州区新中心牌坊广场附近的肇庆、端州、星湖、皇朝、湖滨等大酒店都是比较好的酒店，而鼎湖山内的度假村和度假山庄住宿条件也很好，风景秀丽，住费用比市区的酒店贵。

●维纳斯酒店

维纳斯酒店是一家集商务、会议、旅游、度假为一体的智能现代化国际四星级酒店。酒店拥有146间/套装修考究、精美舒适的各类客房，宽敞整洁的停车场，荟萃中外

云浮新兴

经典美食的海之韵西餐厅和同时容纳1000人的宴会厅以及各种休闲娱乐设施。

✉ 肇庆市端州区西江北路1号

✆ 0758-2863999

云浮

云浮市有很多中高低档次的酒店，各酒店地理位置好，装修豪华，设施完善，是休闲旅游的最佳选择。

●云浮长州酒店

酒店地处云城区河滨东路，近兴云东路。房内均配备浴缸，且淋浴与沐浴分离。酒店内部设有港式早茶及午、晚餐，可容纳千余人用餐。

✉ 云城区河滨东路与金龙一路交界处

✆ 0766-8108888

美食

肇庆

肇庆菜属潮州菜系，肇庆山乡更可谓是人间的美食天堂，山珍野味和河鲜都极为丰富，有河鲜中嘉鱼、三鳊鱼、西江河虾等。每两年德庆还会举办一次美食节。德庆的传统小食也大受欢迎，竹篙粉、江滨大头菜、酸酢等在西江流域早已远近闻名，是不可不尝的极品美食。

文明路美食街是海鲜大排档的聚集地，价格低，用料足，虽说环境一般，但是味道都非常不错。

北岭美食一条街位于北岭山七星岩旅游度假区内，有多家装修各有特色的餐厅。主要菜品有莲都山羊、鼎湖山泥煨鸡等山珍。

●鼎湖上素

这是肇庆鼎湖山庆云寺的名菜，创于明朝永历年间。选取上好的冬菇、草菇、蘑菇和银耳等六耳，配上笋干等，再加上鼎湖山的泉水烹制而成，其特点是色泽鲜艳，芳香扑鼻，吃起来甘香脆口、爽滑鲜甜。

推荐店铺：庆云寺斋堂 ✉ 鼎湖山

●茶油鸡

茶油鸡是四会最有名的菜。味道非常香，营养价值也很高。贞山附近是吃茶油鸡最好的地方，六祖祠有很多家店都可以吃到这道菜。

推荐店铺：荣华酒楼 ✉ 坑口街道上山路3号

茶油鸡

●鼎湖山水豆腐花

"山水"两字，强调水的来源，鼎湖泉水清洌甘甜，做出来的豆腐花更是香滑爽口，软软嫩嫩的。在欣赏湖光山色的同时，来一碗清凉爽滑的山水豆腐花，真可谓是一大享受。

推荐店铺：山水豆花 ✉鼎湖区鼎湖山庆云寺前铺头

云浮

云浮有很多当地的风味小吃，如萝卜牛腩等，在这里品味上一道，不失为一种享受。云浮美食最有名的有麦记花生、豉油膏等。

●龟苓膏

云浮人最爱吃龟苓膏，可以消暑去火。自制的龟苓膏呈棕褐色，为胶状，用小钵制作，加蜜后显得晶莹，入口甜，回味苦。

●麦记南乳花生

麦记南乳花生是酒宴上乘小吃及送礼佳品，其最大特点是粒饱味美。挑选本地优质花生仁，用传统工艺浸泡去除涩味，再用猪骨汤，配以五香粉、八角、南乳、大蒜、葱等香料进行泡制，晾干后将花生置于锅内，加入干净细沙慢火炒干，除去沙尘就成为别具特色的风味小吃了。

●豉油膏

云浮特产，驰名港澳，已有200多年生产历史。它严格选用纯正的本地黄豆、黑豆作为原料，经特殊工艺发酵取其精华，配以优质矿泉水、食盐等天然作料，经严格高温消毒，冷却凝固而成。产品呈棕褐色，豉味香浓，营养丰富，特别适用于制作豉油鸡、猪、鸭、鹅、羊肉、牛腩、豆腐、蒸鱼、排骨等菜肴时使用。

购物

肇庆

肇庆特产有裹蒸、端砚、高要花席、怀集燕窝、德庆何首乌等。此外，广绿玉、花席、裹蒸粽（市面上的肇庆裹蒸品牌有"鼎湖山""裹香王""皇中皇"等，价格由三元至十二元不等）等土特产也是馈赠佳品。

天宁北路是端州区最出名的一条路，因为它是通往七星岩的主道，路的两旁有儿童公园、工人文化宫、湖滨商场，还有沿路的购物店铺，是市区最热闹的购物街。

●檀香扇

肇庆市的名牌产品，始创于20世纪60年代初期，至今已有50多年的历史了。檀香扇以雕刻人物、山水为主，也有雕刻花鸟、鱼虫的，题材广泛、意趣盎然、栩栩如生，如拉烫檀香嫦娥奔月扇、拉烫檀香天女散花扇、拉花檀香龙吐珠扇、烫花山水扇，品味之余的确令人遐想。

檀香扇

●高要花席

包括各式各样的蒲席、床席、枕席，是肇庆著名的土特产。花席是用芏草编织而成。编织花席工序繁多，编织前需经过泡、洗、晒等工序后再细心舂平、漂洗、染色，之后才能按图在织机上手工编织，织好后还要用滑石打磨、平整才算完成。

●鼎湖山茶饼

以鼎湖山上多种茶树的叶子制成，据说这些茶树最初是僧人在人迹罕至的岩壁上种植的，所以鼎湖山茶饼很名贵。鼎湖山上终年云雾缭绕，气候温和，很适宜茶树生长。当地人都是赶在晨雾散去之前上山

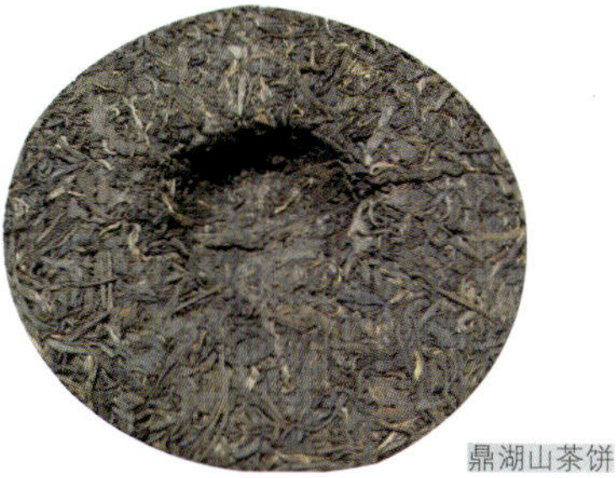

鼎湖山茶饼

采茶，这时摘下来的茶叶最好，制成的茶饼“香色殊绝，气味深远”。茶饼用开水冲泡后色泽翠绿，滋味醇厚，具有消暑解渴、散热开胃的作用。

云浮

云浮有蜜枣、荔枝、新兴话梅、新兴香荔等众多特产，这些特产都可以在云浮的“西街—东街”买到，这里是云浮市区购物最旺的地方，该街道位于云浮市区中心解放路、三元里一带。

●郁南蜜枣

蜜枣内含丰富的植物蛋白、脂肪、糖类物质，以及丰富的维生素和钙、铁等微量元素，具有清心润肺、清凉润喉之功效，系广东传统之出口名特产。

●郁南宝珠庞寨荔枝

庞寨黑叶荔枝是郁南县的名特产，其历史悠久，驰名省内外，具有色泽鲜艳，果肉洁白如玉，去壳后纸包过夜不湿，结实如冻膏，入口爽脆，清甜可口，果大核细，皮薄肉厚的特点，是西江一带久负盛名的佳果。

●新兴话梅

新兴话梅以果肉丰厚，梅核小，入口爽脆而闻名，且含有极丰富的维生素C，以其腌制的话梅，粒大肉厚，其味酸中带甜，入口香郁持久生津，盛夏时节泡以开水冲饮，更是有解暑润喉开胃之功用。

娱乐

龙母诞：在肇庆市悦城龙母祖庙庆祝，时间为每年农历五月初八。每年的龙母诞，众多善男信女都会不远千里前来许愿、还愿，让龙母的声名远播。龙母生辰诞有为龙母娘娘沐浴更衣的习俗，民间还有抢炮头、摸龙床、饮圣水、吃金猪、鲤鱼放生、盖龙母金印、戴龙母符等民俗。

圩日：地点为肇庆市德庆乡村，时间为农历五月十三和六月初二，这两天分别是金林和回龙戴洞圩日。德庆乡村一带的村民小贩会带上自制的木器制品来到集市上卖，圩上会有诸如“上刀山”“下油锅”等民间杂耍表演，十分精彩。

燕子节：在肇庆市怀集县桥头镇燕岩举办，时间为六月初六。燕子节是当地相当热闹的一个节日，怀集桥头镇有赶庙会的习俗，一到农历六月六，镇上村村寨寨的人都去赶庙会，有的在河滩上搭棚唱大戏，有的在河畔摆卖，燕子节时听贵儿戏也是一项重要内容。

烧炮：在云浮地区举行，烧炮是岭南历史悠久的民间风俗之一，时间为农历三月初四，最初源于古代佛山庆祝北帝诞而在祖庙门前举行盛大的庆典仪式。

新兴话梅

发现者旅行指南

韶关

概览

亮点

丹霞山

广东四大名山之首，世界丹霞地貌命名地，被誉为"中国的红石公园"。

必背瑶寨

可欣赏美丽的瑶山风光，领略古老而奇特的瑶族风情。

梅关古道

古道整齐地铺着鹅卵石，道旁是繁茂的灌木丛，两侧山崖树木葱茏，层峦叠翠。现存关楼建于宋嘉祐年间，古朴雄伟。

气势恢宏的大雄禅寺

珠玑巷

有"广东第一巷"之誉，用鹅卵石铺砌而成。走进珠玑巷，当年的古镇风貌依稀可辨。

乳源大峡谷

乳源大峡谷是巧夺天工的山水画廊，曾被《中国国家地理》杂志评为"广东最美的地方"。

线路

韶关二日游

第一天游览佛教禅宗祖庭——南华寺，观看寺内六祖慧能真身、佛教宝树菩提树等。后乘车前往五马寨生态园，观看瑶族歌舞表演。

第二天乘车前往世界地质公园——丹霞山，游锦江游船。然后继续前行，游览长老峰，登上观日亭俯视丹霞山全景。

丹霞山

韶关风情一日游

来到韶光，不妨选择到乳源一游，这里有瑶寨，有香火灵验的云门寺。如果是冬天，可以去泡个温泉，休养生息。

为何去

韶关史称韶州，山川秀美，是地球同纬度地区最绿的区域之一。这里有着秀美的自然风光，加之韶关是一个多民族聚居的地区，可以说是粤北的旅游中心。

韶关金鸡岭

何时去

充沛的雨量使韶关大地四季常青，全年都适宜旅游。另外，丹霞山四季景色皆不同，最佳旅行季节是春天3～5月，秋天10～12月两季。

韶关风光

丹霞山

区域解读

区号：0751
面积：18 398km^2
人口：286.18万人
主要少数民族：瑶族

地理 GEOGRAPHY

区划

韶关市下辖3个区（浈江区、武江区、曲江区）、2个县级市（乐昌市、南雄市）、4个县（始兴县、翁源县、新丰县、仁化县）和1个自治县（乳源瑶族自治县）。

地形

韶关地处南岭山脉南部，地势北高南低。全市境内山峦起伏，高峰耸立，最高峰为乳源瑶族自治县的石坑崆，海拔1902米，也是广东省第一高峰。韶关地区水资源丰富，境内主要河流有北江、曲江、武江、浈江等。

气候

韶关一年四季均受季风影响，冬季盛行东北季风，夏季盛行西南和东南季风。春季阴雨连绵，秋季降水偏少，冬季寒冷，夏季偏热。这里雨量充沛，3~8月为雨季，9月至来年2月为旱季，北部山区冬季有雪。

历史 HISTORY

历史大事记

公元前213年，秦始皇统一六国以后，在现在的广东境内设置南海郡，并在梅岭开关辟道，当时的南海尉任嚣在今韶关市南郊莲花山下修筑了一座城堡，即后人所称的“任嚣城”。

隋开皇九年（589年）改东衡州为韶州，取州北韶石山的“韶”字为名，这是“韶”字在韶关的历史中第一次被使用。

唐开元四年（716年），张九龄奉诏在梅岭

韶关春季油菜花开

俯瞰必背瑶寨

劈山开道，这就是著名的梅岭古道。梅岭古道连通了岭南岭北，成为中国古代经济往来的水陆、陆路对接点和文化交流的重要通道，大大促进了韶关地区的经济文化发展。

明嘉靖二十六（1547年），政府曾在曲江县武水边开设税关，清康熙年间又在曲江城北门外增设旱关，韶关之名即由此而来。

名单 韶关历史名人

南朝陈朝的开国元勋侯安都

盛唐前期重要诗人张九龄

北宋著名政治家、外交家余靖

明朝享有盛誉的清官谭太初

大明水师提督、抗倭英雄陈

抗日名将、国民党一级上将薛岳

国民党陆军上将、北伐名将张发奎

梅岭古道，一枝独秀

梅岭，海拔只有400多米，但它处于大庾岭之咽喉，地势险要。梅岭古道是全国保存最完整的古驿道，始建于秦汉时期，连接着江西、广东两省，是古代沟通中原与岭南的交通要道。

秦始皇统一六国后，对北方筑长城以防御匈奴，对南方则开关道，积极开发岭南。公元前213年，秦朝在梅岭顶上修建了横浦关，大大加强了中央对岭南地区的控制，中原文明也因此传到了岭南地区。

公元716年，张九龄奉诏在梅岭劈山开道，仅用不过2个多月的时间，就开通了一条宽一丈余、长三十多华里的山间大道，成为长江与珠江相连的黄金通道。梅岭古道修通后，南北交通大为改观，成了连接南北交通的主要通道。每日商旅如梭，使当时的百里梅岭一片繁荣，梅岭古道的开辟还大大促进了南北文化的交流和民族融合。

梅关地处要冲，自古以来为兵家必争之地，刀枪剑戟，烽火硝烟不断。第二次国内革命战争时期，毛泽东、朱德曾率领红军长征多次跨越梅关，进驻南雄。共和国元帅陈毅，在此坚持了3年游击战争，多次攀越梅关天险，并在这里写下了著名的《梅岭三章》。

梅岭古道

文化 CULTURE

瑶族盘王节

盘王节是瑶族人民祭祀其始祖盘王（盘瓠）的盛大节日。节日期间，瑶族人民会聚一堂，载歌载舞，以纪念祖先盘王。今天的盘王节已逐步发展为庆祝丰收的联谊会，青年男女则借此机会以歌道情，寻觅佳偶。

关于盘王节的起源有这样一个传说。古时高王来侵，平王出榜招贤，谁能斩下高王首级来献，就把公主嫁给他。这话被龙犬盘瓠听到了，盘瓠摘下金榜，渡海来到高王身边。盘瓠假装殷勤，受到高王的宠信。一天，盘瓠趁高王醉酒，咬下高王的头献给平王，立下了汗马功劳，因而娶了三公主为妻。后来，盘瓠想变成人，便叫公主把它放到蒸笼里蒸七天七夜，公主照办。已蒸了六天六夜，公主担心蒸死了丈夫，偷偷揭开盖子看，盘瓠果真变成了人，只因不足七天七夜，故头上和小腿上还有许多毛未脱落，后来就用布带把头和小腿裹起来。盘瓠变成人后，平王派他到会稽山为王，号称盘王。

盘王和三公主婚后生下六男六女，平王各赐一姓，成为瑶族最早的十二姓。盘瓠虽已为王，但仍过着俭朴的生活，教子女劳动狩猎，艰苦营生。有一次，盘王与六个儿子上山打猎，追赶一只受伤的山羊，不幸被羊角所伤，跌下山崖死了，尸体挂在一棵树上，儿女们将树砍下做鼓身，剥下羊皮蒙上，制成长鼓。他们背起长鼓，边敲边哭边唱，追悼盘王。至今瑶族同胞还保留不食狗肉的习惯，而祭盘王也是盘王节的重要内容。

盘王节一般持续三天两夜，也有的长达七天七夜。节日期间，瑶族人民杀鸡宰鸭，男女老少穿上节日盛装，会聚在一起，首先，祭祀盘王，唱盘王歌，跳起黄泥鼓舞和长鼓舞，追念先祖功德，歌颂先祖英勇奋斗精神。其次，欢庆丰收，酬谢盘王，尽情欢乐。与此同时，男女青年则开展对歌活动，抓住良机择意中人。有的地方还要打花棍、放花炮及请戏班子唱戏等。

链接

盘王歌和盘王舞

盘王节的歌唱舞蹈活动以唱《盘王歌》和跳长鼓舞为主。《盘王歌》是一部脍炙人口的瑶族诗歌总集。现在《盘王歌》抄本有二十四路、三十二路和三十六路三种，每一路都有三千多行以上，总数共达到万行之多，篇幅浩长，内容丰富，涉及创业、迁徙、耕山、狩猎、爱情、婚姻等方面。唱一部《盘王歌》，需七天七夜方能唱完。

盘王舞，又叫跳盘王，其舞蹈可分为“盘王舞”“兵将舞”“刀舞”“三元舞”等，其中以“盘王舞”最具特色。伴着长鼓声，舞者时而翻腾，时而旋转，时而跳跃。这些舞蹈动作大多是模仿劳动的动作，如开荒、播种、造林、伐木、狩猎等内容，动作粗犷大方，节奏复杂多变。整个场面气氛热烈，给人一种山野般粗犷、奔放的感觉。

瑶族盘王节

景点推荐

丹霞山

丹霞山有“中国红石公园”之称，是广东省面积最大、景色最美的、以丹霞地貌景观为主的风景区和自然遗产地。与鼎湖山、罗浮山、西樵山合称为广东四大名山。丹霞山由红色砂砾岩构成，以赤壁丹崖为特色，看去似赤城层层，云霞片片，古人取“色如渥丹，灿若明霞”之意，称之为丹霞山。丹霞山现有佛教禅寺及800多处石窟寺遗址，历代文人墨客在这里留下了许多传奇故事、诗词和摩崖石刻，具有极大的历史文化价值。丹霞山下有一条清澈的锦江，环绕于峰林之间。两侧危崖绝壁里的隐岩幽洞中，还分布着多处悬棺遗迹。

¥ 丹霞山门票100元，另有套票可以选择：门票+锦江画廊水上游，195元；门票+游船票，220元；锦江画廊水上游，100元

玩家攻略

1.游丹霞山的最佳旅行季节是春秋两季。春季杜鹃花满山遍野；秋天，成片的枫树与丹崖赤壁相映生辉。另外，天高云淡的秋季，这里的日出、日落更是独具魅力，长老峰的观日亭是观日出的佳地，落日亭则是最佳的落日观赏处。阳元山最好的观赏时间是上午，最佳观赏位置是山脚和半山的拜阳台。

2.在售票处买票时千万别忘了索要一份免费的丹霞游览资料，对游览丹霞山大有帮助。山门口售票处对面有丹霞山自然遗产博物馆，在这里

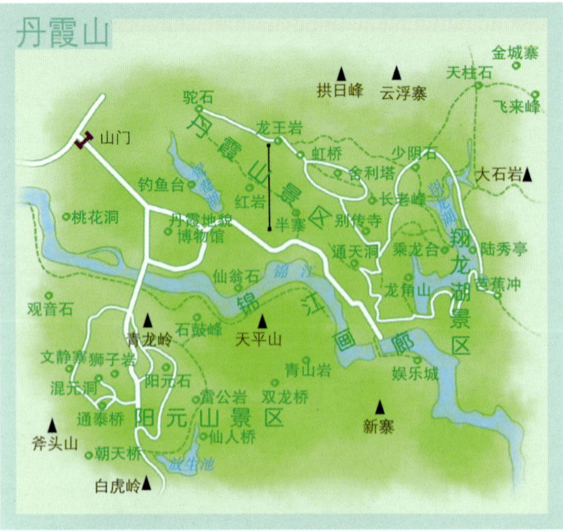

可以免费饱览丹霞山遗产地的全面介绍，了解神奇丹霞地貌的形成以及丹霞山丰富多样的珍稀野生动植物，还有全世界1200多处（包括中国700多处）丹霞地貌的详细介绍。

3.丹霞山周围美食都是以粤北客家土菜为主。这里有农家菜和锦江河鲜，集全国各地风味小炒、地方风味野菜、生猛野味于一身，并有素菜馆，搭配当地土特产竹笋、茶叶、冬菇等素菜。另外，还有特色风味小吃长江白糖饼、番薯干等，菜色和食品繁多。

4.丹霞山区出产的白毛尖茶是久负盛名的特产，绿茶中的珍品。茶牙粗壮，密披银白色的毫毛，茶汤清澈黄亮，味甘醇，有一股天然的兰花清香，为我国三大白毛名茶之首。

丹霞景区

赤壁丹霞景观的集中地

丹霞景区，由长老峰、翔龙湖、阳元石等游览区组成。景区以赤壁丹霞及众多禅寺、石刻等人文景观为特色，内容丰富，也不乏奇峰怪石。其中翔龙湖游览区因湖面轮廓酷似一条

丹霞景区长老峰

腾飞的青龙得名，山崖上古今龙文化石刻比比皆是。

韶石景区

韶文化的原生地

韶石景区因相传4000多年前舜帝南巡至此奏韶乐而得名。景区奇山异石，大小奇观异景随处可见，由36峰组成，是韶文化的原生地。历代文人墨客如韩愈、张九龄、余靖、苏东坡、杨万里等都曾到此观光游览，留下了大量的诗词歌赋。

巴寨景区

丹霞地貌的核心区

巴寨景区俗称大石山景区，雄浑大块的丹崖峰群与夏富小平原牧歌般的田园风光相互映衬，其中还有飞花水、王山坑壶穴溪流风光。其山水交融的组合景观及地貌特征，是丹霞地貌最典型、最壮观、最精粹、最完美的代表。

矮寨景区

有丹霞山区域最为深邃的峡谷

矮寨景区由风火岭、南蛇头、伞石、凯旋门等组成。九年坑双瀑布高30多米；凯旋门一石成拱，独立于群峰之间，蔚为壮观；石龙溪峡谷深切超过200米，长4000多米，是丹霞山区域最为深邃的峡谷。

锦江画廊

山水相融的风景画廊

丹霞山之秀，主要秀在锦江。一江碧水出自万顷林海，沿江翠竹夹岸，树木婆娑；近石倒映，远山透迤；富有岭南风情的山村田园风光掩映其间。

景点推荐 韶关西部景点

海豚水上世界
园林式水上娱乐场所

📍 韶关市武江区的武江河北河畔

海豚水上世界四周环境是前水后山，左邻片片田园，右挨栋栋江湾名庭休闲别墅。园内彩色世界、水上世界令人流连忘返。园区2万多平方米，景色被称为“彩色世界”和“水上世界”。

张九龄墓
唐代大墓

📍 韶关市武江区西北郊

张九龄墓为家庭式墓群，墓园是一幢普普通通的瓦房，写有“张文献公祠”字样，身处茂密树林之中，满地落叶堆积，古朴肃穆。公祠的墙上嵌着一块清朝康熙年间留下的方碑，篆刻着“恩垂奕世”四个大字，安静地停驻在这里，仿佛张九龄的一生清白如纸，于繁华盛世之中了无痕迹。

玩家解说

张九龄是唐玄宗开元年间丞相，开元二十八年（740年）春，回乡扫墓，因病逝世于家中，享年63岁，被谥为“文献公”。开元二十九年（741年）葬于此。

芙蓉仙洞
洞内景观奇特

📍 韶关市武江区芙蓉乡石脚下村

芙蓉洞内有大量的钟乳石、石笋、石幔、石花。洞内温度长年保持在20℃左右，内有10多个天然大厅和2个支洞，洞内迂回曲折，起伏有致，石笋、石幔、石柱、石钟乳密布其中，有“金鸡独立”“天马行空”“神龟出洞”等几十处景点。

小坑森林公园

天然休闲度假区

韶关市曲江区小坑镇

小坑森林公园内有一座400多公顷的龙湖，形如月牙，水平如镜，可以划船和垂钓。要是冬天下雪，可观赏雪景。这里最吸引人的是一种含氡的温泉，温泉周围群山环抱，春天雾锁，夏天浓荫蔽日，秋天红枫似火，冬天蒸气弥漫。

韶关中山公园

中山先生举行誓师大会的会场

韶关市浈江区园前西路

中山公园建成于1958年，原名韶关文化公园。是孙中山先生1922年5月和1924年9月两次举行誓师大会的会场。园内中山纪念馆珍藏并展览了大批孙中山先生当年在韶活动期间的珍贵史料。由于该园建园历史悠久，园内集中和保留了二十多株古树名木及半枫荷、观光木、榕树、竹柏等国家级保护植物和名贵品种。

大鉴禅寺

千年古寺

韶关市浈江区兴隆街32号

大鉴禅寺，原名大梵寺，始建于唐显庆五年（660年），至今已有1300多年历史。寺内建有大雄宝殿、功德堂、斋堂、招待所、僧人宿舍，供奉有释迦佛、药师佛、阿弥陀佛、观音菩萨等佛像。

韶关国家森林公园

韶关的“市肺”

韶关市浈江区生态路15号

韶关国家森林公园主峰莲花山海拔255米，山脉层层展开状似莲花，登峰俯瞰，韶城景色尽收眼底。自清代起，莲花山就以清代二十四景之一的“莲花樵唱”闻名于世。园区囊括了黄岗山、莲花山、芙蓉山等六大景区的精华地段，因其常年保持着良好的森林生态环境，堪称韶关市的绿色生态屏障。

曹溪温泉 AAAA

闻百铃、思慧智、修身心

韶关市曲江区马坝镇东南2千米处

唐代时一代禅宗六祖慧能在此主持曹溪宝林寺，曹溪因而被奉为禅宗祖庭，曹溪温泉资源也得到开发利用。曹溪温泉以温泉资源为基础不断扩建，泉水却汩汩涌出从未停歇，传说六祖慧能曾在曹溪沐浴净身，一夜之间顿悟佛理，曹溪水因此而成为千年圣水。最具特色的是数百个风铃悬挂园内，是广东境内，也是全国唯一以百铃为特色的场所。

小坑森林公园

南华寺
"南粤第一宝刹"

韶关市曲江区沙溪镇曹溪之畔

南华寺始建于南北朝（502年），是佛教禅宗六祖慧能弘扬"南宗禅法"的发祥地，也称"祖庭"。迈过高大雄伟的牌坊，就看见了古木护持下山门上的"曹溪"二字，这就到了"三门"。大雄宝殿是寺内最大型最主要的古建筑，供奉着3尊8米多高的贴金大佛及身高4米的观音像，是寺院举行宗教仪式的重要场所。大殿后面是藏经阁和灵照塔，其后就是祖殿，六祖慧能的真身放置于内。

南华寺

狮子岩
马坝人和石峡文化遗址所在地

韶关市曲江区马坝镇西南郊

狮子岩由南北并立一高一矮两座玲珑秀丽的石灰岩孤峰构成，由北遥望如卧狮酣睡，由南远眺则如雄狮起舞，因而得名狮子岩。岩内洞穴纵横，遍布形态各异的钟乳石、石笋、石柱等。在桂花岩内再现了四五千年前马坝新人生活群像，可乘仿古独木舟游洞中湖。

风采楼
与故宫同风格的建筑物

韶关市浈江区风采路

风采楼，明代弘治十年（1497年）为纪念韶关籍北宋名臣余靖而建。风采楼楼高22米，正方形，顶为三重飞檐翘角。明代学者陈白沙所书"风采楼"墨迹柔韧苍劲、潇洒俊逸，镌刻成石匾高挂门楼。现已成为韶关市博物馆。

乳源大峡谷 AAAA
广东最美丽的峡谷

韶关市乳源瑶族自治县大布镇

乳源大峡谷又叫广东大峡谷，起于乳源大布镇，终于英德境内，总长15千米。景色秀丽而地貌险峻，由崖顶至谷底有观光梯，也有高达1386级石阶的陡峭"天梯"。还有"神象出谷""神掌擎天""玉烛临风"等景点。

玩家攻略

1.大峡谷谷底修有石径和桥梁，水电站有缆车，很是方便游览。但是其他未开发的山谷更有魅力，是探险者经常拜访的地方。

2.游客若前往探险，白天跋山涉水，夜晚露宿空地，听河水潺潺，也很有情韵。

云门寺
佛教名寺

韶关市乳源瑶族自治县乳城镇东北6千米云门山慈悲峰下

云门寺是佛教云门宗的发祥地，距今已有1000多年，其间所创的云门佛学院也是韶关仅次于南华寺的佛学研究圣地。云门寺整座建筑物庄严而淡雅，独具岭南清秀风格，寺庙虽然地处偏僻，但前有观音山，后有桂花潭，灿烂风光无限，占尽灵秀之气。

南岭国家森林公园 AAAA
广东物种宝库

韶关市乳源瑶族自治县327县道

南岭国家森林公园是广东省最大的自然保护区，在乳源瑶族自治县与湖南省交界地带。森林公园总面积达273平方千米，山脉逶迤连绵，景色秀美。这里存留着广东省最完

云门寺

整、最大片的原始森林，有着最完整的自然生态系统，拥有2000多种植物和200多种野生动物，也是华南虎最后的栖息地，因此享有“广东物种宝库”的美誉。

必背瑶寨

海外瑶族的发祥地

韶关市乳源瑶族自治县必背镇

这里因山形像鳖鱼背，故名“鳖背”，由于鳖背与必背谐音，故名必背。在必背瑶族属过山族，是瑶族的一个分支，是旅居美国、泰国、法国、缅甸、老挝等地瑶族的发祥地。必背瑶寨景区的必背河，河水从崇山峻岭中蜿蜒流过，必背瑶寨内群峰滴翠、重峦叠嶂，且处处可见青松立于岩石侧，飘逸的竹子、恬静的河水、豪放的大山、刚烈的丹崖，造就了一幅如诗的山水国画。

南方红豆杉森林公园

赏雪、赏雾凇的胜地

韶关市乳源瑶族自治县大桥镇

南方红豆杉森林公园因国家一级保护植物红豆杉树数量众多而得名，约有红豆杉3万棵，其中百年以上树龄的有1000多棵。该公园坐落于高寒石灰岩山区，是广东省内唯一赏雪、赏雾凇的胜地。

链接

西京古道

“西京古道”也叫西京路，始建于西汉，因历史悠久堪称古京城通往岭南地区的“高速公路”而得名。既是科考、教学的重要场所，又是旅游观光、避暑度假的理想胜地。

主要景观有古凉桥（包括大富桥、通济桥），古凉亭（包括“小梅关”亭、梯云亭、象兑亭、官止亭、心韩亭、乐善亭、仰止亭、寿得亭、纳凉避雨亭等），观澜书院，古民居等。

通天箩地下森林

原始森林奇观

韶关市乳源瑶族自治县大坪乡

通天箩地下森林形似谷箩，它所形成的山地相对来讲都比较平缓，海拔在600~800米，岩石奇特，裸露，保水性差。底部是原始森林植物群落。乔木下生长着耐阴的低矮灌木丛，地表上又覆盖了一层草本植物，堪称世界奇观。

玩家 解说

通天箩在地质学上叫漏斗，是因为南方地区雨量充沛，在石灰岩地质区，雨水沿着岩石的裂隙渗入地下，一路溶蚀岩壁，逐渐扩大，在地下形成大型的溶洞。溶洞的洞顶在重力的作用下，不断往下崩塌，直到最后洞顶完全塌陷，形成了喀斯特漏斗。通天箩在海拔690多米的石灰岩高原上垂直陷入地下近100米，井口呈圆形，直径73米，底部最大直径140多米，箩底周长450米，号称“中华第一洞”。

古佛岩 AAAA
地下宫殿

韶关市乐昌市市区西南郊5千米

古佛岩是一处以石灰岩溶洞为主体的自然景观。因洞内石笋、钟乳石形态如仙似佛，且洞内曾安放过佛像、洞外建有佛寺而得名。古佛岩属大型石灰岩溶洞，洞内上下重叠三层，最高处达30米，常年温度维持在19℃~20℃，总面积超12 000平方米。

古佛岩洞内主要分为古佛殿、观音殿、王母殿、玉皇宫、西游宫、逍遥宫和金龙殿七个宫殿景区，整个游览线路长达570米。洞内石笋、石花、石柱、石幔等形态各异，色彩斑斓，景象纷呈，蔚为奇观。特别是钟乳石群，其形状如仙人佛众，形神兼备，令人叹为观止。此外，洞内还有三亿年前的海底珊瑚化石和大型罕见石脑，都极具观赏和研究价值。

龙王潭
游览胜地

韶关市乐昌市廊田镇

龙王潭生态旅游区集温泉、绿湖、奇山于一身，由龙泉、龙湖、龙谷三个分景区组成。景区内青山高耸，绿水悠悠，瀑布成群，涛声滚滚，奇石多姿，如诗如画。登龙山、游龙湖、泡龙泉，是游客观瀑、听涛、赏石、健身的游览胜地。

金鸡岭
丹霞地貌风景区

韶关市乐昌市坪石镇，京珠高速公路坪石出口旁

金鸡岭属典型的丹霞地貌风景区。金鸡岭因四周多悬崖峭壁，峰顶有奇石耸立状似雄鸡，仿佛引吭北望，因而得名。山顶有金鸡石，东门有一字峰，山间有石雕。太平天国时洪宣娇曾领女兵驻守此岭。金鸡岭首当其冲的一字峰宛如开天屏障，竖看成峰，横看成壁，且暗藏古迹，摩崖石刻遍布其中。尤其是在隆冬季节，峭壁之上白雪皑皑，雪景堪称一绝。

双峰寨
少有的巨型寨堡

韶关市仁化县城西19千米的石塘镇石塘村

双峰寨，外形为长方形，由石灰及青砖砌成，是少有的巨型寨堡。

该寨是乡绅李德仁为防范土匪抢掠，筹银三万两，于清光绪年间用了16年建成的。该寨1949年前已崩塌，现寨是新中国成立后重修的。双峰寨城堡外形略呈长方形，堡内面积约有一个足球场那么大。

双峰寨

大石山
原始自然景观

韶关市仁化县丹霞镇，丹霞山西部

大石山风景区以原始、自然而奇特雄伟的丹霞地貌自然景观为主，兼有一些山寨、寺庙等人类文化遗迹。景区区内的燕岩、平头寨等都是登山寻幽的好去处，特别是燕岩、坡麓至山腰，溪流不断，森林遮天，曲径通幽，又有飞水岩，燕岩洞、丹崖等胜景。

云龙寺塔
国家级唐代古塔

韶关市仁化县董塘镇安岗村的西山

云龙寺塔为平面四方形，砖构实心塔。各层四面用仿木构筑法，用砖隐砌出倚柱、门拱、栏额、普柏枋、檐枋、假门、栏杆、平座等，具有典型的唐代方形砖塔之风格，外形古朴端庄，造型独特。

玩家 解说

宝塔，也称浮屠、苏屠，原是佛家收藏经卷、保存高僧骨殖的建筑物。但在历史的进程中，浮屠渐渐地离开了寺庙，步入园林，走向世俗，由佛塔演变为风水塔。在我国历史上，凡是宝塔多的地方，经济、文化也伴随着佛教的兴盛而发展；寺院、宝塔的建筑，也依赖这个地方社会经济的繁荣。因此，古老的宝塔作为一种象征和标志，既印记着这个地方社会历史发展的轨迹，也反映出这个地方经济、文化发展的水平和知名度。而今，古塔作为一宗宝贵的历史文化遗产和风景旅游资源，越来越体现出它的文物考古价值和人文观赏价值。

双峰寨

景点推荐

韶关东部景点

梅关古道 AAAA

全国保存最完整的古驿道

韶关市南雄市珠玑镇梅岭村

梅关古道始通于秦汉，是古代沟通中原与岭南的五条交通要道之一。古道大约建造于秦汉年间，现存部分全长约8千米，路面约6尺宽，整齐地铺着鹅卵石，道旁是繁茂的灌木丛，两侧山崖树木葱茏，层峦叠翠。现存关楼建于宋嘉祐年间，古朴雄伟。北面门额的“南粤雄关”和南面门额的“岭南第一关”为明万历年间南雄知府蒋杰题刻。

古道南面的梅关有“岭南第一关”之称，因其南北遍植梅树，寒冬季节时梅花绚烂绽放的姿态便与古道雪景相融，景色蔚为壮丽雄奇。地势险要的梅岭作为军事要塞，数千年来一直发挥着重要的战略作用，第二次国内革命战争时期，陈毅还曾在此领导了三年游击战争，写下了脍炙人口的《梅岭三章》。

珠玑古巷 AAAA

珠江三角洲居民的发祥地

韶关市南雄市珠玑镇

珠玑巷是广东仅有的宋代古巷古道，有“广东第一巷”之誉，路面宽4米多，由鹅卵石铺砌而成，巷内仍保留着不同朝代的古楼、古塔、古榕和古建筑遗址等一批文物古迹、观光景点。走进珠玑巷，当年的古镇风貌依稀可辨。

大雄禅寺

岭南名刹之一

韶关市南雄市城北梅岭山

大雄禅寺初名沙水院，后称沙水寺，始建于宋德祐元年（1275年），至今已有700余年的历史。古寺坐东朝西，建筑物由南向北横卧，为砖木结构。院内古树参天，花卉盛开，玉桂清香，古刹显得幽雅清净。两座大殿堂上均为油漆彩画，尤其是前栋大殿两横梁上，配有雕工精细的游龙，似在腾云驾雾，起伏翻腾，虎虎有生气。两座殿堂内的粉墙和米柱光彩照人，显得金碧辉煌，十分宏丽壮观，展示出宋代岭南古刹风格的佛教特色。

莲开净寺

宗教场所

韶关市南雄市南郊1000米处

莲开净寺风景优美、环境清幽，花树环绕，百花飘香，殿堂雄伟庄严，近小城而不喧，居尘寰而不染。莲开净寺至今有300多年的悠久历史，原名莲社庵，殿宇雄伟，佛像庄严。

据《直隶南雄州志》载："莲社庵，青莲寺，兴隆庵，渡山寺均在水南村，在这几座寺庵中，以莲社庵为最。该寺兴于清道光年间，曾有住众百余，香火甚旺，时为郡内著名之佛教圣地，亦是岭南之名庵。"

莲开净寺

车八岭

物种宝阵，南岭明珠

韶关市始兴县东南部

车八岭自然保护区是广东省面积最大的自然保护区之一，植物2000多种，其中一株"杉树王"高44米，有180多年树龄，是广东省目前发现的最高最大的杉树。车八岭自然保护区是集观光、度假、考察、探险专项旅游和教学实习、自然环境、科学研究、野外娱乐于一身的生态风景旅游区。

帽子峰旅游景区 AAAA

"银杏王国" "粤北小九寨"

韶关市南雄市帽子峰镇

帽子峰景区位于中国银杏之乡——韶关市南雄市的西北部，山水秀丽，是一处保存完好的原始森林风貌的生态旅游胜地。景区主要由帽子峰、天子嶂、世外桃源三大区域组成，有山水田园、林海松涛、云海日出等景观，还有红军长征粤北纪念馆、民俗文化村等景点。深秋季节，景区内数万亩金黄银杏，层林尽染，非常值得一游。

花果山温泉

天然的温泉

韶关市始兴县罗坝镇上营村

花果山温泉前身为"良源温泉"，历史悠久，闻名遐迩。清乾隆年间《韶州府志》载："冬夏如老火汤，赞之为胜境，可以杨贵妃'洗凝脂之华清池'媲美。"泉涌出口处水温高达78℃，水质优良，还有多种对人体健康有益的矿物质和微量元素，更难得的是花果山温泉pH值几近中性，触皮处即可迅速渗入皮下组织，各种有效成分能充分发挥作用。

满堂客家大围 AAAA

岭南第一大围

韶关市始兴县隘子镇内

满堂客家大围建于清道光五年（1825年），该建筑群由水磨青砖、青石拱门构造，里外三层构成，内有三个祠堂。前省长叶选平为大围题"满堂客家大围"六字，是粤北客家建筑的绝好模型。围屋是客家人典型的民居，目前现存的已不多，这里是保存得比较完整的一座，很值得参观。

满堂围

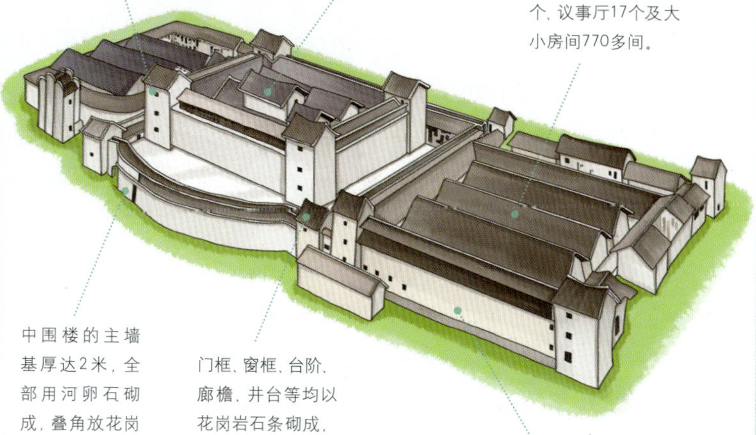

深渡水

广东“九寨沟”

📍 韶关市始兴县深渡水乡境内

深渡水生态景区主要集中在沿清化河段50千米处，山青水蓝，枫红竹翠，景色迷人。景区内有将军栋风景区、黄土岭古樟树林、天菊吊桥等。将军栋风景区内分布着10多座海拔千米以上的山峰，有酷似大文豪鲁迅头像的奇峰“文豪峰”，有惟妙惟肖的奇石“观音坐莲”，由此形成了集奇峰奇石、深峡飞瀑、峭壁岩洞、古藤古树、丰富物种于一体的天然生态景观。

樱花峪

赏花胜地

📍 韶关市新丰县黄磜镇偏北5千米处

樱花山谷已成为广东规模最大、品种最多的樱花观赏地，区内的樱花品种有20多种，其中种植八重樱和寒绯樱居多。八重樱也叫关山，花色白色至深粉红色，开花较迟，由于有八重花瓣，称之为八重樱。寒绯樱花色鲜红，适合温暖地区，却不耐寒，1月下旬已盛开。

东华山风景区 AAAA

喀斯特地貌景观

📍 韶关市翁源县740乡道

东华山风景区位于县城东北3千米处，由风景秀丽的东华山和历史悠久的东华寺构成。东华山属喀斯特地貌，遍布鬼斧神工的奇峰怪石，有如珠岩、狮子山、灵通岩等，峰奇洞幽。东华寺由印度高僧智药禅师初建于南齐武帝天监元年（502年），已有1000多年的历史。六祖惠能曾在此闭关悟道，留下“东华寺的风，南华寺的钟”之说。

攻略资讯

- 交通
- 住宿
- 美食
- 购物
- 娱乐

乡村

交通

火车

韶关目前有两个火车站。

韶关站：位于市韶关大道车站派出所旁，主要停靠武广高铁。接待从各地出发的高铁和动车，是武广高铁进入广东的第一站。

韶关东站：位于韶关市浈江区南韶路，主要停靠广州到发及京广铁路的各类旅客列车。南来北往的火车大都停靠韶关，其境内的乐昌、曲江也有火车站。

汽车

韶关公路四通八达，广东省各市均可通过公路直达韶关。从韶关市出发到附近各景点均有旅游车，一般以中巴为主。如果没有直达景点的车，可先在车站转乘到各市县城，一般车程都在两三个小时左右，到达后再转车去各景点。

韶关汽车东站：位于韶关市浈江区南韶路火车东站北侧，乘坐1路、3路至韶关东站（公交车站）下车即可。

韶关客运西站：位于韶关市工业东路1号，乘坐4路、5路至西河汽车站（公交车站）下车即可。

韶关客运南站：位于曲江区马坝大道与韶州大道交岔口东北侧，乘坐33路、40路等公交车可到达。

住宿

韶关一直是旅游城市和交通枢纽，到这里旅游找个满意的住处非常方便，从普通的招待所到高中档的星级酒店都有，价格普遍来说比较便宜，而且在景区内也可以住宿，如果方便的话可以住在市区，往返景区之间的交通很方便。在韶关的住宿主要集中在市区、乳源和丹霞山，但人们一般都不会在此长住。

美食

韶关是多民族聚居的地区，大部分是汉族，此外还有瑶、壮、回、满、蒙古、苗、白、侗、土家等30多个少数民族，因而这里的菜肴也风味各异，博采众家之长。用料庞杂，善于变化，鲜而不俗，嫩而不生，油而不腻。夏秋力求清淡，冬春偏重浓郁，擅长小炒。

启明北路美食街可以说在当地无人不晓。韶关市首届旅游美食节在这里举办之后，食街才开始真正成为美食街：食街以粤菜为主，但国内的湘菜、湖北菜、川菜、江西菜也有，如果你想到韶关找本地小吃，这里可以说是最佳选择地。

风度步行街位于韶关市区中心，全长约800米，是粤北最繁华的商业步行街，粤北商业中心。这里不仅是购物天堂，还是美食爱好者的聚集地。每当华灯初上，这里便人头攒动，热闹非凡。

●爆炒山坑螺

到韶关，不能不吃爆炒山坑螺。山坑螺呈圆锥形，如小手指大小，每年秋天是吃山坑螺的最佳时节。韶关地区爆炒山坑螺的方法很精细，先将螺放入清水浸净后再放入冷鸡汤中浸泡喂养，以增加其鲜甜味。

推荐店铺：鸿运农家菜

✉ 韶关市曲江区南华大道南惠英村牌坊对面

爆炒山坑螺

●龙归冷水肚

龙归冷水肚是曲江龙归镇的特色菜，其实就是用猪肚做的，但香郁肉甜，风味独特。韶关人非常爱吃，常常会专程去龙归吃。这道菜的具体烹制方法是保密的，所以只有去龙归才能吃到最正宗的。

推荐店铺：美味香饭店

龙归冷水肚

✉ 韶关市武江区龙归镇河滨新街23号

购物

当地的土特产很多，首推始兴的香菇，其他有冬笋、白毛茶、乐昌马蹄、三华李、巴戟天、山茶籽油等，都值得购买。由于地处山区，所以在韶关购物首选是买些土特产、水果之类的东西，但是要注意辨别好坏，景点附近兜售的人多，最好到大商场去买。

娱乐

开唱节：瑶家风俗规定，从农历二月初二起一直到七月初七，是不准唱歌和谈情说爱的，否则会受到社会舆论的谴责。七月初七传说是瑶族的祖先——盘古王的诞辰，盘古王开天辟地，在劳动中编造了歌，所以粤北连山一带的过山瑶把这一天定为“开唱节”。

发现者旅行指南

清远

概览

亮点

■ **黄腾峡**

峡谷被誉为“小九寨”，漂流有全程勇猛漂、天然猛士漂、观景勇士漂三种各具特色的漂法，可适合不同需求的人群。

■ **连州地下河**

以“洞中有洞、洞中有河、洞中有桥”的水溶洞奇观为特色。

■ **三排瑶寨**

这是一个集中反映瑶族历史、文化艺术、生活习俗、民居建筑、服装服饰等民族风情最为丰富、最为全面的旅游景区。

■ **英西峰林**

这里有1000多座形态各异的石灰岩质山峰纵横连

黄腾峡

绵，大大小小的河流溪涧穿绕其间，农舍星罗棋布点缀其间。

■ **阳山小桂林**

此处水域蜿蜒曲折，河道两旁青山起伏，翠绿的田园风光和岭南古色古香的民居点缀于山水之中，俨然一幅不输漓江山水的迷人画卷。

■ **必逛街道**

城市广场：清远的中心商业区，位于先锋中路，这里有大型购物商场、品牌商店，特色商店也比较多，购物非常方便。

线路

■ **清远三日游**

第一天，先到飞霞风景区游玩，然后转战飞来峡水利枢纽风景区，品味湖光山色美景；下午到清新温矿泉去泡温泉。

第二天，上午到清远笔架山漂流，体验一下这里的峡谷漂流和千谷溪溯溪探险；下午到英西峰林，多拍些照片，留下珍贵的一幕。

第三天，上午到三排瑶寨去体验一下瑶族人生活的环境；下午到连州地下河，这里的水溶洞奇观有万千景象。

笔架山

■ **清远一日游**

首先去牛鱼嘴风景区，能呼吸新鲜空气。然后再去黄腾峡玩漂流，这里是清远漂流里面知名度比较高，也比较刺激的一个。

为何去

清远是一座年轻而充满魅力的城市。清远以山地丘陵为主，大龙山、瑶山、云开大山与北江、连江、滃江、滃江在这里交汇，从而孕育出雄奇险峻的高山峡谷，松涛如海的原始森林，纯如深闺的湖泊温泉，以及豪放古朴的瑶族、壮族民族风情。

清远北江河景

何时去

清远属东亚亚热带季风气候区，年平均气温 20.7℃，春秋夏皆宜旅游。

阳山独有的山水

连州地下河

区域解读

区号：0763

面积：19 265km²

人口：453 50万人

主要少数民族：瑶族、壮族

地理 GEOGRAPHY

区划

清远市辖2个区（清城区、清新区）、2个县级市（英德市、连州市）、2个县（佛冈县、阳山县）和2个自治县（连南瑶族自治县、连山壮族瑶族自治县）。

地形

清远市地势自西北向东南倾斜，以山地、丘陵为主，平原分布于北江两岸的南部地区。独特的地理位置、奇特的地形地貌，孕育出个性鲜明的奇特景观。清远地区水资源丰富，境内主要河流有北江、连江、滃江等。

气候

清远市属亚热带季风气候区，四季分明，气候温和，雨量充沛。降雨主要集中在4～9月的汛期，全市年平均暴雨日为7天左右，是广东省暴雨多发区之一。

历史 HISTORY

历史大事记

公元前213年，秦始皇统一六国以后，在现在的广东境内设置南海郡、象郡、长沙郡，现在的清远地区属南海郡、长沙郡。

齐天监年间（502—520年）置清远郡，辖中宿、威正、平、恩洽、浮护五县，清远之名由此而始。

1912年连州改称连县。抗日战争期间，广东省政府北迁连县，清远各县均属广东省第二行政督察区管辖。

1988年1月7日，国务院批准撤销清远县，设立地级市清远市。

名单 清远历史名人

唐代宰相刘瞻

五代时期才子黄损

清末民初书法家、文章家朱汝珍

飞来湖朝霞

清远风光

农民革命运动创始人刘裕光

中共早期优秀将领冯达飞

革命烈士钟伟文

解放军优秀指挥员冯光

刘禹锡与连州

唐元和十一年(816年),在远离京城繁华、人烟稀少的连州,从京师贬来了一位刺史,这就是曾经名噪长安、被白居易称为"诗豪"的刘禹锡。从刘禹锡到连州当刺史至今,历史已跨越了近1200年。

刘禹锡(772—824),字梦得,河南洛阳人。刘禹锡在从政之余笔耕不辍,是中唐杰出的政治家、哲学家、诗人和散文家。

刘禹锡在连州任职期间,刚正不阿,重土爱民,重教兴学,连州人在其倡导下,开创了重文兴教的传统。此后数百年名人辈出,文化教育之辉煌一时凸显于岭南文化之中,他"功利存乎人民"的为政之道,至今仍为人所称道。

唐时的连州虽然荒凉,但风景如画、气候宜人。刘禹锡在《连州刺史厅壁记》中生动地描绘了当时的连州风物:"山秀而高,灵液渗漉,故石钟乳为天下甲……"这篇文章对山川、地形、物产、职责、气候、疾病等都有涉及,语言优美、状物鲜明,生动形象的画面给人以身临其境的感觉。而一句"剡中若问连州事,唯有青山画不如",则是他对外宣传、赞美连州的最大笔墨。

作为连州刺史,刘禹锡十分关心群众的饥寒饱暖。他是我国历史上首次以诗歌的艺术形式描写瑶族的诗人,诗歌中对瑶族人民的勤劳、勇敢、质朴、善良充满着赞许之意。作为一州的刺史,能如此写诗赞许瑶族,实际上就已经达到了加强瑶、汉民族团结友好,共同发展的效果。

刘禹锡牧连州4年半,政绩斐然,著作甚丰。谈起刘禹锡,连州人对其充满感激和仰慕。据考证,刘禹锡在连州期间共撰写了散文25篇,诗歌73篇,这些都是他留给连州人民的宝贵遗产。

刘禹锡蜡像

文化 CULTURE

小长鼓舞

小长鼓舞是连州瑶族民间传统歌舞，被喻为民间艺术之花，深为瑶族同胞所喜爱。每逢节日或喜庆，瑶族人民必挎长鼓而舞。

关于小长鼓舞的起源有一个古老的传说。相传瑶族始祖盘王一日进山打猎，不幸被山羊顶下悬崖身亡。盘王的儿女和族人万分悲痛，为解心头之恨，盘王的儿女们射杀了山羊，剥下羊皮，砍倒泡桐树制成小长鼓，并把树头刻成木狮。他们舞起木狮，打起长鼓，祭奠死去的父王。小长鼓舞从此流传了下来。

小长鼓舞又称“镗构”，是瑶族文化的重要标志。小长鼓舞是过山瑶最具代表性的传统舞蹈，流传于连山瑶族聚居的地方。因其鼓较小，为区别于瑶族另一支系排瑶的长鼓舞，而称小长鼓舞。

小长鼓舞每套动作程式均可独立成章。表演时，男、女各在一方同时合舞，首先是一起做个程式，叫“莲花盖顶”，接着做表现性的动作，即“寻找地方”。之后，以“漂洋过海”的动作，互相交接位置，连续做完四个方位，各自回到原来的位置上，这样即做完了一个程序。

小长鼓是小长鼓舞唯一的舞具，它用木质轻盈的泡桐木制作，长二尺三寸，中间的鼓腰细至一般成年人指掌可握，两端圆形，大小如一，里面挖空，外蒙优质兽皮，可击出清脆声音。鼓身漆以红色，绘有色调对比强烈的乌龟背壳花纹案，花边以起伏有序的“狗牙花”装饰，兽皮绷钉处装饰一圈金色花穗以增色添彩。“狗牙花”和龟壳花纹图案，与瑶族敬奉龙犬及乌龟的图腾崇拜有内在的联系。

小长鼓的鼓点主要是领舞者领先半拍，其他人慢半拍的打法，节奏明快，动作跳跃旋转，粗犷奔放，刚中带柔。多种跳法形成了连南瑶族形式多样和内容丰富的民间长鼓舞。

清远故乡里民居

景点推荐

清城周边景点

飞霞风景区

山水溶洞，飞来古寺

清远市清城区东城街道

飞霞风景区山、水、文物兼有，堪称“广东第一山”。一江两岸七十二峰，峰奇险峻，江水曲折回环。飞霞山是儒、释、道三教合一的场所，是广东八大名山之一，主要由飞霞洞、飞来寺、藏霞洞、锦霞禅院、孔圣庙等组成。飞霞洞四面环山，以建筑雄伟闻名，建于密林幽谷之中，云霞在此会经久不散，令寺院时隐时现，故而得名。飞来寺是现存中国最大的三教合一宗教庙宇。

黄腾峡 AAAA

山水乐园

清远市清城区石板村黄腾峡

黄腾峡海拔683米，山势雄伟壮观；8千米长的大峡谷，常年烟雨弥漫，蜿蜒崎岖的峡谷恰似一条腾飞的巨龙，游戏于丛林山峦间，峡谷入口处的一座山峰像一尊弥勒大佛笑迎天下宾客。黄腾峡峡谷被誉为“小九寨”，其漂流中的全程勇猛漂长达4.8千米，天然猛士漂长2.8千米，观景勇士漂长2千米。

新银盏温泉 AAAA

广东十佳温泉景区之一

清远市清城区龙塘镇（广清高速公路银盏出口处）

温泉泉源引自100多米地底深处，经岩层过滤为无污染的泉脉，优异的泉质，让它享有“天南第一水”的美誉。度假区内山峦起伏，树木葱茏，空气新鲜，出水相拥。于此度假休闲，一如置身于“世外桃源”，感受到身、心、神的放松与愉悦。

广州后花园

大型生态社区

清远市清城区

广州后花园项目有酒店、休闲公园、百果园、广东省钓鱼协会第一垂钓基地等。该园在2000公顷绿林怀抱之中，坐拥300公顷清碧湖面，常年绿水清幽、空气清新、树林葱郁、花果飘香，有“天然氧吧”之称。

五星漂流度假区

攀山涉水搏激流

清远市清新区太和镇五星管理区

五星漂流度假区集食、住、行、游、购、娱于一身，是珠三角后花园的又一大型旅游度假胜地。度假区内拥有峡谷漂流、金溪瀑布群探险、清远农家风味特色美食城。

太和古洞

宗教文化和自然景色融为一体

清远市清新区北郊的花尖山

太和古洞始建于清咸丰四年（1854年），距今已有150多年的历史，是道教圣地。景区内险峰如削，挺拔摩天；林壑幽深，飞瀑悬崖；石刻棋布，曲涧争流。嵌在山门上的“太和古洞”四个大字，是清光绪年间，中国历史上最后一位榜眼、清远人氏朱汝珍所题。

碧桂园假日半岛故乡里 AAAA

具有古时村落模样的风景区

清远市清新区碧桂园假日半岛内

故乡里景区坐落在风景秀丽的王子山脉脚下，是南中国独具岭南特色的文化村。建筑风格以岭南水乡风貌为基础，采用原址搬迁的方式，直接选取来自岭南水乡古镇的、具有上百年历史的古旧材料，真实再现岭南水乡古村镇的传统风貌和发展史。这里是集古建筑群落展现、民俗风情表演及休闲游乐于一体的古时村落，逼真再现了清末民初祖辈生活的场景。

同时，这里还横向融入现代游乐、度假等元素，是一个生命力充沛的，集乡土历史教育功能、文化产业于一身的主题乐园。故乡里旅游度假区主要分岭南古建筑、祖辈生活展示（含大型祖辈生活物品展与栩栩如生的蜡像情景）、百艺坊、竞技游乐场（分陆上竞技、水上竞技）、机动游乐项目、农庄、桑基鱼塘与动物园8个部分。

清新温矿泉度假区 AAAA

温泉疗养

清远市清新区三坑镇

清新温泉旅游度假区是一个富有浓郁乡村特色的，集休闲度假、保健疗养、娱乐运动、社团会议及商务活动于一身的旅游度假区。度假区有一个糅合了中国古典园林特色和日式温泉风情的露天温泉区——“江南水乡”，区内50多个大大小小的温泉池形态各异，分为涌泉瀑布、石温泉池、木温泉池、沙滩泳区等，亭台小桥点缀其中，在温泉袅袅轻烟掩映下，别有一番情趣。

飞来峡水利枢纽

云笑千山外，船犁万顷波

清远市清新区飞来峡镇

风景区主要由库区风光及周边自然景观、枢纽工程景观和人文景观组成。这里高峡平湖、碧波荡漾，四处呈现山水相辉的如画景色。浈阳、盲仔、香炉三峡谷有“小三峡”之称。乘船游览，观湖光山色美景，岸边古民居、湖中渔舟相映，构成“一湾碧水湖，两山高入云”的大自然山水图画美景。

碧水滩漂流

纵情展现自我的理想度假之地

清远市清新区高田镇山区

山区内，林木茂密，重峦叠嶂，龙潭飞瀑，令人心旷神怡。溪水跌宕流湍其中，清澈见底，溪中奇石星布成趣，两岸绿竹扶风，千年古榕吐新绿。游客驾驭充气皮艇沿溪漂流，时而急流激荡，时而缓流轻越，间或银滩相嬉，刺激逍遥尽享。这里是回归大自然，领略田园风光，纵情展现自我的理想旅游度假之地。

天子山瀑布

天然梯级瀑布群

清远市清新区高田镇西坑山区

天子山瀑布群是一组天然梯级瀑布群，由汇聚天子山泉的溪流穿山跃谷而成，流量巨大。天子山瀑布景区绿色自然资源丰富，临山近水，拥有竹海与瀑布群，一年四季不同时节展现各种风情韵味。天子山瀑布群共有大小瀑布10多处，并有一字潭、龙潭、水帘洞等众多景观，其中天子山瀑布落差90多米，溪水顺山岩铺泻而下，有如珠帘挂壁；天后瀑，落差80多米，溪流飞湍而下，穿过山林雾气，蔚为壮观。

天子山瀑布

薰衣草世界

清新香格里拉

清远市清新区太平镇，距县城20千米

薰衣草世界园内百万株薰衣草散发着清新香气，俨然一个不折不扣的薰衣草世界。入口处遍植美丽的羽叶薰衣草与各种香草，走进薰衣草世界，一眼望去，田地中垄垄种满了不同品种的薰衣草，不同的花朵不同的芳香。羽叶薰衣草更是不分季节地绽放着它那紫色的花朵。

链接

薰衣草属唇形科薰衣草属，原产于地中海沿岸、欧洲各地及大洋洲列岛，后被广泛栽种于英国及南斯拉夫。其叶形、花色优美典雅，蓝紫色花序颀长秀丽，是庭院中一种新的多年生耐寒花卉，适宜花径丛植或条植，也可盆栽观赏。薰衣草在罗马时代就已是相当普遍的香草，因其功效最多，被称为“香草之后”。它自古就被广泛用于医疗上，茎和叶都可入药，有健胃、发汗、止痛之功效，是治疗伤风感冒、腹痛、湿疹的良药。

笔架山
人间的自然仙境

清远市清新区太平镇北郊7千米的笔架山林场

清远笔架山以峡谷漂流和千谷溪溯溪探险闻名遐迩。沿途两岸青山相夹，泉水清澈见底，溪流潺潺、水潭叠叠，山幽鸟鸣、百鸟飞舞、奇瀑飞泻如银河飘雪，如进入天然氧吧。游毕仿如瑶池仙境的千谷溪风景区后，随即进入年轻人寻求刺激的溯溪探险地带，在惊险刺激中过浮桥、乘滑索、攀山岩、穿密林，可尽情享受大自然的恩赐。

玩家攻略

1.千谷溪溯溪探在深险山密林中，途中游玩项目众多，赏幽谷、乘浮艇、攀天梯、溜铁索、过铁桥，时而穿过密林，时而攀登峭壁。

2.青龙峡河道全程3.8千米，集“勇猛漂、猛士漂、勇士漂”为一体，漂流约需90分钟。游客中心设在河道的中间，无须候车漂流。

明霞古洞
自然观光游乐风景区

清远市清新区太平镇明霞村迳口

明霞古洞占地80公顷，洞前有近5000米长的滨江河江面，山清水秀，景色秀丽。明霞古洞是两山相对的峡谷景区，也是“神秘探幽”“千佛归宗”的道藏之地。山脚是寺庙建筑群。

明霞仙馆建在有近千年历史、名叫“猪肝吊胆”的墓地上，在露台俯视山洞四周，一座座碧翠环峰绕靠，夹在其中的迳口水库碧波荡漾，一座奇案形似麒麟平伏，那肥美的尾巴帖服横卧卷守山门。抬头前看，笔架群峰重重叠叠，旭日东升，确是浩气仙灵的自然观光游乐风景区。

玄真漂流景区 AAAA
以道教文化及体育旅游为特色

清远市清新区玄真路

玄真漂流景区是一个以“享受山水乐趣、探索自然奥妙、休闲度假”为主题的综合旅游区。景区集山水、奇石等自然景观，宗教文化，漂流、探险等娱乐项目于一身。景区内有玄真峡谷漂流、夜间漂流、幽谷探险、野战俱乐部、山水游泳场、大型烧烤吧、垂钓园等项目。

链接

玄真漂流

玄真漂流素有“华南第一漂”“南粤至激漂”之称，被誉为中国漂流之乡的经典之作，地处茫茫群山之中，却以离市区10分钟的交通距离成为清远地区交通最方便的自驾游漂流目的地，并以“水清、浪激、石奇、山险、林密”五大奇景闻名于世，15平方千米的集雨山林，至清至纯至激至狂的河水穿岩凿壁、傲视群雄；268米的不规则巨型落差，尽显王者风范，古诗有云“纳百川之水，吞山河之象”就是对玄真漂流入木三分的真实写照；群山环抱、碧潭密布、奇石怪藤犹如星罗，峡谷悬崖穿插不断。4.3千米极品震撼河道，128处浪尖飞舞，更有800米全新升级极速“水上达喀尔”赛道，其绝妙的山林峡谷更被誉为“东方科罗拉多”。

西沙野趣岛
以野趣为主题的风景区

清远市清新区山塘镇西沙村北江中

西沙野趣岛在北江河分支流成的小河、小沟、竹海环绕中形成一幅美丽的自然风光景色，当地就称为“西沙村”，素有“西沙群岛”之美称。西沙野趣岛以野趣之乐释放人生欢情，以野趣之情解读生态文化，以野趣之美展示大自然风光魅力。

桃源生态旅游区

桃花主题生态旅游体验区

清远市清新区浸潭镇西部

桃源景区内生态原始，空气清新，长年烟雾缭绕，仿佛人间仙境、世外桃源一般，是桃花、桂花等1000多种花卉植物生长的优良环境。桃花湖中16座桃花岛各具形态，水云涧栈道凌空架设，20多个燕子岩引得上万只燕子栖息。此外，还包括桃花洲、桃花山、朝阳洞、缘蹊、情缘小径、桃花世界、得月潭等景点和众多娱乐项目。

羊角山漂流

惊险刺激的漂流

清远市佛冈县羊角山森林公园

羊角山漂流源头隐藏在树荫深处，整个漂流地段都隐藏在原始森林中，几乎可算是“不见天日”，故又名“地窟漂流”。漂流河段长5千米，沿途急流险滩多处，最惊险处为一线天，落差达5米，两边全是直耸入云的山石，仅能容一条皮划艇通过。飘落的那一瞬间，身体腾空而落，游人就在这样一泻千里的峡谷中享受速度的乐趣。

漂流河段在羊角山下因地制宜，其源头隐匿在森林树荫深处，水流沿浅滩湍急而过，全然不见天日，只有静下心来才能发觉树影中洒下的斑驳光线，使人感到如同被遗弃在原始森林里的惊险刺激。

原始森林大峡谷漂流

森波拉 AAAA

再现远古森林景观

清远市佛冈县羊角山省级森林公园

森波拉度假森林由主题公园、度假酒店、大型温泉、拓展训练、森林公园等几大板块构成。其中森波拉奇妙世界占地800余亩，以“远古森林里的奇妙之旅”为线索，再现了远古森林里的奇妙景观和部落文化。火山温泉设有78个温泉池，每晚有高科技的火山喷发表演。

玩家解说

“波拉”翻译自梵文，意为“非常神奇、令人向往的地方”，所以“森波拉”解释为“森林里非常神奇、令人向往，并且诞生难忘经历的地方”。

观音山

天然的绿色宝库

清远市佛冈县高岗镇

观音山形如一尊栩栩如生的巨大仰卧观音像，动植物资源丰富。国粹观音堂是清远市唯一一个最大仿古建筑群，陈列了十几座出土于不同时期的珍贵文物观音像与佛像，如唐朝的如来佛像和被称为稀世珍宝的“金刚舍利”。而24K全金身四面千手千眼观音像由108位得道高僧开眼，在国内属最大的24K全金身千手千眼观音像。

而设立在景区广场侧的“广东省赏石文化专业委员会”展馆内，摆放了来自全国各地包括台湾的各种不同石质、不同形态的奇珍异石，部分奇石多次在中内外奇石展中获奖，其价值达数百万元之巨。景区内有建于唐宋年间、香火鼎盛的一古刹——王山寺。

观音山

聚龙湾温泉 AAAA

稀有珍贵的氡泉

清远市佛冈县汤塘镇

聚龙湾温泉水为稀有珍贵的氡泉，区内特色温泉池包括阳光泉、深水SPA池、椰香池、高温祛寒池、祛湿补益泉等50余处。聚龙湾温泉的泉水采自地下100多米处，经测定含有大量稀有的氡元素，水质晶莹剔透，极具养生功能。

佛冈古冰川

冰川时期遗留下来的古冰臼

清远市佛冈县黄花镇清潭仔（县城以南18千米处）

佛冈古冰川遗迹是一片二三百万年前冰川时期遗留下来的古冰臼，令人不能不感叹大自然的鬼斧神工。这些遍布于岩层上的冰臼都呈圆碗形，内壁很光滑，大的直径数米，小的只有汤碗那么大，放眼望去，能够看见这里大大小小的坑星星点点，景致非常壮观。

熹乐谷温泉度假区 AAAA

一站式微度假休闲生活体验地

清远市佛冈县汤塘镇

熹乐谷温泉度假区位于温泉之乡——清远汤塘，是集度假酒店、凤凰温泉、熹乐谷水世界、自然探索研学基地、星球无动力乐园、慕野清风山谷营地、越野卡丁车、民俗文化村、婚庆及会议、文化演艺十大业态于一体的南中国温泉度假综合体。度假区由多位全球设计大师历时多年联手设计，具有独特的唐风泰韵建筑风格。在这里，游客“春可赏花踏青，夏可嬉水游乐，秋可农耕研学，冬可泡汤养生”，一年四季皆宜出游。

玩家攻略

熹乐谷水世界飘空20多米长、悬高20多米的悬崖星空无边泳池是全国首个超长悬挑泳池及网红打卡点，不可错过。无动力乐园设有太空漫步、星际飞船、梦幻秋千、勇气爬网等8大主题区域，可尽享新奇欢乐的刺激体验。度假区拥有瑞和中餐厅、戈佐西餐厅、几口舟、竹兄台等多家美食餐厅，可以品尝到较为正宗的粤菜美食，更可以品味地道的佛冈民俗特色菜及新鲜的北江河鲜。熹乐谷亲子温泉酒店也独具特色，有卡通主题亲子房间，如马达加斯加、火星登陆舱等，还设有专门的儿童游乐区，提供各种游乐设施，让孩子们尽情释放天性。

斑龙生态科技园

华南地区最大的梅花鹿繁殖基地

清远市佛冈县龙山镇

斑龙生态科技园是集现代养殖业、科普教育及旅游观光于一身的大型旅游特色产业。主要娱乐景点有观看群鹿戏水，雄鹿角斗，参与性驯鹿、锯茸，骑鸵鸟赛跑，自助垂钓，自采蔬果，水上乐园，体验式培训，象草迷宫游戏，学练滑草，跑马赛车等。

斑龙生态科技园

景点推荐

连州周边景点

湟川三峡 AAAA

有长江峡谷奇趣之险的水流

连州市湟川南路，连州镇与西江潭镇之间

湟川三峡是珠江流域北江水系的主要支流，起源于星子红岩山，流经连州、阳山、英德，在连江口汇入北江。湟川三峡全长20多千米，分龙泉峡、楞伽峡和羊跳峡，两岸茂林修竹、山花烂漫。乘船游经此处，便可看到峡谷周遭怪石嶙峋，悬崖峭壁大开大合，江水时而平静舒缓，时而湍急奔流，加之峡谷中不时有瀑布飞泻而下，声如炸雷，水雾迷蒙，大有“疑似江上堆银雪，白浪跳珠乱入船”的意境，可谓美不胜收。

玩家解说

古时湟川三峡被称为连峡，清朝知州林华皖曾感叹：“连峡之珠，瑰异卓绝，历相九州名胜，罕有伦比，惟有巫山巫峡可与同观。”三峡之中，羊跳峡是最短最窄的一道峡，因两岸仅相隔30余米，山羊可一跳而过而得名。羊跳峡形态佝偻，江水到此便格外阴郁深沉，让人如临深渊，也是船游过程中最让人感慨的一段水路。

潭岭天湖

生态旅游的最佳选择

连州市潭岭镇浮山

潭岭天湖即广东天湖森林公园，是国家级自然保护区。湖中小岛众多，怪石峥嵘。湖边有古树参天的原始次生林。风景区内有1座高山型水库，3座小型水库，其中潘家洞电站水库海拔1200米，有“岭南天池”之称。

天湖四周的丛林中有许多珍稀动物，如华南虎、黑熊、鹿、岩羊、红面猴等，湖上亦常有珍稀水禽嬉戏，故被列为国家级自然保护区。这里盛夏季节最高温度为26℃，入冬后大雪纷飞，蔚为壮观。游览天湖，夏天可以避暑，冬天可以赏雪。

慧光斜塔
我国最古老的砖塔之一

连州市市区慧光路南端慧光公园内

慧光斜塔始建于南北朝宋泰始四年（468年），是全国重点保护文物，具有较高的历史、科学和艺术价值。塔倾斜值达1.1米，是广东省最斜的塔。该塔高45.5米，为楼阁式砖木塔，六角九层，斗拱形结构，外墙为土红色，塔内空心。

玩家解说

塔旁，有一个用生铁铸造的古塔顶盖。当年建塔时，因塔顶盖太重，无法提升上去，只好搁置在塔的旁边，希望后人完成前人未完成的事业。至1958年，广东省文物部门新造了一个塔顶盖，安放在塔顶上，所以现在有2个塔顶盖，一个在塔顶上，另一个在塔旁。

链接

古时有一个仙人与土地公打赌，商定用一夜时间，仙人建宝塔，土地公筑花街。夜近五更，土地公眼见仙人建塔九层，而自己修路未成，便模仿雄鸡啼叫，仙人以为天将亮怕被凡人见到真身，慌忙之中把塔顶丢下，跌落在塔旁的鱼塘上。因此，古有“惠州古塔无影，连州古塔无顶”之说。

静福山
乾坤秀萃之所

连州市保安镇

静福山为道家天下七十二福地之四十九福，又称“静福寒林”。始建于南北朝梁中大通三年（529年），原古寺有一泉、一池、二井、十一殿等，最具特色的是福字井：井台是一块凿有草书“福”字水渠的大石，清澈的泉水从福字的第一点涌出，顺着笔画流动，在田字的中间流走，再从龙嘴喷出。

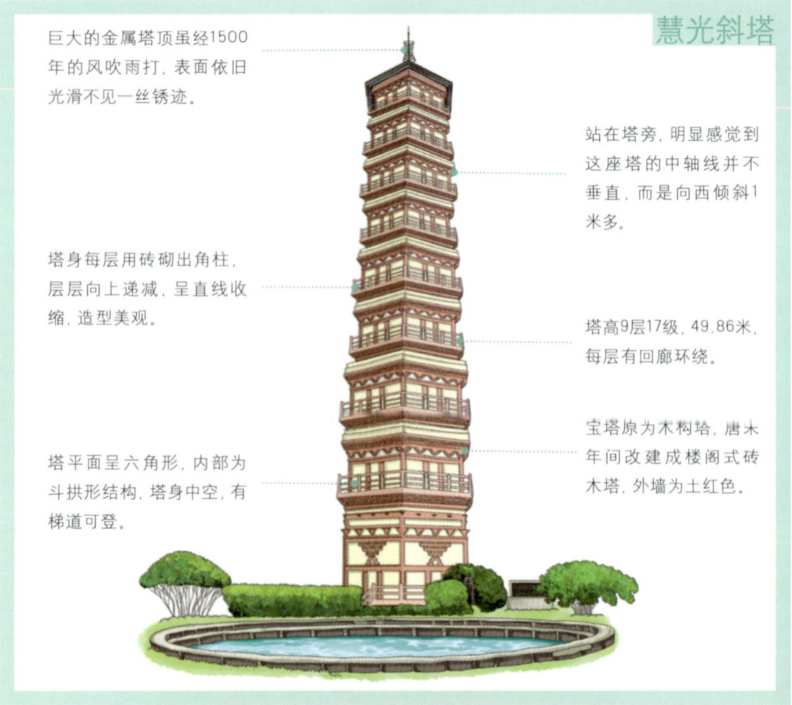

这里还有很多奇形怪树：石中树、树中树、九龙树、阴元树等，还有成片的桂花林。静福山作为千年古刹福山古寺之地，历史上在方圆200千米内极负盛名，享有较高的宗教地位和历史文化价值。

玩家解说

静福山是"古连州八景"之一，南宋学者张栻称之为"静福寒林"。静福山也有八景：天衢毓秀、福字回澜、涧井交流、文峰并峙、平池印月、泉源伏虎、仙人金掌、珠树夜光。

链接

寺院所在地的保安镇，在重阳节有"抬大神"的民间风俗，即抬着"大神"（实为当地最有名望的人）沿街巡行，意为众人驱邪迎吉，也是当地的民俗。

连州地下河 AAAAA

水溶洞奇观

连州市东陂镇大洞村

连州地下河是一个喀斯特地貌的巨型天然石灰岩溶洞，洞内气温四季保持在18℃左右。它隐藏在山势雄峻的大口岩溶洞中，洞中有洞、洞中有河、洞中有桥，神秘瑰丽。在七色彩灯照射下，形态各异的钟乳石变幻出万千景象，颇具特色的是"仙人神田"，只见层层钟乳石如梯田般蜿蜒分布于"仙人河"两岸，曲折优美。

乘上小船沿暗河向前行进，河道蜿蜒曲折，时而开阔，时而狭窄，头顶上的钟乳石触手可及。沿途会经过香蕉峡、莲花峡、龙门峡三处峡谷，两岸的钟乳石景千姿百态，加上灯光的映衬，确实美轮美奂。而且这是一个活溶洞，人在洞中观赏的时候，经常会被从穹顶落下的水滴打湿，不像那些开发过度的早已干枯的溶洞，没有一丝生气。

三排瑶寨

瑶族风情浓厚的村寨

连州市连南瑶族自治县三排镇三排村

三排瑶寨是一个集中反映瑶族源流历史、文化艺术、生活习俗、民居建筑、服装服饰等民族风情最为丰富、最为全面的旅游景区。这里有可供游客参观的瑶族传统蒸酿酒坊，游客可品尝到浓香的瑶族米酒；有民间工艺品制作工场；有古朴别致的民居——吊脚楼；有凌空高挂、宛如蛛网纵横交错的瑶族"自来水管"——竹排水管；有古老的土法榨油场——榨油坊；有色彩斑斓的瑶族服饰；精巧的瑶族妇女刺绣；有丰富多彩的民间歌舞表演及各种各样的体育娱乐活动；还有琳琅满目的手工艺品、古董、滋补药品、名优特产以及富有瑶族特色旅游纪念品可供选购。

三排瑶寨

玩家 解说

瑶寨是歌舞之乡，有新春游坡节、三月三的开耕节、六月六的尝新节、七月七的开唱节、十月十六的盘王节以及耍歌堂等盛大节日，其中，耍歌堂已成为连南瑶族自治县传统的民间盛会，被列入国家首批非物质文化遗产名录。

玩家 攻略

1.瑶寨内有小礼堂，瑶胞会为到来的客人表演瑶族歌舞。寨中还有一个长达2米多的腰形长鼓，鼓声非常洪亮。

2.瑶寨的对面是一大山谷——万山朝王：谷中群峰突兀，犹如千军万马，面对山谷时有站在司令台上点兵阅将的感觉，游人不妨体验一下。

千年瑶寨 AAAA

古老原始的瑶寨

连州市连南瑶族自治县南岗镇

千年瑶寨是目前所存不多较为古老原始的瑶寨之一，此寨建于宋代，至今已有千余年的历史，有“大哥排”“首领排”之称。寨旁的千顷梯田由山脚向山脊层层延伸，景象动人，一向是摄影爱好者和画家们采风的选择胜地。

千年瑶寨原居民自20世纪70年代起分批移民下山，古寨才得以保存最原始的面貌，没有受到任何破坏；瑶族耍歌堂、长鼓舞被列为国家级非物质文化遗产，南岗村被评为“中国历史文化名村”“中华民族民间艺术之乡”，千年瑶寨有“中国瑶族第一寨”的美誉。瑶族人民能歌善舞，世界经典乐曲《瑶族舞曲》创作地就在千年瑶寨。

瑶寨耍歌

金坑林海

摄影采风之胜地

连州市连南瑶族自治县金坑镇

金坑林海是金坑林场所在地，这里山峦层叠，林海茫茫，四处都是一片绿色的世界。沿途之上，田地一层一层地围绕着山往上走，山的轮廓十分幽美，给人一种心仪陶醉之感，不失为摄影采风的胜地。

猫公山

天然形成的石山

连州市连南瑶族自治县县城东北部

“伏兔春荫”是古时三江著名八大风景区之一，山上的树木茂密，从北面眺望，又很像静卧的雄猫，后来才改称为“猫公山”。猫头高举，俯视四方，三棵酸枣树的枝叶犹如翘起的猫须；脊背隆起，静木荫深；另有三棵树叶如盖的榕树呈一字形地排列着，宛如一条狭长的猫尾巴。

猫公山是一座天然石山，山的四周和溶洞里都发现有石铲、石矛、夹沙粗陶等，经鉴定，是新石器时代的遗物，有不少游客慕名而来寻宝探秘。

链接

猫公山名称的由来

据说猫公山原叫“伏兔山”，因西面有块巨石恰似兔耳而得名。“伏兔春荫”是古时三江著名八大风景之一，随着时间的流逝，山上的树木茂密，渐渐遮去了那块兔耳巨石，从北面眺望，又很像静卧的雄猫，所以后来改称猫公山。

盘王古庙

瑶族人民祭祀的场所

连州市连南瑶族自治县涡水乡（黄家冲与六联水的交汇之处），距县城27千米

盘王古庙最早建于1300多年前，这里被瑶胞视为祖寨。庙的四面高山环拱，沿山坡

叠建而上的一排排瑶寨（又称“瑶排”）环绕在盘王庙的四周。瑶胞们经常来盘王庙祭祖，每隔三五年，还要组织较大规模的耍歌堂活动来祭神。

从连南县城到涡水的公路沿途林木茂盛，山势高峻，河流级级落差，高山梯田层层叠叠，景色十分迷人。

链接

盘王古庙前有一株百年树龄的相思树，枝繁叶茂，常年挂满相思豆。瑶胞将该树上的红豆视为神物，将它们捡回家中放在神位前供奉，以避邪求安。

令人称奇的是，这棵相思树还能预报天气，当久旱不雨时，如果树叶由青变黑就说明第二天就下雨；当久雨不晴时，如果树叶由青变红，天就将转晴，十分灵验。

福林苑

原始生态保护林

连州市连山瑶族自治县县城近郊

福林苑休闲景区有全省唯一最近县城的原始生态保护林，古树林面积达10万平方米，林中珍稀古树无数，昂然挺拔，一派盎然生机，清静无限。景区中的壮族风情演艺村是整个景区的核心景点，村中建筑是用竹木搭建成的吊脚楼。

鹿鸣关

固守南越的军事屏障

连州市连山瑶族自治县太保镇以东

鹿鸣关历来是连山东面的咽喉之地。据闻郑成功之父郑芝龙率军由连州进入连山时，便在今天鹿鸣关一带劈山修路。清康熙年间，连山知县刘允元在郑芝龙劈山处垒石为关，称“鸡笼关”。当时太保以东一带人烟稀少，鸡鸣关西是连山，东是连州三江，当从连山赶往连州的商人走近关时，才可以隐约听到三江鸡鸣，所以将“鸡笼关”改称为“鸡鸣关”。后重修时取“文宴《鹿鸣》”之意，又改关名为“鹿鸣关”。

鹿鸣关坦然亭

大旭山瀑布群

观瀑和玩瀑的最佳场所

连州市连山瑶族自治县三水镇

大旭山瀑布群位于三水镇的大旭山，景区山高林深、溪水清冽、地势起伏、瀑布成群，空气特别清新。上山路径和供游人观瀑的亭榭都与周围环境相协调，亭榭都用树皮、竹木构建，看似简单，却别有韵致。

大旭山最大的享受当数观瀑和玩瀑。山中蕉林密布、溪水迤逦的“蕉石鸣琴”景区幽深静美，因其间瀑布分布密集，又因地形水量各不相同，呈现多姿多彩的瀑布景观，包括引人入胜的白鹤岩瀑布、野蕉林瀑布、老龟潭瀑布等，形成了大旭山独树一帜的瀑布群。

阳山小桂林

“广东漓江”

连州市阳山县水口镇青莲镇一带，清连一级公路杜步大桥侧

风景区秉承着岭南磅礴而秀丽的湖光山色，因而有“阳朔山水甲桂林，阳山山水

甲清远”的说法，著名书画家关山月曾到此写生，深感山水多情姿态，遂将水口镇一带的风景区称为“小桂林”，阳山小桂林也由此声名大噪。此处水域蜿蜒曲折，河道两旁青山起伏，因特殊地质结构而于峭壁上盘根错节，钟乳石光怪陆离，加上翠绿的田园风光和岭南古色古香的民居点缀山水之中，俨然一幅不输阳朔、漓江山水的迷人画卷。每年春秋两季，成群结队的白鹭在江面上来回飞翔，成为景区一道独特而亮丽的风景线。

链接

清远阳山国家地质公园

阳山国家地质公园是以秀美、丰富的岩溶与花岗岩地貌为核心，集温泉、瀑布、河流于一体的水体景观，是融合神奇的高山气象景观、丰富的生物资源以及特有的文化遗产与民族风情的综合性地质公园。地质公园包括六个园区，即广东第一峰园区、冠小北江园区、贤令山园区、神笔洞园区、阳山小桂林园区、马落桥温泉园区。园区内地质遗迹丰富、典型、优美、稀有，花岗岩地貌、碳酸盐地貌、构造遗迹与水体地貌完美结合。独特的人文历史景观和丰富的文化底蕴，时刻呈现一幅完美的山水长卷。

广东第一峰 AAAA

广东的“喜马拉雅”

连州市阳山县秤架镇瑶族乡

广东第一峰的石坑崆海拔1902米，为广东最高峰，堪称广东的“喜马拉雅”。风景区内还有原始森林、高山峡谷，还可以看到飞流直下的天泉瀑布，勾画出一幅奇秀的山水画。景区内设有石坑崆游览区、太平洞瑶寨、秤架大河谷、天泉瀑布、天泉高山温泉和第一峰漂流六大游览区和体验区，景景相宜，相映成趣。

玉龙宫

石灰溶洞

连州市阳山县城北冷水乡黎洞村，距县城约10千米

玉龙宫是一个古老神奇的石灰溶洞，总面积约2200平方米，游览路程1280米。洞分数层，层层相连，由“宝莲”“八仙”“玉龙宝库”“王母娘娘圣殿”和“世外桃源”五个分洞组成。洞中奇景荟萃，气象万千，其可谓“一处洞府，一个天地”。

贤令山

人文景观旅游区

连州市阳山县城郊东北1千米处

贤令山又名牧民山，自唐以来，名贤留题于丹崖翠壁间，使韩文公读书台、游息洞、朝阳洞、水帘洞、打字崖等千古陈迹成为当今名胜。另有20世纪70年代修建的烈士陵园，庄严肃穆。那神奇的朝阳洞、蜿蜒的一线天、欢腾的水帘洞，真乃天造地设，令人神往。明代建筑的北山古寺，清静幽雅，树木葱茏，寺藏碑刻，件件珠玑。

景点推荐

英德旅游区

九龙峰林小镇 AAAA

广东最长的峰林游廊

英德市九龙镇

英西峰林被称为“南天第一峰林”，内有1000多座形态各异的石灰岩质山峰纵横连绵，大大小小的河流溪涧穿绕其间，山峰四周常年云雾缭绕，绿树成荫，气候宜人。在延续20多千米的旅游景区内，千姿百态的山峰、神秘莫测的岩洞、星罗棋布的农舍点缀其间。英西峰林走廊是英石之奇、之丽、之秀的恢宏展示，它与简朴的村庄、淳朴的民风融为一体，充满着浓郁的田园气息。

九龙小镇国际生态农业度假区地处英西峰林核心区域，是一个集农业公园、乡村酒店、特色民宿、花卉观赏等于一体的生态旅游度假区。度假区内有上千亩花海，200多亩的农耕文化园，面积达300余亩的莲湖，竹屋装修风格的峰林农庄，很适合度假旅游。

玩家攻略

1.如果住在九龙镇，可以向旅店老板借自行车前往景区。当地紫外线很强烈，骑车时最好不要穿短袖衣服，否则胳膊会被晒红脱皮的。

2.到英西峰林走廊一定要游两大峰林、探两个岩洞、寻两处古迹，即千军峰林、公正溪树峰林、穿天岩、阳岩洞（号称“粤北第一大洞”）、彭家祠和小赵州桥。另外，走廊中还有荣强小桂林、龙角山、王朝石山、明迳倒影、吊香岩、和顺岩、迎客松、永丰古庙、飞马庙遗址等景点可以游览。

南山

美景中夹杂着深邃的历史文化

英德市市区南郊2千米北江畔

南山地势险要，风光秀美，由18个大小

不一、错落突兀的山峰组成，最高的鸣弦峰有189米。南山早在汉代就设有供人游赏的亭台建筑，到唐宋时期共建有亭台寺阁50多个。由于南山风景秀丽，历来都吸引了不少名人墨客游赏和刻石留念。

大量的古建筑和摩崖石刻，与南山秀丽的风景相得益彰，更显南山名胜深邃的历史文化。南山风景区由18座大小不一的山峰组成，有大量的古建筑和摩崖石刻，河对岸还有明代的九层文笔塔，构成了英德八景之一的塔影南山。

玩家解说

相传舜帝南巡狩猎，曾率领宫廷乐队登上南山最高峰，奏起了《望娥》之曲，唱出了《熏风》之词，便以"鸣弦峰"纪念之。

茶趣园

茶文化主题生态旅游观光园

英德市市区西郊马口

英德古称英州，以生产红茶著称于世。至今英德茶区已成为广东省最大的茶叶出口商品生产基地，是中国著名茶乡。茶趣园是以高香型茶树育苗基地为基础，以茶文化为主题的生态旅游观光茶园。游人游览茶趣园，将通过参与一系列有趣活动的来达到"乘兴而来，满载而归"的效果。

通天岩

洞天仙景

英德市市区西南郊长岭村子贡岭

通天岩是一大型石灰岩溶洞，已经有千年的历史，是英德乃至岭南不可多得的旅游胜地。通天岩洞内总面积6600多平方米，由洞口拾级而入，由小到大，分为四个厅，由神奇诡异的石林长廊相连接。每个大厅各具特色，厅内石钟、石笋、石幔形态各异，变化万千。

宝晶宫 AAAA

"岭南第一洞天"

英德市市区南郊7千米北江畔燕子岩山中

宝晶宫是一个经历了2亿多年地壳变化而形成的大溶洞，它由宝晶宫溶洞、碧绿湖、碧落洞和狮子山等景区组成，洞内高大宽阔，雄伟壮观，石笋、石柱林立，石花、石幔千姿百态，石钟乳玲珑剔透，绚丽多姿，有的像花鸟虫鱼，有的像飞禽走兽，有的像神仙佛祖，有的像天池飞瀑。整个洞穴如宫殿一般，故被称为宝晶宫。

景区内三面环山、平静如镜的宝晶湖倒映着山色，几座青翠的孤山错落湖滨，九曲木桥连接湖心亭台，泛舟湖中，美景天成。而燕子岩的石崖上，是著名书画大师关山月所题"宝晶宫"三个鲜红石刻大字，每字有100平方米大，气势磅礴。

仙桥地下河

独特的田园风光

英德市横石塘镇

仙桥地下河用民间传说中的"仙桥"命名，由两段暗河和中间一段明河连成，全长约13千米，是一处非常神秘的自然奇观。其间的景物，自然构成一首绝妙的诗，一幅美丽的画，一个梦幻的传说，一场虚惊的刺激。

地下河的第一外景——仙桥，位于仙桥地下河景区南面5千米处。它是一座誉仙传

宝晶宫

奇的明代古桥。桥呈南北走向，长28米，宽3.5米，高7米，三墩两拱，整座桥以石垒成，没有用一点石灰砂浆，却经历了千百年的山洪冲击，至今仍是当地交通要道，民间传说它是仙人所造，故名仙桥。

碧溪漂流
"岭南第一漂"

英德市黎溪镇大湖村银英公路旁（飞来峡库区之内）

碧溪漂流有"岭南第一漂"之称，它起于碧溪瀑布，急流与落差大的地方很多。碧溪漂流河道全长6000米，在九曲十八弯的急流之中，乘橡皮艇顺流而下，清澈见底的河水，天然形成的巨石、蜿蜒曲折的河道、大小不同的落差，可以充分感受碧溪漂流的惊险与刺激，增加挑战大自然和挑战自我的勇气与信心。

英德国家森林公园
休闲养生的理想场所

英德市大站镇

英德国家森林公园内地貌因长期受喀斯特作用的影响，形成了众多的奇峰怪石、幽洞暗河。优良的气候条件孕育了大片的森林，形成了良好的森林与自然景观。其中长湖是英德国家森林公园的核心，是狭长的人工湖，有三角峰旅游区、情人谷、狮子口、清代古庙、秀才古庙、神前十八家等景点。

石门台
森林生态系统自然保护区

英德市北部，是南岭山脉的最南端

保护区地处南岭山脉的最南端、北回归线北缘，属热带季风气候区，主要保护对象为南亚热带常绿阔叶林和珍稀动植物。石门台自然保护区还有众多国家重点保护的珍稀濒危野生动植物。保护区有高等植物2242种，其中列入国家重点保护的珍稀濒危野生动植物有68种。

奇洞温泉
以自然溶洞生态景观为主题

英德市望埠镇李屋村

奇洞温泉度假村以自然溶洞生态景观为主题，温泉SPA中心是其核心项目，其中景观香熏屋、景观情侣屋更是各具特色；100多套环绕温泉池区的景观木屋，将住宿、SPA养生有机地结合在一起。

碧溪漂流

攻略资讯

- 交通
- 住宿
- 美食
- 购物
- 娱乐

清远风光

交通

火车

清远站：原名源潭火车站，站址在广东省清远市清城区，很多车次是开往广州的，还有到达衡州、北京等地方的线路。

汽车

清远的公路四通八达，107国道贯穿全市，沿广清高速公路1个小时便可从清远市区到广州。

新城客运站：位于清远市新城6号区鸿运广场，主要发往外地班车。

城北客运站：位于清新区太和镇清新大道29号，班车线路辐射粤北、珠三角地区。

狮子湖喜来登度假酒店

住宿

清远市住宿条件比较成熟，各县均有星级饭店，选择的空间比较大。一般清城区旧城住宿比较方便，价格也实惠；吃的玩的住的地方比较多。其次是住在清新区，附近景点比较多，吃住行也很方便。还有许多温泉度假村，其热水均直接引自温泉水。度假村邻近有各大景区，以便旅客休闲度假。

●狮子湖喜来登度假酒店

狮子湖喜来登酒店是具有浓郁阿拉伯风情建筑的临湖度假酒店。酒店内附设购物商场、商品街、水幕电影、园林景观等。翡翠谷主题温泉度假公园是“温泉之乡”的升级版；在由美国著名球场设计大师Jacobson倾力设计的狮子湖国际高尔夫球度假俱乐部内可潇洒挥杆；狮子湖内亚洲顶级音乐水幕呈现360°立体环绕水帘电影；活色生香，渔人码头引领客人感受顶尖生活的奢华、浪漫与温馨。

清远市横荷街狮子湖大道1号

0763-8888888

美食

清远连州的风味菜肴比较有名的有腊

蛋、腊全狗，还有野味、河鲜、山珍等。英德的特色菜是九龙豆腐、英德笋、英德跑地鸡、东乡蒸肉、擂茶粥、沙螺等。在英德市区的梅花路、峰光路、城西市场上的夜市小吃街可以吃到这些东西。

●腊蛋

腊蛋是有名的东陂腊味之一。腊蛋的主要原料是花油（猪网油）和蛋，花油为皮，蛋为馅。腊蛋可蒸吃，味道香、口感爽。

推荐店铺：申粤轩酒楼

清城区北江路1号（静福广场旁）

0763-3383311

●清远白切鸡

清远麻鸡肉质嫩滑、皮脆、骨酥，特别适宜做白切鸡。将鸡洗净，放水中浄煮，中间提出两次，倒出鸡腔中的水，以保持内外温度一致。然后晾干表皮，扫上熟花生油，斩成小块，盛入碟中，摆成鸡形。吃时佐以姜蓉、葱丝，香味更浓。

推荐店铺：清水鸡村（广清大道辅路）

清城区广清大道

0763-6896628

●北江河鲜宴

北江河鲜宴是飞来峡地区最有名的特色菜，它以鲜活北江河鲜为主料，烹调手法以清蒸为主，油盐姜葱适量，味道鲜美。

购物

清远的土特产主要有清远鸡、北江河鲜、骆坑笋、连州白茶、黄精、猴头菇、红薯干、沙田柚、英德红茶等。

●连州白茶

连州白茶，又叫"藤婆茶"，是连州家家必备的茶，具有清热、润肺、解暑消毒的作用，对于过胖的人还具有消食减肥的作用，是一种珍稀名贵的天然饮品。

连州白茶

●无花果

无花果，阳山特产，又名蜜果、明目果、文仙果、奶浆果、映日果等。无花果为一种常用的中药，花托药用，有健胃清肠、消肿解毒的作用。

●袁屋香芋

袁屋香芋产于朝天镇袁屋管理区，剖开芋头可见芋肉布满细小红筋，类似槟榔花纹，栽培学称之为槟榔芋。该芋头中含有丰富的蛋白质、碳水化合物（淀粉）、较高的钙和一定的维生素。芋体圆而不尖，肉质结实，煮熟后香芋浓郁、粉绵糯滑，毫不亚于荔浦芋头。

娱乐

排瑶开耕节：每年农历三月初三为排瑶"开耕节"，意为一年春耕开始。节日当天，瑶族人杀鸡敬酒肉，烧纸钱，念瑶经，祭祀土地公和祖先神灵，祈求当年风调雨顺，五谷丰登，六畜兴旺。

舞木猫：舞木猫又叫舞木猫狮，在春节至元宵期间举办。舞木猫的全过程有一定的程式，依次序进行。每到一个村寨首先要舞拜门楼，接着舞拜各家各户，各户主人燃放鞭炮迎接，最后还有热闹的表演活动。

发现者旅行指南

惠州 · 河源

概览

亮点

惠州西湖

以五湖、六桥、十八景闻名，有“苎萝西子”“大中国西湖三十六，唯惠州足并杭州”的美誉。

平海古城

岭南文化的“活化石”，是赶海、吃海鲜、寻古探幽、度假的好去处。

罗浮山

岭南名山，史上道、佛、儒三家长期在此繁衍共存，留下了众多令人赞誉的题词石刻、诗篇佳作和名胜古迹。

南昆山

享有“北回归线上的绿洲”之美誉，是亲水的好去处，与南昆山温泉大观园组合成了“日游南昆，夜沐温泉”的黄金旅游线路。

万绿湖风光

万绿湖

华南最大的人工湖（新丰江水库），集“水域壮美、水质纯美、水性恬美、水色秀美”于一身，湖畔的桂山为河源第一高峰。

必逛街道

西湖狮山商业街：在西湖狮山一带的旅游商品一条街和商业步行街，能够买到各种惠州特产和小商品，是购买旅游纪念品的佳选。

河源长鸿商业街：河源市重要的商业街，这里不仅可以买到河源市上好的土特产，还能就地品尝风味小吃。

线路

惠州精华三日游

第一天，到惠州市的重点风景名胜区——西湖游玩，在这里戏水游玩。

第二天，上午到大亚湾南海度假村观看海景，可以在这里尽情领略碧海蓝天自然美景，等到夜晚又可欣赏辉煌璀璨的石化夜景。下午游览平海古城，找寻一下历史的足迹。

第三天，到罗浮山风景区欣赏诸多美丽的景色，著名的有飞云顶、上界三峰、白水门瀑布、酿泉等。

河源二日游

第一天上午先游览新丰江国家森林公园，背靠河源第一高峰桂山，体验桂山的风姿；中午观看喷泉；下午到华南最大的人工湖——万绿湖。

第二天上午先到龟峰塔，然后转道霍山风景区，独特的丹霞地貌，不失为大自然的一大奇观；下午到水坑生态旅游娱乐区，可以在此尽情玩耍，体验休闲的乐趣。

为何去

惠州旧称惠阳地区（简称惠阳），在古代即有岭南名郡之称。惠州融山、江、湖、海、泉、瀑、林、涧、岛为一体，集自然景观与人文景观于一身。

霍山

被誉为“中国优秀旅游城市”的河源，是客家人的主要聚居地之一。俯瞰江水之上的绿色明珠，有小家碧玉，也有刺激探险。

何时去

惠州年平均气温22℃，气候温和，7、8月降雨较多，9、10月天气晴朗，是出游的好时机。

万绿湖

河源市属亚热带季风性气候，降雨多集中于春夏两季，冬季寒冷，夏季偏热。四季皆宜出游，春秋最佳。

罗浮山

区域解读

惠州区号：0752
河源区号：0762
面积：27 001km²
人口：889.19万人

地理 GEOGRAPHY

区划

惠州市辖2个区（惠城区、惠阳区）、3个县（惠东县、博罗县、龙门县）。

河源市辖1个区（源城区）、5个县（紫金县、龙川县、连平县、和平县、东源县）。

地形

惠州市地形较为复杂，北部以山地居多，东部和南部为丘陵、台地。惠州市全境有大小河流20多条，较大的河流有东江、西枝江、增江等。惠州市南部靠海，有大亚湾和巽寮湾两个较大的海湾，大小上百个岛屿。

河源市地貌以山地、丘陵为主，东北略高、西南部较低。河源市水资源丰富，贯穿全境的东江，是珠江流域在粤东最大的支流，华南地区最大的水库——新丰江水库素有“粤东宝库”之称。

气候

惠州市地处亚热带，北回归线横贯全市，属南亚热带海洋性季风气候，境内阳光充足，雨量充沛，四季宜人。降雨主要集中在4～8月，9～10月天气晴朗，为旅游的最佳季节。

河源市属亚热带季风气候，气候温和，阳光充足，降雨多集中于春夏两季，冬季寒冷，夏季偏热，全年高温日数较多。

天后宫

罗浮山山顶远眺

历史 HISTORY

惠州历史大事记

●新石器时期

早在新石器时代晚期，人类已在惠州一带繁衍生息，从事捕捞、狩猎和原始的农耕，创造了惠州的远古文化。

●春秋战国

春秋战国时期，惠州一带的文化已达到一定的发展水平，并与中原文化息息相关。据史料记载，在今惠州市区及博罗北部一带，战国时期曾出现过一个名叫“缚娄”的小国，但不久即在诸侯兼并战争中消失。

●秦汉时期

秦朝末年，赵佗创立南越国，惠州属于南越国领地。

汉元鼎六年（前111年），汉武帝统一岭南，结束了南越国的统治。

●东晋时期

东晋咸和年间（326—334），道教名人葛洪隐居于惠州境内的罗浮山采药炼丹，并在山上创建了四座道观，使罗浮山成为中国的道教名山之一。

●北宋时期

北宋天禧四年（1020年），为避太子赵祯讳，改祯州为惠州，始有惠州之称，并一直沿用到今天。

北宋绍圣元年（1094年），苏轼在59岁时被朝廷四降官职，贬为宁远军节度副使，惠州安置。苏轼在惠州度过了三年，期间写下160多首诗词。

●近现代

辛亥革命期间，孙中山曾两次在惠州发动起义。

1988年，惠州正式成为地级市。

名单 惠州历史名人

惠州第一位进士、《旧唐书》主要编撰人张昭远

明代著名的尚书叶梦熊

清代农民起义领袖翟火姑

清末革命军首领邓子瑜

新丰江水库

杰出的无产阶级革命家、军事家叶挺

著名政治家、军事家邓演达

现代著名的政治活动家廖仲恺

河源历史大事记

据考证，早在一万多年前，东江中上游流域即现在的河源地区便有人类繁衍生息。

秦始皇三十三年（前214年），秦平定百越，置南海郡，在东江中上游流域设置龙川县，首任县令是后来统一岭南，被汉高祖封为南越王的赵佗，县治设在现龙川县佗城镇。

秦平百越后，迁陕陇之民居粤，带来了黄河文化。此后，凡遇中原战乱，都有一批批的移民进入岭南。

南齐永明元年（483年），龙川析土置河源县。河源设县，是河源发展史上的一个重大历史事件，对河源地区的发展有着重要和深远的影响。

1988年1月7日，国务院批准撤销河源县，设立河源市。

名单 河源历史名人

宋代开粤名宦古成之

明代云南巡抚李焘

清代文学家江绍仪

清兵部尚书颜伯焘

同盟会会员、东江革命军总司令欧阳俊

共产党员、早期农民运动卓越领袖阮啸仙

共产党员、革命先烈黄克

苏轼在惠州

几乎每一个土生土长的惠州人，都能对东坡公在惠州的事情说上几句。“日啖荔枝三百颗，不辞长作岭南人”的佳话，更是流传至今。

苏轼（1037—1101），字子瞻，号东坡，四川眉山人，是中国著名的文学艺术家。在中国文化史上，苏轼是一个传奇式的人物，他一生三次在朝廷做高官，三次遭受贬谪。

绍圣元年（1094年），57岁的东坡被贬谪到惠州。苏轼平生喜爱山水，但因是贬官，活动常受限制。寓惠期间，除常游西湖外，远游别处只有陪同长官出游方能成行。在惠州境内，仅一游水北大云寺，两游博罗香积寺，三游白水山。绍圣元年九月在被贬赴惠途中顺道一游罗浮山后，虽一直想着再游，但终未如愿，仅留下有关罗浮山8篇诗文。

苏轼身为贬官，“不得签署公事”，却处处关心惠州民间疾苦和地方建设。抵惠不久，他就与博罗县令出访。目睹农民在烈日下插秧的苦况，即向县令介绍中原插秧技术，并绘出插秧船的图形，命工匠制造，加以推广应用。在游罗浮香积寺时，苏轼见香积寺下的溪流落差较大，便嘱县令让附近村民建造水碓、水磨。农民不仅用来舂米、磨面，还将檀香、樟木等研成香粉，远销广州等地，使罗阳溪变成“香溪”。苏轼见当地缺医少药，许多百姓常因此病死，就设法施医散药，救死扶伤。

苏轼还常常利用与广东提刑程正辅的关系做一些好事。绍圣二年（1095年）秋，惠州农业丰收，米价大跌，官府收税只收钱不收粮。农民为交税钱，被迫以贱价卖粮换钱去缴税。见此情形，苏轼两次致函程正辅，请同有关官员商定“纳钱与米，并从其便”。

惠州西湖苏东坡像

当他发现惠州驻军缺少营房，军队大多散居市井，骚扰居民后，又致书程正辅，建议修建营房300间，以肃军政，令民安居。

苏轼还协助地方修桥筑堤。当时州、县两城隔江相望，仅靠小舟渡江，常发生事故。苏轼即与地方官商议，分别建造两座桥。一座在西江口建造浮桥，名为“东新桥”；一座在西湖上筑堤修桥，取名“西新桥”，便利了湖、河沿岸的交通。为修桥筑堤，他还捐出了皇帝赐予的犀带，动员弟妇史氏捐出朝廷赏赐的数十枚黄金钱。惠州人将西湖堤命名为“苏公堤”，简称苏堤。

如今，苏东坡离开惠州已经900多年了。虽然他在惠州只住了2年7个月，可是，他对惠州却产生了巨大的影响，形成了一种特殊的东坡文化现象。惠州的山水与东坡结下了不解之缘，好多建筑物和商店名称都取名为“东坡”，900多年来历代政府对它们不断维修和美化，使之成为惠州市的重要历史文物，可谓“一自东坡谪南海，天下不敢小惠州”。

南越武帝赵佗

赵佗是秦朝著名将领，南越国第一代国王，公元前203年至公元前137年在位，号称南越武帝。赵佗在任期间一直实行“和辑百越”的政策，促进了岭南地区汉越民族的融合，并把中原地区的先进文化带到了南越之地，使南越得到了很好的发展。赵佗曾被毛泽东称为“南下干部第一人”。

公元前219年，年仅18岁的赵佗被封为50万大军的副帅，随军南征。公元前214年，年仅23岁的赵佗被封为首任龙川县令，共任职6年。公元前208年，南海郡尉任嚣病故，赵佗续任南海郡尉，时年29岁。4年之后，赵佗建立南越国，自称南越王，定都番禺（今广州）。汉武帝刘彻建元四年，南越王赵佗无疾而终，葬于番禺东北，享年一百余岁，是中国历史上迄今为止王中第一大寿者。

赵佗在位期间，既致力防范越人反抗，又采取“和辑百越”的方针，从尊重越人风俗习惯开始，提倡汉越平等，极力安抚越族。他劝导士兵在当地养儿育女，加强汉越交流，大大促进了岭南的民族融合和经济文化的发展。

为让南下将士在南越大地上安居乐业，赵佗上书秦始皇，请求派遣没有丈夫的女子到龙川，“以为士卒衣补”。秦始皇便征召了一万五千名女子前往南越。这些新移民，带来了中原地区先进的经济、文化、军事、政治、思想、农业、冶铁业、手工业技术等，与南越人民一起开发龙川，使龙川跨越奴隶社会直接进入封建社会，极大地促进了当地文明进步和经济发展。

“和辑百越”不仅是一项民族政策，更是一种文化策略，因为“和辑百越”的政策，岭南地区有了较长时间安定团结的局面，促进了中原文化与以南越族文化、骆越族文化和西瓯族文化为主体的南越国内的“百越”文化的融合。有了这一基础，南方各越族才逐渐融入了中华民族的大家庭。

文化 CULTURE

龙门农民画

龙门农民画产生于惠州市龙门县，以浓墨重彩渲染人们丰富多彩的劳动和生活，以节庆喜事、特色民俗、田间劳动为主要题材，反映出当地“南蛮文化”的风采和人民群众对生活的热爱，对自然和社会的思考及理解。龙

龙门农民画

客家人舞麒麟

门农民画曾在广州、北京等国内大都市展出，也曾到美国、日本、瑞典、挪威等国家和中国香港地区举办展览，具有较高的美学价值。

1972年，中华大地兴起用工人画、战士画、农民画进行政治宣传。当时的龙门县文化馆馆员谭池发等人组织了一批青年下乡画画，当时画的内容大多是农业学大寨成果等政治题材。龙门县不少农民本身就具备一定的绘画基础，不少民间艺人也从事这种创作，这些青年的参与使这些农民画增添了文化内涵，经过不断实践和总结后，龙门农民画吸纳了版画、杨柳青年画、工笔画等艺术手法，渐渐走向成熟。

农民画艺人多为身居农村、没有上过正规学校的农民。他们从家乡的山山水水中汲取养分，以艳丽的色彩和热闹的画面来描绘农村多姿多彩的生活。龙门农民画和别的画乡农民画一样，具有天真、率真、朴直的浓郁乡土气息，同时又富有独特的艺术魅力，岭南特色非常明显。他们结合水墨画、水彩画、油画的表现形式，借鉴传统的民间刺绣、木雕、剪纸等艺术手法进行创作，同时大胆运用夸张变形的艺术手法，表现对自然、风俗、生活、劳动、爱情、社会的思考。这种别具一格的表现手法和具有抽象风格及民间审美情趣的绘画技法，使龙门农民画成为现代民间绘画门类中独有的一个画种。

龙门农民画是中国罕有的由农民创作、反映平民生活和时代变迁的艺术作品，也是罕有的在内容上与时俱进的画种。从20世纪70年代的墙报画、劳动画，到80年代以乡土风情、传统民间习俗为主题的生活画，再到90年代以后农民画家基于对“南蛮文化”的思考而创作的民俗画作品，龙门农民画在时代的变迁中不断演变、创新和发展。

东江麒麟舞

有着500多年历史的东江麒麟舞是客家人文化活动之“根”，它是东江乃至南粤的一个独特文化符号。在历史上，东江麒麟舞曾影响大半个广东以及港澳，声名远播海外。

关于东江麒麟舞的来历，在民间盛传着这样的一个传说。古时在四川峨眉山上有一佛教和尚，人们都称他为“沙仙和尚”，此人佛法高深，心地善良，关心人间的疾苦。同在山中有一麒麟，是仙家瑞兽，能为人间带来祥瑞太平，人们称之为“仙子麒麟”。一天，沙仙和尚在山上与麒麟相遇，为了让麒麟下山降瑞人间，沙仙和尚决定驯服此兽。沙仙和尚先拿了些麒麟爱吃的绿色植物“青”吸引麒麟，麒麟开始不为所动，后经不起沙仙和尚的百般逗弄引诱，终于来吃“青”了。沙仙和尚故意不给它“青”吃，再三戏弄后，麒麟被驯服，于是沙仙和尚把麒麟带下山来为人间传祥瑞。后人把沙仙和尚驯服麒麟的传说，编成一套动作，配以声乐鼓点和武术，逢年过节进行表演，祈祷风调雨顺、国泰民安。经过历代的传承，就变成今天的麒麟舞了。

实际上东江麒麟舞的产生过程更多源自强身健体和护村守寨。早前战争频繁，兵荒马乱的年代，盗贼四起，为了防止流寇和盗贼打家劫舍，祸害村民，每个村都办起了武术馆，武术馆内有武术队、麒麟队，各村的青壮年都会学舞麒麟和打龙形拳等，保佑一方父老乡亲平安。村里上到耄耋老者，下至黄毛小儿，人人都能舞几套麒麟。抗日战争时期，东江流域各村的麒麟队还纷纷组织起来，为抗敌造势，鼓舞人心，激发民族觉醒。

东江麒麟舞的器具有麒麟、锣鼓、唢呐、钹、大头佛等。所舞麒麟的骨架用竹篾扎成，皮用各色彩布做成，分成头、尾两截，中间穿孔，舞者站在穿孔处将麒麟系在身上。麒麟身通常长3.2米、宽2米，选用红、黑、黄、青、紫五种颜色分成六段拼接而成，分别在黑色和青色布上写有“风调雨顺、国泰民安”八个字。第六段由红、黑、黄、青、紫五彩颜色拼接而成，长度为2.2米，有龙凤呈祥，驱邪佑吉、安居乐业、五谷丰登、天下太平之意。

在内容上，东江麒麟舞的改编来自古老的沙仙与麒麟的传说。整套麒麟舞将武功融入充满生活气息的完整套路中，有“拜年贺岁舞”“麒麟贺丰年”和“大头佛戏麒麟”三个套路。与狮舞不同之处在于，客家麒麟舞非常注重把武术、武功融入其中，可以称为“武”麒麟。

麒麟舞整套表演历时30～35分钟，大体内容不变，但具体表演时沙仙和麒麟可灵活应对，经常会增加一些诙谐的生活细节以吸引观众。而其中舞麒麟头的表演要求十分高，既有动作难度上的要求，也有体力上的要求，时常需要多人轮换进行长戏份的表演。

东江麒麟艺术经过历年的传承创新已经深深扎根于民众之中，其独特的风格、巧妙的套路编排、浓郁的地方特色、积极向上的精神及令人拍案叫绝的精彩表演，让人进入一个五彩缤纷的传统艺术的殿堂，同时不断激励着人们团结进取、拼搏向上。

链接

古老的麒麟文化

麒麟形象已有2500年的历史，最初是一种图腾、一种信仰，后来发展到哲学意义，又进入文学领域，如韩愈写的《获麟解》、黄庭坚的《麟趾赞》等。麒麟文化最终走向造型艺术和表演艺术，成为陶瓷、年画、剪纸、泥塑、刺绣、金玉饰、建筑、雕刻等艺术创作的素材。

麒麟是中华民族远古时代吉祥图腾“四灵”之首，象征着祥瑞太平、风调雨顺、国泰民安。麒麟舞是一种喜闻乐见的民间舞蹈，表达农民辛勤劳动后丰收的心情，至今已有500多年的历史。麒麟舞起源于四川峨眉山一带。1958年，背井离乡的新丰江水库移民将麒麟舞带到了现在的惠州小金口。

客家房屋的翘檐

景点推荐 惠州旅游区

惠州西湖 AAAAA

浓抹杭州惠淡妆

惠州市中心区域惠城区环城西路

08：00~21：00 免费开放

惠州西湖始建于五代（907—960），相传这里原是古河道，后河流改道后遂冲积而形成五个相通的湖面，统称西湖。惠州西湖林木茂盛，继承了岭南独树一帜的自然景观特征，与杭州西湖的烟雨江南印象相比，显得更加清爽直白、端庄素雅。

惠州西湖的景观由"五湖六桥八景"组成。平湖是五个湖区中最大的，西湖的主要核心景点也大多集中在这一带。湖北面环绕着平湖堤，沿着堤坝可参观丰渚园和元妙观，丰渚园很适合夏天来，荷花开得很漂亮。在历史上，惠州西湖曾和杭州西湖、颍州西湖合称为中国的三大西湖。

玩家解说

惠州西湖历史上曾与杭州西湖、颍州西湖齐名，有"海内奇观，称西湖者三，惠州其也"和"大中国西湖三十六，唯惠州足并杭州"的史载。清杭州名士戴熙曰："西湖各有妙，此（惠湖）以曲折胜。"

链接

西湖十八景

西湖十八景指的是：飞鹅览胜、丰山浩气、水帘飞瀑、平湖秋月、玉塔微澜、红棉春醉、西新避暑、花洲话雨、花港观鱼、芳华秋艳、苏堤玩月、连理红棉、孤山苏迹、南苑绿絮、烟霞柳浪、留丹点翠、象岭云飞、鹤鹭祥舞。

玉塔微澜：泗洲塔又称玉塔，位于西湖西山，登塔赏景，意境清新，每登一层，视野开阔一些，东、南、西、北，景色各异。登上绝顶，惠州全景美不胜收，"玉塔鸟瞰"不失为西湖一景。

惠州西湖

花洲话雨：百花洲在西湖明月湾附近，与长桥相连。洲上建有落霞榭，临四壁窗户眺望，更可尽览湖光山色。花廊内广种各色花卉，并陈列名贵奇花异木，盆景亭亭玉立，不似花洲胜似花洲。

丰湖

丰湖景区最大的特征是堤桥纵横，北有苏堤、西新桥，中有陈公堤、明圣桥，南有圆通桥，均为惠州西湖名迹。丰湖的人文氛围自古浓重，西湖花岛上曾建有丰湖书院。黄塘半岛（花岛）旧时为丰湖书院、泌园等。

平湖

平湖景区最典型的自然景观是洲岛景观，最典型的文化景观是东坡文化景观、道教文化景观和佛教文化景观。其中，孤山是体现东坡文化的重点区域。

南湖

南湖景区旧时主要名迹有唐代的开元寺，宋代的李氏山园、唐庚故居，清代的今是园，均久废。

菱湖

菱湖景区景观结构为三个主要景点：怡园、犹龙剑气、横槎小隐，由两条滨湖路串联，即菱湖二路、丰山前路。

鳄湖

鳄湖景区东北以烟霞堤、丰山、百鹤含书为界，东南以凤山为界，南至紫薇山、小鳄湖，西至古榕山。

高榜山——红花湖

高榜山——红花湖景区包括高榜山、红花湖和周边山体，形成高榜山、红花湖、红花嶂三个郊野游览区的格局。

朝京门

历史上的兵家要塞

惠州市惠城区环城西一路

朝京门始建于明代洪武三年（1370年），是具有挡水功能的仿古城墙，后来，人们将旱闸建设成为仿古城楼，城楼的城门内安装人字形闸门，平时闸门敞开，作为交通通道，当汛期需防洪挡水时便关闭闸门。

玩家解说

朝京门城楼和城墙工程是将堤围建设成为具有挡水功能的仿古城墙，将旱闸建设成为仿古城楼。平时，朝京门6扇电动的防洪闸门均日夜开启成交通要道，但当东江水位上涨到15米时，防洪闸门便会关闭抵御东江洪水。

合江楼

广东六大名楼之一

惠州市惠城区东新桥东岸

古代合江楼位于现今桥西滨江西路和公园路交界处，是惠州府城的东城门，也称小东门、合江门。合江楼历史上曾是广东六大名楼之一，与广州镇海楼、肇庆阅江楼等齐名。

合江楼最早建于北宋初年，苏轼贬谪惠州时曾在这里住过，写下了《寓居合江楼》的诗篇。现合江楼是移址新建的，体格比古代合江楼大许多，造型为清代官式风格，重檐尖顶，灰瓦白墙，红柱青台，彩画斗拱层层收窄，二层以上均有挑台环绕。

中山公园 · 望江亭

"惠州第一公园"

惠州市惠城区惠州西湖平湖东面的梌山

惠州中山公园是广东省三大中山公园之一，已拥有80多年的历史。园内望江亭原名望野亭，在中山公园最高处。亭临江而立，有参天古榕与凤凰树掩映。夏日江风习习，落红遍地。冬日阳光和煦，树影斑驳。

玩家解说

1925年10月，国民革命军第二次东征军，在总政治部主任周恩来同志及其他领导人的率领下讨伐军阀陈炯明，攻克了号称天堑的惠州古城。10月16日上午在此召开军民联欢大会，下午召开攻克惠州阵亡将士追悼大会，均以此亭为主席台，亭前为会场。人们常到此缅怀革命先烈。

合江楼

叶挺将军纪念园 AAAA

完整展示叶挺将军生平事迹的纪念园

惠州市惠阳区会水楼88号

2011年9月10日，叶挺将军诞辰115周年之际，叶挺将军纪念园建成对外开放，由叶挺故居、腾云学堂、练武房、会水楼、育英楼等历史建筑和叶挺纪念馆、叶挺铜像广场、牌坊式门楼、池塘、果园等组成。

叶挺故居为叶挺祖屋，是其祖父叶沛林所建。邻近故居有一方亭，北、西、南面各有一入口。叶挺少时常在此读书，故后人称之为读书亭。江泽民为故居题匾："叶挺将军故居"。故居门前建2000平方米叶挺故居广场，广场中央竖立一座叶挺铜像。

腾云学堂位于叶挺故居左侧，内有课室、书房、教师住房等，是叶氏本房子弟的私塾学堂。1903—1911年，叶挺在此读书，接受了民族主义和民主主义思想的教育，在心中播下了救国救民的理想种子。

叶挺纪念馆全面展示了叶挺将军的生平事迹，馆名"叶挺同志纪念馆"为叶剑英元帅所题。原建在卢屋山腰，后迁至叶挺故居后面。纪念馆展馆由两个展厅和瞻仰厅、缅怀厅组成，共七个部分，采用声、光、电等现代化手段，展现了叶挺将军曲折坎坷但伟大悲壮的一生，歌颂了叶挺将军为党和人民立下的不朽功勋。

链接

叶挺（1896—1946），字希夷，广东惠阳人。1924年赴苏联东方劳动大学与军事学校学习。1925年回国。第一次国内革命战争时期，曾任国民革命军独立团团长、二十四师师长、十一军军长。1927年先后参加南昌起义和广州起义。抗战时任新四军军长。1941年皖南事变时被国民党非法逮捕，先后被囚于江西上饶、湖北恩施、广西桂林等地，最后移禁于重庆"中美特种技术合作所"集中营。1946年3月4日，由于中共中央的坚决要求，始获自由。出狱后即电告中共中央请求加入中国共产党，于3月7日获中共中央批准。4月8日自重庆飞返延安，途中因飞机失事遇难。

大亚湾风光

大亚湾红树林城市湿地公园 AAAA

"海上小桂林"

惠州市惠阳区霞涌镇

大亚湾是南海向陆地延伸最深的海湾，湾内有岛屿和岩礁上百个。这里风景优美，海水清澈，沙滩绵延曲折，沙质柔软细腻，近海拥有近百个千姿百态的岛屿，呈弯月状分布，被誉为"海上小桂林"。

大亚湾红树林城市湿地公园位于大亚湾中心区、淡澳河入海口处，为咸淡水交汇的河口湿地。公园以河口红树林湿地为景观特色，由中心湿地翡翠绿心、三区（中心湿地科普区、虎头山运动休闲区、城市文化闲体验区）和虎山远眺、龙湾望峰、沙田揽胜等"湿地十景"构成，共同成为大亚湾的城市绿肺。

九龙峰

有九龙飞入山内的传说

惠州市惠东县平山镇东14千米

九龙峰由九条龙形山脊组成，相传有九条龙飞到惠东境内的山脊盘踞，因此得名。主峰海拔563米，挺拔如笔尖，又称"尖笔峰"。九龙峰集岭南秀美景色之大成，山中古木参天，绿林成荫，山涧纵横，整体景观有“秀、清、逸、媚、幽”之说。山中庙宇错落有致，更显古韵与迷人景色，古往今来，不知引来多少游客啧啧赞叹。

古田自然保护区

“北回归线上的绿洲”

惠州市惠东县松坑镇

古田自然保护区森林覆盖率达87.6%。这里有大片的亚热带阔叶林，属国家保护的植物一级有桫椤，二级有粘木、格木，三级有土沉香（白木香）、穗花杉、巴戟天等。经济植物丰富，药用植物有300多种。属国家保护的动物二级有水鹿、鬃羚、穿山甲、白朗等，这里是水鹿、鬓羚分布的南界。

白盆湖

珠江三角洲的后花园

惠州市惠东县白盆珠镇

白盆珠水库是国家水利风景区，是白盆珠水库兴建后形成的人工湖，湖面风景秀丽，湖心岛众多，水天一色。景区建于900多年前宋仁宗期间的古刹，供奉的是佛教的地藏王菩萨。古刹环境幽雅，终年香火鼎盛。这里还有一个天然的硫酸盐温泉，水质清澈碧透，最高水温达70℃以上，蕴含硫黄等多种矿物质。湖畔莲花山是粤东最高峰，山上有莲花寺。

链接

著名电影《黄河绝恋》《紫日》及电视连续剧《朱元璋》的部分外景在此景区拍摄。冯小宁导演对景区作了高度的评价：“这里是‘水上天堂，生态乐园’，是理想的拍摄、休闲、养生之地。”

巽寮 AAAA

“绿色翡翠”

惠州市惠东县铁涌镇西部大亚湾畔

巽寮旅游区有8个海湾，以石奇美、水奇

巽寮湾

清、沙奇白著称，被誉为“绿色翡翠”和“天赐白金堤”。区内1米多深的平坦浅水达200多米之宽，是良好的天然海水浴场。海中大小洲屿如同仙山琼阁。巽寮还富有海角天涯的景色，很多巨石上留有文人雅士的题刻，为巽寮风光增添了不少情趣。

惠东海滨温泉 AAAA

以海洋文化为主题

惠州市惠东县稔平半岛南端平海镇

惠州海滨温泉旅游度假区以海洋文化为主题，功能不一的露天温泉池，星罗棋布于海滨园林之中。营造出“春”浪漫、“夏”激情、“秋”康乐、“冬”温馨的氛围，演绎着春夏秋冬四季的温泉文化，打破了温泉不属于夏天的局面。

这里海滨有10千米的半月形海滩，沙堤没有污染，海沙亮如白银，沙滩上满是五颜六色的贝壳，海水清澈湛蓝，波涛不大，没有礁石，100米之内水深齐胸。

平海古城

岭南文化的一块活化石

惠州市惠东县平海镇

平海古城建于明洪武十八年（1385年），为广东省历史文化名城。古城至今保留完整的有四座城门楼、部分城墙、完整的十字古街、大部分古民居以及一批古寺庙、古文化遗址和大量的历史文物。在城内，还保留着绚丽多姿的民间传统艺术。到平海古城旅游，可观赏到众多的名胜古迹。

玩家 解说

平海古城内有七口古老的水井，称为七星井。这七口古井与十字街同时规划建造，分别于东街置两口、西街三口、南街一口、北街一口。

相传，七星井是当年建城者按照太阳、月亮、金星、木星、水星、火星、土星的名称标定的。七星井深约8米，井径全是圆形，井台有方有圆。七星井水质随气候变化，雨季水淡，冬季水咸。时至今天，还有不少人前往古井取水。

双月湾

南海渔港风光

惠州市惠东县平海镇

双月湾共分两湾，左湾水平如镜，右湾波涛汹涌。整个海湾从空中俯瞰好像两轮背对的新月，故名双月湾。海水清澈见底，海底平坦舒缓，离岸200米，人们还可在海中站立，堪称一绝。登双月湾观景台后景色令人眼前一亮，小镇、渔船和远方的海岛历历在目。双月湾的日落尤为壮观，夕阳从海平线落下，把海天染成一片橙色。

罗浮山 AAAAA

岭南第一山

惠州市博罗县西北境内东江之滨，距离博罗县城25千米 ¥ 54元，索道：70元（单程） www.lfs.com.cn

罗浮山风景区主峰飞云顶海拔1296米，奇峰怪石、飞瀑名泉众多，形成了一道道独特

双月湾

的峰岭、峡谷和流泉美景。景区生态环境优美，气候宜人，青竹、古树等常年芳翠多姿。

另外，罗浮山也是岭南名山，史上道、佛、儒三家长期在此繁衍共存，历代名人墨客也慕名而来，并在罗浮山留下了众多令人赞誉的题词石刻、诗篇佳作和名胜古迹。其中最有名的是苏轼的“罗浮山下四时春，卢橘杨梅次第新。日啖荔枝三百颗，不辞长作岭南人”。

玩家 攻略

1.主峰飞云顶（海拔1296米）是看日出的好地方，等到太阳升起的时候，美景可以与泰山论高下。

2.罗浮山景区里面有索道，上山索道直通飞云顶，乘索道下山后，可在索道站吃到不错的美食。

3.罗浮山漂流：漂流是这里的一大亮点，位于罗浮山中心景区朱明洞之东，河流之源头起于罗浮山七大景区之一的酥醪景区，河道两岸由北向南蜿蜒延伸，漂流河道全长3千米，沿途可以看见罗浮山美丽的风景。

4.吃：拨云寺里有斋菜斋饭供应。在酥醪茅坪村可以吃到地道的酥醪菜。还可以吃到饲养一整年才长100来斤的正宗酥醪土猪全猪宴，猪骨与酥醪菜干煲汤、猪肉白切和红焖等。

链接

博罗飞鸣禅院

在罗浮山山峦陡壁之下，有座建于隋唐时期的千年古刹——飞鸣禅院。现有大雄宝殿、天王殿、弥宗殿、圆通殿等四大殿堂。

这里的佛事活动还与庙会紧密结合，每年农历正月初九为“上九会”，二月十九、六月十九、九月十九为“观音会”，四月初八为“佛祖会”，每月的初一和十五为例行朝拜日，因此禅院一年四季香火旺盛。

梅花山

梅花山共有梅树近1000株，是罗浮山最大的一处赏梅基地之一。每年12月起，千株梅树枝头绽开簇簇香雪白花，傲寒盛放，与罗浮山的神仙洞府和青山绿水相辉映，重现北宋大文学家苏东坡《再用“松风亭下梅花盛开”韵》的“罗浮山下梅花村，玉雪为骨冰为魂。纷纷初疑月桂树，耿耿独与参横昏”的诗情画意。

罗浮山

白莲湖

白莲湖因往昔遍植白莲而得名。据史料记载：明朝祝枝山曾记述白莲湖的白莲“千万计，花过巨，中大如盖，微风吹之，撼撼如玉石切磋之音”。湖中的湖心桥和湖心亭于1959年修建。现湖内有锦鲤四万多条，是游人在此娱乐、放生、观景的理想之地。

东江纵队纪念馆

东江纵队纪念馆三面环山，前面是秀丽的白莲湖，右侧不远处为东江纵队司令部旧址——冲虚古观。四面环境优雅，景色宜人。“东江纵队纪念馆”馆名，为全国政协原副主席叶选平题写。

麻姑峰

麻姑峰海拔高度为243.3米，从远处看，此峰有如威猛的雄狮在蹲伏着伺机扑跃，因此又叫狮子峰。据传唐天宝九年（750年），冲虚观大办斋会，忽见有五色彩云起于麻姑台，其中何仙姑就缥缈云端。由于这个传说，所以麻姑峰历来被视为神仙的云游之地。峰顶巨石上“狮子峰”三个苍劲有力的大字，为著名书法家秦萼生所书。

仙人床

“仙人卧榻”四个字是空瞻道人题刻。它紧靠岩侧、清爽平滑，此石块不足六尺，但奇特无比，传说只要在上面躺上片刻，不仅可以消除疲劳，而且还可以治疗腰酸腿痛。

罗浮“三观”

罗浮“三观”指登上飞云绝顶眺望三种壮丽景色，即日观、云观和海观。日观要在五更才能见到精彩。海观则要待雨过天晴时才有壮美，每逢大雨过后，必定风起云涌，白云聚集在山间。云观主要还是观罗浮山的飞云，罗浮山无论天气阴晴都有各种各样的飞云，常出现莲花云、墨云、彤云、流云、象形云，五色纷呈美不胜收。

会仙桥

会仙桥是一座单拱石桥，面为青麻石条砌成，柱头均雕有花纹呈四方体。桥板正中刻有“会仙桥”三个大字，是台湾著名爱国诗人丘逢甲于清宣统三年（1911年）所书。

洞天奇景

洞天奇景是罗浮山最具道教文化特色的旅游景观。全山有大洞18个，小洞天几百个。这里的洞是指由几座山峰和一些古树自然环抱而成的小天地，道教称之为洞或洞天。洞中清静幽香，泉水淙淙，古木森森，鸟语花香，蝉鸣蝶舞，景色非常迷人。

华首寺

华首寺建于唐开元年间二十六年（738年），距今已有1200多年的历史。明万历年间，罗浮山香火旺盛，有十八寺，而华首寺被列为“第一禅林”。华首寺不仅佛教历史悠久，而且自然景观和摩崖石刻也数不胜数，最有代表性的摩崖石刻是“岭南第一山”和“闻钟发省”。

酥醪洞

酥醪洞在罗山北面、浮山南面的深山幽谷之中，被称为“神仙古洞”和“洵栖灵之奥区、休养之福地”。洞中的佳境，后倚青山、前临荷沼、旁有两山、左台右亭，十分壮观。这里也是葛洪北庵旧址。观内存有清代“聚宝炉”花盆和蒋介石、陈济堂、蔡廷锴曾睡过的古道床。

黄龙洞

黄龙洞是罗浮山著名的十八洞天奇景之一，为葛洪西庵故址，又是南汉王刘岩所建天华宫的所在地。清代康熙年间，冲虚观道士张妙升到黄龙洞开创了崂山派的独立道场并取名为黄龙观。

冲虚古观

冲虚古观于东晋咸和二年（327年）由江苏句容县人葛洪所创建，此观是他当年在罗浮山开创的东、南、西、北四座庵堂中的南庵，距今已有1600多年的历史。据说中国香港、上海、杭州西湖，马来西亚、新加坡等地的黄大仙都是从这里分支出去的。

龙华镇清朝民居群

明清时期建筑群

惠州市博罗县龙华镇北面五村

龙华镇清朝民居群是一个200多年前的古民居群，至今保存完好。该古民居现名五

罗浮山冲虚古观

龙华镇古民居

村，古名为龙华塱，整个村庄村民均姓陈。全村有600多处古房屋，都是砖瓦房结构，大多建于一两百年前。其中蔚园和大巷村的房子保存得最完好，也最有特色，几乎是清一色的“麻石半墙、青砖到栋”的瓦房。

天堂湖

有如“人间仙湖”

惠州市龙门县天堂山镇

天堂湖因天堂山水库而得名。天堂山水库面积达10多平方千米，水质洁净。天堂湖像一面高天平镜，把四周的林海绿浪、云山岚影，尽揽湖中，融成一片绿的世界。天堂湖河道迂回曲折，山高峡深，形成了美丽秀气的自然景观。

龙门温泉 AAAA

“人间仙境”

惠州市龙门县龙田镇（原名王坪镇）热水锅村

龙门温泉是目前广东省内唯一发现的医疗性铁质矿温泉，拥有“黄金泉”的美誉。度假区建有亚洲最大的温泉康乐中心，有“亚洲第一泉”之称。度假区最大的特色是四季温泉。颇具特色的还有九龙潭、天地五行池、乾坤池、摇滚池、泡泡池、十二生肖池等。

龙岩禅寺
巨大的石灰岩溶洞胜景

📧 惠州市龙门县城东南13千米的平陵镇内

龙岩禅寺始建于明末清初,周围石山有一石洞,洞中有一石灵芝十分逼真,左有清洁井水可饮,每遇旱年乡人到此求雨,一求即应,号曰:喜雨泉。清康熙四十年(1701年),另建小屋在岩下。道光二十六年(1846年)邑侯盛济川在石壁上题刻"小洞天"三字。

香溪堡
华南第一古堡

📧 惠州市龙门县沙迳镇

来到香溪堡主要是看古堡、坐竹筏和体会田园风光。香溪河畔遍地翠竹,坐竹筏可以饱览沿河两岸的风光,还不时有当地人划着竹排过来卖些特产。下了竹筏,拾级而上就是明清时期的古码头,穿过古街一路欣赏原居民的生活景象。置身于有400多年历史的古堡和古建筑群中,在岭南文化建筑艺术中流连,在沧桑的历史和深厚的文化沉淀中怀旧。

南昆山 AAAA
"北回归线的绿洲"

📧 惠州市龙门县永汉镇

南昆山是温泉大观园的绿色屏障,拥有天造地设的奇峰、怪石、古树、云山雾等令人赞叹的自然奇观。景区主峰天堂顶(1228米)是惠州最高峰,"天堂夕照"堪称南昆一绝景,是著名的避暑胜地。

玩家攻略

1.天堂顶的峰顶,有一天王石,与附近的天堂二峰、猴子额、横坑顶等构成四大雄峰。夕照光明,愈显峻峭,使人有苍山不老之感;登高远望,使人顿觉置身于仙幻奇景之中。在这里可以观红日、赏林海、抚云海,南昆山、从化、增城三地的美景也尽收眼底。如果天气好,还可以望见罗浮山、白云山的"仙踪"。

2.景区内十字水生态度假村是中国首家顶级生态度假村,村后山设观星塔,用于夜晚观星赏月。还有以竹子和木材建造的观景台(两水交汇处),可以最佳角度欣赏苍翠山林、静听淙淙流水。度假村内还设有竹韵厅、茶室及桥吧,提供中西美食和当地特产。

观音潭

观音潭有一处名胜叫观音赏水,它在一条山溪之中,有三级瀑布相接。最下边的瀑布,水纱之后有一尊白石,似观音端坐,静心观赏碧绿潭中的水。游人透过水纱,可以隐约看见这尊石观音。

链接

观音潭的传说

传说很久很久以前,观音娘娘慕名来到南昆山,要"阅尽南山色"。一天,来到名叫油篓洞的地方,看见溪水一跌再跌三跌,形成三级瀑布,然后注入深潭,比起庐山瀑布,又另有一番情趣。于是,她坐在水纱之后的石岩中,摆杯赏水,长久不愿离去,最终离去时,她使用分身术,留下一座雕像和盛水的金杯。这金杯神通广大,遇到溪水多时,它能将多余的水装下;溪水少了,瀑布不够壮观,金杯中储蓄的水又会溢出,使瀑布如常,山溪水长流不息。据说,曾有贪心的人,潜入深潭,想盗走金杯,谁知看得见却进不去;进去了,看得见又摸不着;摸着了又出不来。因为贪心进去盗杯凶多吉少,后来再也无人敢去盗了。

南昆山

石河奇观

石河奇观附近有一段小河，河里到处是怪石，一连有七个小水潭，小水潭上游又有一个大水潭。大水潭清莹见底，成群小鱼游来游去。潭边有两块呈红青色的大石，边缘有图案，形似罗裙，称罗裙石。河中还有一大石似镜台，叫梳妆镜石。梳妆镜石旁，有一圆形小池，叫卸妆池。这个大水潭就是南昆山风景点之一——仙女潭，七个小潭则叫七仙池。由于这里石多怪异，文人骚客取景名“石河奇观”。

链接

石河奇观的传说

相传在远古的年代，天上的七仙女羡慕人间美景，不顾禁令，偷偷下凡。这天，仙女们来到南昆山遨游。时值盛夏，酷热难当，她们见密林深处有一溪流，瀑布飞花，银浪翻滚，遂动了戏水梳洗的念头。本地的山神、河神见仙女们想戏水，就讨好她们，取石垒筑好七个小水潭和一个大水潭，供她们各自洗澡和一起戏水。七仙女卸下盛装，各据一潭，尽情洗涤，还聚集到大潭互相追逐戏水，欢声笑语，回响山谷。她们玩得十分开心，不知不觉过了七天。王母娘娘见七仙女私自下凡，竟敢七天不归，便派天神去捉拿她们。天神奉旨寻到石河上空，见七仙女得意忘归，便大喊一声：“王母娘娘有旨，令我捉拿你们回宫！”顿时，天昏地暗，电闪雷鸣。仙女们来不及穿衣裙，便被天神捉回天宫去了。遗下的衣裙和梳妆镜，就变成了罗裙石和梳妆镜石。如今，镜框的轮廓仍清晰可辨。

川龙瀑布

南昆山的竹树林深处，有一个峡谷，即龙峡，原名石峡山。峡谷的头，峭壁矗立，壁上刻有著名书法家秦萼生写的“川龙峡”三个大字。注山泉从一个形似龙头的石洞中穿出，飞流直下深潭，蔚为壮观。

链接

川龙峡的传说

传说，从前石峡山一带遇上大旱，猛烈的阳光把山上的石头晒得直冒火，竹木也快枯黄了。山民个个心急如焚，叫苦不迭。村里的长者经过商量，齐集男女老少，在石峡山下焚香求雨。恰巧，一神仙驾云经过，看见人间这一惨状，便回天庭将此事禀告天王。天王遂派出海神到东海，传令龙王解救山民危难。不久，龙王点派了一名川水龙执行旨令。于是，川水龙腾跃出海，直奔石峡山，对准冒火的巨石猛烈撞击。刹那间，雷鸣电闪，乌云密布，继而甘霖吉雨倾盆而降。川水龙亦化作飞瀑，长留山间，为山民解除苦旱之患。从此，石峡山树木葱茏，青竹滴翠。后人便将此地取名“川水龙”，石峡山亦叫作“川龙峡”。

一线天

从南昆山佛坳顶往东边的山上攀登，穿过密林中的崎岖小道，半山腰一块平滑如镜的大石迎面而立。沿着石壁，是一条幽深的峡谷，长30多米，宽仅2米，身处谷底，两边石壁仿佛紧紧挤压过来。抬头望，一线天光，这是南昆山有名的风景点“一线天”。

南昆山温泉大观园 AAAA

集疗养、休闲、娱乐于一身

惠州市龙门县永汉镇油田村

南昆山温泉旅游区内有十分丰富的温矿泉水资源，环境或大气或精致，有些区域充满了田园风情，也有区域充满了现代气息。这里共设有日本风情、巴厘岛风情、南美风情、河岸线风光、岭南风情区五个浸泡区。

三寨谷森林公园

天然氧吧

惠州市龙门县永汉镇

三寨谷森林公园有独特的石河奇观以及牛郎织女的故事、何仙姑修炼成仙的遗址。三寨谷的一大特色景观是河石群。河石经过年深月久的冲刷，已变得浑圆如扎堆在一块的馒头。河水清澈见底，水漫圆石，河流无往不在。有人把岸上一对酷似人一手一足的石头，称为“手足情缘石”，两个一高一低、灰溜溜的圆石竖立在一旁，颇有手足情深之味。

三寨谷森林公园

景点推荐

河源旅游区

万绿湖 AAAA
华南最大的人工湖

河源市东源县境内

万绿湖因处处是绿、四季皆绿而得名。景区最大的特色：一是碧水，二是青山。这里有高原湖泊的秀丽，但没有高原的艰难交通和寒冷气候，集"四美"——水域壮美，水质纯美，水性恬美，水色秀美于一湖，与浙江千岛湖相比堪称"姐妹湖"。亲临其境，犹如置身"山中海洋"。

镜花岭

镜花岭景区内青松苍翠，绿荫满山，山路崎岖，景致各异，用句李汝珍的话来说："穿过松林，再四处一望，真是水秀山清，无穷美景。"

镜花缘

镜花缘景区是根据清代小说家李汝珍所著的神话小说《镜花缘》中所描述的"百花仙子降生在岭南唐秀才之家，乃河源市地方"而命名的旅游景区。

水月湾

水月湾是根据小说《镜花缘》建成的，是万绿湖赏水、品水、戏水、亲水和享受月光的最佳景点，被誉为"万绿湖中最美丽的小岛"，素有"万绿湖中的翡翠明珠"之称。

野趣沟
野趣旅游胜地

河源市大桂山主峰北部源城辖区内的箩坑

野趣沟依山傍水，面临万绿湖，以水秀、树奇、石怪，"野而有趣"而得名。"野"在自然，“趣”在参与，野漂就是其野趣之一。野漂在峻野中奔飞、在绿树浓荫中蜿蜒、鸟语花香中穿梭，怪石奇岩中跃进奔放。

亚洲第一高喷泉

让人领略水文化的喷泉

河源市区河源大桥与珠河大桥之间的新丰江中心

亚洲第一高喷泉是建在新丰江江面上的主喷泉，高达169米，曾创亚洲第一高喷泉纪录。主喷泉169米的水柱直冲云霄，气势雄伟，蔚然壮观；副喷泉由1068个喷嘴、618盏水下彩灯组成，伴随着欢快愉悦的乐曲，不断组合成数十个变幻莫测、绚丽多姿的喷泉景观。

客天下水晶温泉度假区 AAAA

华南地区罕有的超大规模温泉度假胜地

河源市源城区客天下大道1号

客天下水晶温泉度假区，原是龙源温泉度假城，整体规划近百万平方米，南北两区均为大规模别墅区域，另设有20万平方米的温泉度假区，共有浴池40多个，水温在48℃~63℃，属于高温温泉，富含硅酸、锂、锶、锌、二氧化碳等多种微量元素，是优质珍贵的复合型地热矿泉水，对于人体有医疗、保健作用。

恐龙文博园 AAAA

世界上罕见的“龙蛋共生地”

河源市滨江大道龟峰公园山脚下

恐龙文博园由河源市博物馆、河源恐龙博物馆、龟峰塔、龟峰公园等合并创建。

河源市博物馆基本陈列为河源市历史文物陈列、河源市恐龙化石陈列、河源市菊石化石陈列、阮啸仙烈士图片展览。馆内四季常绿，有情侣树、百子榕、雕塑恐龙等奇树异景。馆内主要展厅有：恐龙蛋化石展馆、历史文物展厅、菊石化石展厅、阮啸仙烈士图片展室等。现有文物3000多件。

恐龙博物馆藏有数量居世界之首的18 000多枚恐龙蛋化石，10多具恐龙骨骼化

龟峰塔

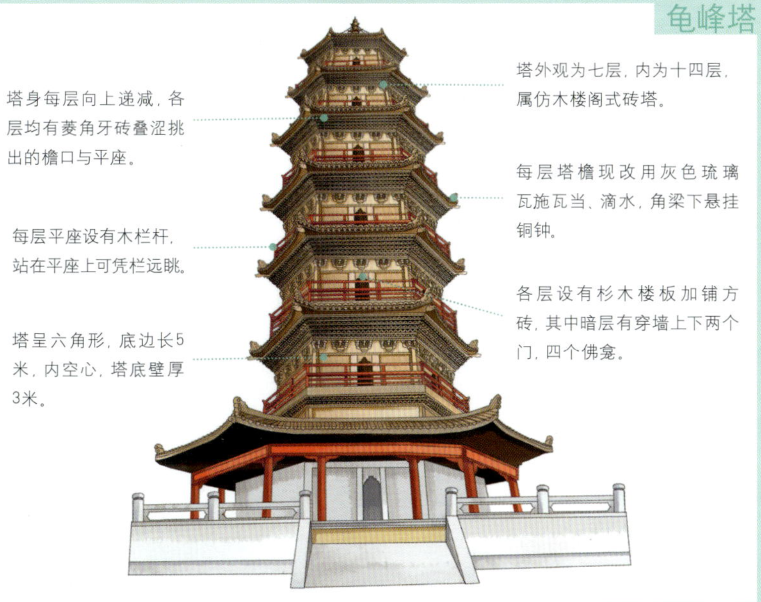

石个体以及恐龙足迹化石模型，是世界上罕见的集恐龙蛋、恐龙骨骼、恐龙脚印“三位一体”的“龙蛋共生地”。

龟峰塔位于东江边的龟峰山上，面临东江与新丰江交汇之处，因建在一个酷似大龟形的独立山头上而得名，为典型宋代仿木楼阁式砖塔。

龟峰塔创建于南宋绍兴二年（1132年），属佛塔，历来被列为“河源八景”之首，又享有“东江第一塔”的美誉。塔高42.6米，有如竹子节节上升，层层收敛，沿阶梯旋绕而上，可登塔顶层。龟峰塔经800多年的风雨侵蚀，塔内各层原有木楼板亦已毁尽。

南园

有完好的客家古村落

河源市东源县仙塘镇红光村

南园旅游区的古民居建筑多数建于明末清初，有保存完好的客家民居建筑群和独特的客家风情，规模较大且保存最好的民居是大夫第、新衙门、老衙门；最难能可贵的是柳溪书院。旧时潘氏家族的显赫通过这些建筑群历历在目。

玩家解说

南园旅游区的百年果园更是大家不容错过的一道风景线。果园位于美丽的东江岸边，全部都是近200年的老荔枝树，因为年代比较久远，这些树的造型都是弯弯曲曲，一棵棵就像是名贵的盆景似的。

苏家围 AAAA

“南中国的画里乡村”

河源市东源县义合镇苏围村

苏家围是一个由古榕、老屋、竹影、野趣构成的南方乡村，东江和久社河在它的南面交汇，整个村子山水环绕，绿色相拥，环境优美。苏家围是苏东坡的后裔居住地，它秉承了祖先的传统文化，将其融于岭南天地中，至今让人感受到其文化气息。

东江画廊 AAAA

南国田园风情画卷

河源市东源县义和镇至县城仙塘镇

东江画廊风景区集客家风情、田园风光、休闲娱乐于一身，是游人了解客家文化最合适的场所。在这里，可以乘上豪华的游轮，寻古生物踪迹，观客家风情歌舞、茶艺表演、恐龙化石展，品地道客家小食，尽情感受东江两岸江风、竹影、渔歌、闲鹤风情画卷，在休闲过程中，充分了解客家的文化。

黄龙岩

畲族风情文化

河源市东源县漳溪畲族乡高嶂山脉

黄龙岩是一个喀斯特溶洞，洞深60米，以幽、深、奇、险著称，素有“地下龙宫”之美誉。此外，这里碧波荡漾的狮形地水库和禾雀花等许多岭南罕见的奇花异草也是景区里面的一道绚丽风景。洞内石钟乳基本上没有受到破坏。各式石钟乳形似瑞狮迎宾、群猴候桃、无底酒壶、水帘仙洞、天宫胜景等，在灯光的照饰下，五彩缤纷。景区内的畲族图腾展厅和畲族风情表演还可以让人领略到独特的畲族风情文化。

黄龙岩溶洞

链接

畲族人自称为“山哈”，是广东所有民族中最接近自然的民族之一。漳溪畲族乡是广东省唯一的畲族乡，畲族人口近6000人，大多数都姓蓝。这里的畲族人民纯朴善良，畲族风情独特自然，每年农历四月初九的“招兵节”是当地畲族最为盛大的节日。畲族歌舞表演和畲族生产生活文化展是人们体验少数民族风情的绝佳机会。

霍山 AAAA

丹霞山第二

河源市龙川县田心镇

霍山以三组峰峦组成一个整体，奇峰突兀，峭石峥嵘，令人叹为观止。有二十七岩、八大洞府等名胜，“皆鬼斧神工非假人力”。霍山名胜颇多，有险峻峰峦372座，其中有名的有四十八峰、二十七岩、十三奇石、十一泉池、八大洞府。

枫树坝

有珍稀动植物

河源市龙川县东江上游

龙川枫树坝自然保护区内有植物500多种，野生动物70多种，其中列入国家重点保护的珍稀濒危野生动植物有15种。保护区内的枫树坝水库是集防洪、发电、供水于一身的综合型水库，是广东第二大的人工湖。

佗城 AAAA

岭南最早设置的古县

河源市龙川县佗城镇，距河源市区99千米

佗城原称龙川城，后来为纪念赵佗，改名为佗城。佗城历经2000多年沧桑，至今仍留下众多古迹和古建筑，佗城有历史记载的姓氏古祠堂89间，现仍存48间，被誉为“中华姓氏古祠堂博物馆”。佗城景区是“岭南客家之源，中华姓氏之最，赵佗兴王之地，科举文化之窗”。

越王山

一座具有王者气派的雄伟大山

河源市紫金县古竹镇的东江河畔

越王山属丹霞地貌，由数十个石山组成，险峻而秀美。越王山风景区方圆2平方千米，相传越王山是因西汉南越武王赵佗登高面壁铭志称王而得名，其主峰海拔316米，四面绝壁。越王山的传说只是山的一种依托，而山上最大的卖点则是攀岩，就是体验那种如壁虎一样附在石壁上的刺激项目。越王山借助天然的地形之利，设置了天然岩壁攀岩。

圣迹苍岩风景区

天然溶洞

河源市连平县内莞镇

圣迹苍岩风景区素以优美的田园景色著称，景区由田园风光、华南地区最大的葡萄园、圣迹苍岩三部分组成。每年7~8月举办葡萄节。圣迹苍岩是一处溶洞，属连平老八景之一，分旱岩和地下河，溶洞由旱溶洞和水溶洞组成，洞内奇观千姿百态。

旱洞横穿山腰，分3层，高89米，洞内面积达400多平方米，可容纳数千人。水洞则由一条地下河贯穿始终，清澈的河水九曲十八弯，曲曲有奇景，弯弯有奇象。水流平缓处，万籁俱寂，水流湍急处，琅琅有声。

佗城

攻略资讯

- 交通
- 住宿
- 美食
- 购物
- 娱乐

交通

惠州

飞机：惠州机场位于惠阳区平潭镇东部，距市区25千米，开通到北京、杭州等城市的航线。市区有专线车发往机场。

火车：惠州有多个火车站。其中，惠州站位于惠城区惠州大道，是停靠普速旅客列车的长途车站。惠州北站位于惠城区小金口街道白石路，是京港高速铁路的中间站。惠州南站位于惠城区三栋镇木沥村，是广汕高速铁路的枢纽站。

此外，惠州还有惠东站、西湖东站、小金口站和仲恺站等火车站，交通便利。

汽车：惠州汽车站位于惠州市鹅岭北路71号，是惠州市内首座集长途机车客运、城市公交站场以及城际铁路捷运于一体的交通枢纽。

惠州南线客运站位于惠州市鹅岭南路110号，是深莞惠交通一体的南大门。

城北客运站位于惠州市惠城区惠州大道。仲恺汽车客运站位于惠州市仲恺高新区陈江街道曙光路。惠阳汽车客运总站位于惠阳区淡水街道桥背惠淡大道边。

河源

火车：河源火车站位于市区西北部，京九铁路和广梅汕铁路在河源交会。河源东站位于河源市江东新区临江镇迎客大桥东，是京港高速铁路的中间站点。河源北站位于河源东源县黄田镇，是赣深高铁的中间站点。

汽车：河源的公路交通十分便利，河惠、粤赣、河龙高速公路在河源交会，105、205国道纵横贯通全市，使河源境内形成了四通八达的快速公路交通网络。

河源市区内一共有2个长途汽车站，分别有开往省内外的各条线路。其中，河源市汽车站位于源城区大桥路，河源市新城汽车站位于河源市源城区河源大道北79号。

住宿

惠州

惠州市中心商业及金融业黄金地带有不少酒店，出行方便，设施完备，标准房价在200~260元。还有数十家招待所，整洁卫生，住宿方便安全，价格实惠。

●惠州天悦（嘉柏）大酒店

惠州天悦（嘉柏）大酒店是惠州市首家按国际五星级标准设计、建造的综合性商务酒店。酒店设有多间不同风格的各类餐厅，福满楼中餐厅富丽堂皇，纯正地道的粤菜、潮菜及客家菜各具特色，还有百味轩的地方风味佳肴、松阪的日本料理及爵士廊西餐等异国美食。

✉ 惠州市麦地路22号

✆ 0752-2266288

惠州的酒店

惠州度假区住宅

● 宝田国际度假会议酒店

罗浮山宝田国际度假会议酒店是惠州首批五星级酒店之一。酒店外观气派非凡，装饰典雅，具有浓郁的欧陆风格。酒店设有各具特色的中西餐厅，还拥有国际标准18洞高尔夫球场，可以在此体验高球运动。

惠州市博罗罗浮山风景区

0752—6891111

● 惠州凯旋麦诗酒店

凯旋假日酒店是仿照采用欧洲古建筑风格的法国凯旋门，按照四星级涉外宾馆建造的。

惠州市麦兴路11号

0752-5313798

河源

作为旅游城市的河源，有各种档次的酒店，游客可以根据自己的条件，选择最经济合理的住宿地点。

● 河源假日酒店

河源假日酒店是四星级旅游涉外商务酒店。酒店拥有别墅式的客房和豪华江景套房，环境优美舒适。这里的菜品以客家菜为特色，以经营海鲜、燕翅鲍为主，月亮湾西餐厅则可提供风情各异的欧美各国美食。

河源市源城区宝源沿江路10号

0762-2820999

● 龙源温泉度假村

龙源温泉大酒店是一家五星级酒店，有着鲜明而独特的地中海风格。室内水声潺潺、景致幽雅，窗外阳光碧水、椰林摇曳，地中海度假风景区尽在展现。纯生态花园温泉酒店、西班牙建筑风情，浪漫宁静的异域情调，塔式屋顶展现龙源传承的高贵血统，让游人尽情享受温馨的假日生活。

河源市源城区高埔区龙源大道1号

0762-3496562

● 河源新江大酒店

河源新江大酒店是一家集客房、中西餐、休闲、娱乐、商务于一身的综合性酒店。酒店主要经营粤菜、客家菜、潮州菜三大传统菜系，装修氛围、灯光、音响为河源之最佳。这里还设有桑拿休闲区，提供的服务项目有桑拿浴、芬兰浴、擦背、修甲、中医按摩、推拿、刮痧等。

河源源城区河源大道北68号

0762-3369999

美食

惠州

惠州有着极具地方特色的美食，如东江盐焗鸡、八宝窝全鸭、梅菜扣肉、冬季狗肉煲等。梅菜扣肉还和盐焗鸡，酿豆腐同时被称为“惠州三件宝”。

● 山坑鱼

山溪出美味，在龙门县南昆山山间小溪中还生活着一些鱼类，它们以水草、虫虾为食，无污染，肉质鲜美。可以油炸也可以煎制，煎制味道更好。略爆姜葱，然后将山坑鱼入锅慢慢煎制到两面变黄，肉质细嫩可口，鲜香扑鼻。

推荐店铺：翠竹园

龙门县地派镇220县道

●白切胡须鸡

最好吃的白切胡须鸡是南昆山所在龙门县的特产，一般散养半年、长到两斤半左右的胡须鸡是最好吃的。“靓鸡一定要白切”，白切保持了鸡的原汁原味，从而使得鸡肉不会萎缩。刚出锅的鸡，配上用干葱、酱油和花生油调成的蘸酱，咬一口，会发现最好吃的其实是鸡皮，香滑可口。

推荐店铺：翠竹园

龙门县地派镇220县道

●东江酿豆腐

东江酿豆腐源于中原客家移民包饺子的习惯，因迁徙到岭南无麦可包饺子，逢年过节，东江人便想出了酿豆腐的吃法。东江酿豆腐的制作方法精细、选料讲究，东江酿豆腐也是东江人喜庆日子的必备佳肴。

推荐店铺：小云龙食家

博罗县福田镇中南油站旁

河源

河源的菜肴主要是客家菜，偏重肥、咸、熟。名菜有东江盐焗鸡、东江酿豆腐、红炆肉、咸香鸭、水晶鸡、上汤桂花鱼、清煲草鱼、酿三宝、娘酒醉河虾、薯丝煲等。

●马蹄松

这道菜最早产于清雍正年间乐清白象地方，以形如马蹄得名。它以面粉和红糖作皮，馅入糖心和咸肉丁、红瓜丝、熟芝麻粉和桂花。边斜，五刀开口，用手下压露出糖心，贴在高温火炭炉桶内壁，用明火焖烘，具有皮脆心软的特点。

●五指毛桃

这是客家传统靓汤中最常见的一道菜。

五指毛桃炖鸡汤

五指毛桃是东江流域山中野生的特产，是一种叶似五指的树根。取猪排骨或鸡块与五指毛桃根一起熬成汤，有诱人的椰奶香味，并且有平肝明目、滋阴降火的功效。

推荐店铺：年辉渔村

笔架山风景区入口前32米处

●地瓜包

如同北方的饺子，不同的是用地瓜粉作皮，手工制作，包成菱形、三角形或船形，大多是包成三角包。

地瓜包很讲究的是馅料。馅料大多是香菇、瘦肉、冬笋、大葱之类捣碎，加上调味品，放置锅里炒熟。芋头煮熟之后去皮，拌进地瓜粉反复揉搓，直至如面粉一样可以捏成薄薄的皮，而后包上馅料，或蒸或煮，皆美味鲜嫩。这是一道山中的珍馐，能端上餐桌招待客人、很体面的美食。

购物

惠州

惠州的特产主要有东江糯米酒、杨村橙柑橘、惠阳三黄鸡、罗浮山百草油、澳头“南海珍珠”、龙门西溪笋等土特产。惠州购物可去西湖狮山一带的旅游商品一条街和商业步行街。

●酥醪菜

酥醪菜（又名仙人菜）产于罗浮山北麓海拔600多米、气候独特的酥醪村。它风味独特，味美清甜，有润肺通肠之功效，是上等的纯天然绿色食品。

● 云雾仙茶

罗浮山甜茶味道甘甜可口，具有清凉解热、止渴生津、开胃消滞、降胆固醇等作用，是居住在罗浮山的制茶人采集天然生长在罗浮山的独有茶种、用独特的传统工艺精制而成的特产。

● 沙糕板

沙糕板松软可口，是适合老人和小孩的上好食品，它是由三成黏米粉，七成糯米粉制成，行话称“三破七”。制作是将上述米粉和白糖混合，两手相擦过筛，然后平铺在有一块纱布的木板隔内蒸熟，而后切成两寸见方的方块。

河源

河源的土特产有九连山鹰嘴蜜桃、新万绿宝酸萝卜、酸豆角、五指毛桃、木工艺品、客家娘酒、上莞茶、康禾茶、柿饼、猕猴桃、万家香米、凉席、香菇、火蒜、辣椒酱、忠信盐酥花生、薯丝粉、竹壳茶等。

● 连平绿茶

春秋两季收成，春茶清香嫩滑，秋茶（又名白露茶）甘浓可口，两者混而冲泡，饮之芬芳绕舌，甘味缓缓而起。

● 五指毛桃

五指毛桃属桑科植物，因其叶子长得像五指，而且叶片长有细毛，果实成熟时像毛桃而得名，果实气味辛甘，性质温和，香气四溢，一般采集后晾干。本品具有平肝明目、滋阴降火、健脾开胃、益气生津、祛湿化滞、清肝润肺等作用。

娱乐

● 舞龙舞狮

春节舞龙、舞狮，在惠州的历史已十分悠久。从正月初一至正月十五，龙队、狮班一队接一队，大街小巷锣鼓喧天。舞狮多由武班表演。把狮扎好后，先到元妙观“开眼”，并进行“抢青”活动。新春的第一天清晨，各路狮队由师爷领路，狮子、锣鼓镲钹、手持各种冷兵器的武术队伍依序表演，所到之处，店家、住户鞭炮相迎，热闹非凡。

● 赛龙舟

惠州每年农历的五月初一至初六都要举行传统的赛龙舟活动，历经千年，长盛不衰。在东江河畔，完成了赛前仪式的龙舟队沿江分批举行龙舟赛。参赛龙舟先是顺水而下，而后逆水而上，最后冲刺决出输赢。奖品多为“花江”（用竹串吊的整幅布），得奖者把花江插在船头，沿江而上，以为荣耀。

● 重阳登高

在每年的重阳节前夜，十多万登高者陆续登上罗浮山的顶峰飞云顶，通宵等待日出。人们在山顶围坐，互相祝福。日出时，烟花、爆竹响彻云霄，与初升的太阳交融在一起，颇为壮观。罗浮山登高已成为岭南重阳节的一大盛事。

● 重阳放风筝

风筝节是惠州较为独特的习俗。由于气候原因，惠州地区重阳节期间风力适中，又不会下雨，秋高气爽，所以惠州人就把春季的时令娱乐移到了重阳节。

龙舟竞渡（赛龙舟）

发现者旅行指南

梅州

概览

亮点

雁南飞茶田

这里是茶文化与客家文化的完美结合，有茶田、果园、茶艺馆、美食街、网球场、人工湖、山水瀑布、山庄别墅等。

雁鸣湖旅游度假村

度假村里有春晖园、夏晓园、秋实园、冬融园和森林公园等多个景点和生态园区。尤其夏晓园内的凤凰来栖，千年一见。

阴那山

阴那山为粤东三胜之一，山里的灵光寺“三绝”令人称奇。

蕉岭长潭

这是一个大型生态旅游区，以长潭水库为核心，区内动植物资源相当丰富，有天然氧吧之称。

阴那山

花萼楼

围楼设计精巧、结构独特，是目前广东土围楼中规模最大、设计最精美、保存最完整的民居古建筑，是世界民居建筑的一大奇观。

必逛街道

梅州城区的鸿都客天下美食一条街里聚集了梅州各地的美食，到梅州旅游的朋友一定不要错过。

线路

梅州风情二日游

第一天上午先到叶剑英纪念园瞻仰这位老一辈革命家，然后转道阴那山灵光寺。下午先到雁鸣湖旅游度假村，领略这里独特的茶文化。

第二天上午先到人境庐，可以亲历黄遵宪先生曾经生活的足迹；接下来再到宝塔——千佛塔看看。下午先到泮坑旅游风景区，最后一站到华侨围屋。

雁鸣湖

梅州一日游

上午先去灵光寺，在这里可以祈福与品茶，然后去雁鸣湖游览，最后去梅州雁南飞茶田度假区游玩。

为何去

梅州市历来被誉为“华侨之乡”和“山歌之乡”，这里是客家人的主要聚居地，也是著名的侨乡，客家华侨的精神家园。这里山歌朴素，美食万千，绮丽风光随处相伴。

梅州客家围屋

何时去

受亚热带季风气候影响，梅州降水多集中在4～9月。来梅州旅游应该注意避开雨季、台风等天气，热带风暴容易引起山洪、泥石流等自然灾害，出行前要关注天气变化，多做准备。

叶剑英故居

梅州雁南飞茶田

区域解读

区号：0753

面积：15 925km^2

人口：538.8万人

地理 GEOGRAPHY

区划

梅州市辖2个区（梅江区、梅县区）、5个县（平远县、蕉岭县、大埔县、丰顺县、五华县），代管1个县级市（兴宁市）。

地形

梅州地处南岭以南，属于典型的山区，有“八山一水一分田”之称。境内的兴宁盆地是粤东最大的盆地，面积达302平方千米。梅州地区水资源丰富，广东三大水系之一的东江及其支流西枝江横贯境内，主要河流有韩江、梅江、梅潭河等。

气候

梅州属于亚热带季风气候。这里冬暖夏热、光照充足、雨量充沛，降水多集中在7~8月。

历史 HISTORY

历史大事记

公元前213年，秦始皇统一六国以后，在现在的广东境内设置南海郡，梅州属南海郡管辖。

晋至北宋，梅州地区被称为敬州。

北宋开宝四年（971年），因敬州的“敬”字犯了宋太祖的祖父赵敬之讳，改名梅州，从此才有了梅州一称。

1994年6月，兴宁县撤县设市（县级），梅州市即辖6县1区，并代管兴宁市。

名单 梅州历史名人

清朝洋务运动重要人物丁日昌

岭南第一才子宋湘

中国葡萄酒之父张弼士

“近代中国走向世界第一人”黄遵宪

辛亥革命元老、中国现代教育奠基人何子渊

辛亥革命北伐军总司令姚雨平

十大元帅之一叶剑英

阴那山茶田

雁鸣湖

文化 CULTURE

客家山歌

梅州是客家人的聚居中心，素有“山歌之乡”的称谓。客家山歌是我国著名的民歌之一，是中国艺术宝库中一颗璀璨的明珠。它继承了诗经三百篇的风格，世代相传，具有鲜明的主题和地方特色，艺术风格独特，语言通俗易懂，生动传神，耐人寻味。

客家人的祖先从中原逐步南迁，他们所经所到之处，大多都是些荒山原野，于是披荆斩棘，艰苦卓绝，写下了客家人自强不息的奋斗史。祖先们在荒山原野奋斗的过程中，把喜怒哀乐的感受用歌声表达出来。起初也许只是一种单调的欢呼或哀叹，后来为了配合挑担、砍柴、挖地、撑船等劳动而哼出曲调，慢慢地形成了所谓的“山歌”。

客家山歌之所以风行于客家地区，是因为客家人多分布于广东省山区地带，日常生活与山发生关系，而且客家风俗是妇女与男子同样担任着山间的各种劳动。在长期的山间工作中，男女互相倾诉衷曲是常事。因此，借助具有音韵特点的客家山歌来表达情意，是客家人之间交流的重要方式。

客家山歌用客家话唱，基本是四句七字体，每首山歌的第一、第二、第四句押韵。歌唱时往往触景生情，即兴歌唱，随口而出，情深意切。客家山歌的唱腔丰富多彩，节奏自由又富于变化，旋律优美，题材广泛，意境含蓄，善用比兴手法，尤以双关见长，语言生动通俗，押韵上口。

千百年来，客家人用山歌来歌唱劳动生活、抒发情思和鼓舞斗志，它以浓郁的生活气息、生动的形象、机智幽默的语言、多样化的腔调，获得广大群众的喜爱和不息的生命力。

南国牡丹——广东汉剧

广东汉剧是一种以西皮、二黄为主要声腔、富有地方特色的剧种。它表演行当齐全，文武兼容，唱腔优美，扮相俊秀，在中国戏曲中独树一帜，誉满神州艺苑。中华人民共和国成立后，因其艺术特点有别于湖北汉剧，故正式更名为“广东汉剧”。周恩来同志曾

广东汉剧

把广东汉剧誉为“南国牡丹”。

广东汉剧的起源与外江戏（当地人对外地传入戏曲的称呼）有关。古时广东潮州、汕头一带为粤东与闽、赣间的主要通道。随着商业的发展和官员的调动，明末清初时，一些外江戏相继传入。外江班进入粤东后，吸收当地人入戏班学戏和演出。之后，他们又进入操客家语的梅县一带，吸收客家“中军班”艺人参加，在此过程中，融合粤东民间音乐和佛、道乐曲，逐步形成自己的艺术风格，也就是现在的广东汉剧。

广东汉剧在长期发展中形成了完整的艺术体系和鲜明的地方特色。20世纪50年代以黄粼传、黄桂珠为代表的埔籍汉剧艺术家享誉岭南。1957年，汉剧《百里奚认妻》被选入中南海小礼堂向中央领导同志作汇报演出，毛泽东、周恩来、刘少奇、朱德、叶剑英等党和国家领导人观看演出并与主要演员合影留念。

广东汉剧的表演程式与京剧、湘剧、祁剧、湖北汉剧等剧种大同小异，但也有自己的特点和风格。它的武功属南派，脸谱有百多种，以黑、红、白三色为主，黑色象征刚勇，红色象征忠贤，白色则象征阴险、奸诈。

广东汉剧的音乐唱腔以皮黄为主，兼收昆曲、高腔、吹腔、小调等，并保存很多古老的曲牌。朴实淳厚、高昂悲壮，是广东汉剧音乐唱腔固有的风格特点。广东汉剧的伴奏也颇有特色，伴奏音乐有整套锣鼓经，唢呐曲牌一百多首，民间小调一百多支，丝弦乐曲四百余首，可用于烘托剧情气氛，配合人物表演。伴奏乐器有文场、武场之分。头弦、大苏锣及号头是广东汉剧特有的伴奏乐器。

广东汉剧源远流长，是国粹京剧的前身，其艺术风格对社会、历史、语言、伦理、民俗等诸多学科都有宝贵的研究价值，它也是客家文化的重要组成部分，对弘扬客家文化、丰富中华文化具有重要意义。

梅州历史文化街

景点推荐

梅州城区景点

客家博物馆 AAAA

浓缩客家文化精髓

梅州市梅江区东区小溪唇

客家博物馆集客家建筑、客家文化艺术、客家民俗风情于一处，成为内涵丰富、独具特色的“客家大观园”。馆内设有固定陈列“客家人”主题展览，以“客从何来”“客家风情”“地标围屋”“人文秀区”“客家腾飞”五部分展示客家渊源、客家风俗、客家民居、客家文化、客家精神等内容。

链接

客家博物馆

客家博物馆外观为圆形客家土楼造型，巍然耸立，气势宏伟。该馆融收藏研究、展示传播、参观游览于一体，为广东省内第一家、目前国内规模最大的综合性客家博物馆，也是海内外游客感受客家文化的又一个耀眼亮点之处。

泮坑

梅南胜境

梅州市梅江区三角镇

泮坑旅游风景区山幽水雅，堂奥纵深。山谷之中溪流清澈，怪石嶙峋，藤蔓缠绕，景致清幽。汇聚黄沙嶂、清凉山、高观音等高山流水的泮坑明湖，水色清润如玉。泮坑公王庙，又称“三山国王庙”，始建于明代，几经风霜，依然烛光放亮，香烟袅袅。从泮坑公王庙斜上左边小道，有坐落在半山上的观瀑亭，站在亭前举目眺望，泮坑飞瀑奔泻而下，迭迭清泉，恰似飞雾。

玩家 攻略

景区内有“21世纪纪念林”和“同心树纪念林”，游人和情侣在观赏的同时可植树留念。

链接

泮坑公王保外乡

话说泮坑外乡人熊氏，久居潮州（实为今揭西霖田），一日在睡梦中见一位左握帅印、右执宝剑的金甲神人，自称是助政明肃宁国王，受皇命，镇守梅州，庇护百姓。

熊氏一觉醒来，想到白天在潮州“明贶庙”进香时，见到庙中的三山国王像与梦中见到的神人相似，心里十分惊奇。于是一面派人回梅州家乡泮坑，建造庙宇；一面请来雕刻匠人，按照“明贶庙”中三山国王的相貌，精制三尊神像，贴上真金，半个月后神像雕成，又请人用八抬大轿，将三山神像运上彩船，沿江而上，在梅州头塘上岸，再抬进泮坑，供奉在新建的庙宇中，称为“泮坑公王”。

从此以后，熊氏在外，财丁兴旺，大展鸿图。因为熊氏是泮坑外乡人，于是就有了“泮坑公王保外乡”的传说。

祥云庵

梅州二大比丘泥庵之一

✉ 梅州市梅江区金山办事金丰村

祥云庵始建于明朝，至今已有500年的历史。相传惭愧祖师，先此结茅，后创灵光寺，故祥云庵有“小阴那”之称。祥云庵位于山窝之中，半山而筑，深藏幽静山谷之中，木鱼声声。庵寺为两堂四横结构，红墙灰瓦，正殿供奉惭愧祖师，后有三宝坐像，左右为观音及地藏坐像。庵左侧有百年橄榄树，枝繁叶茂，一片阴凉。庵右侧山涧有涓涓流水，安放灵济龙王古碑神位。

鹤山大觉禅寺

文物保护单位

✉ 梅江区梅师附小内

大觉寺，原名“祝圣大觉寺”，兴建于梁普通三年（522年），距今已有1484年的历史。正殿、后殿，从外表看，仍是古香古色的寺庙特色。正殿门口对联仍然保存完好，是刻在门墙石柱上的，上联是：佛焕轮光说法衣传真觉地；下联是：堂开寿域祝厘经诵早朝时；联首嵌“佛堂”二字。

剑英公园

纪念性公园

✉ 梅州市梅州市梅江区江南华南大道

剑英公园建于1986年，正门楼上的“剑英公园”四个字是由刘复之题写的。在剑英公园的小山坡上，有一座革命烈士英雄纪念碑，是1992年3月29日梅县区人民政府为纪念历次革命运动中牺牲的烈士而立的。纪念碑的正面是徐向前元帅题写的“梅县区革命烈士纪念碑”10个金光闪闪的大字，典雅庄严。

梅江江景

剑英公园

黄坑高涧观音宫

休闲胜地

梅州市梅江区百岁山平和路附近

高涧观音宫始建于清朝道光年间，正殿供奉如来佛祖和观音菩萨，常年香火不断。宫中有一眼观音泉，泉水矿物质丰富、味道甘甜。而远近闻名的高涧观音味酵粄用的便是这观音泉水。每逢周末，便有很多游人驱车到这里吃斋饭、尝味酵粄。后山有一条健身锻炼的登山道，经过梅杏桃园可达千岁岌，一路香花绿树、鸟啼虫鸣。

这里夏季绿树成荫、凉风习习，秋季可赏百年枫树的满树红叶，冬春两季则有梅花、桃花、杏花等美丽花卉可供观赏。登山路上回头远眺，古朴的高涧观音宫隐现在红花绿树间，石桥的倒影在碧波中荡漾，好一派人间仙境。

玩家攻略

或在黄坑水库悠闲垂钓，或登高远望赏花休闲，渴了有甘甜的山泉、饿了有美味的斋饭，离开之时更可带上“高涧观音味酵粄”馈赠亲朋，不亦乐乎。

天伯公公园

天香缥缈如游九府神宫

梅州市东郊九龙岗上

供奉有天伯公、玉皇大帝，始建于明朝万历元年（1573年），距今有400多年的历史。这里风景秀丽，前临梅江碧水，后依万仞青山，山上建有九龙亭、长寿亭、梅花亭、望梅亭等，亭台楼阁，别具一格。又开办有动物园供人观赏，充满闲情逸趣。从这里能纵观梅州全景，真可谓是一块风水宝地。

链接

天伯公的由来

传说是西阳有一姓廖渔翁，在河里打鱼时，捞上一伯公石像，并无意地抛回河中。过一段时间在上游打鱼时，又捞起这个伯公石像，他又无意地将伯公石像抛回河中。事隔年余，廖翁在大埔打鱼时，第一网撒下，就打起这个伯公石像。俗语说：事不过三。廖翁再不敢把它抛回河中，于是带回家里，放在案桌上。

当晚即梦见伯公来责怪他，说：我是天上的伯公，并不是河伯公，再不能把我抛回河中。我和你有一定的缘分，你应该把我安放在坐东向西的高山上，供人们焚香膜拜，承受人间香火，吸取天地精华。还说供奉好后保佑廖翁和广大民众。廖翁铭记在心，于是选取良辰吉日，把伯公安置在此处。当初取名叫“廖善初福裕伯公”，后改名为天伯公。坛上香火，逐渐旺盛。

阳东岩寺

惭愧祖师悟道之地

梅州市芹洋半岛

阳东岩寺始建于唐朝，距今已有1000多年历史。惭愧祖师曾在该寺结茅悟道，梅州民间有“一寺三岩之说（即灵光寺、油岩、大东岩、阳东岩）”，岩洞供奉有惭愧祖师、三教主等众多佛神。庙内石洞中的墙上镶嵌有一碑，在阳东岩寺还发现一疑似叶帅在东山中学读书时为该寺撰写的寺联：东土禅林日惟面，西来法祖我齐观。

景点推荐

梅州郊区景点

普同塔院

千年古刹

永春南路25号附近

普同塔院建于1990年春，塔后有一岩洞，清凉幽静，洞口上有圆彻法师题“甘露岩”，洞中泉水潺潺，清澈如镜。塔院红墙黄瓦，翘角飞檐，面临平川，逆韩江之水，背靠岩山如莲台。塔院后山顶另由明慧法师等倡建起九层花岗石塔，第一层外墙有6尊护塔天王石雕像，正门为赵朴初题匾及对联，各层门均有海内外大德题联，九层供奉数千尊镏金佛像，塔顶托起一座七层小石塔，形成塔中有塔、塔上有塔的特色。

塔台周围石栏雕刻着释迦牟尼佛八相成道图，42幅五百罗汉图及48幅花鸟吉祥动物图等，第二层塔台、正门及两侧各有石雕麒麟及石狮，工艺精妙绝伦。整座宝塔建筑堪称中华传统文化艺术的瑰宝，亦是梅州历史文化名城的标志。塔灯高照，可谓是“岭南明珠”，前来朝礼者络绎不绝。

玩家解说

千佛塔寺以石塔为中心，依山建筑，历十余载，日趋完善。其中千佛宝殿是当前罕见的传统古建筑，正门六条青龙花岗石穿花雕刻石柱，殿内正中是千佛绕毗卢，两侧供奉18尊1米多高木雕金身罗汉，墙上是24诸天及文殊、普贤说法巨型敦煌壁画，手出名家，栩栩如生。

翘角飞檐，雕梁画栋，金碧辉煌，香云弥漫。寺中景点密布，“极乐世界”“九龙吐水”“诗画长廊”“望江观音”“滴水观音”，等等。特别是塔后“极乐世界”有天池、天桥、喷流飞溅，鸟语花香，左右阿弥陀佛、观音菩萨石雕巨像兀立天池中，游人瞻仰，净化身心。

人境庐

黄遵宪先生的故居

梅州市东3千米的杨桃墩小溪边

人境庐取意于东晋大诗人陶渊明“结庐在人境，而无车马喧”的名句，是中国著名爱国诗人、杰出的外交家黄遵宪先生的故居。故居于1884年春，由黄遵宪亲自设计建造，距今已有100多年的历史。

人境庐是一座砖木结构园林式的书斋建筑。门楣上的“人境庐”三个字，为日本书法家大域成濑温所书。庐内收藏、保存有黄遵宪遗留下来的8000余册古籍书及其他文物。庭院内外，黄遵宪自撰了不少联语，表达了主人的磊落襟怀和高雅情操。

链接

黄遵宪

黄遵宪（1848—1905），晚清诗人、外交家、政治家、教育家。字公度，别号人境庐主人，汉族，广东省梅州人，光绪二年举人，历充师日参赞、旧金山总领事、驻英参赞、新加坡总领事，戊戌变法期间署湖南按察使，助巡抚陈宝箴推行新政。工诗，喜以新事物熔铸入诗，有“诗界革新导师”之称。黄遵宪有《人镜庐诗草》《日本国志》《日本杂事诗》等文集。

华侨围屋（联芳楼）

华侨资助所建

梅县白宫镇富良美村

华侨围屋又名联芳楼，与北京的四合院，陕西的窑洞，广西的杆栏式和云南的一颗印，合称为中国民间五大传统住宅建筑形式。该围屋四周以建筑物环成围屋大院，屋的正面是三个凸起的钟楼式大门，其上下左右及所有窗户顶端，都饰以动物和花草浮雕。正楼大门的阳台下，还雕有郭子仪拜寿群像。围屋内分建房室100多间，堂、厅、房间、走廊、天井的设计都十分巧妙。

人境庐黄遵宪纪念馆

玩家 解说

“围屋”是由一座弧形或方形的辅助建筑群，像城堡一样将主体住宅包围着的建筑。屋内布局“三堂四廊，十厅九井”：进深三座高堂，以天井和屏风墙隔开；横向是四排住房和过厅，错落有致；后面由一排排列成半圆形的房屋围成天井，叫花头。屋内房间数十间，可以住上几代数十口人家。

整个围屋靠山坡而建，前低后高，自成阶梯形，最外层围墙筑得很高，窗子开得很小，显得壁垒森严。从低处往上看，围屋层层叠叠，有盘龙之状，兴宁人又称围龙屋。

丙村仁厚温公祠

巨型客家围龙屋

梅县丙村镇群丰村

仁厚温公祠始建于明朝弘治三年（1490年），距今已有500多年的历史。它是宗祠与住宅合一的民居建筑。公祠规模宏大，气魄雄伟，南北长87米，东西宽120多米。整座屋宇有四进三堂八横三围，俨然一座庞大的民居建筑。它是唯一被收入中国建筑学会编撰的巨著《中国传统民居建筑》一书的客家围龙屋。

叶剑英纪念园 AAAA

叶剑英元帅故居

梅县雁洋镇虎形村

新纪念馆依山而建，高三层，外观呈几何构造，共分为四个展厅，除原有图片、铜像等实物展示外，新增场景再现、视频展示、油画作品等表现手法，充分展现出叶剑英元帅崇高的革命风范、独特的精神风貌和伟大光辉的一生。

第二展厅中高10米、面积90平方米的巨型浮雕，题为“大地回春”，表现的是粉碎

“四人帮”后举国上下的欢悦之状。第三展厅中有《顶梁柱》浮雕，表现了叶剑英元帅的伟岸英姿，令人肃然起敬。

链接

叶剑英

叶剑英（1897—1986），原名叶宜伟，字沧白。广东省梅县人。无产阶级革命家、政治家、军事家，中国人民解放军的缔造者之一，中华人民共和国的开国元勋，长期担任党、国家和军队的重要领导职务。

雁南飞茶田 AAAAA

绿野明珠

梅县雁洋镇长教村，距梅州45千米

雁南飞茶田度假村既有自然风光，又有农业开发、度假功能。雁南飞神石是度假村的标志性建筑，上面刻有“雁南飞、茶中情”六个大字，“茶中情”表为内涵，与茶结缘，以茶会友，以茶传情。“笑傲江湖”瀑布，全长168米，高4.8米。瀑布下面的石碑上刻有各种名人格言，非常耐人寻味。龙那山生态谷有峰峦叠嶂的原始次生林区，一个天然大氧吧。

在此游览度假，可领略客家人正宗传统的款待之道，品尝丰富多彩的客家美食及甘滑香浓的雁南飞名茶。在一片清新高雅的自然空间，尽情感受博大精深的茶文化和饮食文化。

玩家解说

雁南飞神石是雁南飞茶田的标志性建筑，上面刻有“雁南飞、茶中情”六个大字，“雁南飞”这个富有诗意的名字寓意客家人对“北雁南飞”的根的认同；“茶中情”表达了雁南飞以茶文化为内涵，与茶结缘，以茶会友，以茶传情。

链接

雁南飞大道

雁南飞大道风景优美。大道两边种植有小叶榕树和凤凰木，树下种上各种季节性的鲜花并摆放大小溪石作园林景观，山崖上种植的是勒杜鹃、炮仗花等花卉进行立体绿化，右边种植的是生态龙眼园、荔枝园以及改造种植的马占相思速生林；通过科学合

雁南飞茶田

理地种树、种草和种花，不但保护了生态环境，而且两边美丽的园林景观，给人一种世外桃源的感觉。

雁鸣湖 AAAA

粤东最大的旅游度假胜地

梅县雁洋镇南福村

雁鸣湖旅游度假村以绿色旅游和生态保健为主题，结合道家养生理论，按一年春、夏、秋、冬四季轮回的概念兴建了春晖园、夏晓园、秋实园、冬融园四大功能景区，还兴建了跑马场、儿童乐园、森林公园、狩猎场等设施。

夏晓园内最著名的是凤凰阁和千手观音，凤凰来息，千年一见。贵客登临，万福齐至。凤凰阁乃度假村最高点，登高远眺，万千气象齐奔眼底，真有一览众山小的畅快之感。千手观音，纯金打造，祈福襄助，平安如意。

灵光寺 AAAA

粤东三胜之一

梅县雁洋镇东部

阴那山，人称粤东群山之祖，灵光寺本名圣寿寺，与广州光孝寺、韶关南华寺、潮州开元寺并称为广东四大名刹。这座寺庙始建于唐代，依山而建，千百年来香火甚旺。其山势雄奇，峰峦叠翠，冬季山顶有积雪，具有神山、群峰、奇石、翠瀑、浮云的特色。

链接

灵光寺传说

1.五色鸟：冬春季间，灵光寺门前的柏树上，常有成群结队飞来嬉戏的小鸟，大小如燕，毛分红、黄、青、

灵光寺

白、紫五色，人们称此种鸟为“五色雀”，又称“灵鸟”。

传说这种鸟生长在福建潘了拳（阴那山寺鼻祖）的家乡，潘了拳来到阴那山开山结茅修行以后，似有灵性的五色雀，每年冬天都会飞来拜谒惭愧祖师，有客游寺时，灵鸟会列队欢迎，飞鸣前后；冬春过后，又飞去无踪。这种现象一直持续到今天。

又传说，灵鸟在古柏上，寺前后飞鸣时，次日天将下雨，故有灵鸟报雨之谓。

2.无笃石螺：系生长在阴那山小溪中的一种石螺，形态和普通石螺一样，只是尾部少了一截，与人们将螺敲去螺的尾部后下锅煮食的石螺相似。

传说当年潘了拳在庵中修行，适有十方善信来寺进香，拾得溪中石螺作为佐菜。他们把螺敲去尾部后，正要下锅之际，被潘了拳发现，步前正言说“信佛人要戒杀生”。善信遵听奉劝，便将石螺放回溪中，繁衍至今。从此，无笃螺成为阴那山的一种富有特色的水生物（注：“无笃”为客家方言即没有尾巴）。

3.片生熟鱼：生长在阴那山的溪中，鱼身两面，一面呈白色，和普通的鱼一样；另一面则为赤色，俨如经过锅里煮熟后的色泽一般，俗称此鱼为“片生熟鱼”。

传说当年在庵做工的人，从溪中捕到鲜鱼，正下厨煎煮，适为潘了拳发现，了拳和尚认为杀生有犯僧戒，即劝工人将锅里正煮着的鱼铲起放回溪中，而已煎煮一面的鲜鱼居然起死回生，相传繁殖，可惜这种半边白半边赤的小鱼在阴那山小溪中已经很难见到了（注：“片生熟”，是客家方言，意即“半生半熟”）。

元魁塔

楼阁式八角形塔

梅县松口镇梅江下游北岸铜盘村境内

元魁塔，俗称松口塔，为明末翰林李二何所建，历时10年竣工。其缘起据传是因二何中解元后曾先后四次上京会试皆受挫，觉得松口之梅溪出口处“山川文峰欠佳”，欲建塔以补风水之不足。

该塔属楼阁式，呈八角形，有7层，高40余米。塔的最顶端嵌有底径约1米半、重达万

元魁塔

余斤的铁铸宝葫芦（至今无人说得清它是如何被置于塔顶之上的）。塔底层以方块花岗石作基奠，其余各层则全为青砖砌筑。

茶山村

客家民居博物馆

梅县水车镇

茶山民居群始建于明朝后期，超过400年历史的建筑有祖屋绍德堂。绍德堂是茶山村人的祖屋，由明朝中期的茶山黄氏五世祖黄君梅修建。正厅墙壁一反传统是只用竹片为墙壁支架、两面抹灰而成的孔子壁。相隔不远的是畅云楼，威严门楼的梁架上，200多年前精雕细刻的花鸟虫鱼仍清晰可见。正厅几扇用金粉粉饰的木刻窗雕栩栩如生，厅堂最上方挂着八幅色彩鲜艳的彩绘。

龙岩寺

龙岩洞中的古寺

梅县隆文镇岩前乡，距梅城70千米

龙岩寺筑于天然岩洞——龙牙岩洞中，故又名龙牙寺。走进岩洞，迎面是佛殿。中间塑有三宝大佛及诸佛像；两边岩壁，依高低之状，塑观音行天及十八罗汉，神情各异，栩栩如生。龙牙岩洞顶、洞壁由石灰岩冲刷自然形成的景物甚多，尤为奇特的是“天窗高照”：阳光从洞顶一个小洞穿进，洞外的蓝天彩云、绿树花影历历在目。

玩家解说

龙牙岩洞顶、洞壁由石灰岩冲刷自然形成的景物甚多：有观音坐莲、金猴凌空、仙人出洞、鹦鹉含花、石柳垂丝、乳泉长滴等天然雕塑奇观。

景点推荐

梅州西部景点

神光山 AAAA

重阳登高佳处

兴宁市市区神光路

神光山是一个以神光山自然景观为主、以宗教文化为特色的城区型森林公园。山上林木参天，曲径通幽，古迹甚丰，为历代文人墨客畅游之地。每年重阳节赴神光山登高、祭祀、赛神会等已有800多年的历史。

兴宁学宫

梅州市历史最悠久的古迹

兴宁市市区兴民中学内

兴宁学宫建于明成化十八年（1482年），古称文庙，后改称孔庙。学宫东为明伦堂及教谕训导廨，再东为文峰书院及墨池书院，汤显祖曾撰有《惠州府兴宁县尊经阁碑记》。学宫现存清同治年间重修的多处古建筑，大成殿殿内有康熙帝手书“万世师表”匾额。

大成殿

大成殿是学宫的主体，高踞于9级石阶之台基上，红墙绿瓦、雕梁画栋、飞檐翘角、金碧辉煌。整个建筑工艺精巧、美丽壮观。大成殿内现仅存康熙二十五年（1686年）颁的“万世师表”匾1块。

尊经阁

尊经阁位于大成殿后面。明万历三十年（1602年）知县史懋文改建尊经阁，明代著名文学家、戏剧家汤显祖应史知县之请撰写了《惠州府兴宁县重建尊经阁碑记》。

长乐学宫

磐安围
客家古民居

兴宁市叶塘镇河西村麻岭顶东麓

磐安围由刘氏十七世吉昌于清光绪二十一年（1895年）兴建。建筑灰瓦硬山顶，中轴部分为三堂屋四横屋，横屋后面是半月形围龙，堂屋前是长方形禾坪，禾坪前有半月形池塘。中轴建筑为方形厅堂，厅与厅之间以天井相隔，大小天井共21个。四周建有角楼，厅堂两边有南北厅、书斋、厢房、花厅、居室、浴室、厨房等。屋后有山泉水，采用暗井、暗渠直通屋内，具有隐蔽性。

黄蜂窝茶山
一道亮丽的风景线

兴宁市径南镇205国道旁

黄蜂窝茶山旅游区种有优质单丛、奇兰、黄金桂等名茶500多公顷。茶山的各个山头分别建有观茶的茶亭、假山等景点。这里还建有高7.8米的大茶壶和直径为3米的大茶杯各一个，可能是世界上最巨型的茶杯和茶壶了。游人来到茶山，可亲自体验种茶、采茶和制茶的劳动过程。

合水
“粤东明珠”

合水水库地处黄陂河、罗岗河、大坪河的交汇处，故名合水。水库雄伟的主坝宛如一条巨龙横卧在山水之间，是防洪、灌溉、发电、种养、旅游综合利用的宁江水网枢纽工程。水库四周青山如浪，峰峦滴翠，库区碧波荡漾，景色秀丽，小岛散布，轻舟点点。

长乐学宫
嘉应五属中规模最大的学宫

五华县华城镇紫金山

长乐学宫始建于宋朝，为古代传统风格的宫殿式建筑。学宫坐北朝南，左右对称。棂星门分三扇大门，是三间两楼牌坊式，嵌有精刻浮雕的石砌建筑。三扇大门，正中的叫状元门，左右两边的为榜眼门、探花门。只有当地出了状元、榜眼、探花，金榜题名时才开启使用，平时，三门紧闭，即使是祭祀朝拜孔子时，也只能从庶门出入。清乾隆年间，长乐（五华）相继出了状元李威光、榜眼曾琼琲，长乐学宫的状元门、榜眼门才开启使用过一次。

汤湖热矿泥山庄
“天下第一奇泥”

五华县转水镇维龙村

汤湖热矿泥山庄是全国仅有的两处天然热矿泥旅游度假区之一，有华清宫、台湾宫、长寿宫等5个热矿泥敷泥宫，还有一水三叠的大型温泉瀑布、仿古水车和水冲式漂流船等项目与设施。汤湖温泉依山傍水，水质无污染，富有浓郁的乡土气息。

玩家解说

热矿泥，实际是温泉底部的黏性淤泥。经检测结果表明：汤湖温泉和热矿泥，含有60余种人体必需的微量元素，对治疗风湿、关节炎、神经痛和骨折后遗症等疾病和健体强身、减肥美容均具有独特的辅助作用。

益塘
梅州最大的荔枝种植基地

五华县大田镇

益塘风景区四季佳果飘香，这里种有柑、橙、荔枝、柚、李等水果，季季可尝到鲜果。传说益塘风景区中有九条龙长年在水中戏水，所以又有“九龙塘”之说，内有叶选平题字的“益塘寺”景点。

七目嶂

物种宝库

五华县大田镇

七目嶂风景区是原始次生阔叶林区，因登上七目嶂主峰，可眺望周围七县市而得名。七目嶂自然保护区物种繁多，经专家考证的就达2000多种，其中属国家保护的珍稀濒危植物有15种，动物有云豹、雉鸡、穿山甲等。七目嶂自然保护区不但物种丰富，而且自然风光秀丽，景色十分迷人，群峰峻峭，飞瀑深潭，山溪清澈，美不胜收。

玩家解说

七目嶂上有“海底世界”，在不到2公顷的小盆地中，由千百个大大小小的岩石，构成了无数栩栩如生的海龟、海牛、海贝、海蛙等海洋生物形状，它们分别摆成了不同姿态，有的如“海龟望月”，有的如“龟牛亲吻”，有的如“螃蟹上岸”，这些千姿百态、形神逼真的景致，就像神话一般，堪称世界一绝。

南台山

世界第一天然卧佛

平远县石正镇

南台山是粤东八大名胜之一。景区有许多怪石奇景、名胜古迹、奇闻轶事和动人传说，有着别具一格的历史和韵味，拥有“南台八景”。南台山天然卧佛由群山作床，其头、额、眼、鼻、唇、颈、胸、腰、腿、脚清晰可见。日出之时，周身赤红；日落之际，背后霞光万道，整座山成了一张惟妙惟肖的卧佛剪影。

玩家解说

南台山天然卧佛横跨两省，身在广东，足入江西寻乌，其头、身、足由南台山、青云

南台山

山、紫林山三山连亘。佛首为南台山，山上的石、竹、绿荫、山径、亭阁、寺庙分别呈现为卧佛的发髻、额、睫毛、鼻梁、双唇和下颚；佛身是青云山，宽广的胸膛、浑圆的腰自然分明；匀称的双腿和脚板跷起的佛足是紫林山的大部分。

五指石 AAAA

五指美景、人间仙境

平远县差干镇，县城以北57千米处

五指石因拔地而起、形同五指擎天的五座石峰而得名，有“丹霞地貌、森林生态、人文古迹”三大景观，具雄、险、奇、秀、幽、古的特色。山上左侧的古建筑即是石林寺，它创建于明朝万历年间，寺内有“镇寺三千斤”——铁铸佛像、香炉鼎、大钟，各重一千斤。

链接

五指石

相传远古时期，这里村民生活艰辛，日思夜想过上酒足饭饱的好日子。有一个仙翁云游五指石时，察觉民情，大发善心，点化两座仙石，使两座石山终日溢酒出饭，村民过上了幸福生活。日久山民却惰性成风，民风堕败。仙翁重游五指石时，深叹“神仙也会办错事”，就让仙石变成巨大的石山，再也无酒无饭，留下一联警世：“处世戒醉心，千古不开酒瓮石；为人思饱德，万家当看饭箩山。”仙翁休息过的地方被称为仙人石，又称仙人床。

玩家解说

明末清初，明太祖朱元璋九世孙唐王朱聿键被郑芝龙等拥立为帝，太原总兵谢志良、谢上逵父子奉命在五指石建立基地，进行反清复明活动16年，最后被清军会集惠、潮、汀、赣四府之兵合围击败。这些石桌石凳，是隆武帝坐朝的象征性宝座。殿下侧的混元塔，是石林寺众僧为纪念当时死亡将士所筑，现墓顶犹存。

丘逢甲故居

两堂客家围屋

蕉岭县文福镇淡定村

丘逢甲的故居名为培远堂，是一座典型的两堂客家围屋，该房是1896年丘逢甲从台湾来到广东时建造的。故居现陈列着丘逢甲任台湾义军大将军时在战斗中缴获的日本侵略军刺刀，还有其他一些文物，其故居旁建有丘逢甲学校。

玩家解说

丘逢甲，梅州蕉岭人，近代爱国志士、诗人、教育家。在考取进士后不久就辞官，去台湾讲学。甲午战争以后，清廷将台湾割让给日本，丘逢甲毅然投笔从戎，组织台湾义军进行浴血抵抗，激战20多日后因为没有后援而失败。离开台湾回到大陆后，丘逢甲时刻不忘收复台湾、雪洗国耻，临终前叮嘱"葬须向南，吾不忘台湾也"。他一生不断创办新式学堂开启民智，是广东最有声望的教育家之一。他的诗集《岭云海日楼诗抄》，沉郁苍凉，豪放激越，多为怀念故土之作。

丘逢甲故居

长潭 AAAA

形似巫峡，景似漓江

蕉岭县长潭镇

长潭旅游区属山水风光、客家民俗旅游风景区，该保护区一川绿水，两岸青山，有"形似巫峡，景似漓江"之称。20世纪60年代初，长潭风光被刊载在《人民画报》封面和《广东画报》上。从此，长潭风景名声远播。长潭旅游区右侧的半山腰上，悬崖峭壁，形势险峻，山高800多米，山顶上有一平地，宽约30平方米，形如高台，此地建一庙宇故名高台庵。庵正门横匾为"潭浮普岸"，门联为"高台人仰止，舍利佛频灵"。在庵里居高临下，风光如画的长潭山水尽收眼底。

链接

高台庵的传说

相传在清嘉庆初年，有一老人伍荣昌，在长潭以摆渡为生，日出撑船，入夜以船为居。月色清明，他仰卧观赏水光山色，孤身一人，倒也悠闲自得。一天，荣昌清早起来准备生火做饭，俯身舀水，仰面看见高台山的半壁上，似有一只金龟正在爬行，头上的两只眼睛似两盏明灯闪闪发亮，连续几天都出现如此景象。是山精作怪，还是神灵托付？

伍荣昌为人正直，一生俭朴，行善积德，为山人所知，他以为神灵所指，便卖去渡船，加上平素积蓄，决定在金龟出现处建庙宇。从此他披星戴月，日夜开山造路，几年经营，终于在山上建起一座小庵，名为高台庵。

镇山森林公园

国家森林公园

梅州市蕉岭县

镇山森林公园是一处适宜开展登山览胜、康体休闲和生态教育等森林旅游活动的城区型森林公园。公园内种有珍稀名贵树种和藤灌花木100多种，观赏竹130多种。公园以良好的森林环境为依托，以悠久历史文化为特色，吸引了不少人。

景点推荐

梅州东部景点

三河坝烈士纪念碑

三河坝战役纪念地

✉ 大埔县三河镇

三河坝群峰对峙、地势险峻，是水陆交通要冲，历来就是兵家必争之地。南昌起义军曾在朱德的率领下在这里与国民党钱大钧的部队激战了三昼夜，许多战士牺牲在这里。为了纪念他们，在位于汀江、梅江和梅潭河三江汇合的三河坝建立起三河坝烈士纪念碑，碑高15米，左边有一座纪念亭。

丰溪森林公园

粤东旅游避暑好去处

✉ 大埔县茶阳镇

丰溪森林公园是省级自然保护区，野生植物资源、珍稀动物资源和自然旅游资源丰富。区内峰峦叠嶂，风光秀丽，气候宜人。狭谷探险区和原始次森林观赏区位于丰溪森林度假区西部七里溪，深山大峡谷里古树参天，野藤盘根错节，两山对峙，抬头望天，天呈一线，瀑布飞流直下，沿溪流攀登而上，有惊无险。攀到将近山顶，便可观赏到原始森林郁郁葱葱、雄奇自然的景色。

玩家 攻略

区内有丰富的野生植物资源，植物种类繁多，有国家一类保护野生植物桫椤，有濒临绝种属于国家二类保护植物的观光木、伯乐树、粘木等珍贵树种，有国家三类保护植物的白桂木、巴戟等稀有林木，一些罕见的紫树、小叶红豆、马蹄荷等观赏植物遍布山间林荫。

珍稀植物观赏区位于丰溪森林度假区东北部，一条1米多宽的石径小道把桫椤、观光木、禾雀花、瀑布等观赏点和山涧溪流连接成线。步入其内，有悠然世外之感，若是暑天，沁凉无比。

区内有丰富的珍稀动物资源，动物有160多种，常见的有国家二类保护动物金钱豹、云豹出没，偶有国家一类保护动物华南虎出没，常见扑食的灵猫、惊窜的苏门羚、遁地的穿山甲、爬树的虎纹蛙。

西岩山

西岩茶乡

大埔县枫朗镇

西岩山主峰海拔1256米，山上奇石众多，而且形态各异，活灵活现，让人流连忘返。西岩茶乡景点别致，西岩大茶壶是把“宝壶”，盛装着人们丰收的喜悦。登上凉亭，可远望到邻近的平原、枫朗、百侯几个乡镇，一览众山小，美景尽收眼底。

花萼楼

世界民居建筑的一大奇观

大埔县大东镇联丰村，距县城有45千米

花萼楼是大型客家土围楼，建于明朝，有三环，计210间房。

楼的第一层不设窗，第二、第三层墙上设有内小外大且呈三角的枪眼，整座楼只有一个大门供出入，大门框由厚而宽的花岗岩石板组成，大门板钉上坚厚的铁皮。楼内圆形天井面积达283.4平方米，由大小不等的鹅卵石铺成，中心装饰着一个直径3米的古钱币图案，寓意着人们祈求丰衣足食的心愿。天井一侧有口古井，用于防火和生活之用。整个土楼布局合理、通风采光、冬暖夏凉。

花萼楼

玩家解说

花萼楼设计精巧、结构独特，显示了客家人圆满、团结、平均、平等的生活理念，是目前广东土围楼中规模最大、设计最精美、保存最完整的民居古建筑，是世界民居建筑的一大奇观。

1992年12月，中央电视台在该楼录制了《神州百姓闹元宵》文艺节目；1993年4月广州电视台在该楼录制了《客家人》专题片；1999年1月中央电视台、中国影视总公司又在该楼录制了八集电视连续剧《嫂娘》；2000年10月，客家土楼千人茶会又在这里成功举行。

链接

兴建花萼楼的传说

相传花萼楼是由林姓的第五代上祖援宇公亲手兴建的，他忠厚老实，为人正气豪爽，虽家境贫寒，仍时常接济更加贫困之人，深得乡邻口碑。

据说，有一天，援宇公担石灰到饶平回家，感觉很困，尚未吃饭宽衣便昏昏沉沉睡了，睡梦中，仿佛看见观音娘娘端坐莲花座，驾着祥云，领着三头白马向他走来，朝他笑了笑便不见了，醒来后，他觉得很奇怪，便到山洞四周寻找，结果发现了三大缸白银，于是他便用此银两建造了这座土围楼，并把村里所有没有房子住的乡邻都接到这里来住，因为所建圆形楼形似花萼，又取兄弟邻居相亲相爱之意，所以取名为花萼楼。

后来，人们就说这是大慈大悲的观音娘娘同情人间的灾苦，显灵为他们盖了这栋房子。为感其恩德，到现在，狮头山上的石洞里还供奉着观音娘娘的莲花坐像，林姓族人逢年过节都会去拜祭。

泰安楼客家文化旅游产业园 AAAA

国内少见的石方楼

大埔县湖寮镇龙岗村

泰安楼呈四方形，砖石木结构，因楼的外墙为石墙，故俗称为石楼。从外表上看简直不相信这会是住宅建筑，其极其封闭的外观简直像一座牢不可破的城堡。泰安楼在建筑设计上与一般方楼的不同之处，在于三层还专门设有外环形防卫走廊，四角楼梯口宽

敞明亮。登上三楼外环形走廊，从窗户向外眺望，楼前景色尽收眼底。泰安楼建筑古朴雄奇，有着独特的客家特色，是中国和世界建筑史上的文化瑰宝，现辟为客家民俗风情博览馆。

汤坑温泉

广东最大的天然温泉公共浴池

丰顺县汤坑镇

汤坑镇的温泉隶属梅州，在历史上有"九汤"之说，民间流传着这样的顺口溜：来到汤坑不洗汤，枉费走一趟。汤坑温泉为低化重碳碱性淡水，无色无味，用于沐浴，能加快血液循环，促进新陈代谢，对皮肤病、风湿性关节炎也有疗效。汤坑温泉中含有丰富的矿物质，如硫黄、镁、钙、氡等元素，是丰顺"九汤"中温泉流量最大的。

龙归飞瀑

"广东的黄果树瀑布"

丰顺县东联镇中部偏南，距县城13千米

龙归飞瀑来源于丰顺第二高、海拔1285米的释迦山脉。高山碧水自百丈悬崖飞泻而下，伴着阵阵轰鸣之声，化作数十条白龙直奔深潭，带来蒙蒙的水汽。站在瀑布下面，只见瀑布从崖顶上咆哮着，喷云崩雾泻下来，撞向深潭，千万朵水花弹向空中，又化作如云似雾的小水珠，随风飘洒。瀑布区内奇花异石、龙蛇走穴、飞流直下、名胜古迹，还有大量的冰臼石群，令人流连。龙归瀑布强大的冲击力冲得潭水飞珠溅玉，烟雾蒸腾，景色十分壮观。

链接

龙归礤瀑布的传说

很久很久以前，这里有一个村庄，没有水源，所以五谷不生，人们挨饥受渴，过着痛苦不堪的生活。村子里有一个年轻人名叫阿龙，他看到乡亲们由于没有水源，过着如此悲惨的生活，非常难过，发誓无论如何都要找到水源，让乡亲们过上幸福的生活。乡亲们欢天喜地送走阿龙，盼望阿龙早日找到水源，尽快过上快乐的日子。日复一日，年复一年，阿龙还没有归来。终于有一天，一道飞瀑从天而降！可是最初的水却是红色的，为什么呢？村民们左思右想，不得其解，最后终于想明白了，这些水是被阿龙的鲜血染红的！阿龙历尽千辛万苦找到水源，却再也回不来了。为了纪念寻水英雄阿龙，乡亲们把这条瀑布命名为龙归礤瀑布。

揭岭飞泉

"粤东第一飞泉"

丰顺县汤西镇南礤村

揭岭飞泉胜景绚丽多姿，是较为著名的旅游景区。揭岭飞泉被当地人称为"白水礤"，是"九汤十八礤"最为宏丽的景观。揭岭飞泉落差达123米，近观有如天外之水、如雪如棉，飞花溅玉，密林中的天池双瀑既是森林浴、山泉浴的好去处，更是抚肺的天然氧吧。飞瀑落地前2.5米之处、溪涧中的"落汉鸣泉"摩崖石刻，为宋代杰出的哲学家、思想家、教育家朱熹手迹。

龙归飞瀑

铜鼓嶂

“粤东屋脊”

丰顺县大龙华镇

铜鼓嶂，海拔1559.5米，为粤东第一高峰，有日出奇观。铜鼓嶂风光秀丽，物产丰饶，如屏似嶂的百里峰峦，植物种类复杂多样。一片片常绿的高山植物，人谓“铜鼓青”，浓荫蔽日，深邃幽雅。最具有特色的是高山客家围屋，它位于海拔1100米的铜锣湖上，是粤东海拔最高的围龙屋，距今已有300多年的历史。

玩家解说

铜鼓嶂为莲花山脉主峰，因其峰顶平阔，浑圆似鼓得名，并与潮州凤凰髻、梅州阴那山的五指峰形成“三峰鼎立”之势。雄奇嵯峨的山势造就了众多奇石景观，有玉石佛手、仙人取宝、百亩平地、狮子潭、金龟下山等。

此外，海拔约1000米的“孩儿坐栏”村落也颇具特色。浓荫环绕，十几座民舍一字排开，屋前有一大片水田，形成坐栏形状。这里古木成林，流水欢唱，小鸟啁啾，石蛙弹琴，是人与自然和谐相处的胜地、梦中的桃源村落。

铜鼓嶂南线石河

龙鲸河漂流

龙鲸河漂流

粤东第一漂

丰顺县大龙华镇至黄金镇清溪河段，离县城48千米

粤东第一高峰铜鼓嶂下，葱茏的丛林竹海孕育了丰顺美丽纯净的“矿泉水河”——龙鲸河。龙鲸河漂流又名冰臼河漂流，采用无动力充气橡皮艇顺流而下，在惊涛骇浪中感受“中流击水、浪遏飞舟”的刺激。龙鲸河漂流景区树木繁茂，山清水秀，风光旖旎，负离子含量高，是回归自然生态旅游和体育探险游泳的绝佳选择。

攻略资讯

- 交通
- 住宿
- 美食
- 购物
- 娱乐

交通

飞机

梅县机场：位于梅江区三角镇，距市区中心4千米。已开通至广州、香港等城市的航班。乘1路公交或出租车可达。

火车

梅州火车站：位于梅江区彬芳大道南，现有通往广州、武昌、福州等地的客运列车。

梅州西站：位于梅县区南口镇葵岗村，是梅汕高铁、梅龙高铁的重要站点，可通往厦门、武汉、广州、珠海等城市。

汽车

梅州市中心枢纽汽车客运站：位于梅江区世界客都大道东，有发往福建、江西、浙江等省和广东省内各市的客运班线。

平原富港国际酒店

梅州古城

梅州江南汽车站：目前已经开通有前往九龙、福州、厦门、赣州等省外各地的长途班次以及到达广州、深圳、珠海等省内和市内各县市的省内班次。

住宿

近年来，梅州一批高档次的宾馆、酒店、娱乐设施先后建成并投入使用，旅游活动的食、宿、行、游、购、娱配套逐步完善，可为海内外游客提供一条龙服务。

●客都大酒店

客都大酒店是集食、住、娱于一身的现代化大型酒店。酒店内设有豪华雅致的厢房、能容纳一千多人的气派豪华多功能宴会大厅，豪华舒适的客房内设备齐全，备有小冰箱、迷你小酒柜、小保险箱等各种设施。

✉ 梅州市丽都西路32号

✆ 0753-2190288

●客天下国际大酒店

酒店以得天独厚的自然风光、独具匠心的建筑风格、舒适一流的度假环境以及体贴入微的航空特色服务，让游客充分享受陆地上的“头等舱”——非一般的感受。“游览客都、下榻客天下”，可在这里感受客家传统文化的魅力、浓郁的南国风情。

✉ 梅州市梅江区客天下产业园内近客天下观光路

✆ 0753-2118888

●梅州丰顺千江温泉酒店

酒店建筑是古罗马建筑风格的，依山傍水，交通便利。来到这里可以泡珍贵的天然温泉，感受客家风情，享自由休闲假期。

梅州丰顺县汤坑镇雄风大道金河桥头

0753-6688888

美食

梅州是客家人的聚居区，这里的居民沿袭了客家人数千年的文化传统、生活习惯，在饮食方面也不例外。客家菜以口味醇重、火候老到著称，与潮州菜、广州菜一起，并称为广东三大菜系。传统的梅州菜主要为家禽和水产。特色菜有客家三大菜肴，还有醋熘鱼、炒仔鸭、娘子鸡、炖鱼肚、玻璃猪肠等。另外当地的客家黄酒、米糕粄和梅州腌面也很有名，值得一尝。

长乐餐馆（鸿都店）位于江南彬芳大道行政服务中心侧。这家店菜品质量不错，比较实惠。黑椒排骨、剁椒鱼头味道不错，价位都不太高，雅间环境相当惬意。其中，客家酿豆腐很地道。

围龙食府位于雁南飞茶园度假村内。房间内装裱了历史名人故事，对联和名人格言，将客家文化融入其中。盐焗鸡是其代表菜品。

●盐焗鸡

盐焗鸡是久负盛名的客家菜肴，客家人选取当地嫩鸡，宰杀后不切块，除去内脏后晾干，然后用抹涂少许食油的草纸将整只鸡严实包好，埋进炒过的热盐堆中，用文火焗半小时左右即可，取出后将其拆撕成肉片，放进盘内上席，再配以姜油或麻油，食之皮软肉嫩，香浓美味。

推荐店铺：金苑酒家

梅江区金燕大道万象江山万象汇SY-05栋

0753-2102388

●客家腌面

客家腌面是一道梅州客家特色风味小吃。客家人对客家腌面的喜爱那已经是很难形容了。在客家人中几乎早餐、夜宵都是以它为主，再配上一份客家地道肉丸汤或是瘦肉艾草汤，那就是一绝。

客家腌面

●客家梅菜扣肉

客家梅菜扣肉采用肥瘦平均的五花腩与农家制作菜干的梅菜拌上适量的蒜仁、姜丝、酱油、味精、盐，用文火蒸制而成。特色是甜咸适中、香而不腻、鲜美。

●客家酿豆腐

火柴盒大小的水豆腐被炸成金黄色，把猪肉鱼肉做成的馅“酿”入其中，放进葱花、香油，再盛在鸡汤瓦煲内焖着，直到香气四溢。据说客家酿豆腐，是由五华长乐镇（现华城镇）的一对兄妹首创，故客家酿豆腐原名也叫作“长乐酿豆腐”。

推荐店铺：长乐餐馆（鸿都店）

梅江区彬芳大道中段

0753-2156226

购物

有“客都”之称的梅州深受客家人沿袭千年的传统文化影响，著名的客家娘酒、白渡牛肉干、大埔苦丁茶、平远梅菜干都是客家独有的美味，它们不但是传统工艺的传承，更是客家人对自己文化、历史和血脉的认同，意义非凡。梅州特产还有金木雕、竹编工艺品、五华细核荔枝、平远大果李、沙田柚汁以及珍珠红酒、西岩茶、高陂瓷等享誉国内外。

梅州的购物中心集中在梅江区的嘉应路和梅江路，那里汇集了梅州的各大商场、超市，可以买到客家特产。推荐到云凤客家土特产总汇、客缘土特产自选超市、永兴客家土特产经营部等特色商店购买客家特产，它们更加正宗，是梅州客家旅游购物的首选之地。

●梅县金柚

梅县金柚是人们普遍喜爱的水果，老少皆宜，有益身心。除有清热润肺、化痰止咳的功效外，还富含多种维生素和氨基酸，还含有类似胰岛素B细胞分泌物质，有调节血糖的作用。

●菊花糕

菊花糕是梅县畬江镇的特产，糕如菊花，质地软韧，香甜可口。菊花糕早在100多年前就已问世，至今盛产不衰。它以糯米为原料，加上麦芽、白糖、榛糖、生油等，搓成糕坯，成形蒸熟，冷却后即成。

●白渡牛肉干

白渡牛肉干是驰誉中外、富有客家风味的传统名牌食品，清末由白渡堡乡民开始制作，至今已有100多年的历史。其制作方法是选用壮健的黄牛肉，手工切成薄片，加上胡椒粉、香料调味，晒制，炕熟而成，具有清脆、鲜甜、微辣的独特风味。

●平远梅干菜

梅干菜为客家人的传统名菜，选取环境优雅的山村定点种植，采用鲜嫩大菜为主要原料，经传统工艺精制而成。可作梅菜扣肉、梅菜蒸排骨、梅菜煲例汤及其他肉类佐料之用。而平远梅干菜久负盛名，产品畅销海内外。

娱乐

梅江两岸的文化长廊、罗马式长廊、文化广场风格各异，能够满足人们不同的休闲需要。另外，作为汉族支系的客家人，保持了中原汉族传统的民俗习惯，秧歌、赛龙舟、踩船灯、舞龙、舞狮等活动都是常见的客家传统娱乐节目。

而客家人在当地的生产生活中逐渐发展起来的采茶舞、山歌、小曲等民间曲艺，舞姿优美、曲调悠扬，拥有浓郁的地方气息，体现了客家人热爱自然、奋发向上的精神。梅州城内的江堤每天9点前有客家山歌表演，游客可以点歌听。

《客家意象》： 以客家山歌为代表的客家文化源远流长，其优美的旋律及富有文学意蕴的歌词已成为中华民族艺术宝库中的瑰宝，其即兴的演唱方式更当之无愧地成为自《诗经·国风》以后保存最好、传唱最广的民歌活化石。

《客家意象》全剧共约90分钟，全面地展示了客家人丰富的世俗生活、情感生活、精神生活及文化生活。全剧以经过现代包装的客家经典传统山歌为主线，辅以大型舞蹈及壮观、优美的舞美设置，给观者提供了丰富多彩的视听震撼及无与伦比的民俗风情文化体验。

《客家意象》演出

发现者旅行指南

潮汕

（含潮州、揭阳、汕头、汕尾）

概览

亮点

广济桥

我国现有四大古桥之一，横卧在滚滚的韩江之上，风格独特，与赵州桥、洛阳桥、卢沟桥并称中国四大古桥。

黄岐山

是揭阳历史文化名城的一个象征，是一方融山、石、林、水及名胜古迹于一体，极具地方特色的自然风景区。

南澳岛

粤东著名的旅游度假胜地，被称为“美丽的海上绿洲”，具有“海、史、庙、山”相结合的立体交叉特色，蓝天、碧海、绿岛、金沙、白浪是南澳生态旅游的主色调。

南澳岛

礐石风景区

礐石风景区为“汕头八景”之首，由沿海台地和43座山峰组成。礐石风景区具有自然景观海、山、石、洞和人文景观等综合特色。

必逛街道

汕尾翡翠湾香港街：一个集酒店式公寓、高档住宅、购物广场于一体的城市综合街区，在该商业街，游人可以购买到汕尾的各种特产，是休闲购物的理想选择。

线路

潮州市区二日游

第一天游峰岩石刻，之后游开元寺，最后参观国内罕见的宋代府邸许驸马府。

第二天游潮州名城主要的地标——广济门城楼，之后游览世界上第一座启闭式石梁桥——湘子桥，最后拜访韩文公祠。

揭阳文化古迹一日游

先步行至揭阳学宫、城隍庙、双峰寺等景区进行游览，再乘车前往黄岐山。

汕头二日游

第一天乘船前往南澳岛，到达后参观神奇宋井，可在此品尝一下百年前的甘甜井水。之后前往青澳湾，感受大自然赋予的独特风光。

第二天前往金银岛。先沿环岛路车游晒盐场、海上渔村再参观明清时闽粤海防重地——总兵府，最后乘船返回。

汕尾二日游

第一天上午先到莲花山风景区，然后再到红宫红场，下午到彭湃故居参观，傍晚趁着夕阳到红海湾游玩。

第二天，前往凤山游玩。这里有凤山祖庙、妈祖文化广场、妈祖圣迹馆、古戏台等，可以在这里膜拜妈祖。

为何去

国家历史文化名城潮州，是潮州文化的重要发源地，素有“岭海名邦”“岭东首邑”等美誉。潮州还是著名侨乡，风情独特。所以有句话说“到广不到潮，白白走一遭”。

学宫

揭阳是粤东古邑，市区榕城是省级历史文化名城，被誉为“水上莲花”。揭阳素有“海滨邹鲁”“国画之乡”的美誉，拥有遗迹闻名的山海胜景，情韵独特的园田风光。

汕头是一座典型的亚热带滨海城市。自然景观的特色是海阔、石奇、洞幽。汕头还保留着中原古文化遗风，无不让你感到古老而又神奇。

汕尾市山海风光兼备，被誉为“粤东旅游黄金海岸”，有遮浪岩、南澳岛、金厢滩海滨等胜景。汕尾还有特大型渔港和众多的革命遗迹。

何时去

潮汕地区属于亚热带海洋性季风气候，雨量充沛，终年常绿。9～10月温度最为适宜，是到潮州的最佳出游时间。

韩文公祠

汕尾降雨多集中在每年的4～9月，最佳旅游时间为每年的3～4月和10～12月。另外，每年元宵节或农历三月二十三日是妈祖诞辰日，汕尾的凤山祖庙都会有盛大的妈祖祭祀活动。

潮州广济桥

区域解读

潮州区号：0768
汕头区号：0754
揭阳区号：0663
汕尾区号：0660
面积：约15 963km²
人口：约1641万人

地理 GEOGRAPHY

区划

潮州市下辖2个区（湘桥区、潮安区）、1个县（饶平县）。

揭阳市现辖2个区（榕城区、揭东区）、2个县（惠来县、揭西县），代管1个县级市（普宁市）。

汕头市下辖6个区（龙湖区、金平区、濠江区、潮阳区、潮南区、澄海区）和1个县（南澳县）。

汕尾市辖1个区（城区）、1个县级市（陆丰市）和2个县（海丰县、陆河县）。

地形

潮州地势北高南低，山地、丘陵占全市总面积的65%，潮州境内群峰起伏，河流纵横。凤凰山脉的主峰凤凰大髻，海拔1497.8米，是全市最高山峰。潮州市的母亲河——韩江为粤东第一大河，流经潮州市区，支流众多，形成巨大水系。黄冈河是潮州市内第二大河流。

揭阳地势自西向东倾斜，低山高丘与谷地平原交错相间，最高峰李望嶂海拔1222米，为莲花山脉东段支脉大北山主峰。此外，揭阳还有136.9千米长的大陆海岸线，并且还在沿海辖有30多个岛屿。

汕头依海而立，靠海而兴，境内地势自西北向东南倾斜，依次为丘陵、平原、海岛。汕头市海岸线长289千米，而且曲折，岛屿多，全市有大小岛屿40个，其中最大的海岛是南澳岛，岛西部高峰海拔587米，是汕头的最高峰。

汕尾地势从东北向西南方向倾斜，地形以山地、丘陵为主，沿海多平原。全市最高峰为位于海丰县西北部的莲花山，海拔1337.3米。汕尾市水资源丰富，溪流众多，螺河和黄江是全市两大河流。

气候

潮州属亚热带海洋性季风气候，这里夏长冬短，气候温和，雨量充沛，终年不见雪。春季是过渡季节，冷暖天气交替，不稳定性很大。夏季普遍吹偏南风，带来丰沛的雨

潮州牌坊街

红海湾

汕尾凤山妈祖像

水。秋季冷空气开始影响广东，此时多晴朗天气，少降水，开始进入干季。冬季时潮州市降水较少，多晴好天气，光照充足。

揭阳属亚热带季风性湿润气候，年平均气温21.4℃，雨量充沛，终年无雪少霜。夏秋季节，这里常受强热带风暴袭击。此外，这里有时会因季风活动反常或寒潮侵袭，而出现冬春干旱或早春低温阴雨天气。

汕头属亚热带海洋气候，冬无严寒，夏无酷暑，具有明显的季风气候特征。汕头的最佳旅游季节为夏季和冬季。这里盛夏无酷暑，但有时候会受台风袭击；冬季无严寒，有短期寒冷，降雨多集中在4~9月。

汕尾地处北回归线以南，属亚热带季风气候。这里海洋性气候明显，气候湿润，光、热、水资源丰富。夏季长达180多天，冬季只有10天左右，典型的夏长冬短，是广东受热带气旋影响较多的地区之一。

“客家母亲河”——韩江

韩江古称员水，中国东南沿海最重要的河流之一，是潮州的主要河道，为粤东第一大河。源流有两条，即梅江和汀江。梅江发源于广东省紫金县与陆河县交界的七星崇；汀江发源于福建省宁化县的木马山，两江汇合于三河后称为韩江，韩江从西北向东南斜贯县境，支流众多，形成巨大水系。

韩江流经潮州城区约3千米，北段江面宽阔，北堤连接竹竿山与金山，捍卫古城的安全。堤边木棉挺拔，渡船来往于两岸，乘

韩江江东运河

风扬帆，构成了潮州古八景之一的“鳄渡秋风”。湘子桥横卧于韩江中段，连接古城与东岸的交通。每当春天水涨，洪水冲击巨石砌成的桥墩，奔泻而下，蔚为壮观，故“湘桥春涨”也被列为潮州古八景之一。南段分东西二水绕凤凰洲而过，凤凰洲头筑有凤凰台。每逢雨季时节，登台远眺江面，烟雨蒙蒙，湘子桥若隐若现，故“凤凰时雨”也为潮州古八景之一。与凤凰台隔江相对的凤凰塔耸立江边，水影倒映，似巨柱擎天，景观壮美，这就是潮州古八景之一的“龙湫宝塔”。韩江碧水长流，舟船竹排穿梭于江面，与两岸诸多胜景构成了一幅动静交融的壮丽画卷。

韩江东岸笔架山麓建有韩文公祠。相传当年韩愈所植的橡木，就在祠前。据宋礼部尚书王大宝《韩木赞》的描写，橡树形如华盖，遮蔽屋檐，其外皮做鱼鳞状，叶细而长，叶脉凸起，做棱角状，春夏之交开花，红白相间，甚是美丽。但花不常开，潮州人崇尚韩愈，以至问卜于他手植的这棵橡木。“以花之繁稀卜科名盛衰”，甚至《潮州府志》有“乾隆九年祠堂橡木花，科名大盛”的记载。于是，祠吊先哲，木卜科名，“韩祠橡木”也成了潮州古八景之一。

链接

客家母亲河

当代客家文化的代表城市主要是梅州、赣州、龙岩、惠州，俗称“客家四州”，除外还有河源、韶关。

汕尾渔港

客家母亲河首推韩江，其次是东江，再次是赣江。韩江包括梅江、汀江两个支流。自汕头市澄海区入海的韩江，其流域主要在客家地区。所谓客家母亲河，韩江流域独占其半，而韩江流域的客家代表城市梅州、龙岩，更是客家文化之重点所在。汀江源头处的长汀县、宁化县是客家祖地，是各地客家人族谱上都会记载的祖先原居之地；梅江流域的梅县话，是现代客家方言标准的代表，梅州地区是世界各国最大多数客家帮华侨的祖籍地。

历史 HISTORY

潮州历史大事记

●先秦至魏晋

至少在5000年前就有人类居住。潮州地区古代居住百越民族的一个分支叫闽越人，沿江沿海住着疍家族人，凤凰山上则住着以狗为图腾崇拜的畲族人，他们是当地的先民。

东晋成和六年（331年）在南海郡东部置东官郡，此为潮州建制之始。

●隋唐时期

隋文帝开皇十年（590年），义安升立州，因地临南海，取“潮水往复”之意，命名“潮州”，“潮州”名称正式出现。

隋大业三年（607年），隋炀帝杨广派羽骑尉朱宽航海求访异俗。朱宽两次从义安郡（潮州）浮海到琉球国招抚琉球国王，琉球王不从。大业六年（610年）二月，隋炀帝派武贲郎将陈棱、朝请大夫张镇周率领东阳兵一万多人，从义安郡出发，航海到琉球，击败了琉球国，斩琉球王欢斯葛刺兜，俘获数千当地居民回归。

唐元和十四年（819年），韩愈贬任潮州刺史。在潮州短短七八个月的时间里，他驱恶除害，扶植农桑，赎放奴婢，延师兴学，在潮州的发展史上留下了极其重大的影响。

●宋元明清

北宋咸平初年，太常丞陈尧佐后因犯皇威，被贬为潮州通判。在潮期间他办了许多

揭阳楼

好事，培养了一大批人才，甚有政绩。

宋末景炎三年，即元朝至元十五年（1278年），元军逼近潮州，知州闻风逃走，摧锋寨正将马发率众抵抗，元军久攻乃下，迁怒于城中百姓，进行屠城。现金山上的马发墓和山下的忠节坊，以及位于太平路中段的三家巷，就是这段历史的见证。

清康熙元年（1662年），为防御郑成功的进攻，朝廷下令在潮州实行海禁，将沿海居民迁入内地50里。海禁一直延续至康熙二十三年（1684年）清政府收复台湾才解除，给潮州人带来灾难，生产、贸易受到严重破坏。

顺治年间，潮州总兵郝尚久举兵反清。顺治十年（1653年），清廷派靖南王耿精忠率军10万围攻潮州。清军攻进城后，屠城三日，死尸遍地。现古城的金山大井和葫芦山的普同塔，就是这段历史的见证。

●近现代

清光绪二十九年（1903年），旅居印度尼西亚苏门答腊的华侨张煜南等发起修筑潮州至汕头的铁路，光绪三十二年（1906年）全面竣工，路长39千米。潮汕铁路是中国第一条华侨投资建设的商办铁路。

名单 潮州历史名人

韩愈治理潮州前的奠基人杨世略

宋代主持编撰儿科全书《幼幼新书》的学士刘昉

南宋致力抗金的礼部尚书王大宝

宋末协助文天祥抗元的义士陈梦龙

现代散文家秦牧

揭阳历史大事记

公元前214年，秦始皇平定百越地区，并在今揭阳一带设立揭阳戍守区，隶属南海郡。

唐代时期，榕江炮台口岸及神泉港、靖海港已经与东南亚各国通航，促进了揭阳地方经济的发展。

1927年10月，中国共产党领导的南昌起义南下部队的干部和指挥员在流沙镇（位于今普宁市）会合。随后，由周恩来主持召开了指挥部军事决策会议，史称“流沙会议”。

土地革命时期（1927—1937年），揭阳地区也相继成立革命根据地，展开了轰轰烈烈的武装革命斗争。

名单 揭阳历史名人

北宋高士吴复古

明朝尚书翁万达

明末抗清志士、潮州七贤之一郭之奇

清朝武状元林德镛

晚清著名政治家、军事家丁日昌

汕头历史大事记

公元前214年，秦始皇平定南越，在南海郡的揭阳岭设置戍所。秦末赵佗设揭阳令，于是这里才有了政权建制。

汕尾惠东海景

宋朝时，汕头仍然是揭阳县鮀江都的一个小渔村。明神宗万历三年（1575年），汕头被称为“沙仙坪”。

咸丰九年十二月初九（1860年1月1日），汕头正式开埠，成为中国与西方国家的通商口岸。

1906年11月16日，连接汕头和潮州的潮汕铁路通车，这是中国第一条商办铁路。

1981年，经国务院批准，在汕头市龙湖片区开设经济特区，汕头的经济建设进入新的阶段。

名单 汕头历史名人

明代政治家唐伯元

明代政治家翁万达

《农桑易知录》的作者郑之侨

中国电影事业奠基人郑正秋

中国现实主义电影奠基人蔡楚生

中国最早研究德国的专家郑寿麟

汕尾历史大事记

汕尾地区历史源远流长。据东南沿海出土文物考证，距今6000年前的新石器时代，就有越族先民在此渔猎种植，生息繁衍，出现了闻名世界的埔上屯文化。

唐朝时期，由于泥沙淤积和陆地的抬升，现凤山、盐町头、牛头港等高埠地带已堆积起成片的沙丘。

南宋淳祐年间，开始有外地渔民进入汕尾品清湖口的屿仔岛搭寮捕鱼，沿海居民亦聚居龟山港在品清湖进行生产。自东涌至龟山沿岸一带滩涂已被开辟为盐田，当地灶户煮海为盐，缴纳盐课。

明嘉靖四十年（1561年），抗倭功臣陈聪建坎下寨，寨内住着随军家眷，这是汕尾岛内第一座村落。之后闽汕一带的移民接踵而来，由此扩散到牛头港、盐町头、凤山等高埠聚居，形成几个小村落。

清康熙年间开放海禁后，流徙外地的百姓纷纷返回汕尾地区，人口大增。凤山、牛头港、盐町头等小村落始连成一片，成为汕尾港的雏形，汕尾港成为国家课税的重要征收地。

1988年1月，经国务院批准，在原海丰、陆丰两县的行政区域上设置地级市汕尾市，由广东省政府管辖。

名单 汕尾历史名人

粤军之父、联省自治提倡者陈炯明

中国第一位女飞行员李霞卿

无产阶级革命家彭湃

革命先驱刘廷波

中国第一代小提琴音乐作曲家和演奏家马思聪

著名书法家罗传殷

民俗学家、民间文学大师钟敬文

十相留声

元和四年（809年），刑部侍郎韩愈因谏迎佛骨而被贬为潮州刺史。韩愈在任期间，启贤育才，发展教育事业，潮州与中原文化的联系更为紧密。

唐宋期间，先后有7位宰相被贬至潮州。

韩文公祠中韩愈的雕像

韩文公祠

他们分别是唐代的常衮、杨嗣复、李德裕、李宗闵，宋代的陈尧佐、赵鼎、吴潜。他们都为传播中原文化，促进潮州发展作出了贡献。加上为挽救宋室残局而转战来潮的文天祥、陆秀夫和张世杰，共有10位宰相先后贬谪潮州或来过潮州。因此，潮州古城曾立“十相留声”的石牌坊。

其中常衮于公元779年被贬至潮州，距今已经千余年。宋初，潮州已有“海滨邹鲁”的美誉。宋元两代，潮州在州学、县学日臻完善的基础上，先后建起一批初具规模的书庄、书院，如城南书庄、韩山书院等。

城市的转折点——汕头开埠

汕头开埠是潮汕地区发展史上的一件大事，也是近代中外关系中的重要事件。150多年前，清政府屈服于西方列强的“坚船利炮”，汕头被迫开埠。尽管是一段屈辱史，但开埠客观上促进了汕头的崛起，汕头也由此获得了“百载商埠”的美誉，被恩格斯誉为中国“唯一有一点商业意义的口岸”。

汕头开埠之前，西方商人和殖民主义者就已经在潮汕沿海活动多年，主要是从事鸦片走私和苦力贩运等非法活动。鸦片战争前，南澳岛和汕头一带已经是外国鸦片贩子的一个重要分销据点。这里长期停泊着外国的鸦片趸船，鸦片贩子通常是从澳门私运鸦片到这里，由此转售潮州、闽南一带，或者再转到北方，运销闽浙沿海。

除了鸦片走私和苦力贩运之外，潮汕沿海地区优越的港湾条件、众多的人口、较为广阔的市场和长期从事海上贸易的传统也日益引起英美等国商人的重视。19世纪50年代后期，外国商船进出汕头港的数量已相当可观，不少已经开始在该地从事输入洋货和转运土货到中国北方沿海的贸易活动。

鸦片战争爆发后，根据清政府与西方列强签订的《天津条约》，划潮州为通商口岸。由于潮州城区民众的强烈反抗，使得外国人主动放弃在潮州城区贸易，改而选择了相对安全的汕头为通商口岸，进行贸易。

1860年，汕头（时称沙汕头）正式对外开放，成为条约规定的商埠。汕头开埠后，西方列强先后在汕头设置领事馆，迫使汕头与其建立不平等的贸易关系，并直接控制汕头海运，将其逐步卷入资本主义世界市场，由此引发出潮汕地区经济社会一系列重大变化。

文化 CULTURE

潮汕文化

潮汕文化是由古代南粤文化、中原文化和海外文化相融合而产生和发展的文化，包括多个方面。汕头开埠以来，由于历史条件和国内外环境的变化，潮汕文化进入新的发展时期。

潮汕工夫茶

潮汕民间剪纸

潮汕民间剪纸历史悠久，是中华文化艺术之林的一朵奇葩。潮汕民间剪纸根植于潮汕文化的肥沃土壤中，它反映了潮汕精耕细作、巧手绣花的人文特征和日出而作、刻苦耐劳的淳朴民风。其形态各异、生动有趣的金鼠剪纸作品，具有很强的装饰性和艺术性。

工夫茶

工夫茶是流传于潮汕一带的饮茶习惯，因其泡茶的技法极为讲究，所以称为工夫茶。工夫茶既是可登大雅之堂的饮茶艺术，又是跳出了狭隘的文人圈、扎根于大众土壤的民俗，雅中有俗，俗中有雅，雅俗共赏，这正是它的魅力与生命力之所在。

潮剧

潮剧主要流行于潮汕地区，是用潮汕话演唱的一个古老的地方戏曲剧种。潮剧有三个特色：其一是鲜明的地方色彩，其二是独特的艺术魅力，其三是雅俗共赏的文化品位。

潮汕话

潮汕话也称潮汕方言、潮语，原以潮州话为代表，现以汕头话为代表。潮汕方言与其他方言一样，都是从古代汉语分化出来的。潮汕方言借用外来词比较多，除来自英语外，更多的是来自印尼语和马来语。

潮汕民居工艺

潮汕民居工艺的代表是潮汕金漆木雕和潮汕石雕。潮汕金漆木雕作为建筑装饰和摆设，一般多为透雕，其特点是通透、华丽、精致；潮汕石雕的种类特别多，有深浅浮雕、透雕、立体雕等。

潮汕文化源远流长，它的某些组成部分确实是古已有之，但从整体上看，它是一个晚出的文化，是中华文化大系统一个新生的分支，晚出和新生正是潮汕文化的优势所在。

独树一帜的潮州菜

潮州菜，简称潮菜，源于潮州，已有数千年的历史，烹饪具有岭南文化特色。潮州菜的最突出特点，是以烹制海鲜见长。对海鲜的烹调选料考究，制作精细，以酱碟作料，达到新鲜美味，清而不淡，鲜而不腥，郁而不腻。地道的潮州菜，在客人入座后，宴席中间和结束之前，要上四五道茶。这是潮州菜的一大特色，粤菜所无。

据史料记载，潮州菜可追溯到汉。盛唐之后，受中原烹饪技艺的影响，发展很快。至明末清初，潮州菜进入鼎盛时期，潮州城内名店林立，名师辈出，名菜纷呈。近代，由于潮籍海外华侨的往来，潮州菜博采海内外名食之精华，菜式更加丰富多彩，品质精益求精。时至今日，潮州菜已经发展成为独具岭

潮州卤咸虾

南文化特色、驰名海内外的中国名菜之一。

在清代乾隆嘉庆以后，潮州商人在其中起了相当重要的作用。当时海禁渐宽，海上贸易活动活跃，从而使得潮州菜最终能在中国饮食文化系统中独树一帜。

唐宋遗响——潮州音乐

潮州音乐主要特点是古朴典雅、优美抒情。它的主要乐器是二弦、二胡、扬琴以及锣鼓等打击乐器。它源于当地民歌、歌舞、小调，并吸收弋阳腔、昆腔、秦腔、汉调、道调和法曲诸乐的素材，兼容并蓄，自成一类。

潮州音乐历史源远流长，由于史上历经“永嘉之乱”“安史之乱”“靖康之难”，造成北方中原汉人大规模迁徙南移。由此，随民而来的中原音乐文化传播入潮，则不言而喻。唐代音乐艺术空前繁荣，其时潮州与江南各州郡一样已逐步进入文化发展的上升期，潮州境内丝竹吹管之音，钟鼓和鸣之声，遐迩可闻。

从潮乐旋律音阶调式形态与秦腔音阶调式的对照中，也可看出彼此有着渊源关系，如音程结构、特性音程、特征音与其表情内涵略同。潮乐“活五”调可视为我国变体古燕乐音阶的血统，“变、闰”二音的多义性也是具有燕乐音阶的特点。

魏晋隋唐之后，“柱促使弦哀”，已经成为“秦筝”的一大显著特色。潮筝“急弦促柱”之法的沿用逐渐衍生出“轻重三六”的演奏技法与秦腔楚调空弦散声和侧调空弦散声的“欢音”与“苦音”之调的变化，同出一辙。这又窥见潮乐从中原汉族音乐承传的例证。

潮乐系统中的笛套古乐流行于潮阳棉城。南宋末年，宋室宫廷乐宦吴丙（字汝光，原籍江西）随师抵潮，宋亡后，吴丙定居潮阳棉城，宫廷音乐的种子也因此播落于潮阳大地，经过历代乐工们的充实和发展，形成了潮阳笛套音乐古朴典雅的风采和浓郁的地方特色。

潮州音乐

独具特色的潮州瓷

潮州生产陶瓷始于新石器时代。潮州陶瓷尤以工艺美术瓷著称，具有“白如玉、薄如纸、明如镜、声如磬”的赞誉。在彩绘工艺上也推陈出新，形成了创意高雅、格调清新、线条流畅、层次分明、色彩丰富、填彩堆金、素淡金碧、各赋其神的潮州风格。

笔架山窑场始创于唐，极盛于宋。古遗址北起虎头山，南至印子山，绵延2千米，窑址鳞次栉比，至今笔架山脚一带的群众，仍称该地为“百窑村”。自1953年起，广东省博物馆及潮州文化工作者，配合基建工程多次对宋窑遗址进行考古发掘，先后清理了11处窑遗址，其中既有阶级型龙窑，还有斜坡式龙窑。此外还出土了大量瓷器，最宝贵的是在几个释迦牟尼佛像座上刻有“治平”“熙宁”等宋代年号及“水东中窑甲”“匠人周明”等匠工姓名的铭文。

如今的潮州已成为中国陶瓷出口基地之一，被誉为“广东陶瓷之都”。

豪情万丈的英歌舞

英歌舞是汉族舞蹈形式之一，流行于粤东潮汕地区、福建等地，其中尤以汕头潮阳、揭阳普宁的英歌最为著名。普宁英歌是普宁民间广为流传的一种民间舞蹈样式，迄今也有300多年的历史，被认为是扬正压邪、吉祥平安的象征，它起源于人们劳动之余喜习武，借以消除疲劳、健身壮体，后又在习武的基础上，根据宋朝梁山泊英雄攻打大名府的故事创编了“唱英歌”，代代相传，发展为南方汉民族优秀民间传统舞蹈，并入选第一批国家级非物质文化遗产。

普宁英歌是一种壮美阳刚的汉族男性群体舞蹈，主要表现梁山泊英雄攻打大名府的豪情和气概。表演者先勾画风格独特的脸谱，按梁山泊英雄形象造型，着武士服、紧身短打，手执特制双短棒叩击起舞，并配以锣鼓、螺号节奏。表演时，队列图形变化丰富，动作套式也五花八门，有“布田”“旋槌”“槌花”等舞姿动态，形成特有的动律，场面恢宏，气势磅礴。

普宁是英歌之乡，全市绝大部分的乡村都有英歌队，泥沟、南山、咸寮、涂坑等村的英歌舞闻名遐迩，其中尤以南山英歌队最为知名。南山英歌队历史悠久、技艺精湛，其风格独特之处在于舞者力道刚强，马步起岭，阵列天象，气势雄浑；群舞与小组舞结合，变化多端，表演程式完整。

揭西擂茶

揭西县的客家人素有煮擂茶的习俗，每逢夏秋季节，天气酷暑，人们劳作之后，经常不大想吃饭，往往以擂茶为午餐。中午时候，客人来访，主人家必定要煮擂菜招待。姑娘出嫁之前，凡是接受喜糖的邻居，也要煮一钵香擂茶请新娘吃，以表示祝贺。另外，家中病人新愈，也要煮些邀请曾经照顾过病人的友邻吃，以表示感谢。

揭阳擂茶

揭西擂茶有着悠久的历史，陆羽《茶经》卷三有云：“闻南方有一困蜀妪作茶粥卖”，再结合何婆地名的传说，此蜀妪可能就是指何婆。陆羽是唐朝人，距今已有1000多年的历史，他所说的茶粥就是把茶叶碾碎成细米，加上米粉、油盐，制成茶团或茶饼，饮用时捣碎，放些葱、姜、椒、桂等调料，用水蒸煮成一大锅茶粥，以供人食用，这就是最初的擂茶。“擂茶”这一名称出现甚早，在南宋耐得翁的《都城纪胜》中已有了“擂茶”的记载。

因为揭西擂茶具有咸、香（芝麻与花生）、甜（配菜的清甜）、苦（金不换口味发苦）、甘（茶回味甘甜）等多种味道，所以有生津止渴、消滞解暑等功效，吃擂茶就有喉咙清爽、神清气爽的感觉，作为中国古老茶文化中独特的一种，擂茶在中华饮食文化中具有十分重要的历史、文化和社会价值。

链接

卖擂茶的何婆

关于揭西擂茶，有一个传说。北宋时，潘仁美奉宋太宗之命南下征服南汉王朝。他派一小分队途经揭西进攻广州，但士兵们大都是北方人，对岭南的湿热天气很不适应，纷纷上吐下泻，病势严重。将领们十分着急，却又束手无策。

当地卖擂茶的何婆闻讯，传授了一个秘方，用“三生汤”（擂茶）治病。她吩咐一些人去摘茶叶，一些人去挖生姜，另一些人去碾米，还让人去找擂钵和棒子，等把这些东西办齐以后，很快就制成了大量的擂茶。何婆让那些病倒的士兵每人喝一大碗滚烫的擂茶，然后蒙头盖脑睡上一觉，次日醒来，人人浑身大汗，个个大打喷嚏，说也奇怪，将士们都痊愈了。后来，有一部分征南人马留下来屯田，于是擂茶便在揭西县流传下来。

行彩桥，闹元宵

“行彩桥”俗话也叫“行头桥”，是揭阳市民闹元宵的一项传统的民俗活动。揭阳榕城“行彩桥”的风俗流传年代甚久。按乾隆

《揭阳县志·俗志》所载，乾隆时即有这种风俗。在元宵节前，榕城区的大小桥梁均被彩灯、彩旗装扮一新，男女老少皆渡桥祈福，热闹非凡。

正月十一日晚开始的“行彩桥”，称为“行头桥”。夜幕降临，华灯初上，人们便扶老携幼向榕城区打铜街的石狮桥涌来。“行头桥”时，人们都要采下桥头的榕枝竹叶，并作“摘榕叶，日日有钱揸（拿）”，拿回家里插在门楣上，以祈带来好运。在“行头桥”中，不同年龄有不同的祈祷语。如带着小孩的人说：“行桥头（或摸狮头），阿奴事事贤”；未婚的小伙子说：“行桥肚（或摸狮肚），娶雅嬷（漂亮妻子）”；姑娘们拿石块或竹枝掷溪中说：“掷（或行）桥中，嫁雅翁（俊俏的丈夫）”；怀孕的妇女说：“摸桥（或狮）耳，生阿弟”……

正月十五晚进行“行彩桥”，称为“行二桥”。人们既闹元宵赏花灯，又“行彩桥”，活动达到高潮。正月十六日晚进行“行彩桥”，称为“行尾桥”，整个“行彩桥”活动至此结束。

除揭阳之外，普宁洪阳的元宵节也有“行彩桥”之习俗。在洪阳民间，还广泛流传着“十五夜行桥头”的习俗。这里的“桥头”指的是洪阳城里的“太平桥”。此桥距今已有400多年的历史，桥两侧栏杆的两端都有两头石狮子。每到元宵夜，洪阳的男女老幼便携手共同走过“太平桥”。

链接

行彩桥的传说

据说很久以前，揭阳城常遭洪涝灾害，百姓苦不堪言。有一年，城中一耆老，梦见一位白髯老翁对他说：“今年揭阳城将有大难降临，元宵前行过彩桥的人，便可保平安。”说也奇怪，这年正当人们欢天喜地闹元宵的时候，突然大雨滂沱，榕江南北河河水暴涨，百姓生命危在旦夕。这时，一位仙女飘然而至。她舞动手中的一条条彩带，化作一座座美丽的彩桥，让人们行过彩桥以逃难，使全城百姓安然度过此劫。从此以后，每年元宵节，人们便以行彩桥的形式渡厄，祈求平安。行彩桥便相沿成俗。

潮剧《石榴花》

“南国奇葩”——潮剧

潮剧又名潮州戏、潮音戏，是用潮州方言演唱的一个古老的地方戏曲剧种。它是宋元南戏的一个分支，距今已有430多年的历史，主要分布于粤东、闽南、中国台湾、中国香港和东南亚等地。

潮剧传统剧目分宋元南戏和明清传奇、文明戏和新编历史剧两大类，有剧目2000多个。传统剧目在潮剧中占有重要地位，有《荔镜记》《苏六娘》《刘明珠》等精品剧目；传统折子戏《扫窗会》《杨令婆辩十本》《闹钗》汇聚了传统潮剧的精华，被誉为“百花潮中的三块宝石”。

从表演上来看，潮剧的角色行当中以生、旦、丑最具地方特色。生旦戏《扫窗会》被誉为中国戏曲以歌舞演故事的典型代表；潮剧丑角分为十类，其中项衫丑的扇子功蜚声南北，为世所称。

潮剧是中国古老戏曲存活于舞台的生动例证，是中华民族优秀文化表现形式的代表之一，具有深刻的历史意义和较高的审美价值。

链接

潮剧的唱腔与音乐

潮剧声腔，明代称潮腔、潮调，清代以后叫潮音，中华人民共和国成立以后统称为潮剧。用潮州方言唱南北曲，兼收昆、弋、梆、黄牌调及潮州民间弹词、歌册、小调融合而成。潮州方言语音具有八个声调，演唱出字行腔讲究"含、咬、吞、吐"，形成潮剧唱腔的地方风格。

潮剧伴奏音乐先后吸收民间锣鼓、古诗乐、细乐、庙堂音乐等乐曲和演奏形式，具有浓厚的地方色彩和独特的演奏特点，为群众喜闻乐见。

正字戏

正字戏本名正音戏，用中州官话唱念，是一个多声腔的古老稀有剧种。正字戏流行于以海丰、陆丰为中心的粤东和闽南地区，后传播到港澳台及东南亚等地。

清末以来，正字戏以海陆丰为基地，组织班社到潮汕闽南各地演出。粤东沿海地区海陆丰一带，自明代以来，戏曲艺术甚为昌盛，正字戏由于艺术遗产丰富，为人们喜闻乐见。

正字戏剧目分文戏和武戏两种，文戏包括南戏系统声腔、昆腔、杂曲小调三种剧目，共170多个；武戏即提纲戏，计2400多个。

正字戏表演风格古朴，气势宏大，特别擅演连台本戏。文戏的唱腔保留着古老的面貌，以曲牌体的正音曲、唱牌子为主，夹以乱弹、小调等。正音曲以奚琴领奏，大锣、大鼓伴奏，唱牌子以笛子、大小唢呐伴奏。正音曲中有很多曲牌直接继承了弋阳、青阳古腔，滚唱运用得较为普遍。武戏没有或少有唱腔，用吹打牌子伴奏以渲染气氛，气氛热烈火爆，有抖靠旗、抖肌肉、跑布马、展示南派武功等精彩表演，能很好地表现各种历史、军事场景。

正字戏的音乐丰富多彩，南腔音乐优美清丽，间以豪壮沉浑；小调音乐轻松活泼；昆剧音乐清脆悠扬，缠绵动听；提纲戏则以大锣大鼓、大唢呐和"叭地虎"见长，声调极喧。在古典袍甲戏中，两军对垒，人嘶马叫，音乐描摹出了悲凉凄厉的古战场气氛。

正字戏的脸谱独特多样，朴素而有古风。常用的脸谱有一百多种，颜色主要是黑、白、红、绿，勾画的线刚柔并存，既夸张又富有装饰味。正字戏在用色、造型方面，除了个

正字戏《百花赠剑》

别神怪脸谱背离生活轨迹外，各种人物脸谱的造型显得朴素而具古风。

滚地金龙

汕尾滚地金龙舞是一种民间舞蹈，属于龙舞的一种，适合在节日喜庆场合表演。漳州移居广东陆丰大安南溪村，并带来“滚地金龙演史传”。黄氏南溪“滚地金龙”繁衍了17代，代代都有继承传统的艺人。

滚地金龙舞最基本的表现手段是其道具造型、构图变化和动作套路。北方龙舞的制作一般高大粗重，风格古朴刚劲；南方龙舞则精巧细致，活泼敏捷。龙舞从色彩上可分为黄、白、青、红、黑等，以黄龙最为尊贵。民间有“七八岁玩草龙，十五六耍小龙，青壮年舞大龙”的说法。舞龙人数少则一人舞双龙，多则百人舞一大龙。

汕尾大安滚地金龙由龙头、龙身、龙尾三部分连成一体。演出时由二人进入“龙身被套”，一人舞龙头，一人舞龙尾，整个表演过程分为开场见礼、打围巡洞、游潭戏水、伸筋洗鳞、伏蛰闻雷、闻雷起舞、驾云飞腾、收场还礼八个舞段。八个环节是模仿龙的旋舞飞腾、戏水嬉耍、柔静盘曲等精彩动作。表演过程中，两人配合默契，翻滚自然，栩栩如生，环环相扣，成为完美的艺术整体。

龙舞的伴奏是用威武雄壮、嘹亮开阔的陆丰正字戏的大锣鼓、大小钹、大唢呐等乐器，按不同的情节表演而吹奏不同的曲调。精彩的舞龙与雄壮的音乐相得益彰，为这一古老的民间艺术更添魅力。

别具风情的“汕尾渔歌”

在中国，30岁以上的人多半都知道歌曲《军港之夜》《在希望的田野上》《春天的故事》，但人们可能不知道，这些经典名曲的音乐源头都来自广东的汕尾渔歌。

汕尾渔歌是汕尾各地沿海的民间歌谣，主要在瓯船渔民中传唱，它产生于宋、元时期，主要反映渔民的海上生活，有捕鱼歌、恋情歌、婚嫁歌、斗歌、生活情趣歌、后勤服务歌等，汕尾渔歌具有非常浓郁的海洋气息。

汕尾渔歌曲式简短，多为七言四句体，基本上保留着民歌五音调式，每句都加有衬词，乐曲有明显的有音无义的拖音，还有“复沓”（拖腔处唱词的重复）。歌词简朴通俗、生动活泼，充满江海生活的韵味。

汕尾渔歌曲调缠绵、旋律优美，别具小调风情，被誉为南海渔歌的代表。它和大连与烟台为代表的渤海渔歌、舟山群岛为代表的东海渔歌一起，形成了中国渔歌的几大体系。其中，后两大派系的渔歌旋律高亢，主要用于海上的劳动生产，是典型的劳动号子。唯有汕尾渔歌唱风情、唱民俗、唱嫁娶，呢喃细语，自成一格。

中华人民共和国成立后，汕尾渔歌在内容上有新的拓展，有男女情歌，有反封建的控诉，有抒发对生活的理解与认识，有对新生活的由衷赞美，它以对歌的形式表达复杂的思想感情，广泛而深刻地反映了渔民的真实生活。

汕尾滚地金龙舞

景点推荐

潮州旅游区

西湖公园

峰岩石刻自成一体

潮州市湘桥区市区西北环城西路中段

潮州西湖，山倚湖苍翠。昔时是潮州古城的护城河，俗称“城壕池”。西湖公园南面是碧波荡漾玉带似的西湖池，北面是峰峦起伏的西湖山。西湖山因远看如横卧的葫芦，故也称葫芦山。

这里峰岩石刻自成一体，亭台楼阁千姿百态，四时花卉争奇斗艳，古迹传说丰富多彩。潮州西湖曾被称为全国36处西湖之一，又是潮州一处有悠久历史的名胜古迹。公园内还有著名的葫芦山摩崖铭刻。

链接

潮州八景之西湖渔筏

潮州西湖渔筏是秀丽妩媚的西湖景色中最富有诗意和惹人欲醉的绝妙景致，因渔筏出没于潋滟空蒙、变幻无穷的湖光水色之中而得名。

几对渔筏若隐若现，抛网收网，俨然一派诗情画意。当秋色方浓的时刻，藏身于湖边柳荫或钓台之上，观鱼垂钓，更是饶有风趣，邑人郑兰枝触景生情赋诗云：

芳塘扣鉴正清兮，渔筏随风看不迷。
几朵芦花浮水净，半竿山日落湖低。
鹭飞矶上霜千点，鱼织波心绢一溪。
自有钓台堪寄兴，载将秋色过城西。

葫芦山摩崖石刻

葫芦山因其由南而北，活像一个仰卧的大葫芦而得名，山多岩石，或拔地而起或峰峰突兀，或悬崖峭壁，或傍水临波，成为历代墨客文人留题勒石的好去处。自唐宋以来，历朝名宦鸿儒留题甚多，现存138处石刻。

玩家 解说

石刻中有赞美湖山的，抒发情怀的，记述游踪的，还有重要的记事。字体草、篆、行悉备。其中比较突出的有：刻于唐德宗贞元三年（787年）的“李公亭”；刻于宋代的“放生”“倒景”“古瀛洞天”。刻于清道光年间的“湖山图画”，有唐韩退之《白鹦鹉赋》；有北宋真宗天禧四年（1020年）潮州郡守俞献卿题的《俞献卿葬妻文》；有苏轼题的《潮州昌黎伯韩文公庙碑》；有于学谦写的“为善最乐”；有陈玉锵书的“放在眼光”等。

寿安岩

寿安岩结构奇特，怪石重叠，古树浓荫，似一座大型园林盆景。岩上刻有“寿安岩”三字和一些记事石刻。在石壁上还刻有两行诗：有客重来山柏翠，何人不及洞湖清。岩前一块大石横倒，上面刻了明朝十二个举人的名字，也有人称“举子石”。

链接

“举子石”的传说

据说这块横倒的大石，原是连在寿安岩上的。由于这里风景十分优美，明末有十二个举子看中了这块风水宝地，便把自己的功名刻在岩前平石上，想因此流芳千古。可是后来清兵入关，明朝灭亡，这些举子中大多数在国难当头、山河破碎之时，为了功名利禄，投靠清廷，做了清朝的官吏。当时，潮州还处于不清不明的时期，潮人每过此地，便指着石中降清者痛骂。久了，连岩石也感到同这些人连在一起十分羞耻。相传在康熙年间，一个风雨交加的夜晚，雷鸣电闪，“轰隆”一声，把岩石崩裂了，那刻着十二举子功名的石头，就像遭刀劈一样，从高处跌落在岩脚，半截埋进泥土里，这些名字也就需横看才行。

涵碧楼

涵碧楼位于潮州西湖公园湖畔上，在近代历史上的国民革命军两次东征中，周恩来、周逸群等曾驻扎于此。楼前被称为英雄树的木棉据说已有400多年的树龄，现涵碧楼中陈列着抗战时期的一些重要文物。

韩文公祠 AAAA

为纪念韩愈而建

潮州市湘桥区桥东东兴北街

韩文公祠始建于宋咸平二年（999年），是为纪念韩愈而建。祠堂倚山临水，墙壁全是水磨砖砌成，现有三层殿阁，下层为展览厅，上层辟为韩愈纪念馆。祠内分前后二进，并带两廊，后进升高七尺，有石阶可登，正中供韩愈塑像，两旁塑侍从张千、李万。

祠内石柱多刻对联，四壁环立历代碑刻四十面，详载韩愈贬潮史迹和该祠兴废情况。回柱三门石坊上书刻着“韩文公祠”四个字，从右门入，牌坊后甬道右侧，辟建近百米碑廊。

链接

韩愈

韩愈（768—824），字退之，唐代文学家、哲学家、思想家，祖籍河北昌黎，世称韩昌黎。晚年任吏部侍郎，又称韩吏部。谥号“文”，又称韩文公。他与柳宗元同为唐代古文运动的倡导者，主张学习先秦两汉的散文语言，破骈为散，扩大文言文的表达功能，与柳宗元并称“韩柳”，有“文章巨公”和“百代文宗”之名。

韩文公祠侍郎阁

湘子桥

链接

韩祠橡木

韩祠橡木为潮州古八景之一，相传当年韩愈所植的橡木，就在祠前，据宋礼部尚书王大宝《韩木赞》的描写，橡树形如华盖，遮蔽屋檐，其外皮做鱼鳞状，叶细而长，叶脉凸起，做棱角状，春夏之交开花，红白相间，甚是美丽。但花不常开，潮州人崇尚韩愈，以至问卜于他手植的这棵橡木。“以花之繁稀卜科名盛衰”，甚至《潮州府志》有“乾隆九年祠堂橡木花，科名大盛”的记载。于是，祠吊先哲，木卜科名，“韩祠橡木”便成了潮州古八景之一。

湘子桥 AAAA

“一里长桥一里市”

潮州市湘桥区古城东门外

湘子桥即广济桥，是我国现有四大古桥之一，在广东省潮州城东门外，横卧在滚滚的韩江之上，联结东西两岸，为古代闽粤交通要津。湘子桥融梁桥、浮桥、拱桥于一体，风格独特，与赵州桥、洛阳桥、卢沟桥并称中国四大著名古桥。桥上形式各异的亭台楼阁是该桥的一大奇观，因兼作经商店铺，故有“廿四楼台廿四样”“一里长桥一里市”之美称。民谣唱曰：到广不到潮，枉费走一遭；到潮不到桥，白白走一场。

链接

湘子桥的历史

湘子桥始建于南宋乾道七年（1171年），至明嘉靖九年（1530年）形成“十八梭船廿四洲”的格局。后又经多次修建，2003年，广济桥全面维修，2007年竣工。“广川利涉开新运，杰阁重楼见旧仪。”（饶宗颐先生联语）修复后的广济桥，梁舟结合，联阁重瓴，宛若长龙戏水，复道行空。其独特之风姿与高雅之造型艺术，令人叹为观止。而桥上琳琅满目的楹联亭匾，更让人恍若置身于诗文书法的艺术长廊中。

开元寺

四合院式佛教建筑群

潮州市湘桥区开元路32号

开元寺亦称镇国禅寺，是以唐玄宗年号开元为名的寺庙，始建于唐玄宗开元二十六年（738年），至今已有1200多年的历史。开元寺是一座比较完整的四合院式佛教建筑群，主体建筑是大雄宝殿，耸立在寺庙中心位置。殿中供奉三世佛，中间是娑婆世界的释迦牟尼佛，东边是东方净琉璃世界的药师佛，西边是西方极乐世界的阿弥陀佛。两侧是形态各异的十八罗汉像。

大殿四周是石栏，有78块唐宋石刻竖立在周围，石碑上刻有佛教故事、奇兽珍禽、莲花瑞草等图案形象，还有“法轮常转，佛日增辉、皇风永扇，帝道遐昌”的石刻题词。殿前立唐代石经幢一对，上刻《准提咒》和《尊胜咒》经文，是佛教全国重点寺院。

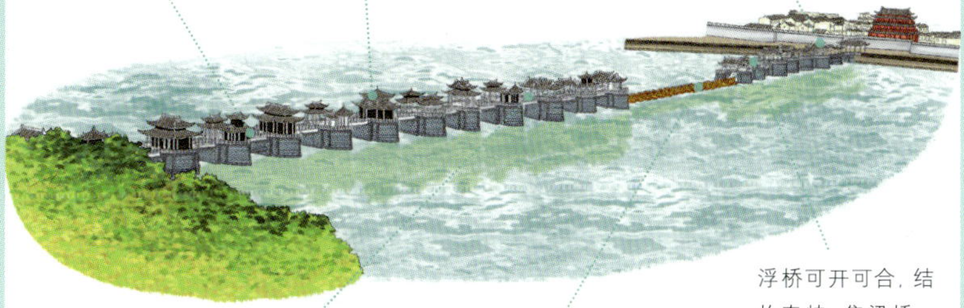

叩齿庵

潮州著名庵寺之一

潮州市湘桥区下西平路道后巷

原名济生庵，又名大隐庵，始建于唐代，是潮州著名庵寺之一。庵内大颠堂额写："聪明宏博"四字。中为大雄宝殿，阶前有两古榕树，不假泥土，骑阶前石而生，呈黑铁色，极其古致，据说已有数百年历史。宋广东转运判官周敦颐留堂壁云："退之自谓如夫子，原道低排佛老非，不识大颠何似者，数书珍重更留衣。"

链接

叩齿庵的来历

相传唐元和十四年（819年）正月，韩愈因谏迎佛骨触怒了宪宗皇帝，被贬到潮州任刺史。到达州治那天，下属官吏、全城百姓夹道欢迎。韩愈看到百姓如此热情，十分激动，突然前面一个和尚朝他马前走来，那和尚本也英俊魁梧且脸方额阔，远看还一表人才，可近前时却叫人害怕。原来他有两颗突出的大牙，骤看如寺庙里狰狞的罗汉。韩愈顿生不悦，只是僚吏既无阻拦，身为刺史如果呵斥发作就会有失身份，于是只好忍着，心想："此人一定是个恶僧，他若有愚惑百姓，定要把他两个大牙拔掉。"到了太守府，韩愈盘问和尚何来，知其为济生庵得道高僧大颠，功德圆满且法力高强（有说大颠和尚是潮阳灵山寺方丈，管济生庵和灵山寺）。

次日，韩愈刚升堂办理州务，跟班便呈上一小包东西，说是大颠和尚差人送来的。韩愈打开一看，原来是两个大牙齿，另外是一纸偈话，字体浑厚端庄，书"儒以仁为本，佛亦济众生。道异旨自同，会我海屿边"。这就使韩愈陷入迷惑之中："这和尚还真神灵，能熟知我心想。"内疚地说："我单凭相貌轻率地对一个人下结论，枉曲了好人，实不应该。"于是当堂挥笔写了"叩齿庵"三个大字，命人送到济生庵，可大颠和尚已前往潮阳灵山寺。自此济生庵改名为"叩齿庵"。

己略黄公祠

"潮州木雕第一绝"

潮州市湘桥区义安路铁巷2号

己略黄公祠建于清光绪十三年（1887年），是一座二进院，门楼屋架饰以精美的石雕，门额为"己略黄公祠"，背镌"孝思维则"。首进与后厅之间是天井，两侧有廊轩，后

厅有抱厦，形成四厅相向的格局。后厅中槽屋架是"三五木瓜十八块坯"的典型结构。

玩家 解说

己略黄公祠被誉称为"潮州木雕第一绝"，其木雕装饰，在技法上采取了圆雕、沉雕、浮雕、镂空等不同手法。梁枋两端饰以形象各异的龙、凤、狮等祥瑞动物，"铜雀台""张羽煮海""水漫金山"等戏曲传奇，民间故事则是木雕创作的主要题材，"韩江丽景"地方风光类制，形象地表现了多层次的复杂内容，在外形色彩上则充分运用了黑漆装金、五彩装金、本色素雕三大类表现手法，使整座建筑物轻重有别，层次分明。

从熙公祠

艺术造诣堪称一绝

潮州市潮安区彩塘镇金砂管理区斜角头

从熙公祠始建于清同治九年(1870年)。公祠坐东向西，为二进院落布局，前厅与后厅之间是天井，两侧有廊轩，后厅有抱厦，形成四厅相向的格局，后厅面宽三间，进深三间，斗拱抬架式木结构，地面铺大理石规格砖。

首进门楼前分置精致石狮一对，门楼屋架为双面镂空石雕。而最令人叹为观止的还是镶嵌于门楼石壁上的几幅石雕。这几幅石雕分别以士农工商、渔樵耕读、花鸟虫鱼为题材，每幅石刻都很好地运用了"之"字形的构图，将不同时空的人、事、物集中在同一画面内。

绿太阳生态旅游度假区 AAAA

欧陆风情园林与中华传统园林融汇的典范

潮州市潮安区登塘镇枫溜公路绿阳大道

绿太阳生态旅游度假区占地4000多亩，由阿波罗广场、梦萨萝拉水景广场、乐翻天游乐场、绿阳湖水上活动中心、翠谷石韵、欧洲艺术长廊、巨石阵等主题景区组成。餐饮方面，有绿阳餐厅、时光咖啡厅和烧烤区等。为游客提供各种口味的美食选择。

玩家 攻略

圣托里尼沙生植物园非常值得一去，浪漫的欧式建筑让人宛如置身于圣托里尼，尤其日落时分极具浪漫氛围。旁边还有个露营基地，可以聚餐团建。

凤凰山

"潮汕屋脊"

潮州市潮安区凤凰镇，距潮州市区42千米

凤凰山由大小几百座山峰组成，系福建戴云山脉向西延伸的斜脉，整个山脉呈东北—西南走向，延绵在大埔、丰顺、潮安、饶平等县交会处。海拔1000米以上的山峰有50多座，境内群峰竞秀、万壑争流。其中凤鸟髻，海拔1497米，为粤东第一高峰，是凤凰山主峰。凤凰山是畲族发源地，以龙犬为图腾，有许多美丽的民间传说。现凤凰山的石鼓坪村是畲族的聚居地。

链接

凤凰山名的由来

传说很久以前，有一只金凤凰，在这座山的山窝里下了两只蛋，孵化成两只雏凤凰。这两只凤凰经过修炼，终于得道，化成两位俊俏的姑娘，行善积德，为人间带来吉祥安宁。这年，北陇村暴雨成灾，无法排涝，她俩嘶鸣几声，水就涸了；西埔村春耕干旱，无法插秧，她们飞到空中盘旋，便下了几场雨，没几天便可插秧了；南洲村闹瘟疫，她们便化作卖药姑娘，为民除病，哪里有灾难，这两只凤凰就出现在哪里；两只凤凰一出现，百姓就可得安宁。不久，这一带凤凰显圣的奇闻，便迅速传开了。人们也就把当地的这座大山起名为“凤凰山”。

凤凰天池

西王母沐浴之处

潮州市潮安区凤凰山脉乌山东峰顶部

旅游区内富有传奇色彩的太子洞、仙井；太平寺、文天祥“正气堂”、茶树王“宋茶村”；各式各样、奇形怪状的岩石；美丽的杜鹃坑、日出胜景等更让人流连忘返。特殊的气候使池面时而波浪滔天，时而水波不兴，传说中的西王母沐浴之处，更为其蒙上了一层神秘的面纱。

玩家解说

湖中有一种奇异的鱼，这种鱼头如青蛙，身如鳄鱼，尾如蝌蚪，背为深褐色，腹长杜红皮斑纹，相传宋帝逃难路过此地，饿得手脚无力，天池中的鱼儿即在水中晃动，想捕捞没有工具，宋帝只好望鱼兴叹：“鱼要是能自动上岸就好了。”说也奇怪，转眼间池中的鱼果然长出四肢，乖乖地爬上岸来献与皇上充饥，宋帝大喜，遂赐这种鱼为“四脚鱼”，所以凤凰人一直把它当作神鱼。

饶平土楼

古堡式土楼

潮州市饶平县境内

饶平土楼为古堡式土楼，分为楼房和平房两种，造型有圆形、方形、八角形、背椅、蟹形等，其中圆形土楼达570余座。土楼有分大小、错落有致、环形相接。居住在这些土圆楼内的村民，多是客家人。据说其祖先来自中原黄河流域汉民族支系的后裔，于元代或明初先后由闽迁徙入饶定居。

道韵楼

道韵楼俗称大楼，建于明末清初，有着400多年的历史，是迄今被发现的我国最大

道韵楼

的客家土楼。道韵楼呈八角形，楼屋一色瓦顶，固桶用竹钉不用铁钉，至今没有一梁或一桷被蛀坏。墙基在地面上仅垫两层青砖，墙体为黄土夯筑。在总体上，楼内外共构成了八卦图的布局。

玩家解说

楼内房屋分为3进，共深28米，前、中进为平房，中进后各留出一天井，屋虽深而光线充足。后进为3层高楼，全楼有正房56间，另有角房16间。楼中心是卵石铺边内为黄土的广场，靠南有一北向厅堂，堂前两侧有公用井两口，另有30口井设于正房与正房间的界墙之下，每房各得其半而皆可吸水。

楼周除设有枪眼、炮眼外，楼门顶还特设有防火烧门的注水暗涵，全楼具有防兵乱、防乡斗、防火灾、防寒暑、防地震的作用。道韵楼有别于赣南、闽西北的多以正方形或矩形为平面布局的客家围屋，它以八角形最具代表性。楼内最多时曾居住600余人，而今仍有160多人在此安居。

润丰楼

润丰楼建于清道光年间，该楼呈圆形，坐北向南。为二层半，二进一天井，全楼皆以黄泥土夯成，外抹贝灰，广场中间辟有八卦形地埕，楼外围还建有司马第、儒林第、调琴斋、广业轩，楼小巧玲珑，结构紧凑。

南阳楼

南阳楼始建于明建文二年（1400年），该楼呈圆形，大门坐向为西偏北34度，共有房屋26间，皆以黄泥土夯成，楼内中心处设有圆形广场，水井一口，门楼上方有凹刻“南阳楼”三字，两旁写有对联。

饶平道韵楼

镇福楼

镇福楼始建于明永乐十一年（1413年），该楼呈椭圆形，大门坐向为东偏南8度，共有房屋60间，皆以黄泥土夯成，内抹贝灰，楼内中心外辟有广场，呈椭圆形，有八角井一口，门顶有凹石刻“镇福楼”三字，是饶平客区最大的土楼。

新彩楼

新彩楼呈圆形，坐东偏南23°，楼内共有房32间，公厅1间，中心为广场、水井两口。该楼是饶平境内楼层最多、最高的土楼，1982年珠江电影制片厂曾在这里拍过电影《天赐》。

石壁山风景区

旅游胜地

潮州市饶平县黄冈镇石壁山

石壁山风景区内林木郁郁苍苍，有古寺“雷音寺”，有自然景点“涑玉泉”，有近代建筑物“粤东一壁”牌坊等。山腰上灵气呈祥，闻名的饶平二中就坐落在石壁山南麓，每天可闻琅琅读书声。另外，中国佛教协会会长赵朴初等十多位名家为石壁山景区赠墨题字，使河山增辉，名贯粤东。

雷音寺

雷音古寺建于明嘉靖二十八年（1549年），黄冈上步村余散人在栖云山长神洞旁建造一座石亭，亭内有人驻守，以看护亭前墓葬，时常向长神洞山神焚香点烛、祈求平安。后来逐渐演变成雷音古寺。

涑玉泉

涑玉泉周围古树成荫，一巍峨巨石覆盖数石形成一个石洞。洞床有一大石，依山势趋前倾斜，两侧各有一道弯弯曲曲小石沟从底端伸出，不时冒出清泉，于洞口汇合流出洞外，如卧龙吐水。

纳海楼

纳海楼在饶平县黄冈镇石壁山之巅，登楼可俯瞰黄冈全貌，建筑博采传统古建筑的加工工艺，屋顶翘角飞檐，金黄色琉璃碧瓦，四周回廊，护以红漆栏杆，楼上、楼下雕梁画栋，雕刻上一幅幅神话，古装戏屏、奇花异草。纳海楼牌匾由著名画家、书法家关山月题写。

青岚冰臼奇观

自然景观的一大奇葩

潮州市饶平县樟溪镇青岚溪谷

青岚溪谷的冰臼群，其分布面积之广、形态之奇、规模之大、景观之美，实属罕见。这冰臼与冰臼有关的各种地貌景观，不仅是一处自然风光的游览胜地，还是一处增长知识的冰臼地貌博物馆。

玩家解说

冰臼是冰川的直接产物，是在二三百万年前，在巨厚冰层覆盖，处于“封闭”和“半封闭”状态下，冰川融水沿着冰川裂隙向下流动，及在冰层中具有巨大压力，并呈“圆柱体水钻”方式，向下覆基岩及冰川漂砾，进行强烈冲击，游动和研磨的作用形成的深坑，这些坑极像南方舂米的石臼，因此称为冰臼。

青岚冰臼奇观

白鹭天堂

白鹭成群，引人注目

潮州市饶平县拓林镇西澳岛

夕阳下山时，西澳岛上空就出现“鹭还巢”的壮丽景象：白鹭成群结队地从远处飞到了鸟岛西北角的涌尾山。从远处望去，像是开满了雪白的山茶花，只见有的白鹭成双成对，相依相偎，有的欣然自得地梳理着羽毛，有的则在抱窝。岛上在隔离带建立了“观鹭”站，让游客在此通过望远镜一饱眼福，也可让游客分乘小游艇环岛，在海上欣赏白鹭的精彩表演。

链接

白鹭

白鹭属鸟纲，鹭科，全身羽毛雪白，好群居，主食小鱼等水生动物。西澳的白鹭学名叫黄嘴白鹭，是国家二类保护野生动物，高60～70厘米，展翼长约80厘米，1年产卵3次，每次孵崽三四只。据粗略估计，栖息在西澳岛上的白鹭不下数万只。

绿岛山庄 AAAA

粤东的绿色明珠

潮州市饶平县万山红榕洽生态园附近

绿岛旅游山庄依山傍水，绿树成荫，近百年的高龄果树满山遍野，充满着大自然原始的山村气息。湖泊湿地山环水绕，一派生

绿岛山庄

东山湖温泉

机盎然。在绿岛山庄中，小桥流水、茅屋亭台和各种富有农家特色的娱乐设施都掩映在成荫的绿树下。

玩家 攻略

游客可在树下品茗聊天，可到野菜园采摘，可观赏和操作潮汕传统农具，可带着小孩卷起裤管，光着脚“浑水摸鱼”、沙中寻宝、玩车戏鸟，趣味无穷。

东山湖温泉 AAAA
休闲度假

潮州、汕头、揭阳三市中心交界处东山湖旅游风景区

度假村建有5层高的洞穴式造型温泉山一座，配套近百个温度不同、风格独特的温泉泡浴池，是粤东地区温泉旅游业一颗璀璨的明珠。“观仁者之山，傍智者之水”，这里得天独厚，拥有罕见的保健型温矿泉资源。

淡浮收藏院 AAAA
潮州新八景之一

潮州市红山林场砚峰公园内

收藏院是泰国潮籍侨领郭丰源先生倡建，依托于砚峰翠绿，韩山韩水滋润了一方热土。淡浮收藏院的入口，是一座耸立的大石牌坊，三门歇山顶建筑，正中题“东粤箐华”四字，两侧分别书有“金声”“玉振”，皆是国学泰斗饶宗颐先生的手迹。两侧长廊是中国历代书法碑林，碑林涵盖上起商周，下至当代的中国书法大家的真迹墨宝，为重要的文物典籍珍品。

紫莲森林 AAAA
自然生态旅游区

潮州市湘桥区意溪镇锡美村

紫莲森林度假区是一处恬静秀美的自然生态旅游区，在这里可享受纯净空气，是休闲养生的度假胜地。紫莲山是畲族祖地、中国乌龙茶（名茶）之乡潮州凤凰山的重要一脉。紫莲山峦叠峰峙，形若紫莲绽放。清晨百鸟迎瑞气，傍晚林海纳祥光，春夏漫游，如处云端，秋冬登高，步移景换，俨若世外桃源，神仙境界。

玩家 解说

紫莲山名字的由来有两种说法，第一种据山民说，古时傍山溪中遍生紫莲，故名紫莲山。而另一种说法认为紫莲山与岚武峰一脉相连，方圆数千丈，峦叠峰峙，中低周高，犹如芙蕖出绿波，绽放而仰天，遍野岩石林立，色如东来紫气，故而得名。

紫莲森林

景点推荐

揭阳旅游区

黄岐山

揭阳八景之一

揭阳市榕城区东北郊

黄岐山主峰海拔293.1米，总面积1180公顷。黄岐山是揭阳历史文化名城的一个象征，自古以“黄歧晚翠”列为揭阳八景之一。山上有九庵十八岩，山巅有岐山塔，山中有月容墓、侣云寺、卧云洞等名胜古迹，还有“海滨邹鲁”摩崖石刻等20余处。另外，还有珍稀罕见的古槐、风景秀丽的水库和岭南佳果。黄岐山森林公园是一方融山、石、林、水及名胜古迹于一体、极具地方特色的自然风景区。

进贤门

潮汕古城门建筑

揭阳市榕城区新兴路西路口

建于明天启元年（1621年），昔日有“礁楼晓角”之称。进贤门城楼因通抵学宫，取增进贤士之意，故名“进贤门”。进贤门分上下两部分，下为石筑城门，上为三层门楼。首层三进5间，四周配以花窗活牖，南北两侧各有一门亭，屋面四周起翘。上层为八角亭阁，屋面是八角攒尖琉璃顶。

揭阳学宫

揭阳古代最高学府

揭阳市榕城区韩祠路口东侧

揭阳学宫又称孔庙，初创于宋绍兴十年（1140年），采用中轴线布局，高台基殿堂式结构。主体建筑均为高台基、大圆柱、红瓦绿檐，造型富丽堂皇，庄严肃穆，是广东省同类建筑物中规模较大、保存完好的一座，具有较高的科研价值和艺术水平。

玩家 解说

揭阳学堂是革命活动旧址，1925年周恩来在第二次东征时，曾在此办公。1927年秋天，南昌起义部队到达揭阳时，周恩来、贺龙、叶挺等领导人也曾在学宫明伦堂召开军事会议。1957年，学宫被列为广东省重点文物保护单位，后又被省命名为“周恩来同志革命活动旧址”。

揭阳城隍庙
广东现存最大的同类古建筑

揭阳市榕城区城隍路

揭阳城隍庙建于宋绍兴十年(1140年)。其建筑融合了明清建筑风格和潮汕地方传统工艺特色，主体建筑为木、石承载结构，力学结构科学严谨。主要建筑有牌楼、大门、大殿、钟、鼓楼、后殿(夫人厅)，总面积有2000多平方米。

链接

水鬼升城隍

传说，有一个读书人，夜间赶路，失足河中而被溺死。自此，河边便夜夜有水鬼啼哭。城隍公感到十分奇怪，派差使去问他。这读书人说："不久，便是大比之期，说不定可以高中，现在却成了水鬼，十年寒窗化为泡影，是故痛哭。"城隍公也觉得他的遭遇可怜，特许三年后找个替身，准其超生。

三年后，这水鬼便出来找替身。恰好有一个良家妇女，身怀六甲，因不堪恶婆婆的虐待，想要投水自尽。当她往河里一跳的时候，她丈夫赶到，呼天喊地，哭声甚为凄惨。这水鬼在水中听了，心中感到凄戚，便把这妇女托回水面，送其归阳。城隍公派差使来问，水鬼说："此妇女也是一个凄凉人，于心何忍?"

又三年，一个少年到水边玩耍，这水鬼看到这少年天真活泼，又是不忍下手，又错过机会。城隍公心感其善，于是上天庭向玉皇大帝汇报。玉皇大帝嘉其善行，敕封这水鬼为一方城隍。这水鬼终于成了一位神祇，享受人间香火。

望天湖生态旅游度假区 AAAA
粤东一流的生态农业休闲旅游度假区

揭阳市揭东区白塔镇广和草山

望天湖是以生态农业为主题的特色景区。区内自然生态资源丰富，山泉环绕，林果生香。景区分为乡村游乐、农业观光、湖滨度假、生态保育和中药茶园五大功能区。现代园林与潮式生态建筑的完美融合，使游客既能感受到现代园林的优雅与舒适，又能领略到传统潮汕文化的独特魅力。

北回归线标志塔
北回归线经过的地方

揭阳市揭东区金平区鸡笼山南麓

北回归线标志塔高13.6米，底宽30米，以

进贤楼

"北"字形状支架支撑一个直径5米的地球仪。附近还有夸父亭等地方供人们休憩。站在山巅可以西望牛田洋，东瞰鸡笼山圆锥形的火山地貌。

玩家解说

每年夏至日，当太阳直射北回归线时，可看到阳光从地球仪中间的小孔，映在地面上的圆影，几分钟后时过境迁。自此日光逐渐南迁。地面上将无形的北回归线画为有形。可以脚跨回归线，一脚在温带，一脚在亚热带。

北回归线标志塔

阳美玉都 AAAA

亚洲玉都

揭阳市揭东区磐东街道阳美村

阳美村，素以"金玉之乡"著称，村民从事玉器加工生产贸易已有近百年的历史。全村有大小玉器加工生产贸易企业400多家，7500多家商铺，是中国最大最集中的翡翠玉器加工基地。阳美玉都景区有老洪祥玉博馆、玉海缘大商场、缅商玉文化产业基地等，集玉器加工贸易、博览鉴赏、旅游观光、商务休闲为一体。

三山国王祖庙

我国三山国王庙的祖庙

揭西县城河婆庙角村

三山国王祖庙又称霖田祖庙、明贶庙、广灵庙。三山国王祖庙距今已有1400多年历史，是我国乃至东南亚地区三山国王庙的祖庙。庙内建筑为三开间三进深，分别为前殿、左右偏殿、正殿、后殿，保持了明清以来的建筑风格。

玩家解说

三山国王是粤东本地神中最古老、最有影响的一个。三山指揭西县河婆镇北面的独山、西南面的明山和东面的巾山。河婆镇在清代属揭阳县霖田都，该地三山神发祥地的庙宇因此被称为霖田祖庙。清代以前称明贶庙或大庙、祖庙。

靖海古堡

潮汕地区的军事要地

揭阳市惠来县靖海镇

靖海古堡设于山地高处，东北面城垣完整，有瓮城及城楼，墙以石垒筑，上有城垛及望孔。靖海古堡历来是潮汕地区的军事要地，明代在附近筑有南北炮台及烽火台。靖海至神泉绵延数十里的海滩上，怪石嶙峋，似飞禽，如走兽，千姿百态，栩栩如生，形成了奇妙的海滨石林，为粤东规模最大的石笋景观。岸边数百亩的丘岗，经长时间的风刻浪雕，柱柱石笋挺立，似长矛刀剑直刺蓝天，堪称海滨一绝。

惠来靖海

大洋国际生态旅游区 AAAA

高山盆地中的生态度假区

揭阳市揭西县五经富镇大洋村Y501乡道

大洋国际生态旅游区是粤东地区得天独厚的避暑胜地，有云景湖别墅村、高尔夫球俱乐部、卡丁车赛场、天池泳场、大洋德育基地等休闲度假项目，还有乌崇峰、塘湖火焰山、碧潭浴口、忠塔茶园、情人湖、顺达公园等众多景点。

景点推荐

汕头旅游区

石炮台公园

清代的海防建筑

汕头市金平区海滨路20号

炮台始建于清朝同治十三年（1874年），至今已有100多年的历史。公园主体为环形城堡建筑，与隔岸的苏安山上的炮台遥相呼应，两炮台紧扼汕头海湾出入口，地理位置险要，是清朝粤东地区的主要海防建筑。炮台主要以贝灰砂夯筑而成，炮台大门、炮巷均采用花岗石块砌筑，因而俗称“石炮台”。19世纪中期，第一、第二次鸦片战争先后爆发，清政府与美、英、法等列强签订了丧权辱国的《南京条约》和《天津条约》，按条约规定实行门户开放，汕头就是当时十个通商口岸之一。

天后宫·关帝庙

潮人漂洋过海的出发地

汕头老市区升平路口

汕头天后宫俗称老妈宫，初建于清朝嘉庆年间（1796—1820），和天后宫毗邻的还有一座关帝庙。它们是潮汕民众尊奉为海上女神的妈祖和忠勇仁义的关羽的庙宇。由于这个地方过去曾是潮人离开家乡漂洋过海谋生的出发地，出发前必在这里祭拜妈祖祈求海路平安，所以许多海外潮籍华侨回乡必到这庙宇瞻仰，以还宿愿。

中山公园
汕头的"市肺"

汕头中山路北侧

汕头中山公园，是汕头市现存建园历史最早、规模最大的综合性公园。园内水面宽阔，绿树成荫，被称为汕头的"市肺"。公园入口立有一座具有中国建筑传统特色的牌楼，整体建筑雄伟壮观，古色古香。牌楼背面是孙中山手书放大的"天下为公"四个金字，行笔舒展，刚柔相济，显得俊逸开阔。高耸的红色牌楼和碧绿挺秀的树木交相辉映，构成一幅美丽的画图，成为公园的标志性景点之一。

妈屿岛
汕头港的门户

汕头市龙湖区，汕头港出海口处，距市区6.75千米

妈屿岛的南北两面分别有观海亭、观风亭，中间一片平坦沙滩，沙软水清，为一天然海滨浴场。岛上有两座分别建于元、清的天后宫，故称"妈屿"。码头边的海面上，有一块黑褐色的浮石，据说是当年妈祖普渡渔人化神入海时留下的，叫"妈印石"。岛上最高处海拔41米，成了海湾大桥的天然桥墩。鸾山有座观海亭，因1962年陶铸同志登岛倡建，又称"陶铸亭"。岛上最高处立有观世音菩萨巨型石雕像，从海湾大桥上过往时皆可望见。

前美古村侨文化旅游区 AAAA
全国罕有的侨居建筑

汕头市澄海区隆都镇前美村

前美村是汕头市澄海区的一个行政村，是潮汕地区著名的古村落，也是汕头市著名的侨乡。前美古村侨文化旅游区是以古村落自然原生态环境及潮汕传统侨文化为主题的综合性乡村生态旅游区。陈慈黉故居是前美村最大的旅游特色。

陈慈黉故居

陈慈黉故居，始建于清朝宣统二年（1910年），一向有"岭南第一侨宅"之美称，由著名旅外侨胞陈黉利家族兴建。陈慈黉故居建筑风格中西合璧，总格局以传统的驷马拖车糅合西式洋楼，点缀亭台楼阁、通廊天桥，萦回曲折，进之如入迷宫，乐而忘返。其中最具代表性的善居室，是宅第中规模最大、设计最精、保存最完整的一座。

在前美村另一头的永宁古寨，是一个四方形城堡式的大宅院，寨内房屋前低后高，分三个级次，各具特点，也值得一游。

玩家解说

如此高超技艺美轮美奂的建筑群落，倘若没有人道破，绝对会猜想是名师主理设计的，令人称奇的是慈黉故居的建造，既没设计图纸，又没建筑名家指点，一应工匠都是从乡里请来的，他们听凭主人有些随心所欲的口头指示，往往一堵墙、一扇窗，就要推倒重来好几次，他们的理念是，只求质量不赶进度。

链接

陈慈黉

陈慈黉（1843—1921），又名陈步銮，隆都镇前美村人。少即接管其父业务，1871年于泰京曼谷创设陈黉利行专营出入口贸易，陆续创设各火砻于曼谷。与族人集资创设陈生利行（后改为陈元利行）于新加坡，联泰国、新加坡、中国香港与汕头经营于一环；61岁时回乡，捐资修桥筑路，倡建新村，创办成德学校。

礐石风景区

莱芜岛风景区
有“向天美人”之称

汕头市澄海区东郊，距澄海市区约12千米

莱芜岛风景区，有着婀娜多姿的岭南风光和让人艳羡的山水画卷，是通往南澳岛的轮船渡口。莱芜岛原为全岛，后为半岛。莱芜风景区山高林茂，沿海沙滩因为山水合抱，形成天然的防波堤，海滨游泳场波浪平缓，同样是做沙滩运动或者游泳的好去处。海滨上两个圆锥形小山和周围的小岛被当地人奉为海神。

礐石风景区 AAAA
天然风景名胜区

汕头市濠江区，礐石海南岸

礐石风景区为“汕头八景之首”，由沿海台地和43座山峰组成，其中香炉山为风景区最高山峰，海拔高度198米。礐石风景区具有海、山、石、洞和人文景观等综合特色。

景区内规划为六个景区，景点比较集中在塔山景区，山脉蜿蜒不断，峰势起伏不定，路径迂回曲折，涓涓山泉细流，洞府连环相扣，楼台亭榭相映。

塔山风

塔山景区，是入口景区的主轴对景，是景点最集中、最典型的景区。其景观特征为景岩幽洞、摩崖石刻。

焰烽

焰峰景区位于风景区东北部，自然景观奇特。景区分为桃津迷渡景群、梦之谷景群、漾波九龙景群、天坛花园景群。

苏安

苏安景区位于礐石风景区南部中段，三面环山，一面向海，是苏安村的所在地。其特征为田园风光，民俗风情。

香炉山

香炉山景区位于礐石风景区西南部，主峰海拔198米，是礐石风景区最高峰。山峰上有两巨岩耸立，名曰“香炉晓烟”。

青云岩
“海国风光第一山”

汕头市濠江区东南的大瞭望山

青云岩风景区依天然石洞建成，有历代摩崖石刻近百处。自明代中叶起，相继建了佛教和道教堂，山上的云岩禅林，虽为佛殿却又与道家的玄武庙相对。山脚的道观里也供奉着佛祖塑像，山下山楼阁岩洞，回环蜿蜒，有飞泉溅石成声，铿锵有致，故命为“龙泉琴韵”，此地有茶室可供休憩。

青云岩景区的石刻与鸣泉、怪石被称为三绝，由十八洞到石佛洞，镌石达百处。而大峰祖师庙侧洞中的“龙泉琴韵”，也让人难忘。

链接

云岩禅林

云岩禅林是指众多的庙宇和寺观建筑群。这些建筑群中最著名的是青云禅寺。禅寺初建于清朝康熙四十九年（1710年），由于寺庙地处山岩之间，环境清静肃穆，前人又称此地为“丹丘”。佛寺的左侧还有真武庙和关帝庙。真武庙奉祀的是道教的神主玄天上帝。关帝庙供奉着代表忠勇仁义的关帝塑像。

白花尖大庙

潮汕民俗文化大观园

汕头市濠江区市郊5千米处

白花尖大庙，也称九天娘娘庙，是一座单体面积居广东省之冠的大庙，由古建筑工程师纪传英所设计、承建，其规模宏伟，典雅别致，充满民俗文化艺术景观。庙宇坐西向东，依山面海，与妈屿岛和海湾大桥相望，富丽堂皇，巍然巨构。

玩家解说

大庙主神九天娘娘，又名“九天玄女”，传说为上古女神，人头鸟身，是圣母元君弟子、黄帝之师，辅助黄帝战胜蚩尤安定天下而得敕封为女神。柳锡旺先生在香港九龙官塘区建百花尖庙奉祀。并因梦见女神嘱咐：改“百”为“白”，遂改称“白花尖庙”。陈锡谦先生来汕头倡建天坛花园工程时，遂移九龙娘庙香火来礐石创九天娘娘庙，故称为“白花尖大庙”。

链接

粤东第一宝塔——九天玄女宝塔

在白花尖大庙东侧，耸立着一座高插云天的广东“塔王”——高56.5米、直径达28米的九天玄女宝塔。塔下周围都是神仙塑像，两层八角形琉璃青瓦建筑群，把宝塔衬托得更为雄伟壮观。

北山湾

落霞与海湾大桥齐飞

汕头市濠江区，达濠岛东北部，海湾大桥南侧

北山湾旅游度假区依山而建，几幢别墅错落有致地布置在山坡上，跟自然环境和谐地结合在一起。水泥路盘旋曲折，像一条飘舞着的带子，给人带来曲线美的享受。整个迎宾花园在郁郁葱葱的绿树青草的怀抱中，到处充满着生命的活力。

白花尖大庙

中海度假村 AAAA

天然氧村

汕头市南滨龙虎滩

中信高尔夫球场依山而建，极富浓郁的亚热带风情，球场毗邻酒店，其专属度假沙滩——龙虎滩，濒临南太平洋，海天一色，蔚为美观。在此，既能享受戏水、游泳、乘船、潜水所带来的惊险刺激，又可享受美妙的沙滩活动所赋予的轻松舒适，还能够在又一村风情园内领略泰国芭堤雅的风情。

大峰风景区

纪念宋代高僧大峰

汕头市潮阳区和平路雄狮山

风景区内有大峰禅师墓，墓前的“大峰祖师亭”，雄伟壮观、气势磅礴，与迎日亭、丹桂亭以及108级台阶、“南疆一峰”牌坊等构成了大峰风景区的主轴建筑。景区大门有叶剑英之子、前全国政协副主席叶选平题字的“南疆一峰”牌坊亭，形象伟岸。入门拾级而上，可见大量风格各异的亭台建筑接踵而至，石阶两旁喷水池、玉观音养生池同样位列其中，于绿叶红花映衬下颇有情趣。

宋大峰祖师纪念馆，将古色古香与现代派浑然融为一体，馆内的大峰祖师汉白玉雕像是从缅甸刻造运进，法相庄严，是目前全国最大的汉白玉雕像。

灵山寺

粤东著名古刹

汕头市潮阳区铜盂镇龙山湾

灵山寺素以“道迹贤踪”饮誉海内外，创建于唐代贞元七年（791年），由大颠禅师创建。建筑三进深，为土木结构，前为观音

大峰风景区里的龙泉亭

莲花峰上文天祥塑像

殿，中是大雄宝殿，后是二层的大颠堂及藏经楼。东西两边有钟鼓楼，寺院周围还有果木树林83亩，环境十分清幽。寺前一泓湖水，波光粼粼，背靠青山，分外宜人。

莲花峰 AAAA

历史悠久、景点众多

汕头市潮阳区海门镇

莲花峰是潮汕久负盛名的胜迹，具滨海特色，登高远眺，足以极目整个南海。相传文天祥当年来此见山上石头状如莲花迸裂，因而将其命名为"莲花峰"。莲花峰历史悠久、景点众多，"莲峰海色"为潮汕八景之一。莲花峰脚下绵长的海岸线水清沙白，游人如果夏日来此弄潮戏水，另有一番情趣。在季节适宜时，更可领略到莲花峰壮丽雄浑的春朝蒙雾等海上景色，无不是令人瞠目结舌的绚烂姿态。

玩家解说

1278年，南宋文天祥率领义军，追踪十岁小皇帝赵炳至潮阳莲花峰，在此登峰望帝，眺望茫茫大海，极目寻望帝舟踪影，帝舟片影无踪。山峰是由几片纵裂的花岗岩石拱围拼凑而成，从陆上远眺俨然一朵含苞待放的莲花，从海上观之，则仿佛是一朵出水芙蓉，故文天祥将该峰命名为"莲花峰"并刻石。

东山

古建筑和书法的"天然博物馆"

汕头市潮阳区东约1千米处

东山风景区，又称半天佛风景区。东山绵延数里，水秀山明，胜迹繁多。山麓有始建于宋、明代重建的水帘亭；还有清乾隆午间重建的"引人入胜"坊和"万壑争流"坊，又有方广洞及30多处摩崖石刻。

方特欢乐世界蓝水星景区 AAAA

科幻主题的高科技主题公园

汕头市龙湖区泰星庄泰星路12号

汕头方特欢乐世界蓝水星主题公园是以科幻为题材，集娱乐、科教于一体的高科技主题公园。园区由多个主题区域组成，包括银河广场、星际航班、西部传奇、恐龙危机、海螺湾、嘟噜嘟比农庄和儿童王国等。每个区域都有独特的游乐项目和景观，让游客在每个角落都能发现新的惊喜。

洋美村

民间工艺的殿堂

汕头市潮阳区铜盂洋美村

洋美村又称为洋尾寮，创于元至元二年（1336年）。背靠狮山，一道弯弯的月牙形池水踞于寨前，被称为"月眉池"。明安里各座的屋面，均采用灰木琉璃瓦结构的格局，外观古色古香。明安里中的嵌瓷、泥塑、彩绘、金漆木雕、石雕等装饰工艺，都是潮汕民间工艺荟萃的体现，应有尽有，使人大开眼界，叹为观止。

景点推荐

南澳旅游区

南澳岛，是广东省唯一的海岛县。岛上生长着1400多种热带和亚热带植物，栖息着多种野生动物，离主岛3.9海里（约2.1千米）处有一个鸟岛，是候鸟自然保护区。岛上除了留有长山尾炮台、总兵府、雄镇关等古迹，还建有黄花山国家森林公园、青澳湾旅游区。

在黄花山国家森林公园可以爬爬山，爬到山顶看海景，山下有几个石乌龟。南澳总兵府和宋井都是历史遗迹，有一枚大炮可看。叠石岩是一块奇石，外形很有特色，两块巨石巍然相叠。

玩家 攻略

1.可以从汕头乘坐客车直达南澳岛。

2.夏季去南澳岛一定要带防晒霜，早上7:00的太阳光线就很强。另外，在岛上玩，切记不要随便坐沙滩上的凳子，它们可不是免费的。

3.南澳岛最大特色是无污染，纯净天然，在海岸边排筏上吃海鲜。鱼、虾、蟹都是直接从竹筏下的海里捞起，鲜活无比。另外，南澳镇沿海都是海鲜酒家，海鲜都用大盆装的，摆在外面让食客挑选。海鲜种类多，但价钱都不便宜。

青澳湾

"东方夏威夷"

南澳岛的东端，西距县城11千米

青澳湾又名"白马翻肚"，它的海水透蓝、沙质细腻，是整个南澳岛最漂亮的海湾，也是很多人来南澳的目的地。尤其是天然海水浴场，更是得天独厚，具有滩平阔、沙细白、水清碧、无淤泥、无污染、无骇浪的特点，可说是东方夏威夷。

玩家攻略

青澳湾是广东最早看见日出的地方，晨观日出是这里的一大奇景。游人可以在青澳湾住宿一晚，第二天早起观看日出景象。

链接

青澳湾的传说

闽粤沿海流传着一个美妙的传说，东海龙王的七个女儿有一天偷偷跑出龙宫，她们要到南海寻找好玩的地方。刚过南海，但见海面有一小岛，东北角岛礁环绕，将大海圈成平湖，沙滩纯净洁白，海水清澈如镜，山川秀丽无比，她们被迷住了。沐浴戏耍，临回东海龙宫仍依依不舍，各抛下金钗留为标记。龙女抛下的金钗化为七座礁石。退潮时，礁石裸露，远望似七颗星飘浮于蓝天；稍有风浪，碧波托起白浪，仿佛来自天际，溅起的阵阵飞沫置七星礁于朦胧之中；夜晚，浪击礁石，不时闪着淡淡的光亮，就像在广袤幽寂的夜幕上点缀着七颗闪烁微光的星星，形成"七礁缠星"佳景。

黄花山

"南中国海上的天然植物园"

南澳岛西部

黄花山森林公园，有汕头第一峰之称的大尖山，是中国唯一的海岛国家森林公园。公园三面环海，山峦重叠，拥有102科1440多种热带、亚热带植物，栖息有黄嘴白鹭、蟒蛇、三线闭壳龟等40多种国家重点保护野生动物，被海内外专家学者誉为"南中国海上的天然植物园"。

链接

九尖山

九尖山因地处南澳西部跳石门脊自东向西第九个山峰而得名，主峰海拔518米。景区由主峰风景区、山腰观景台、千米绿道和停车场组成，游客只要登上九尖山顶，南澳大桥、县城全貌、海山五屿、南澳渔场、成片相思树林等尽收眼底，山海景观突出，是森林公园生态旅游的好去处。

雄镇关

东南沿海的军事关隘

汕头市南澳县南澳岛深澳镇金山村

雄镇关是华南地区的名关，这在全国海岛中是独一无二的。雄镇关地势险要，东倚金山，西连马鞍山，自南而北，唯有此路可

青澳湾

通，具有“一夫当关，万夫莫开”之势。雄镇关的关城，始建于明万历十三年（1585年）。这里是当年深澳总兵府南面的屏障，是兵家必争的军事要地。传说明朝嘉靖年间，浙江总兵戚继光奉旨到南澳平定吴平时，就在此地出奇兵而获胜。这场战役曾出动闽粤两省官兵，是当年有名的战役，雄镇关也就从此闻名遐迩。

宋井
清泉不绝

云澳镇澳前村东南海滩

宋井风景区由蜚声中外的宋井、景亭、太子楼遗址等主体景观组成。据记载，南宋景炎元年（1276年）五月，因元兵进迫，时礼部侍郎陆秀夫和大将张世忠等护宋少帝退经南澳，驻跸澳前村，并挖有供皇帝、大臣和将士兵马饮用的“龙井”“虎井”“马井”三口宋井。

宋井的奇特之处在于700多年来，古井时隐时现，出现时古井虽离波浪滔滔的大海仅10来米，但清泉不绝，水质清纯甘甜，久藏而不变质，故被称为“神奇宋井”。目前出现的是“马井”，其余两个还未曾发现。

金银岛
传说吴平藏宝地

汕头市南澳岛东北部海湾

金银岛是央视《南澳岛寻宝》专题片拍摄地之一，三面环海，碧波荡漾，岛上由天然花岗岩大石相叠而成，曲径通幽，阴凉无比。在雨伞形亭子前面，坐着一位美娘子石雕像，人物造型是吴平的妹妹。她一手抚着元宝，一手执着剑柄，一副守护宝物的样子，据说摸摸她手上的元宝，还会给人带来不少财气。

金银岛

总兵府
全国第一座海防史陈列馆

南澳县深澳城正中

总兵府，明万历四年（1576年）由副总兵晏继芳建，初为明、清副总兵和总兵驻地。总兵府前，有两棵榕树，左边一棵为“郑成功招兵树”。时至今日，古榕历400多年仍苍劲挺拔，枝繁叶茂。同时，总兵府内收集有明、清名人的墨宝碑刻，其中最为珍贵的是港约、税务碑刻，并有鸦片战争期间制造、用于抗英的4000千克和3000千克大炮两座。

总兵府

景点推荐

汕尾旅游区

凤山祖庙 AAAA

"金凤展翅"

汕尾市城区东南郊品清湖畔

凤山因形似凤凰展翅而得名，于凤山顶峰塑一座高达16.83米、全国最高的天后圣母石像，是由468块来自妈祖家乡的优质花岗岩石雕刻而成。

玩家攻略

凤山东面有小山似铁锅倒盖称鼎盖山，东南面有小山岗称屿仔山。旅游区前面有面积达22平方千米的品清湖，称"三山一湖"。站在凤山顶上既能俯瞰汕尾市区全貌，更能环视整个旅游区周围山水景色。

每年元宵节和农历三月二十三日妈祖出生日，妈祖圣迹馆都会举行盛大的妈祖祭祀活动，热闹的庙会中除了妈祖巡游等传统仪式，还有各种民间曲艺表演和琳琅满目的手工艺产品出售，隆重热闹的庙会盛名远扬，深受各地民众喜爱。

龟龄岛

曾经的"海盗天堂"

汕尾市城区捷胜镇南部

龟龄岛的模样酷似一只浮水的乌龟，龟头朝西，龟身向东侧横卧着。岛上两座高峰分踞东西两侧，东侧主峰海拔53.6米，山体形若龟背，并向东南蜿蜒入海；西端为次高峰，海拔22.8米，状若龟头。

遮浪岛

"粤东麒麟角"

汕尾市城区遮浪街道南2千米海中

遮浪岛又称南澳半岛，是红海湾与碣石湾交接处凸入海的一个半岛，东海区常年惊涛拍岸，西海区却风平浪静。岛内风光旖旎，碧海、银沙、奇石、异岩、古迹交相辉映，有古戍堡、遮浪灯塔等古迹。

玩家 解说

遮浪岛海域，礁岩多姿多彩。《岸边激浪》《天涯并不遥远》《快乐岛奇遇》等20多部电影、电视片的海岛外景在此拍摄。这里的海域，水浪动静皆适合帆船、帆板运动，故为国家和省体育水上训练基地。

汕尾港

一颗闪闪发亮的明珠

📍 汕尾市粤东红海湾，汕尾城区西南边

汕尾港海运业蓬勃发展，海滨景色优美，有适宜游泳的浅水海滩，它更是不可多得的天然避风港，台风来临时，众多船只云集在此避风，形成千帆待发之势，还是一个重要海运口岸。

莲花山度假村 AAAA

岭南四大山脉之一

📍 海丰县莲花镇

莲花山度假村分为莲花山公园和温泉酒店两部分。莲花山森林公园以鸡鸣寺为中心，在5000米半径范围内的名胜古迹有金鸡鸣晓、玉龙喷须、仙人潜洞、如来盘石、三井回音、五马归槽、猕猴奇石等，构成一幅幅美丽别致的风景画。

玄武山

彭湃故居 AAAA

革命斗争的历史见证

📍 海丰县海城镇桥东社

彭湃故居坐北向南，面临龙津河，始建于清末，主楼两层，前廊仿西式建筑，风火式山墙，总建筑面积266平方米，楼下中间为堂屋，供有彭湃母亲周凤的遗像。

链接

彭湃（1896—1929），广东海丰人，中国农民运动的杰出领袖，出身地主家庭。1917年东渡日本求学，1918年入早稻田大学政治经济科，积极参加中国留学生的反帝爱国活动。1919年参加早稻田大学激进青年组织——建设者同盟。十月革命后，开始研究社会主义学说。1929年8月24日，由于叛徒告密，不幸被捕，同年8月30日壮烈牺牲于龙华的上海警备司令部内。中国工农红军曾建立彭（湃）杨（殷）军事政治学校，以志纪念。

海丰红宫红场旧址

苏维埃政权活动场所

📍 海丰县海城镇人民南路

海丰红宫红场旧址原为建于明代的海丰学宫，1927年11月18日至21日在这里召开县工农兵苏维埃代表大会，成立海丰苏维埃政府。会场四周和街道墙壁都被刷成红色，会场内用红布覆盖墙壁，因中国第一个红色政权在此诞生，因此把学宫改称“红宫”。两厢配殿现保存了许多革命文物，大成殿是红宫主体结构。

玄武山 AAAA

历史悠久

📍 陆丰市碣石镇北郊

玄武山濒临南海碣石湾，景区主要胜迹有元山寺、福星塔、古戏台等。玄武山以独特的自然景观和富有诗情画意的人文景观，牵动着历代许多朝廷命官、名士贤达和文人墨客的情思。元山寺依山而建，寺中供奉北极真武元天上帝、释迦牟尼、观世音、弥勒等神像和佛像，释道汇流。寺庙始建于南宋建炎元年（1127年），扩建于明代，是具有明代岭南建筑风格的古建筑群。山门内殿堂庑廊复叠交汇，僧舍厅室配置恰合，共九十九间。

玩家 攻略

元山寺在清光绪二十二年（1896年）举办首届重光庆典，而后定例相沿，每10年举办一次。每逢庆典，修缮庙宇、重光佛像，举行开光仪式、水陆法会盛大佛事活动和布置彩街、演戏、燃放花灯烟火、组织舞狮、舞鱼灯、踩高跷、扛大旗等民俗文艺活动，一连数天。家家户户张灯结彩，人山人海，场面壮观，热闹非凡，整个碣石城沉醉在欢乐祥和的节日气氛之中。

游客还可往西3千米到观音堂岭旅游区观赏水月古庙、海滨浴场和海边多处古今名人摩崖题刻；向南4千米，可经石洲文化公园往田尾山海岬，观赏海底花园、古炮台遗址或挂有林则徐《苍海恩波》题匾的天后宫，更可面海一掬沧澜尽游兴。

观音岭

一个理想的天然游泳海滩

陆丰市碣石镇北与金厢交界之处

观音岭因岭上有观音禅淙堂（水月宫）而得名。岭下海滩长达8千米，海中距岸100米处水深才1.5米，距岸200米的地方水深2米。岭前奇山众多，有明钦差大臣成大猷、郑岳山刻“镇海石”“扬威止水”于镇海石上。

观音岭

螺洞世外梅园 AAAA

粤东地区最大的连片梅园

汕尾市陆河县水唇镇螺洞村

世外梅园景区位于中国青梅之乡——螺洞村，全村种植青梅上万亩，是粤东地区最大的连片梅园。每逢大寒前后，上万亩梅花争妍怒放，屋前房后，溪边山谷，仿佛一片雪景，美不胜收。除了万亩梅园，螺洞村还有十里花溪、溯溪栈道、古树林等10多处新旅游景点，有独具陆河特色的农家乐、娃娃鱼养殖基地等，还可以欣赏到广东省非物质文化遗产——螺洞木偶戏。

待渡山

陆丰八景之一

陆丰市甲子镇

待渡山又名大胆山，为明代万历年间兴建。现山上还有修建于明代的进食亭（又名帝子亭）遗迹。进食亭下还建有一处“将军宿”，是为告慰郑复翁忠心报国的在天之灵而建的。进食亭又名帝子亭，为仿木结构，内塑有陆秀夫、范良臣为宋帝进食石像，并刻有“君恩如海”四个字。

待渡山山顶矗立着甲秀楼古塔，为两层泥塔，呈六角形，似葫芦盖顶。甲秀楼门口有一对联，曰：“书云大手笔；镇海小神山”，体现了甲秀楼与待渡山伟岸高拔，威镇海隅之势。登楼远眺，海天一色，归帆返照，景色迷人，这就是陆丰八景之一的“甲子吞潮”。

链接

相传南宋景炎元年（1276年），宋都临安失陷，元军追迫，赵罡及其弟两帝在张世杰、陆秀夫等护卫下，从福州沿海逃至甲子，驻扎此山，意欲东进与文天祥会师，以图东山再起，故此山得名待渡山。他们得到甲子进士邑人范良臣进食劳军，赐之为右仆射，渔民郑复翁率众勤王，被封为都统；二帝惊魂稍定，胆量大增，故待渡山又名“大胆山”。

攻略资讯

- 交通
- 住宿
- 美食
- 购物
- 娱乐

交通

飞机

潮汕国际机场地处揭阳、潮州、汕头三市中心位置（距三个城市均约30千米），位于揭阳市榕城区登岗镇，是广东第三大干线机场。目前主要以国内航线为主，国际通航点包括新加坡、金边等。

机场大巴（揭阳市区线）：途经揭东区金叶酒店、马牙汽车站、世茂名庭大酒店（揭阳城市候机楼），终点站为阳美玉都（阳美国际大酒店）。全程票价14元，约50分钟。

机场大巴（汕头东线）：途经汕头汽车客运中心、衡山路明珠广场，终点站为金海湾国际大酒店。全程票价28元，约70分钟。

潮汕机场

机场大巴（汕头西线）：途经汕头大学、鮀浦、潮汕路南翔客运站（毗邻汕头汽车总站），终点站为长平路中旅华侨大厦（中旅客运站）。全程票价28元，约70分钟。

机场大巴（汕头澄海线）：途经澄海花园酒店、澄海汽车站，终点站为豪庭大酒店（国道G324、澄海中山北路交界处）。全程票价22元，约60分钟。

机场大巴（汕头峡山线）：途经潮阳汽车站、潮阳西丽园汽车站、潮阳区和平镇汽车站，终点站为潮南区峡山汽车客运站。全程票价30元，约80分钟。

机场大巴（潮州线）：途经潮州陶瓷城，终点站为潮州金信酒店(毗邻潮州汽车站)。全程票价20元，约60分钟。

潮州

火车：潮州火车站位于枫溪区新风路，乘坐1路、13路公交车可到。广梅汕铁路穿越境内，可以轻松乘坐列车到达广州、深圳、武昌、九江等城市。

汽车：潮州有汕汾高速公路、国道324线穿境而过，广州、深圳、珠海等短途的游客可以选择乘坐客车前往潮州。主要的客运站有潮州市汽车总站（潮枫路14号）和潮州客运中心枢纽站（潮州市湘桥区枫溪广场）。

揭阳

火车：揭阳火车站（原揭阳北站）是广梅汕铁路上重要站点，车站位于揭阳市东山区黄岐山大道。揭阳南站位于揭阳市榕城区黄岐山大道北，揭阳机场站位于揭阳市榕城区龙潭路，均为高铁站。

汽车：揭阳的汽车站主要是岐山汽车客运站和揭阳马牙汽车客运站。岐山汽车客运站位于揭阳市榕城区晓翠路317号，马牙汽车客运站位于揭丰公路马牙海关斜对面。

汕头

火车：汕头火车站是广梅汕铁路的重要枢纽，专门开设有汕头至广州的多趟快速列车。汕头南站位于濠江区滨海街道上头村南侧，是甬广高铁上的重要站点。

汽车：汕头公路交通发达，主要有汕头汽车客运中心站、汕头汽车总站、潮阳汽车客运站和澄海汽车客运站。汕头汽车客运中心站位于龙湖区泰山路61号。汕头汽车总站位于汕头市潮汕路2号，主要运营汕头周边城市以及广西、江西、湖南等省外城市的长途汽车。

水运：汕头市水运码头较多，有汕头客运站轮渡码头、汕头港客运站、西堤客运站轮渡码头、广场轮渡站、长山尾码头等，码头均开设有短途轮渡。

汕尾

火车：厦深高铁经过汕尾，去往沿线各地交通便捷。汕尾火车站位于东涌镇东石村。陆丰站位于陆丰市城东街道水墘乡高美村。

汽车：汕尾市境内有324国道和深圳至汕头高速公路，海上距离香港81海里。汕尾汽车客运站位于海汕路荷包岭。

红海滩

住宿

潮州

随着旅游业的发展，潮州市的酒店业也随之迅速发展。各酒店不仅为广大游客提供优美的住宿环境，同时设有商务中心、中西餐厅、酒吧、歌舞厅等配套设施。主要有湘桥区、枫溪区、潮安县等住宿集中区。

●潮州宾馆

四星级的潮州宾馆是名城潮州一道亮丽的风景线。古朴、典雅、舒展、豪放的建筑群，犹如在热忱欢迎着各方宾客。古老而又现代的室内装修，渗透着潮州人的殷殷待客之情，充分地体现了潮州宾馆久负盛名的声誉。

湘桥区潮枫路1号

0768-2137802

●我家客栈（开元店）

客栈环境优美，呈民居风格，濒临著名的开元古寺、牌坊步行街、甲第巷、东门城楼、饶宗颐学术馆、滨江长廊、韩文公祠、祭鳄亭、中国古代四大古桥之“湘子桥”，是闹市中的一片净土。

潮州市湘桥区开元路开元广场（开元寺对面）

0768-2221515

●东山湖温泉度假村温泉酒店

这里湖水碧澄、青山含黛、奇石成趣、曲径通幽，处处温情脉脉、春意盎然。酒店建于湖畔上，星湖石灯的夜景让人着迷，每个楼层单独一个色彩。

潮安县沙溪镇（近镜鸿路口）

●海逸大酒店

酒店位于潮安县城中心地带，主楼高十层，设计新颖，色调柔和，融豪华气派与幽静自然于一体；酒店内拥有可容纳800人的潮州传统风味的中餐厅及雅致的西餐厅、咖啡

揭东楼

厅，还有格调独特的娱乐包房。

✉ 潮安县县城北道（潮汕公路旁）

☎ 0768-5811338

揭阳

揭阳市宾馆酒店业十分发达，各种档次的住宿场所遍布全市各地，其中星级酒店就有十几家。而一些大众化的旅馆比较便宜，花几十元就可以住到，条件也不错。

●揭东金叶酒店

揭东金叶酒店背靠景色秀美的黄岐山，面向黄金水道榕江，紧邻火车站，连接揭阳市繁盛市区，距揭阳潮汕国际机场十分钟车程，地段优越。

✉ 揭阳市揭阳楼广场东侧

☎ 0663-3188888

●特美思大酒店

揭阳特美思大酒店拥有各类客房，房间温馨舒适。酒店坐落于揭阳市最繁华的商业黄金地带，交通便捷，距火车站3千米，距筹建新机场25千米，是目前本地区设备最先进、功能最齐全的大型豪华商务酒店。酒店中餐厅特聘名厨主理，荟萃潮粤菜式及精美点心。

✉ 揭阳市东山区马牙路与建阳路交会处

☎ 0663-8166777

汕头

汕头的酒店业也很发达，拥有各种档次的住宿宾馆。相对南方的其他几座城市而言，汕头的宾馆房价还是比较便宜的，条件也还不错。

●君乐商务宾馆

汕头君乐商务宾馆，内设有停车场，24小时严密保安。酒店提供免费网络和早餐。

✉ 汕头金平区东厦路92号

☎ 0754-88620001

●汕头迎宾花园

汕头迎宾花园，是一所由多座具有西班牙建筑风格的别墅组成的花园式酒店。园内别墅错落有致，绿树成荫，空气清新，视野开阔通透，展现了自然风景与现代建筑的完美结合，是汕头市一大景观。

✉ 汕头市北山湾度假区内

●丽日度假酒店

丽日度假酒店内环境典雅恬静，一路疏林草坪，鸟语花香，小桥翠湖，亭影轻点，小山环绕，日可观景，夜可赏月，既能领略大自然的万千风情，又能享受商旅休闲的无限乐趣。

✉ 汕头市北山湾度假区内

●嘉和海景酒店

嘉和海景酒店，面对美丽的“汕头新八景之一”海滨长廊，距国际机场20分钟车程，码头更近在咫尺。万福地中餐厅位于酒店四楼，各种潮式风味都有。

✉ 汕头市金平区海滨路18号

☎ 0754-88903366

汕尾

汕尾无论是星级酒店还是青年旅馆都非常多，而且大多数交通方便、卫生较好。汕尾市区住宿很方便，推荐汕尾巴黎半岛酒店、汕尾泰林酒店、汕尾友谊宾馆等。

●汕尾巴黎半岛酒店

汕尾巴黎半岛酒店为汕尾首家国际五星级标准酒店，酒店优雅舒适的欧式装饰风格，融入粤东风情传统艺术，经典中显特色。酒店设有中、西、法、韩等特色餐厅及酒吧、高级宴会厅、康体及水疗中心、室内恒温游泳池、迷你高尔夫球场等设施。

汕尾市城区汕尾大道中段

0660-3216888

●汕尾泰林酒店

汕尾泰林酒店是一家综合型酒店，设有不同类型的客房，餐饮部有大型宴会厅，集粤、湘等名师主厨和汕尾之特色，佳肴鲜美可口，价格合理。

汕尾市城区汕尾大道中段

0660-3367999

美食

潮州

时至今日，潮州菜已经发展成为独具岭南文化特色、驰名海内外的名菜之一，最为出名的是海鲜和素菜。潮州菜素菜式样多且独具特色，正宗的潮州菜馆在饭前饭后都会提供工夫茶。另外，潮州的小吃也很丰富，如腐乳饼、猪脚圈、炒糕粿等，即使在夜晚，无论你走到哪个方位，都能看见卖吃的小摊。

来潮州旅游想要尽兴地吃遍潮州美食真是一件难事，因为潮州美食很分散。推荐到西马路头去品尝美食，那里聚集了很多潮州名小吃。

●鸭母捻

鸭母捻色泽洁白、软滑细腻、清香甜美，形似鸭蛋，煮时既浮又沉，故得此名。配料有绿豆蓉、红豆沙、芋泥、水晶（用冬瓜、香黄皮制成）等甜馅，捏成比荔枝果稍大一些的汤

鸭母捻

圆，放进白糖汤中煮熟，味道非常美味。

●护国菜

潮州菜的代表名菜之一，材料非常简单，是用番薯叶配以草菇、上汤煨制而成的。名字由来是这样的：相传南宋末，元军进犯，宋室风雨飘摇。赵昺随大军撤退，到了潮州府潮阳县的一间寺庙歇脚，寺中和尚见他疲乏饥渴，却苦于寺中无物可炊，便拣些番薯叶为他做了羹汤，谁知小皇帝吃到这种菜后赞不绝口，赐名为“护国菜”。

推荐店铺：小岛食府（体育馆店）

电信路2-8号铺

0768-2800997

●韭菜果

韭菜果包的馅是韭菜和花生仁，在蒸笼上蒸熟后再刷上一层香喷喷的芝麻油，吃起来更加香甜润滑，还有些人吃时要放到炒锅上略煎再吃。

推荐店铺：府城小食馆

湘桥区环城南路35-37号金龙大酒店1楼

0768-2371735

●八宝素菜

是潮州菜中的代表素菜，该菜历史悠久，有上千年的历史。“八宝素菜”用料讲究，主要用莲子、香菇、干草菇、冬笋、发菜、大白菜、腐枝、栗子八种植物性原料，经用上汤烹制而成。

推荐店铺：莲花素食府

开元路开元广场内

0768-2238033

●潮州春饼

是潮州小吃的佳品，呈长方形，金黄美观，外酥里嫩，味浓香郁，为人称道。制潮州春饼，先用面粉制成薄饼皮，绿豆碾碎，去壳蒸熟，再与蒜白、鱼露、味精搅拌调匀，香菇切丝、猪肉切成细条，然后用薄饼皮包上豆馅，逐条加入猪肉、虾片、香菇丝，卷成长方形饼，加盖红印，再油炸便成。

推荐店铺：吴祥记潮州菜

太平路兴宁巷内

潮州春饼

揭阳

揭阳菜以烹饪海鲜见长，汤菜、甜菜、素菜也各具特色，海鲜类如生炊龙虾、鸳鸯膏蟹、红焖鱼翅，皆以新鲜海族为原料，清鲜甜美。甜菜类如绉纱莲蓉、金瓜芋泥等，甜腻相宜、甘香可口，还有素菜名品如后菇芥菜、护国菜等，素菜荤做、香烂软滑、素而不斋，是广东素菜类的代表。揭阳菜除了注重刀工、拼砌精巧、造型赏心悦目外，还很讲究调味，每菜必配相应酱料佐食。

此外，民间点心、小食品种繁多，用料讲究，制作精细，乡土风味浓厚，属全国点心八大派系的潮州流派。比较有名的有侣云寺连理秋枫、奎地乌叶荔枝、邹堂青皮梨、华清竹笋、惠来菠萝、永华茗茶等。

●槟醅粿

槟醅粿是揭阳的传统小吃，由于潮汕话发音上的相近，民间误称为“乒乓粿”。

推荐店铺：阿动埔田笋粿（锦绣家园）

榕城区东兴街道锦二期8幢83号

●蚝烙

蚝烙是揭阳久负盛名的传统小吃，以海产品蚝（牡蛎）为主要原料，用地瓜粉溶于水，拌葱珠，在一个平底的铁锅上煎，加上海蛎，再下蛋花，取起蘸鱼露吃。

推荐店铺：洪阳蚝烙

普宁市流沙平湖桥头

●擂茶

揭阳的客家人素有煮擂茶的习俗，分为“净茶”“菜茶”“饭茶”“米骨茶”和“煵米茶”等，春节期间，有配于小吃“米呈”的“米呈茶”，还有正月初七的“七样菜茶”和正月十五元宵节的“十五样菜茶”。

推荐店铺：河婆擂茶店

揭西县河婆县公安局路口

汕头

汕头所在的潮汕地区盛行潮州菜，它是广东三大菜系之一（其余两种为粤菜和客家菜）。潮州菜以烹制海鲜见长，从选料到酱碟作料，都要求新鲜美味、清而不淡、鲜而不腥、郁而不腻。

潮州菜的另一特点是善于烹制素菜，粗料细做，清淡鲜美，潮汕菜的调味配酱也是一流的，不同的菜式都有专门的酱碟，咸甜酸辣，各有讲究。潮州特产的酱料有南姜、梅膏、鱼露、红豉油、三渗酱等，都很有风味，配上一些，能使菜肴更加鲜香。

南香鱼巷做的潮菜粤菜总体来说都不错，也有早茶。海鲜做得也算是有特色的。鹅肝很粉，入口即化，红烧雪蛤很对胃口，褒仔菜也比较划算，玉米露也很香。是汕头市比较受欢迎的海鲜酒楼。

红磨坊是主打粤式点心的店，开业至今也有十几年了。他家的叉烧包不错，馅多，包蒸得膨膨松松，样子也可爱，糯米鸡油加蛋黄。牛仔骨很嫩，超嫩的豆腐花也特别，上面加了一层花生碎和糖。

●工夫茶

工夫茶，并非一种茶叶或茶类的名字，而是一种泡茶的技法。之所以叫工夫茶，是因为这种泡茶的方式极为讲究，操作起来需要一定的工夫。

推荐店铺：春梅里鹅肉（中山路店）

金平区中山路71号

0754-88441867

●手拍牛肉丸

牛肉丸作为著名的潮汕小食，在汕头已有近百年的历史。牛肉丸可分为牛肉丸、牛筋丸，牛肉丸肉质较为细嫩，口感嫩滑，牛筋丸有点嚼头。

推荐店铺：福合埕牛肉丸（国新店）

龙湖区长平路123号广海大厦（国新花园对面）

0754-88869316

●蚝烙

蚝烙为潮汕传统食品，市场炒卖或家庭膳食都极普遍。蚝烙以鲜蚝（学名牡蛎）为主料，鲜鸭蛋为配料，品尝时放上洗净切碎的芫荽，配上上等鱼露为作料。具有外酥里嫩、香脆鲜美的特点。

●鲎粿

鲎粿原先是用鲎肉做馅料的一种粿，食用时将鲎粿用油加热，让鲎肉馅露出，然后再滴几滴虾露鱼露，口味鲜美，风味独特，是当地一种颇具特色的小吃。而今取而代之的花蟹、小虾、蚶、小蛏子等近海软体动物做成的鲎粿，风味依旧不逊鲎肉，海鲜味独特。来潮汕，不妨尝尝这道特色美食鲎粿。

鲎粿

汕尾

汕尾属于潮汕地区，其饮食习惯与闽南接近，同时又受广州地区的影响，汇两家之所长，风味自成一格。汕尾市的小吃也是远近闻名。每天中午，遍布街巷的各种食摊，香气扑鼻，诸味俱全，除常见的面条、粉丝、包点、饺子之外，最有地方特色的是各种各样的菜粿、糯米丸、尖米丸等。

●烧雁鹅

潮汕传统名菜。在岭南地区广泛流传，广州市内，店店有卖，家家必食，其美味适口，可想而知。烧制好的鹅色泽红润，皮脆肉嫩，以甜酱佐食，甘香味浓。食烧鹅，饮啤酒，大快朵颐。

推荐店铺：隆隆金大茶楼

海丰县红城大道地王广场

0660-6861888

●清汤蟹丸

清汤蟹丸，为潮州菜，丸子香醇，鲜嫩，汤味浓，同时具有食疗作用，主要可用于结核病调理、关节炎调理、活血化瘀调理、壮腰健肾调理。其中蟹丸可变通为虾丸、墨鱼丸、螺丸等海鲜产品。

推荐店铺：吴记富苑

汕头市龙湖区金砂东路朝阳庄北区

0754-88887683

●绉纱甜肉

绉纱甜肉是潮汕地区喜庆筵席必备之品。将五花肉煮熟，皮上扎小孔，涂酱油上色，然后入油锅炸至表皮收缩取出，用冷水冲漂，去油腻，放入有竹箪垫底的砂锅中，加水和糖焖，再加甜芋泥蒸，勾芡。肉软烂甘香，是荤料甜做的一道典型菜例。

推荐店铺：丰富大排档

汕尾市城区红海西路

购物

潮州

潮州是连接闽西、赣南、粤东地区的经济重镇，潮州柑和凤凰茶在几百年前就已经很出名了，享有盛誉的潮绣、抽纱和陶瓷是潮州历史悠久的著名工艺品，另外还有竹制品等。在电子、服装、陶瓷和食品四大支柱产业的带动下，潮州开发了大批名优特新产品，“潮货”在国内外市场上享有盛誉。

潮州市区的商业街位于新桥东路。它是潮州商业较为繁荣的地带，有中高档的服装店，有少男少女喜欢的另类饰物，也有近些年新兴的格子店、护肤化妆品专卖店等。

●陶瓷工艺

潮州生产陶瓷始于新石器时代；两晋、南北朝时，逐步趋向瓷化；明时，海阳县的枫溪逐步成为新的陶瓷生产基地，饶平县九村的陶瓷生产也具有一定规模。潮州陶瓷的装饰，有潮彩、粉彩、釉下彩、贴花、印花、装饰图等。

潮州刺绣

●潮州刺绣

潮州刺绣历史悠久，与广州刺绣合称为粤绣，是我国四大名绣之一。它工艺精细，风格独特，老一辈的潮州人统称潮绣品为顾绣品，而顾绣品则出自明代顾名世之手，可见潮绣确有其悠久的历史。

●潮州木雕

用于建筑和家具的装饰木雕，在我国有悠久的历史，并且风行各地，一向是与广大群众关系最为密切的美术形式之一。家具方面，大则屏风、几案、床榻，次则橱柜、椅凳，小至放灯芯、盛纸笔的书筒，莫不加以雕饰。

●抽纱

潮州抽纱是传统的潮州刺绣与欧洲抽纱相结合的产物，有着百年的历史，以其技艺精巧、轻盈淡雅见长，被誉为“南国名花”。潮州抽纱的特点是按一定图案抽出布料中的某些经纬线，以针线缝锁抽口，再加花纹刺绣。潮州抽纱通过400多种巧妙的针法工艺和繁复精致的设计布局，变化出千姿百态的图案。潮州抽纱的主要品种有手帕、台布、绣衣、床罩、被枕套、靠垫、餐套等。

●麦秆画

潮州麦秆画是一种洋溢着浓郁乡土气息的民间艺术。潮州麦秆画的创作始于20世纪40年代，利用麦秆的反光作用，产生特殊的艺术意境。麦秆画内容丰富，构图独特，生动传神，多彩多姿。品种有挂屏、日历板、书签、贺片、仿古小画片和仿邮票小彩片等欣赏品，也有立体造型的首饰盒、茶叶盒、镜框、文房四宝等物品的装饰。

揭阳

揭阳物产丰富，到此旅游可选购一些特产，作为走亲访友的礼物。当地主要特产有贝雕、靖海豆、成顺菊花糕、普宁竹蔗竹笋、抽纱、潮绣、登岗唐三彩等。

●贝雕

贝雕是广泛利用各种贝壳，经剪取、车磨、抛光、堆砌、粘贴等工序加工制作成独具一格的工艺品。

●靖海豆

靖海豆(米豈)是以花生仁、白糖、猪油为主要原料精制而成的一种饼食。靖海豆皮做成后，中间要包上明糖。豆整块呈浅黄色，中间明糖部分是深褐色，看起来赏心悦目，吃起来香甜可口，真是色、香、味俱佳。

●揭西擂茶

揭西、普宁客属地区，流行喝擂茶的习俗。擂茶以花生、油麻、香茶叶、园香、金不换、苦辣芯等为原料，放在带螺纹的陶钵内，用木棍擂制而成。擂茶具有咸、香、甜、苦、甘、辣等多种味道，喝之觉喉咙清爽，回肠荡气，别具风味，至今仍是客家人待客的“保留节目”。

汕头

汕头是我国的五个经济特区之一，有着悠久的对外商贸历史。汕头濒临潮州，在汕头购物更希望的是购得一些具有典型潮文化的商品。潮汕工艺陶瓷驰名中外，是汕头特区大宗出口产品之一，包括日用配套陶瓷和美术工艺瓷。美术工艺瓷以造型美观、精巧玲珑、形态生动逼真而闻名海内外。

●潮绣

粤绣、苏绣、湘绣与蜀绣合称中国四大名绣。潮汕刺绣属粤绣范围，在海内外素享盛誉。潮绣主要特点是构图严谨、色彩丰富，给人庄重浑厚之感，其最突出的地方是托地垫高，利用金、银线镶嵌，形似浮雕，质感强烈，这就是著名的“钉金垫浮”。

●汕头购物好去处

明珠广场汇集了几十家国内国际服装专卖店，在广场附近还有环境很幽雅的咖啡店，让你在购物之余得到很好的放松。

汕尾

汕尾是一座海滨城市，众多的海产品是人们旅游购物的首选。新鲜的海味不容易携带，但是包装精美的虾蛄干、鱿鱼干、紫菜等，不仅保留了海鲜原有的美味与营养，而且美观大方，是馈赠亲友的佳品。汕尾的珍珠首饰、贝雕等工艺品也深受人们喜爱，特别是贝雕，艺人们在小小的贝壳上刻画出精致的人物或风景，镶嵌在屏风之中，精美绝伦，具有极高的艺术性和观赏性。

●金厢鱿鱼干

汕尾的活鱿既多产又长得快，肉质特别肥美、体大色鲜。蛋白质的含量也比其他地方同类产品的要高。鱿鱼经过加工晒制，鱼体颜色呈浅粉，是一种海味珍品。

●橄榄

又称福果、青果。有檀香、丁香、惠圆、自来圆、长营等名种。橄榄呈纺锤形，鲜果呈绿色，成熟后呈淡黄色。果形秀美，色泽鲜润，肉厚核小。吃起来始涩后甜，越嚼越香，回味无穷，有消食清肺利喉的功效。

娱乐

潮州

●潮剧

潮剧为广东四大剧种之一，被称为“南国鲜花”，由宋元南戏演化而来。配曲细腻和谐，唱腔优美。在角色上以小生、小旦、小丑而知名。

●潮州木偶

潮州铁枝木偶（俗称纸影），是一种古老的民间艺术，过去只在街头巷尾和农村土舞台上表演。现在，潮安县金石镇龙阁铁枝木偶潮剧团，是我国第一个跨出国门的农民业余艺术表演团体。

潮州木偶

●工夫茶

工夫茶是融精神、礼仪、沏泡技艺、巡茶艺术、评品质量为一体、完整的茶道形式，既是一种茶艺，也是一种民俗，是“潮人习尚风雅，举措高超”的象征。

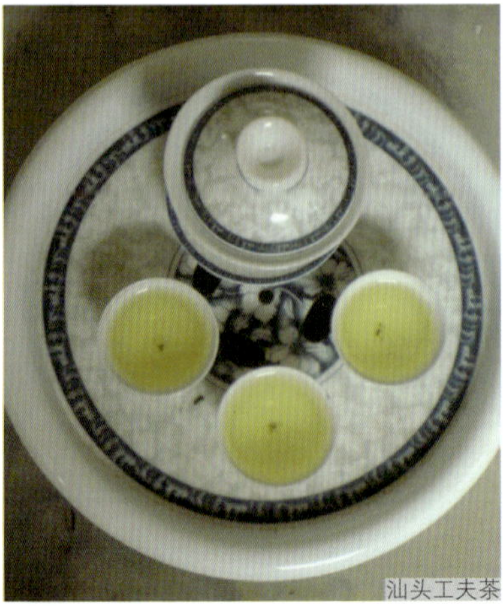
汕头工夫茶

●潮州曲社

潮州戏曲，几百年来广泛流传于民间，是中国地方戏曲诸多优秀剧种之一。不仅在粤东、闽南各地，而且港澳地区以至东南亚各国有潮人的地方，人们都喜闻乐见。在日常娱乐以及年节、庆典活动中，每每被作为必不可少的精神文化享受而广受推崇、颂扬。

●潮州弦乐

潮州弦乐是潮州音乐各类品种中流行最广、最具群众性、最普及的乐种。潮州弦乐以头弦（二弦）为领奏乐器，除头弦外，还有椰胡、提胡、小三弦、琵琶、秦琴、扬琴、小笛等。潮州弦乐曲调优美，结构严谨，清新悦耳，常作为人们自娱自乐的形式。

●潮州游神

人们在喜庆节日里（如元宵，诸神圣诞）到神庙里将神像抬出来游街，认为只有让神出来游街，与民同乐，神才保佑四方百姓。每年的正月初九，乡民便将庙中的“大王爷”等六尊木雕偶像抬出来，初十全乡焚香烧元宝。十一日，便将神像送回庙中。游神活动最隆重的莫过于游“安济圣王”：掷杯茭选择吉日，日期一般在元月二十三或二十四日。“洗安路”的队伍前头是马头锣，后面是“肃静”“回避”仪仗，沿着将要出游的路线行进，敲锣宣布出游日期。经过紧张准备，到了游神这一天，便到青龙庙门前鸣放礼炮。然后，将安济王爷及“大夫人”“二夫人”的神像请进銮轿，然后举行“拜起马”仪式。仪式完成后，由几名大汉抬神轿游行。神轿经过路段，各家各户都在门口设祭。

揭阳

●英歌舞

英歌舞是一种融舞蹈、南拳套路、戏曲演技于一体的民间广场舞，表演气势豪壮，气氛浓烈。相传英歌舞始于明代，取材于

《水浒传》中梁山泊好汉元宵节大闹大名府的故事。

●游神赛会

揭阳地区游神，以游城隍神和关帝神最为隆重。过去均在每年正月举行，城中绅士和各馆头先择定吉日游神。游神方式多种多样，乡间游神，各村时间不同，方式大同小异。

●烧龙

揭阳烧龙，始于明代磐溪都之古乔，即今磐东之乔西、乔东、乔南。现已沿革为揭阳最隆重的一项民间艺术活动。按其传统习俗，每年农历正月初二起开始游龙迎春，至初十晚烧龙。彩龙身上装满烟火，由一群青壮男子托举，点火烧龙时，伴随锣鼓声、爆竹声，彩龙腾跃飞舞，口吐火球，身喷烟火，五彩夺目，极为壮观。

●行彩桥

行彩桥是揭阳民间一种祈福民俗，历史悠久，流行于今揭阳市区和揭东县一带。活动时间一般均在每年农历正月十一到正月十六日。

●观花灯

观花灯是揭阳民间一种游艺风俗，活动时间一般都在每年元宵节前后。元宵节也称上元节，是中国一个传统节日。元宵观花灯，揭阳城乡甚为盛行。节日前后，花灯鼓乐，满城如醉。

汕头

品工夫茶是潮汕地区很出名的风俗之一，在潮汕本地，家家户户都有工夫茶具，每天必定要喝上几轮。即使侨居外地或移民海外的潮汕人，也仍然保存着品工夫茶的风俗。可以说，有潮汕人的地方，便有工夫茶的影子。

汕尾

汕尾位于南海之滨，拥有300多千米蜿蜒曲折的海岸线，岸边的浅海滩涂上分布着海滨浴场、水上乐园等众多娱乐设施。著名的红海湾海滨浴场就位于汕尾市东南部，这里沙滩柔软、海水湛蓝，美丽的景色让人陶醉，人们在这里沐浴阳光、享受海风的同时，还可以体验一下帆板、冲浪等海上运动项目，悠闲惬意又刺激有趣。

汕尾妈祖诞辰日：妈祖诞辰是一个古老的节日，在汕尾市城区凤山祖庙举行，时间为每年农历三月廿三日。在这一天，各地的妈祖信众欢聚一堂，来这里祭拜妈祖、沐浴妈祖恩泽等。信众们还会备上荤席的全猪、全羊、四烧、四白，三牲酒礼和素席的发饼、糕点、糖狮、桂树等丰盛的祭品，顶礼膜拜，高兴地酬谢天后圣母庇佑家庭幸福，事业有成，丁财两旺，四季平安。

观花灯

景点索引

我们的理念

做发现者，才能走得更远。发现秀美景色、探寻历史痕迹、体验文化脉络、寻找地理起源等深层次的旅行知识，是我们不停脚步的动力。我们不仅是在做一本旅行指南，能为旅途中的行者编写一部内容丰富、态度严谨、值得边走边读的行囊书，是我们永恒不变的追求。

《发现者旅行指南》编辑部

总 策 划 丁海秀

执行策划 李荣强

项目统筹 周国宝 龚道军

内容编辑 刘 挺 王叶青 方明杨 刘秀红 丁天丰 张文齐 商子微 张亚飞 苏雪莹 沈 皓 魏建飞 张灵燕 许晨晨 杨康健 张 鑫 刘晓璐 刘慧慧 王春雪 刘智勇 李荣强 刘雁琪 陈昱霖 贾 宁

美术总监 左小文

美术编辑 侯心如 王春晓

图片编辑 朱盼盼 马志鹏

插图绘制 尚祖山 李秋红

排　　版 闫 旭 田雪子 北京旅教文化传播有限公司

图片提供 微图网 汇图网 图虫创意 中国图库网 全景网 锐景创意 集成图像 站酷海洛 shutterstock fotoe dreamstime 孙西国 马林宏 徐 行 高应胜 薛 冬 西部老马 钱多多

出炉过程

在编辑部成员的共同努力下，这套旅行指南终得以付梓。其间，我们亲历景点，翻遍资料，只为确保撰写的内容准确有效；我们实地考察，联系景区，只求绘得一幅精美的景区图；我们花尽心思，几易版式，只为呈现出前所未有的阅读体验。如今，这套精心打造的旅行指南，能放到您的行囊或书架，我们深感荣幸。我们期待与您一起走向远方，重新发现旅行的价值。

联系我们

我们的成长需要您的支持。您对本书的每一条意见我们都会珍视。同时也欢迎您与我们一起分享旅游体验，稿件一旦被采用，您将会获取相应稿酬。您可以将意见和稿件投递到我们的邮箱（975179855@qq.com）。

总 策 划　丁海秀
责任编辑　陈凤玲

图书在版编目（CIP）数据

广东 / 《发现者旅行指南》编辑部编. -- 3版. -- 北京 : 旅游教育出版社, 2025.1
（发现者旅行指南）
ISBN 978-7-5637-4677-4

Ⅰ. ①广… Ⅱ. ①发… Ⅲ. ①旅游指南—广东 Ⅳ. ①K928.965

中国国家版本馆CIP数据核字(2024)第029291号

广　东（第3版）

《发现者旅行指南》编辑部 / 编

出版单位　旅游教育出版社
地　　址　北京市朝阳区定福庄南里1号
邮　　编　100024
发行电话　（010）65778403　65728372　65767462（传真）
本社网址　www.tepcb.com
E-mail　tepfx@163.com
印刷单位　文畅阁印刷有限公司
经销单位　新华书店
开　　本　889毫米×1070毫米　1/32
印　　张　13.625
字　　数　465千字
版　　次　2025年1月第3版
印　　次　2025年1月第1次印刷
定　　价　79.80元

特别提醒

本书信息在出版前已经认真核实过。但由于现实发展太快，旅游信息随时可能发生变化，我们无法承诺保证本书信息的准确性和完整性，并只能在法律规定范围内承担责任。如因此给读者带来不便，我们深表遗憾。